서울대 최종학 교수의
숫자로 경영하라
V

서울대 최종학 교수의
숫자로
경영하라
V

| 최종학 지음 |

재무제표 행간에 숨은 의미를 파악하라!

원앤원북스

| 지은이의 말 |

『숫자로 경영하라 5』를 출간하면서

2018년 『숫자로 경영하라 4』를 펴낸 지 4년 만에 그동안 각종 언론에 연재했던 글을 모아 『숫자로 경영하라 5』를 출간하게 되었다. 2009년 출간한 『숫자로 경영하라』에 실렸던 글 중 가장 먼저 쓴 글이 2008년에 썼던 것이니, 그때부터 무려 14년이라는 시간이 지났다. 경영학 분야 중에서도 가장 어렵고 골치 아파서 대중으로부터 외면받던 회계와 재무 분야를 주제로 한 책이 베스트셀러가 되고 시리즈로 5편까지 출간하게 되었다는 사실만으로도 감격스럽다. 그동안 여러 경로를 통해 격려해주신 많은 독자 여러분께 진심으로 감사드린다. 독자 여러분의 도움이 없었다면 여기까지 오지 못했을 것이라고 확신한다.

그동안 끊임없이 새로운 글감이 생겼을 만큼 회계나 재무 관련 이슈가 국내에서 많이 발생했다는 사실도 놀랍다. 매 권에 민감한 이슈를 다룬 글이 일부 있었는데, 이번 5권에는 특히 민감한 글들이 많이 수록되었다. 필자는 정치계와는 거리를 두고 살아왔으며 회계가 특별히 정치와 관련된 분야라고도 생각하지 못했었다. 정치적 성향이 강한 일부 교수들의 행동 양상과는 달리 필자는 필자의 전문 분야가 아니거나 잘 모르는 일을 '아는 체'하면서 나서지 않는다.

그런데 그간 권력자나 권력기관 들이 자신이 세운 특정 목표를 달성하기 위한 수단으로 회계를 이용하는 일이 수차례 발생했다. 그런 일들이 발생했을 때, 그에 대해 저항하고 비판하다 보니 정치적으로 민감한 글들을 계속해서 쓰게 되었다. 조용히 학문 연구에 매진하면서 살고 싶은 필자지만 '이런 부끄러운 일이 다시 일어나서는 안 된다.'라는 마음에서 큰 용기를 내서 쓴 글인데, 그 글을 썼다고 특정 정치집단이나 언론의 집중 공격을 받기도 했다. 그러다 보니 이제는 어쩔 수 없이 필자 자신이 정치적 인물이 되어버린 듯하다. 필자가 정치적 인물이라면 필자를 지원해줄 정당이 있어야 하는데, 그동안 필자는 현재의 여당과 야당을 다 비판했었으니 그쪽에는 필자의 편이 없다. 책을 읽고 지지해주는 독자분들만이 필자의 응원군인 듯하다.

5권에 실린 글 중 삼성바이오로직스의 회계처리와 관련된 두 편의 글, SK의 지배력 평가와 관련된 글, 그리고 대우조선해양 분식회계의 뒤처리와 관련된 글들이 권력과 밀접하게 관련된 내용이다. 물론 다른 글에도 권력기관과 관련된 내용이 등장하는 부분이 일부 있다.

필자는 글을 쓸 때 필자 자신의 감정이나 선호를 글에 반영하지 않고 객관적인 입장에서 서술하려고 노력한다. 알려진 사실(fact)이 아닌 필자의 개인적인 견해를 서술할 때는 분명하게 필자의 생각임을 밝혔다. 따라서 특정 정치적 성향이 있는 독자라고 하더라도, 선입관을 버리고 글에서 소개한 객관적인 사실들을 보면서 논리적으로 판단하기를 바란다. 선후관계와 관련된 사실을 모두 종합해서 보면, 언론보도를 통해서는 잘 볼 수 없었던 전체 그림을 파악할 수 있을 것이다.

그럼에도 불구하고 이 책에 등장한 사건의 직접적인 이해당사자들의 입장에서 보면 마음에 들지 않는 내용이 많을 것이다. 누구의 잘못을 비난하려는 목적에서 글을 쓴 것이 아니라, 사례를 통해서 많은 기업, 경영자, 그리고 기타 이해관계자가 교훈을 얻기를 바라는 목적에서 이 책을 저술한 만큼 너그러운 마음으로 이해해주셨으면 한다.

이런 내용을 공부함으로써 한국 기업이 더욱 발전하고, 그 결과 국가와 국민이 더욱 부강해지는 것이 오직 필자의 목표다. 혹시 이해관계자들이 볼 때 틀린 내용이 있다면 필자에게 알려주시기를 바란다. 반드시 수정하고 사과하도록 하겠다. 또한 필자가 더 많은 사적인 내용을 알고 있는 경우라도 언론보도, 법원 판결문, 공시자료, 재무제표나 연차보고서 등을 통해 공개된 자료가 아니라면 거의 대부분 이 책의 집필에 사용하지 않았다는 점도 밝힌다. 다만 정치권력과 관련된 글에서는 공개된 자료가 아닌 내용을 일부 사용한 부분이 있다는 점은 밝힌다. 권력기관 내부의 인사가 필자에게 제보한 자료 중 일부도 사용했다.

5권의 뒷부분에는 필자가 2010년대 후반 몇몇 언론에 칼럼으로 연재했던, 회계와는 크게 관련 없는 짧은 글들을 몇 편 수록했다. 처음 언론에 발표했을 때보다는 분량이 많이 보강되었지만, 그래도 다른 장의 어려운 글들과는 성격이 다른 쉬운 글이다. 일반 언론에 게재되는 칼럼의 속성상 복잡한 내용이 아니라 일상적이고 재미있는 사례들을 기반으로 했다. 가벼운 사례일 수도 있겠지만 경영자가 꼭 생각해볼 만한 시사점을 가졌다고 생각한다.

이 책을 저술하는 과정에서 고맙게도 많은 분의 도움을 받았다. 서울대학교의 선후배 교수님들과 서울대학교 CFO 과정 및 기타 경영자 과정에서 만난 많은 분과의 교류를 통해 필자는 큰 그림을 볼 수 있는 안목을 기를 수 있었다. 이분들의 도움에 진심으로 감사드린다.

원고를 읽으면서 많은 조언을 준 대학원 제자들(권세원, 김영준, 박선영, 안혜진, 양보현, 유재호, 윤서우, 이유진, 조미옥, 최소연, 하원석, 한승엽)에게도 감사를 표한다. 사회에서 다양한 경험을 한 훌륭한 제자들이 많으니 필자의 부족한 점을 보완하는 데 큰 힘이 된다. 특히 이 책에 실린 글 중 '비용이냐, 자산이냐… 연구개발비 회계처리를 둘러싼 논란'은 제자 중 안혜진 홍익대 교수와 공저로 작성한 것이다.

또한 원고가 〈동아비즈니스리뷰〉에 연재되는 동안 편집 과정에서 여러 도움과 조언을 주신 김남국, 김윤진, 조윤경 기자에게도 감사를 표한다.

마지막으로 그동안 부족한 글을 읽고 성원해주신 독자 여러분께 다시 한번 진심으로 감사를 전한다. 여러분들의 성원 덕분에 '숫자로 경영하라' 시리즈가 6권까지는 지속될 수 있을 것 같다.

7월 무더운 여름의 초입에 들어선
서울대학교 관악캠퍼스의 연구실에서
최 종 학

차례

지은이의 말 『숫자로 경영하라 5』를 출간하면서   4

1 정치권력은 어떻게 회계를 이용하는가?

현대자동차는 기아자동차를 지배하지 못하는가?   17

기아자동차가 현대자동차의 종속기업이 아닌가? | 현대자동차와 금호산업의 처분손익 인식
| 기업의 본질가치는 변하지 않았다 | 다른 대기업집단은 어떻게 지배력을 판단했을까? | 실
질지배력 획득이 발생한 경우: 금호리조트 사례 | 지주사 전환과 자회사의 경영권 획득 | 지
주사 전환에 따른 오리온홀딩스의 처분손익 기록 | 삼성바이오로직스의 회계처리를 둘러싼
논란 | 금융감독원의 말 바꾸기와 정치적 행보 | 삼성바이오로직스와 한국의 미래는?

사상 최대의 분식회계 사건?
SK㈜를 둘러싼 연결재무제표 작성 범위 논란   53

한미사이언스의 회계처리를 둘러싼 논란 | SK그룹과 헤지펀드 소버린 사이의 경영권 분쟁 | SK C&C와 SK㈜의 합병계획 발표와 일부 시민단체의 반발 | 논리적으로 설명되지 않는 국민연금의 이상한 행동 | 정권 교체와 금융감독원의 SK그룹 조사 착수 | SK C&C가 구SK를 실질적으로 지배하고 있었는가? | 실질지배력 보유 여부의 판단 기준 | 금융감독원의 주장과 한미약품의 질의 | 분식회계를 저지르지 않았다는 증권선물위원회의 판단 | 회계 이슈를 둘러싼 혼란과 미래 전망

대우조선해양 분식회계 사건에 대한
이상한 뒤처리가 벌어진 이유   87

대우조선해양 경영진과 정치권력과의 밀접한 관계 | 기타 분식회계의 특징 | 대우조선해양의 분식회계가 조선업계에 미친 영향 | 분식회계와 대리인 문제 | 산업은행은 정말 몰랐을까? | 안진회계법인의 부실회계 저반기 산업은행의 은폐 보고(?) | 산업은행에 대한 금융 당국의 이상한 대응과 산업은행의 변화 | 안진회계법인을 없애라 | 왜 이런 이상한 일이 벌어졌을까? | 정의란 무엇인가? | 안진회계법인의 소송 승리 | 대우조선해양과 한국의 미래

2 회계정보 속 숨겨진 비밀을 읽자

워런 버핏은 어떤 기업에 투자할까?   125

회계처리와 공시에 대한 버핏의 견해 | 경영자 보상과 이사회의 구조에 대한 버핏의 견해 | 투자와 자금조달 원칙에 대한 버핏의 견해 | 장기 투자를 선호하는 버핏의 투자 스타일 | 버핏의 투자 스타일에 대한 결론 | 나는 어떻게 투자하고 있는가?

비용이냐, 자산이냐…
연구개발비 회계처리를 둘러싼 논란   145

연구개발비의 일반적인 회계처리 | 제약·바이오 업계 신약 개발 과정의 특징 | 도이치증권의 주장에 대한 셀트리온의 반론 | 금융감독원의 분식회계 조사와 업계의 반발 | 금융위원회의 중재와 표준 회계처리 지침 발표 | 국제회계기준과 금융 당국 발표 지침의 불일치 | 회계와 공시의 중요성과 필요성에 대한 이해가 필요 | 2018년 이전의 공시 내용 | 2018년 이후 공시 내용의 변화 사례 | 회계자료를 읽고 분석하자

대우조선해양 분식회계 사건이
한화와 산업은행의 소송전에 미친 극적인 영향   177

한화와 산업은행의 갈등과 한화의 대우조선해양 인수 포기 | 치열한 소송전과 법원의 판단 근거 | 1·2심 결과를 뒤집은 대법원 판단의 근거 | 대법원 판결에 대한 해석 | 국민 모두가 본 손해 | M&A 의사결정 과정에 대한 조언 | 한화의 현명한 결정

3   회계지식을 활용한 경영 의사결정

롯데그룹의 총수익스왑 거래를 이용한 KT렌탈 인수   201

TRS 거래의 구조 | 롯데그룹의 TRS 거래를 통한 KT렌탈 취득 | TRS 거래의 효과 | 재무상태표에서 자산을 제거할 수 없는 매각의 경우 | 금호아시아나그룹 TRS 거래와는 무엇이 다른가? | 법원과 다른 금융감독원의 판단 이유 | TRS 거래를 이용해서 주식을 매각하는 이유 | 현대그룹의 경영권 방어를 위한 TRS 거래의 활용 | 기타 TRS 활용 사례 | TRS 거래의 사용 전망과 더 자세한 정보공시의 필요성

전환사채가 최근 널리 활용되는 까닭은? 231

코스닥 벤처펀드 제도의 도입과 전환사채 | 전환사채의 중요한 여러 특징 | 전환권의 복잡한 회계처리 | 주식시장의 호황과 기업들의 대규모 손실 기록 | 평가이익의 발생과 상환청구권 행사 요청 | 전환사채에 대한 다양한 비판 제기 | 비판에 대한 반론 | 사후적 비판 vs. 사전적 상황 | 정책적 개선을 위한 제언

합병을 원한다면 소액주주의 마음을 얻어라 263

대규모기업집단들이 지주회사 체제로 전환하는 이유 | 삼성그룹의 지배구조 변동과 관련한 최근의 사건들 | 주식매수청구권 행사 | 삼성중공업과 삼성엔지니어링 합병안의 부결 | 주식매수청구권 행사 신청이 옳은 결정일까? | 합병을 둘러싼 삼성과 엘리엇의 대결 | 주주총회에서의 치열한 표 대결 | 삼성의 승리와 통합 삼성물산의 출범 | 주주들이 주식매수청구권을 행사하지 않은 이유는? | 누가 합병 때문에 이익 또는 손해를 보았을까? | 삼성이 앞으로 해야 할 일은? | 정부의 금산분리 요구와 삼성전자의 미래 | 우리가 배울 수 있는 교훈

4 기업지배구조와 회계의 역할

현대자동차그룹의 지배구조 개편 계획을 둘러싼 논란 303

분할과 합병을 통한 지주사 전환 계획 | 지배구조 개편 계획에 대한 반발과 합병 실패 | 분할·합병안의 두 가지 문제점 | 순자산가치를 이용한 분할비율의 계산 | 분할된 사업부의 적정 가치는 얼마인가? | 현대하이스코의 분할과 합병계획의 전말 | 동아제약과 한국콜마 분할 사례와의 유사성 | LG화학의 배터리 사업 부문 분할 결정에 대한 주주들의 반발 | 자동차 산업의 급변과 현대자동차의 미래

아시아나항공 사태와 회계대란의 교훈   333

회계감사를 받아야 하는 이유 | 아시아나항공 사태의 내막 | 한정의견이 자본시장에 미친 큰
여파 | 금호아시아나그룹의 정치적 해결 노력 | 아시아나항공의 어려운 재무상황 | 금호아시
아나그룹의 고난의 역사 | 아시아나항공 사태의 배경과 신외감법의 제정 | 회계대란을 되풀
이하지 않으려면… | 주주와 사외이사들에게 주는 조언

한국 기업들은 과다한 현금을 보유하고 투자를 안 할까?   363

현금보유량이 증가한 이유에 대한 논란 | 한국 기업의 현금보유 수준 추세 | 보유현금에 대한
주식시장의 반응 | 사내유보금에 대한 오해 | 사내유보금을 다 사용한다면? | 기업소득환류세
제의 효과 | 경기활성화를 위해서 정부가 할 일은?

5 경영에 대한 8가지 단상

남편보다 영향력이 더 큰 미셸 오바마 효과   388

영화배우를 능가하는 미셸 오바마 패션의 인기 | 스타 마케팅에도 진실성이 필요하다

로마 제국 무적 군단의 승리 비결은?   394

적들에게서 배운 로마의 개방성과 실용성 | "내가 최고가 아니다"라는 자세로 배워야…

내가 고른 싸움터에서 싸움을 벌여야 한다   400

펩시콜라와 프로스펙스의 성공 | 이순신 장군의 승리 비결도 똑같다

철저한 준비는 불가능을 가능케 한다 406

삼성의 무모한 반도체 산업 도전? | 정주영 회장과 거북선 관련 일화 | 열정과 용기만으로 가능하지 않다

악마 옹호자의 이야기를 경청하라 412

앤디 그로브의 '건설적인 대립' | 경청은 산을 움직인다

성공한 시점이 가장 위험한 순간이다 418

더 편한 소리에 귀를 기울인다 | 노키아, 미국 자동차 회사들, 소니의 실패 이유 | 승리의 법칙을 과신하지 말아야…

신성성의 차이가 만든 결과의 차이 424

타이거 우즈와 나이키의 밀접한 관계 | 타이거 우즈의 복귀와 광고가 끼친 효과

박항서 감독의 성공 비결에 대한 오해 430

파파 리더십 vs. 과학적 리더십 | 리더가 해야 할 일은? | 미래를 위한 리더의 역할

1부에서는 흔히 회계와 아무 관련이 없을 것처럼 생각하는 정치권력이 회계 실무, 그리고 결과적으로는 기업에 어떤 영향을 미치는지를 보여주는 3편의 글을 소개한다. 1부에 소개된 사건들은 모두 지난 몇 년간 한국 언론지상을 뜨겁게 달구었던 일들이다. 지배력 변경에 따른 회계처리와 관련된 삼성바이오로직스 사건, 역시 동일한 지배력 변경 이슈와 관련된 SK㈜의 연결재무제표 작성 범위를 둘러싼 논란, 그리고 대우조선해양 분식회계 사건이다. 세 사건 모두 정도의 차이와 사건의 전개 및 결과에 차이가 있지만, 정치권력의 개입으로 인해 실체와는 상당히 다른 방향으로 사건이 전개된 특징이 있다. 아직도 이런 일들이 한국에서 일어나고 있다는 현실이 안타깝다. 이들 사건은 아직도 민감한 이슈지만, 그럼에도 불구하고 진실이 무엇인지를 정확히 알려야 한다는 사명감을 가지고 사건을 소개한다.

1부

정치권력은 어떻게
회계를 이용하는가?

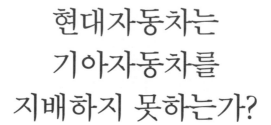

현대자동차는
기아자동차를
지배하지 못하는가?

한 기업(투자기업)이 다른 기업(피투자기업)의 지분(주식)을 보유하고 있는 경우는 흔하다. 그런데 투자기업이 피투자기업의 지분 중 얼마만큼을 보유하느냐에 따라 보유 지분에 대한 회계처리가 크게 달라진다. 20% 미만을 보유하면 시가에 따라 회계처리하고, 시가가 변동하면 변동분에 대한 평가손익을 인식한다. 20% 이상을 보유하면 관계기업이라고 분류하며 지분법 회계처리를 실시한다. 지분이 더 많아서 실질지배력을 보유할 정도라면 종속기업이라고 분류하며, 모회사와 합해서 연결재무제표를 작성한다. 관계기업이나 종속기업으로 분류된 경우라면 시가가 변하더라도 변동분에 대해서는 별도로 회계처리를 하지 않는다. 그런데 지분율의 변동 또는 다른 이유로 관계기업이나 종속기업의 분류가 변한다면, 해당 주식을 보유하고 있던 총기간의 시가 변동을 일시에 회계장부에 반영해야 한다. 따라서 상당히 큰 규모의 평가손익이 기록될 수 있다. 이 글에서 이런 일이 발생했던 몇몇 사례를 소개하고, 최근 논란이 되었던 삼성바이오로직스 회계처리에 관해서도 설명한다.

우리나라는 2011년 국제회계기준(International Financial Reporting Standards, IFRS)을 도입해 상장기업들에 적용하고 있다. 2010년까지 모든 기업이 사용하던, 현재는 비상장기업만이 사용하는 회계기준을 K-GAAP이라고 부른다.[1] 모든 기업이 IFRS 도입에 큰 영향을 받은 것은 아니지만, 일부 기업의 경우 재무제표에 상당히 큰 변화가 있었다.

그런 사례 중 하나가 연결재무제표 작성을 위한 '지배력에 대한 판단'이다. A회사가 B회사의 지분(주식) 중 일부를 보유하고 있는 경우를 살펴보자. 이 경우 A가 투자기업, B가 피투자기업이 된다. IFRS가 도입되기 이전에는 A가 B의 ① 의결권 있는 주식을 50% 이상 소유하는 경우, ② 의결권 있는 주식의 30%를 초과해서 소유하면서 최대주주인 경우,

---

1 GAAP은 Generally Accepted Accounting Principles의 약자로, 일반적으로 인정된 회계원칙이라는 의미다.

③ 이사회의 과반수 이상을 임명할 수 있는 권한이 있는 경우, A회사가 B회사에 대한 지배력을 가졌다고 판단했다. 따라서 A를 지배기업, B를 종속기업이라고 부른다. 이 경우 A는 A에 대한 재무제표(별도재무제표)뿐만 아니라 A와 B를 합친 연결재무제표도 작성해야 한다.

만약 앞의 세 가지 조건에 해당하지 않더라도 20% 이상의 지분을 보유하고 있다면 A가 B에 상당한 영향력을 미칠 수 있다고 본다. 이 경우에는 B를 종속기업이 아니라 관계기업이라고 부르며, A는 연결재무제표를 작성하지는 않지만 지분법을 사용해 회계처리를 한다.

지분법이란 이익(손실)의 발생이나 배당의 지급 등의 이유로 관계기업의 장부가치가 변할 때, 관계기업에 대해 가진 모회사의 지분비율만큼 관계기업 장부가치의 변동을 모회사가 인식하는 방법이다. 예를 들어 A가 B의 주식 중 20%를 보유하고 있는데 만약 B에 100억 원의 이익이 발생했다면, 100억 원 중 20%인 20억 원을 지분법이익으로 A가 기록하는 것이다. 이에 반해 A가 B의 주식 100%를 모두 보유해 지배회사로서 연결재무제표를 작성한다면, B의 이익 100억 원 전부를 A의 이익에 합쳐서 A의 연결재무제표를 작성한다.

그런데 IFRS가 도입된 이후 연결재무제표를 작성하는 기준이 크게 변했다. IFRS 제1027호와 제1110호에서는 다음의 경우 피투자기업을 투자기업이 연결해서 연결재무제표를 작성하도록 규정하고 있다.

④ 투자기업이 직접적으로 또는 종속기업을 통해 간접적으로 피투자기업 의결권의 과반수를 소유하고 있는 경우, ⑤ 투자기업이 피투자기업 의결권의 절반 또는 그 미만을 소유하더라도 이사회의 과반수를 임명하는 등과 같은 실질지배력을 보유하는 경우, ⑥ 법규나 약정에 따라

피투자기업의 재무정책과 영업정책을 결정할 수 있는 능력이 투자기업에 있는 경우 등 세 가지 조건 중 하나에 해당하는 경우다. 그런데 여기에서 '실질지배력'이나 '재무정책과 영업정책을 결정할 수 있는 능력'이라는 말이 정확히 무엇을 의미하는지 명확하지 않아, 규정을 어떻게 해석해야 하는지에 대한 의견이 분분했다. 따라서 기업이나 회계법인마다 이 규정에 대한 해석이 달라질 수 있다.

K-GAAP과 IFRS의 차이에 대한 사례를 보면 두 기준의 차이점을 이해할 수 있다. 미국회계기준에 기반을 둔 K-GAAP은 상대적으로 해석의 여지가 적다. 회계기준을 읽으면 누구나 어떻게 해야 하는지를 상대적으로 명확히 이해할 수 있다. 그러나 IFRS는 기준이 명확하지 않으므로 사람마다 해석이 달라질 수 있다. 예를 들어 A와 B의 상황에 대해서도 실질지배력이 있는지 없는지에 관한 판단이 달라질 수 있다. IFRS의 철학은 '경제적 실질'에 따라 회계처리를 하라는 것이며, 경제적 실질이 무엇인지는 해당 기업이 가장 잘 알고 있으므로 기업이 판단해서 회계처리를 하라는 것이다. 그런 다음 기업은 왜 그렇게 판단했는지에 대한 자세한 설명을 제공하라는 것이 IFRS의 기본 철학이다.

기아자동차가 현대자동차의 종속기업이 아닌가?

K-GAAP을 적용하던 2010년까지 현대자동차는 기아자동차의 지분 중 34%를 보유하고 있는 최대주주였다. 이는 앞에서 설명한 ②의 조건에 해당한다. 따라서 현대자동차는 기아자동차를 종속기업으로 간주해

두 회사를 합한 연결재무제표를 작성하고 있었다. 그런데 2011년 IFRS 가 도입되자 현대자동차는 기아자동차를 종속기업이 아니라 관계기업 이라고 판단해 연결대상 기업에서 제외한다. 지분비율이 34%이므로 ④의 조건에는 해당하지 않지만, 실질지배력도 없으며(조건 ⑤) 재무정 책과 영업정책을 결정할 수 있는 능력(조건 ⑥)도 없다고 판단한 것이다.[2]

그러나 기타 주주들 중에서 주주총회에서 영향력을 발휘할 정도로 지분을 보유한 집단은 국민연금(6%)뿐이었고, 나머지 지분은 다수의 소 액주주에게 분산되어 있었다. 이 정도의 지분비율과 주식의 소유분포, 그리고 주주들의 주주총회 참석률이나 주주총회 안건에 대한 찬성률을 고려하면 현대자동차가 기아자동차에 대한 실질적인 지배력을 보유하 고 있다고 볼 수 있는 가능성이 높다. 따라서 현대자동차가 기아자동차 에 대한 실질지배력을 가지고 있지 않다는 회사 측의 판단이 과연 옳은 것인지에 대해서는 논란이 있을 수 있다. 대부분의 사람들은 당연히 현 대자동차가 기아자동차를 지배하고 있다고 생각할 것이다.

이 경우 회계처리가 무척 복잡해진다. 현대자동차는 1999년 IMF 금 융위기의 여파로 위기에 처한 기아자동차를 인수해 그룹의 계열사로 편입할 때부터 ②의 기준에 따라 기아자동차를 현대자동차에 연결해 연결재무제표를 작성하고 있었다. 즉 시가 변동과 무관하게 기아자동차 의 회계장부에 적혀 있는 금액(장부가)이 현대자동차의 재무제표에 가 산되었다. 그런데 2011년부터는 연결재무제표 작성대상에서 기아자동

---

2 ⑥의 조건도 광의의 실질지배력에 해당하는 개념이다. 따라서 논의를 간단히 하기 위해 앞으로 는 ⑤와 ⑥의 조건을 합해 모두 '실질지배력'이라고 표현한다.

기아자동차가 만드는 자동차
현대자동차는 기아자동차를 1999년 인수한 이후 종속기업으로 분류해서 연결재무제표를 작성해왔다. 그러다 2011년 들어 기아자동차를 실질적으로 지배하지 못하고 있다고 판단해 연결재무제표 작성을 중지한다. 그 결과 기아자동차 주식을 보유하고 있던 12년 동안의 주가 변동을 한꺼번에 평가손익으로 인식하게 되었다.
(출처: 기아자동차 화성 공장, 현대자동차그룹 유튜브)

차가 빠지게 되었다. 이 경우 회계기준에 따라 기아자동차가 연결대상에 포함되어 있던 동안의 시가 변동을 일시에 현대자동차의 재무제표에 반영해주는 회계처리를 하게 된다. 즉 1999년부터 2010년까지 현대자동차의 별도재무제표에는 기아자동차의 주식을 '지분법적용투자주식'이라고 분류하면서 장부가로 회계처리했다. 그런데 2011년에 연결대상에서 빠지게 되자 별도재무제표에서도 2011년 기초 시가로 기아자동차의 주식 가치를 바꿔 적어야 하는 것이다.

그리고 장부가와 시가 사이의 차이는 처분손익으로 기록한다. 즉 경영권을 보유하고 있던 주식 34%를 처분하고 경영권을 보유하지 않은 주식 34%를 새로 매입한 것처럼 회계처리하는 것이다. 따라서 장부가(처분금액)와 시가(매입금액)의 차이는 처분손익으로 기록된다.

다음은 2011년 현대자동차의 사업보고서에 포함된, 이와 관련된 일반적인 회계처리 방법을 설명하는 공시 내용이다.

지배기업이 종속기업에 대한 지배력을 상실한 경우, (i) 수취한 대가 및 보유한 지분의 공정가치의 합계액과 (ii) 종속기업의 자산(영업권 포함)과 부채 및 비지배지분의 장부금액의 차이금액을 처분손익으로 계상하고 있습니다.

현대자동차와 금호산업의 처분손익 인식

현대자동차는 앞의 공시 내용처럼 기아자동차의 주식을 보유하고 있던 동안 발생한 주식 공정가치 변화분(현재의 주가-주식의 장부금액)을 처분손익으로 계상해 이익잉여금에 반영했다.[3] 구체적인 처분손익과 관련된 현대자동차 사업보고서상의 주석 공시 내용은 다음과 같다.

종속기업, 조인트벤처 및 관계기업 투자 중 일부 관계기업 투자에 대하여 전환일 시점의 공정가치를 간주원가로 사용한 것을 제외하고는 전환일의 과거 회계기준에 따른 장부금액을 간주원가로 사용하였습니다. 이와 관련하여 기아자동차㈜ 등의 관계기업에 대하여 전환일 현재의 공정

---

[3] IFRS가 처음 적용되는 시점에는 처분손익을 손익계산서에 포함시키는 것이 아니라 재무상태표의 이익잉여금을 직접 조정하도록 규정되어 있었다. 그러나 IFRS 도입 이후부터는 손익계산서에 처분손익이 영업외손익의 일부로 포함된다.

가치인 3,046,550백만 원(과거 회계기준에 따른 장부금액 2,395,220백만 원)을 간주원가로 사용하였습니다.

여기서 전환일은 IFRS를 최초로 적용하는 시점을 말한다. 공시 내용을 보면, 현대자동차는 기아자동차 등 몇몇 종속회사에 대한 분류기준을 변경해(전문용어로는 재분류해) 공정가치 3,046,550백만 원과 장부금액 2,395,220백만 원의 차액인 약 6,500억 원을 처분이익으로 계상했다는 것을 알 수 있다.

현대자동차가 기아자동차를 계열사로 편입한 1999년 당시 기아자동차는 경영 위기에 처해 채권단에 의해 소유된 상태였다. 그래서 당시 현대자동차가 채권단으로부터 취득한 기아자동차 주식의 시가는 매우 낮았다. 그러므로 취득원가를 기반으로 변동을 계산하는 장부가도 시가보다 현저히 낮았다. 그런데 2011년까지 기아자동차가 엄청난 발전을 이루어 성장했기 때문에 주식의 시가가 대폭 상승했다. 따라서 주식의 장부가와 2011년의 공정가치(시가) 사이에는 큰 차이가 있다. 그래서 둘 사이의 차이인 6,500억 원만큼 보유하고 있는 자산(투자주식)의 금액을 증가시키면서 동시에 처분이익을 인식하는 것이다.

2011년 IFRS 도입 시점에서만 비슷한 사례가 발생하는 것이 아니다. 그 후 발생한 다른 사례들을 살펴보자. 금호아시아나그룹의 주력사인 금호산업은 2006년 대우건설을 인수했다가 큰 위기에 처하고 채권단에 의해 경영이 좌우되는 워크아웃에 접어든다. 금호산업은 위기에서 벗어나고자 보유하고 있던 자회사들의 주식을 대량으로 매각해 현금화한 후 부채를 상환하는 데 사용한다. 예를 들어 금호산업은 2014년 인천김포고속도로㈜의 지분 일부를 매각해 이 피투자회사에 대한 유의적인 영향력을 상실했기에, 해당 시점에서 계속 보유하고 있던 이 회사 잔여지분의 공정가치를 339억 4천만 원으로 측정해 매도가능금융자산으로 계정재분류했다.[4] 그 결과 44억 3,500만 원의 관계기업및공동기업투자처분이익을 인식했다.

또한 2013년 금호산업은 보유하고 있던 Kumho Asiana Plaza Saigon Co., Ltd.의 지분 100% 중 절반인 50%를 아시아나항공㈜에 매각했다. 이와 관련해 금호산업은 Kumho Asiana Plaza Saigon Co., Ltd.에 대한 지배력을 상실했다고 판단해서 이 시점에 계속 보유하고 있는 잔여지분을 공정가치인 721억 원으로 측정해 관계기업및공동기업투자로 계상했다. 다만 이 거래로 인해 발생한 정확한 이익이 얼마인지는 별도로 공시되어 있지 않다. 아마 금액이 크지 않았기 때문일 것이다.

이상의 내용들은 금호산업의 재무제표 주석에서 확인할 수 있다. 즉 영향력을 취득 또는 상실한 경우(인천김포고속도로㈜의 경우)나 지배력을 취득 또는 상실한 경우(Kumho Asiana Plaza Saigon Co., Ltd.의 경우) 모두 이런 회계처리가 수행되는 것이다. 이를 전문용어로 '지배력 변경에 대한 회계처리'라고 부른다.

---

4 이 사례는 종속기업이 아니라 관계기업으로 분류되었던 회사의 주식을 일부 처분해 지분비율이 기준점인 20% 이하로 내려간 경우다. 이 경우 유의적인 영향력을 미칠 수 없다고 판단해 이 기업의 주식을 재분류하게 된다. 이 시점의 회계처리는, 앞에서 설명한 기존에 종속기업으로 분류되었던 주식에 대해 실질지배력을 상실한 것으로 판단해 관계기업으로 재분류하는 시점의 회계처리와 동일하다.

대우건설 사진
금호산업은 2006년 막대한 자금을 빌려 대우건설을 인수했다가 위기에 빠진다. 이를 극복하기 위해 보유하고 있던 여러 계열사의 주식을 매각하게 되면서 지배구조가 변한다.
(출처: 신아일보)

기업의 본질가치는 변하지 않았다

다만 이런 거래로 큰 이익이 발생했다고 해서 기업의 가치가 그게 증가한 것이라고 오해하면 안 된다. 회사의 본질, 즉 내재가치는 전혀 변하지 않았다. 현대자동차 사례의 경우 회계처리 방법만 바뀐 것이지 영업도 동일하고 보유하고 있는 주식도 동일하다. 즉 이때 기록한 처분이익은 회계상의 이익일 뿐 현금흐름과는 아무 관계가 없다. 따라서 이론적으로는 이렇게 큰 이익이 발생했다고 해도 주가가 변하지 않아야 한다. 또한 영업이익에 포함되는 항목도 아니라 영업외수익 항목일 뿐이다.[5] 따라서 이익의 본질을 잘 모르고 혹시 일부 투자자들이 기업의 가치가 상승했다고 착각해서 주가가 올라간다고 해도, 그 상승의 정도는 미미하리라고 예측할 수 있다. 조금만 시간이 지나면 다시 내재가치 수준으

---

5 앞에서 설명한 것처럼, IFRS를 처음 도입하는 시점에서는 영업외손익에 반영하지도 않고 이익잉여금의 조정항목으로 처리했었다.

로 주가는 복귀할 것이다.

또한 이런 거래에서 항상 이익만 발생하는 것도 아니다. 예를 들어 2020년까지 이마트는 36%의 지분을 보유한 신세계아이앤씨를 관계기업으로 분류하고 있었다. 그러다가 신세계아이앤씨가 자기주식을 다량으로 취득하자 신세계아이앤씨의 유통주식 중 이마트가 보유한 신세계아이앤씨 주식이 차지하는 비율이 54%로 증가했다. 그러자 이마트는 신세계아이앤씨에 대한 지배력을 획득했다고 판단해 이 회사를 관계기업에서 종속기업으로 재분류했다. 회계처리의 결과 기존에 보유하고 있던 주식의 주가 하락분인 24억 원을 관계기업처분손실로 기록했다. 즉 주식을 보유하고 있던 동안 주가가 하락했기 때문에 재분류 시점에서 손실을 인식한 것이다. 앞에서 설명한 현대자동차의 사례에서 현대자동차가 지배력 변경 회계처리 시점에 대규모의 이익을 기록한 것은 기아자동차의 주식을 보유하고 있던 동안 주식 가치가 상당히 상승했기 때문이다. 그렇지만 피투자회사의 주식 가격이 항상 상승하는 것은 아니므로 경우에 따라서는 손실이 발생할 수도 있다.[6]

이런 사례를 보면 투자자 입장에서 주의해야 할 점을 알 수 있다. 투자자 입장에서는 손익계산서에 이익이나 손실(이 둘을 합쳐서 손익으로 표

6 이와 유사한 또 다른 사례는 SK C&C가 있다. 2011년 중 SK C&C는 SK E&S의 주식을 관계기업투자주식에서 매도가능금융자산으로 계정재분류한다. 유의적인 영향력을 미칠 수 없다고 판단한 것이다. 재분류의 결과 SK C&C는 311억 원의 관계기업투자손실을 인식한다. 당시 SK C&C가 보유하고 있던 SK E&S에 대한 지분을 기업집단의 지주사인 SK㈜로 넘겨, SK E&S의 지분비율이 32%에서 6%로 감소했기 때문이다. 2011년 한미사이언스도 당시까지 종속기업으로 분류하던 한미약품을 관계기업으로 재분류해 약 100억 원의 손실을 기록하기도 했다.

기함)이 기록되었다고 해도, 그 손익이 내재가치가 변동해서 생긴 것인지 아니면 단순한 회계처리 방법의 차이로 인한 발생액(accruals) 때문에 생긴 손익인지에 대해 주의를 기울여야 한다. 현재 현금흐름을 동반한 손익, 미래에 현금흐름의 변화를 가져오는 것을 선반영한 손익, 과거에 이미 발생한 현금흐름의 변화를 후반영한 손익만이 기업의 내재가치 변동을 반영하는 손익이다. 모든 손익이 똑같은 것이 아니며, 손익의 본질에 따라 주가에 반영되는 정도도 다르다. 현금흐름이 동반되는 손익이 아니라면 손익계산서에 손익이 기록되었더라도 그 손익이 주가에 반영되는 정도는 거의 없거나 있더라도 미미할 것이다.

다른 대기업집단은 어떻게 지배력을 판단했을까?

현대자동차의 2011년 당시 회계처리가 예외적인 것은 아니다. 당시에도 과거 회계기준에 따라서 연결재무제표를 작성해오던 자회사들 중 지분비율이 50% 미만인 회사들을 연결재무제표 작성대상에서 빼버린 대기업집단 소속 기업들이 다수 있다. 예를 들어 LG그룹은 과거 연결대상 종속기업이 161개였으나 IFRS를 적용하자 26개로 대폭 감소했다. 즉 지분비율이 50%가 되지 않는 피투자기업들을 모두 연결대상에서 제외한 것이다. GS그룹도 29개 피투자기업을 연결대상에서 제외했다. 따라서 LG그룹이나 GS그룹도 상당히 큰 금액의 처분손익을 기록했을 것임을 알 수 있다. 현대자동차는 기아자동차뿐만 아니라 현대하이스코 및 현대다이모스를 연결대상에서 제외했다. 즉 50%를 초과한 지분을 보유하지 않는 피투자기업들을 모두 연결대상에서 제외한 것이다.

필자는 왜 당시 많은 기업들이 지분비율이 50% 미만인 피투자기업을 연결대상에서 제외하는 의사결정을 내렸는지 잘 알지 못한다. 지분비율이 50% 미만일지라도 실질지배력을 행사한다고 볼 수 있는 경우가 많기 때문이다. 필자가 추측할 수 있는 한 가지 이유는 연결재무제표를 작성하는 것이 매우 복잡하고 큰 비용도 소모된다는 점이다. 연결회계를 처리할 수 있는 전산시스템을 만들기 위해서는 당시에도 최소한 수억 원이 소요되었을 것이다. 따라서 기업 입장에서는 번거롭고 큰 비용도 드는 연결재무제표 작성을 회피할 충분한 이유가 있다.[7]

물론 지분비율이 50% 미만이지만 실질지배력을 보유하고 있다고 판단해서 계속해서 연결재무제표를 작성한 기업들도 있다. 즉 회사마다 독자적인 판단에 따라 연결재무제표 작성에 관한 결정을 내린 것이다. IFRS에서는 실질지배력을 행사하고 있는지에 관한 판단을 기업이 스스로 내리도록 하고 있다. 따라서 자회사에 대한 지분율이 비슷하더라도 회사마다 판단이 달라질 수 있다.

어떤 이유에서 피투자회사를 연결 또는 연결에서 제외하기로 결정했든 간에, IFRS에서는 왜 그런 결정을 내렸는지를 설명하도록 한다. 그래야 회계정보의 이용자들이 그 이유를 이해하고 의사결정에 반영할 수 있기 때문이다. 피투자회사에 대한 지분비율이 50%를 초과한다

---

7 물론 반대의 유인도 존재한다. 연결재무제표를 작성하면 종속회사가 합해지므로 더 큰 기업처럼 보일 수 있다. 따라서 외향적으로 크다는 것을 보여주려는 의도가 있다면 되도록 연결하는 것을 선호할 수 있다.

LG트윈타워
2011년 IFRS를 도입하자 LG그룹은 연결대상종
속기업 수를 161개를 26개로 대폭 축소했다. 그
결과 연결재무제표 작성의 대상이 되는 자회사
수가 크게 감소했다.

면 굳이 연결한 이유를 설명하지 않아도 알 수 있다. 만약 지분비율이 40%에 육박하면서 동시에 최대주주인 경우에도 연결하거나 연결하지 않았다면 왜 그런 판단을 했는지 이유를 설명해야 한다. 그런데 안타깝게도 대부분의 기업들은 이런 설명을 제대로 하지 않았다. 이후 꽤 오랜 시간이 흐른 현재까지 기업들의 공시 내용은 별로 변하지 않았다. 기업에 자금을 제공한 주주나 기타 이해관계자에게 자세한 정보를 제공하는 것은 기업의 의무라는 점을 깨닫고, 한국 기업들이 앞으로는 좀 더 주주들과 자세히 소통할 수 있기를 바란다.

실질지배력 획득이 발생한 경우: 금호리조트 사례

앞에서 설명한 현대자동차 사례는 지배력을 상실한 경우의 회계처리다. 반대로 지배력을 획득한 사례도 존재한다. 금호아시아나그룹의 다음 사례를 살펴보자. 금호아시아나그룹의 지주사인 금호산업은 비상장사인 금호리조트의 주식 100%를 보유하고 있었다. 2000년대 후반 대우건설 인수 실패로 경영 위기에 처한 금호산업은 2010년부터 2011년까지 금호리조트 주식의 50%를 CJ대한통운과 금호고속에 각각 매각한다. 금호고속은 금호아시아나그룹의 계열사이지만, CJ대한통운은 CJ그룹의 계열사다. 두 회사의 지분비율이 똑같아 두 회사 중 누구도 단독으로 금호리조트를 지배할 수 없게 됐다.

매각대금은 826억 원이며 금호산업은 이 매각으로 인해 투자주식처분손실 53억 원을 계상했다. 금호리조트가 비상장사이므로 금호리조트의 주식은 시가가 존재하지 않는다. 따라서 이 매각금액은 가치평가 과정과 협상을 통해 결정되었을 것이다. 이런 자구 노력에도 불구하고 금호산업의 박삼구 회장은 경영권을 잃고 그룹은 워크아웃에 들어가게 된다.

이 매각으로 인해 금호산업은 금호리조트에 대한 지배력을 상실했으므로 금호리조트는 연결대상에서 제외된다. 다만 지분 매각 후에도 50%의 지분을 계열사가 보유하고 있으므로 상당한 영향력을 행사할 수 있다고 보아 지분법 회계처리를 한다. 매각 당시 처분손실이 기록된 것을 보면 원래의 장부가보다 더 낮은 가격에 주식을 매각했다. 즉 금호리조트 주식을 보유하고 있던 동안 금호리조트의 가치가 하락했다는 점을 알 수 있다. 그러므로 처분한 주식의 매각손실을 인식하는 것뿐만 아니라 계속 보유하고 있는 나머지 지분 50%의 가치하락분에 대해서도 손실을 인식해야 한다. 사업보고서상의 공시 내용이 부족해 정확히 알 수 없지만, 매각한 지분이 정확히 50%이므로 전체 처분손실 53억 원 중 절반이 실제 처분된 지분 50%와 관련된 손실이다. 나머지 절반이 계속해서 보유 중인 지분 50%를 낮은 시가로 평가해서 발생한

(즉 장부가와 시가의 차이를 기록한) 손실임을 짐작할 수 있다. 그 후 금호고속의 지분도 외부에 매각해 금호아시아나그룹은 금호리조트의 주식을 전혀 보유하지 않게 된다.

5년이 흐른 2014년 1월, 금호아시아나그룹은 CJ대한통운이 보유하고 있던 금호리조트의 지분 50%를 재취득한다. 그룹의 재무상황이 개선되었으므로 팔았던 계열사를 되찾아온 것이다. 이때의 취득가격은 695억 원이다. 826억 원에 팔았다 695억 원에 되산 것이다. 그렇지만 지분비율이 50%일 뿐이므로 금호아시아나그룹이 경영권을 보유한다고 할 수 없다. CJ대한통운이 반대한다면 50%의 지분만으로는 의사결정에 필요한 과반수의 지분에 미달하기 때문이다. 8월 들어 금호아시아나그룹은 금호리조트의 유상증자를 실시하고, 이때 반행된 주식을 인수한 결과 지분비율이 51%로 증가한다. 즉 50%를 초과하는 지분을 취득했으므로 지배력을 가지게 되었다. 그 결과 기존에 보유하고 있던 50% 주식의 장부가와 8월의 시가 사이의 차액을 처분손익으로 인식해야 한다.

그런데 상식적으로 보면 주식의 취득 시점(2014년 1월)과 경영권의 획득 시점(2014년 8월) 사이에 7개월의 차이밖에 없으므로, 7개월의 기간 동안 주식 가치가 크게 변하기는 어려울 것이다. 그렇지만 금호아시아나그룹은 이 거래와 관련해서 1,327억 원의 처분이익을 기록한다. 금호리조트가 비상장회사이므로 객관적인 주가는 존재하지 않는다. 따라서 당시 평가된 기업 가치는 외부 평가사에 의뢰해서 얻은 수치일 것이다. 어쨌든 7개월 동안 금호리조트의 가치가 1,327억 원만큼 증가했다고 본 것이다.

지주사 전환과 자회사의 경영권 획득

앞에서 소개한 사례들과는 달리 지배구조 개편 시 지주사 전환을 하는 과정에서도 유사한 회계처리가 종종 발생한다. 이 경우는 상당히 복잡하기 때문에 간단히 핵심만 요약한 다음의 사례를 통해 공부해보자.

지배주주 A가 B기업의 주식 20%를 보유하고 있다고 가정하자. 또한 B는 자사주 10%를 보유하고 있다. 이 자사주는 10년 전 구입한 것으로서 구입 당시의 가격으로 회계장부에 기록되어 있다. 나머지 70%의 주식은 불특정 다수의 소액주주에게 분산되어 있다. 바로 〈그림 1〉이다. 이 경우 B가 기업분할을 통해 지주사 체제로 전환하는 과정을 살펴보자.

B를 가치가 동일한 두 회사 B1과 B2로 분할한다. 그 결과 B의 주식을 보유하고 있던 기존의 주주들은 B1과 B2의 주식을 보유하는 것으로 바뀐다. 즉 주주들의 지분비율이나 각 주주의 부(富)는 변하지 않는다. 즉 지배주주 A는 B1과 B2의 주식을 각각 20% 보유하게 된다.[8] 이때 분할 시점에서 B가 보유하고 있던 자사주는 모두 B1에게 할당한다. 그런데 B의 주식이 B1과 B2로 분할된 것이므로, B1은 자사주 10%와 B2의 주식 10%를 보유하는 것으로 바뀐다. 이처럼 분할 후 지주사가 되는 회사(B1)에는 주식과 현금을, 반대로 분할 후 사업자회사가 되는 회사(B2)에는 매출채권·재고자산 등의 유동자산과 기계·설

---

8 여기에서는 간단히 설명하기 위해 B1과 B2의 가치가 동일한 경우에 대해 설명한다. 실제 사례에서는 대부분 지주사가 되는 B1보다 사업자회사가 되는 B2의 가치가 훨씬 크도록 분할된다.

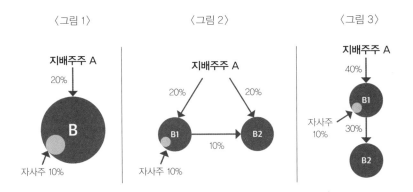

•• 지배구조 개편 과정에서의 경영권 획득

〈그림 1〉　　　　　　〈그림 2〉　　　　　　〈그림 3〉

비 등의 유형자산을 배분하는 것이 일반적이다. 이 상황을 표현한 것이
〈그림 2〉다. 이런 형태로 기업을 분할하는 것을 인적분할이라고 부른다.

〈그림 2〉까지 이루어지면 B1은 B2의 지분 10%를 보유하게 된다.
그렇지만 10%의 지분은 경영권을 행사하기 부족하다. 또한 A가 보유
한 B1의 지분 20%도 경영권을 행사하기 부족하다. 따라서 다음 단계
의 거래가 이루어진다. B1이 B2의 주식을 공개매수하는 것이다.[9] A는
보유하고 있던 B2의 주식을 B1에게 매각하고, 이때 받은 돈으로 B1
의 주식을 매수한다. 공정한 거래가 이루어진다면 A가 보유한 B1의 지
분은 20%에서 40%로 증가한다. B1과 B2의 가치를 동일하게 분할했
기에 두 주식의 시가도 동일하기 때문이다. 이렇게 되면 A는 B1의 지

---

9 공개매수가 아니라 주식교환(B1의 신주를 발행해 B2의 주식과 교환)의 방법을 사용하기도 한다. 지
주사 전환과정에 대한 더 자세한 설명은 『숫자로 경영하라 3』에 실린 'LG그룹의 지주회사 전환
과정과 지주회사 전환의 효과'를 참조하라.

분 40%를 확보해 B1을 거의 확실히 지배할 수 있다. B1에 대항할 만한 지분을 가진 다른 주주가 없이 나머지 60%의 지분이 다수의 소액주주에게 배분되어 있기 때문이다. 또한 B1은 기존에 보유하고 있던 주식 10%와 A로부터 매수한 주식 20%를 합해서 B2의 주식을 총 30% 보유하게 된다. 〈그림 3〉에 표시된 경우다.

A만 보유하고 있던 주식을 B1에게 매각하는 것이 아니다. 다른 주주들 중 일부도 보유하던 B2 주식을 B1에게 매각할 수 있다. 만약 B1이 B2의 주식을 추가로 15%만큼 더 매수한다면 지분율은 45%가 된다 (이렇게 주식을 매입할 수 있도록 B를 분할할 때 현금을 주로 B1에게 배정한다). 45%를 보유한다면 B1이 B2를 실질적으로 지배한다고 볼 수 있다. 즉 지주사 체제가 완성된 것이다.

지주사 전환에 따른 오리온홀딩스의 처분손익 기록

지주사 체제가 완성되는 경우 10년 전 구입해 보유하고 있던 자사주의 장부가와 경영권을 획득한 시점의 시가를 비교해, 둘 사이의 차이를 처분손익으로 기록한다. 현대자동차나 금호산업의 사례와 동일한 회계처리가 이루어지는 것이다.[10] 즉 시가가 상승했다면 이익을, 시가가 하락했다면 손실을 적는 것이다. 그리고 주식의 가치는 모두 시가로 기록한다.

---

10 단 현대자동차나 금호산업의 경우는 투자주식처분손익에 해당되며, 지주사 전환의 경우에는 자기주식처분손익에 해당된다.

이런 회계처리를 하는 이유는 동일한 자산(주식)을 동일한 가격에 기록해야 하기 때문이다. 예를 들어 10년 전에 구입한 주식 1주의 구입가가 1만 원이고 지금 구입한 동일한 주식 1주의 구입가가 3만 원인 경우를 생각해보자. 이때 보유 중인 주식 2주의 가치를 단순히 1만 원과 3만 원을 합한 4만 원으로 기록하는 것이 아니다. 추가적인 주식 취득으로 경영권을 획득해 주식의 분류가 달라졌기 때문에, 2주를 모두 현재 시가에 따라 평가해 6만 원으로 기록하는 것이다. 그리고 구입가(4만 원)와 시가(6만 원)의 차이 2만 원은 처분이익으로 기록한다.

현재 우리나라에서는 상장기업 중에서만 거의 200개가 넘는 지주사가 존재하는 것으로 알려졌다. 1998년 외환위기를 겪은 이후 우리나라에서는 지배구조를 개선하기 위해 기업들의 지주사 전환을 정부가 나서서 적극적으로 장려해왔다. 그 결과 지주사 체제로 전환한 기업들의 숫자가 크게 증가한 것이다. 이런 내용을 보면, 앞에서 설명한 사례와 같이 지주사 전환 이전에 자사주를 보유하고 있던 기업들은 지주사 전환과정에서 상당한 평가손익을 기록했을 것임을 짐작할 수 있다.

예를 들어 2017년 구 오리온㈜은 회사명을 오리온홀딩스로 바꾼 후 회사를 인적분할해 ㈜오리온을 탄생시킨다. 즉 오리온홀딩스에서 ㈜오리온이 떨어져 나온 것이다. 그 후 앞에서 설명한 것과 유사한 거래를 통해 오리온홀딩스를 지주사로, ㈜오리온을 사업자회사로 전환한다. 이때 오리온홀딩스의 공시 내용을 살펴보자.

당기 중 당사의 인적분할, 현물출자 및 사업결합으로 인하여 주식회사 오리온이 종속기업으로 편입되었습니다. 2017년 6월 1일 기준 인적분

할 당시 당사가 보유 중이던 자기주식에 대하여 당사의 분할비율에 해당하는 분할신설법인인 주식회사 오리온의 지분 340,286백만 원을 취득하였습니다. 이후 2017년 11월 15일을 기일로 하여 주식회사 오리온의 주주들로부터 당해 주식회사 오리온의 주식을 현물출자 받고, 그 대가로 현물출자한 주주들에게 당사의 신주를 발행, 배정하는 유상증자를 실시하였습니다. 유상증자로 증가한 주식회사 오리온의 종속기업투자 장부금액은 1,250,000백만 원입니다. 당사의 지분율은 50% 미만이나, 대주주 등과의 의결권 행사 등에 관한 약정의 존재 등을 종합적으로 고려하여 지배력이 있는 것으로 판단하여 종속기업투자로 분류하였습니다.

이상의 공시 내용은 지주사 전환 절차를 설명하는 내용이다. 이에 따라 보유하고 있던 자사주의 회계처리에 대한 공시 내용은 다음과 같다.

분할에 따라 당사가 보유 중인 자기주식 중 분할비율에 따라 분할신설회사인 주식회사 오리온의 지분(종속기업투자)으로 대체되었고, 공정가치로 측정한 종속기업투자와 자기주식 장부가액의 차이가 자기주식처분이익으로 인식되었습니다.

이때 발생한 자기주식처분이익이 3,037억 원이다. 즉 자사주를 보유하고 있던 기간에 발생했지만 장부가에 반영하지 않았던 시가 변동분을 이 시점에 모두 반영해 시가로 기록하는 것이다.

사례에서 볼 수 있듯이, 결론적으로 앞에서 설명한 시가평가 관련 회계처리는 국내에서 자주는 아니지만 가끔 발생하는 회계처리다. 회계사

오리온 누리집
오리온은 지주사 전환의 결과 보유하고 있던 자사
주의 분류기준이 바뀌게 된다. 그 결과 자사주의
보유기간 동안 시가 변동분인 3,307억 원을 한꺼
번에 이익으로 인식한다.
(출처: www.orionworld.com)

나 회계학자 중에서도 이런 회계처리 방법에 대해서 알지 못하는 경우
가 많다. 이런 사례를 직접 경험한 사람들은 극소수이기 때문이다.[11] 어
쨌든 이 회계처리의 결과로 한꺼번에 큰 금액의 손익이 기록되게 된다
는 것은 알아두자.

삼성바이오로직스의 회계처리를 둘러싼 논란

2015년 삼성바이오로직스는 자회사 삼성바이오에피스에 대한 경영권
을 잃었다고 판단해 종속회사에서 관계회사로 재분류한다. 오랫동안 공
들여 개발한 신약이 판매허가를 받아 앞으로 큰돈을 벌 수 있을 것으로
예상되어 기업 가치가 급등한 것으로 평가되었고, 그 결과 앞으로 옵션

---

11 실질지배력의 변동이 수시로 일어나는 일이 아닌 만큼, 실질지배력의 변동 시 어떻게 회계처
리해야 하는지 회계 전공 교수나 회계사 중에서도 잘 알지 못하는 경우가 많다. 필자도 이 사
건 때문에 관련해 많은 공부를 했다.

(주)오리온에서 생산되는 과자들
2017년 오리온은 사명을 오리온홀딩스로 바꾼 후 회사를 인적분할
해 (주)오리온을 탄생시킨다. 그 결과 오리온홀딩스는 지주사로서
(주)오리온을 지배하게 된다.

을 보유한 합작 파트너인 바이오젠이 옵션을 행사해 지분 50%를 확보
할 것이 예상되므로 삼성바이오로직스가 독자적으로 경영권을 행사할
수 없으리라 판단했기 때문이다. 보유하고 있던 주식을 재분류한 결과,
삼성바이오에피스의 주식을 장부가에서 시가로 재평가하게 되어 총
4조 5천억 원의 이익을 기록한다.

이를 둘러싸고 나중에 엄청난 논란이 벌어진다. 참여연대가 이 회계
처리가 분식회계라고 주장하면서 이슈화했기 때문이다. 2017년 가을 삼
성물산과 제일모직이 합병할 당시 삼성그룹의 지배주주가 더 많은 지
분을 보유한 제일모직의 주가를 올려서 지배주주에게 유리한 합병비율
을 만들어야 하는데, 그러기 위해서 제일모직의 자회사인 삼성바이오로
직스의 가치를 부풀리려는 목적으로 수행한 분식회계라는 주장이다.

회계를 잘 모르는 사람이 보기에는 4조 5천억 원의 이익을 기록했다는 것이 이상하게 보일 것이다. 그렇지만 필자의 견해로는 분식회계라고 보기 힘들다. 앞에서 설명한 것처럼 실질지배력의 변동과 관련해서 이와 유사한 회계처리가 그동안 이미 여럿 발생했었으며, 금액이 큰 것은 다수의 신약 개발에 성공한 결과 기업 가치가 그만큼 상승한 것으로 평가되었기 때문이다. 4조 5천억 원이 근거 없이 부풀린 숫자처럼 보일 수도 있겠지만, 삼성바이오로직스의 시가총액이 현재 50조 원도 훨씬 넘는 것을 보면 당시의 평가금액은 매우 보수적인 수치였다.

이 평가이익은 앞에서 설명한 것처럼 회계기준의 차이로 나타나는 평가이익으로서 손익계산서상에서 영업외손익으로 분류된다. 따라서 영업이익에 영향을 미치지 않는 항목이며 현금흐름을 동반한 것이 아닌 발생액일 뿐이라서 주가에도 거의 영향을 미치지 않는다. 즉 기업의 본질가치와는 관계가 없어서, 이미 증가한 기업 가치를 언제 어떤 방법으로 기록할 것이냐에 대한 의견 차이만 있는 사건이다. 따라서 평가를 어떻게 했느냐의 여부와 그 결과 모회사 제일모직의 주가가 올랐느냐는 여부는 거의 관계가 없다.

또한 이 회계처리는 삼성물산과 제일모직의 합병 전이 아니라 합병 훨씬 후에 이루어졌다. 즉 합병 시점의 두 합병 대상 기업의 주가 비율에 영향을 미칠 수 없었다. 참여연대 측 인사들의 일부도 상당한 시간이 흐른 후 이런 사실을 알게 되자 "합병비율을 사후 정당화하기 위해 분식회계를 했다."라고 주장의 내용을 슬그머니 바꾸었다. 그렇지만 이렇게 주장이 바뀌었다는 것은 거의 알려지지 않았고, 수년이 지난 현재까지도 대부분의 사람들은 두 회사의 합병 이전에 회계처리가 이루어졌다고 오해하고 있다.

금융감독원의 말 바꾸기와 정치적 행보

참여연대의 공격이 제기되기 이전인 2015년, 삼성바이오로직스가 상장할 때 회계감리를 실시한 한국공인회계사회에서도 이 회계처리를 조사한 후 적정하다는 판단을 내렸다. 참여연대의 질의에 따라 금융감독원도 이 회계처리를 조사한 후 마찬가지로 적정한 회계처리라는 판단을 내렸다. 여기에 더해 이런 결정을 내린 이유에 대해 발표까지 했었다. 그렇지만 2017년 들어 정권이 바뀐 직후 금융감독원은 이 사건에 대해 재조사를 착수했고, 이후 이 회계처리가 고의적인 분식회계라고 주장하기 시작했다. 금융 당국에서 분식회계라고 공식적인 판정을 내린 것은 2018년 말이니, 판정을 내리기 약 1년 반 전부터 이미 분식회계라는 답이 결정된 듯한 모습이었다.

이런 일이 발생하자 회계업계와 학계의 다수 인사들은 크게 반발한다. "정치가 왜 회계에까지 개입하느냐."라는 반론이다. 금융감독원은 이 사건을 '삼성바이오로직스의 분식회계 사건'이라고 부르지만, 업계와 학계에서는 '금융감독원의 분식회계 조작 사건'이라고 부를 정도로 의견 차이가 크다. 전문적인 회계 이슈에 대해 전문가들의 판단을 믿지 않고 비전문가인 법원에서 판단해야 하는 사실이 서글프다. 앞으로 법원에서 객관적인 증거에 입각해 공정하게 판단하기를 기대할 뿐이다. 아직도 재판이 진행 중이지만, 앞으로도 최소 1~2년은 더 걸려야 1심 결과가 나올 것이다. 그러니 3심까지 모든 결과가 나오려면 얼마나 오랜 시간이 걸릴지 모른다.

필자가 이런 설명을 했다고 해서, 필자가 '삼성물산과 제일모직의 합

삼성바이오로직스
2015년 삼성바이오로직스에서 수행한 회계처리가 엄청난
논란거리가 된다. 당시 제일모직의 지배주주인 이재용 씨에
게 유리하도록 분식회계를 수행했다는 비난이 제기되었기
때문이다.

병이 공정하게 이루어졌다.'라고 주장하는 것은 아니라는 점을 명확히

해둔다. 두 회사의 합병이 적법한 절차에 따라 이루어졌는지는 재판에

서 다루어질 일이며 회계 이슈도 아니다. 그 이슈에 대한 자세한 정보

도, 전문성도 없으므로 필자는 그 재판에 대해 논의할 위치에 있지 않

다. 다만 그 사건을 의도한 방향으로 끌고 가기 위해, 사건과 아무 관계

가 없는 회계 이슈를 만들어내 이용하는 것이 아닌지 합리적인 의심이

들 뿐이다.[12]

---

12 이 내용은 필자의 개인적인 견해일 뿐이며, 이 표현에 대한 물증은 필자가 가지고 있지는 않
다는 것을 명확히 밝힌다. 다만 금융감독 당국의 재조사 착수, 무엇이 왜 분식회계인지를 몇
번이나 바꾼 조사과정, 그리고 검찰의 수사가 3년이나 지속된 점을 보면 정치적 목적이 있는
것이 아니냐는 의심이 든다. 정상적인 상황이라면 이런 이상한 일이 벌어지지 않았을 것이기
때문이다. 정권 교체 직후 금융감독원이 삼성바이오로직스뿐만이 아니라 다른 몇몇 대기업에
대해서도 동시에 대대적인 조사를 시작했다는 점도 이 사건이 정치적으로 의도된 사건일 가
능성이 있음을 암시한다. 필자의 이런 견해에 대해 많은 회계 전문가가 동조하고 있다. 물론
전문가들 중 필자의 이런 의견에 동의하지 않는 사람들도 소수 존재한다.

삼성바이오로직스와 한국의 미래는?

이런 일이 벌어지던 동안 삼성바이오로직스는 수많은 직원을 고용하고 해외에서 엄청난 돈을 벌어오는 훌륭한 기업으로 성장했다. 열심히 일해서 우리나라의 미래 먹거리가 될 훌륭한 기업과 수많은 일자리를 창출해낸 삼성바이오로직스의 최고경영진을 감옥에 보내고 회계사들의 면허를 정지시켜 생계 수단을 빼앗는 것이 국가에 무슨 도움이 될까? 엔지니어 출신이 대다수인 삼성바이오로직스의 최고경영진이 과연 당시 이 복잡한 회계처리가 무엇인지 정확히 알기나 했을까? 이들이 삼성물산과 제일모직의 합병과 무슨 관계가 있을까? 이재용 회장이나 삼성그룹의 수뇌부가 합병과정에서 잘못했다면 책임져야 하겠지만, 그들을 혼내주기 위해 합병과 아무 관련 없는 삼성바이오로직스의 경영진이나 당시 감사를 수행한 회계사들을 감옥에 보낼 필요는 없다. 여러 의문과 생각이 꼬리에 꼬리를 물고 떠오른다.

　삼성바이오로직스를 둘러싼 논란과 사건의 전개과정에 대해서는 다른 글을 통해 자세히 설명하도록 하겠다. 워낙 복잡한 내용이 많아 짧은 글 한두 편에 다 담을 수 있는 분량이 아니다. 어쨌든 이런 일이 다시는 일어나서는 안 된다는 교훈을 남기기 위해서라도 사건의 전말을 정확히 기록해서 후세의 사람들에게 알려야 한다고 생각한다. 이 사건과 관련해 재판이 진행되고 있는데, 이런 복잡하고 전문적인 내용들을 판사가 잘 이해하고 올바른 판결을 할 수 있을지 궁금하다. 판사가 어떤 판결을 하는지와 무관하게 진실이 무엇인지는 세상에 알리도록 하겠다.

● 후기

필자는 위의 글을 작성해 2021년 4월 〈동아비즈니스리뷰〉에 기고했다. 이 글을 작성한 이유는 당시 금융감독원과 검찰에서 "지배력 변경이 있을 경우 보수주의적인 철학에 입각해서 피지배회사의 가치가 하락한 경우에만 평가손실을 적고 그 반대로 피지배회사의 가치가 상승한 경우에는 평가이익을 적지 않는다."라고 하며, "따라서 지배력 변경이 있었다고 해서 평가이익을 기록한 삼성바이오로직스의 회계처리는 분식회계"라고 주장하고 있었기 때문이다. 너무 복잡한 내용이라 간단하게 설명하기란 어렵지만, 우발손실은 손익계산서에 기록하지만 우발이익은 적지 않는 회계관습과 동일한 방식으로 회계처리하는 것이라는 주장이다. 그래서 금융감독원과 검찰의 주장이 사실이 아니라는 점을 보여주기 위해, 과거 지배력 변경 때문에 평가이익을 기록한 현대자동차나 금호산업의 사례를 찾아 이 글을 작성했다. 지배력의 변경이 있다면 해당 주식을 보유하고 있던 동안 미인식됐던 평가이익이나 손실을 모두 기록하는 것이지, 그중에서 평가손실의 경우만 기록하는 것이 아니라는 것을 이해했기를 바란다.

회계로 본 세상

삼성물산과 제일모직이 합병해 새로운 삼성물산이 탄생할 당시, 미국의 헤지펀드 엘리엇이 합병안에 반대해 삼성 측과 표 대결을 벌였다. 그 후 2018년 7월 엘리엇은 한국 정부를 상대로 투자자-국가 간 소송 (Investor State Dispute Settlement, ISDS)을 제기했다. 제일모직 주주들에게 손해를 가져오는 불공평한 합병인데, 한국 정부가 합병을 부당하게 지원해서 합병이 성사되었으므로 엘리엇이 입은 손해를 물어내라는 주장이었다. 한국 정부가 합병을 부당하게 지원했다는 것은 정부 산하기관인 국민연금이 합병에 찬성표를 던졌던 것을 말한다. 최초의 소송금액은 약 9,200억 원이다. 그러나 이 금액은 시간이 지남에 따라 훨씬 더 증가할 것으로 예측된다. 만약 엘리엇이 재판에서 승리한다면, 소송에 참여하지 않았지만 주주총회에서 합병안에 반대표를 던졌던 제일모직의 다른 주주들도 다시 소송을 제기할 것이기 때문이다.

ISDS란 외국에 투자한 기업이 투자국에서 부당한 피해를 봤을 때 국제기구에 소송을 제기하는 제도다. 해당 국가에 소송을 걸어도 승리하기 힘들므로 공정한 국제기구에서 심판하자는 취지에서 만들어진 제도다. 우리나라의 경우 론스타 펀드가 제기한 소송이 ISDS에서 진행 중이다.

그런 상태에서 엘리엇이 소송을 제기하자 정부는 깜짝 놀랐다. 여권에서는 격한 반응을 쏟아냈다. 엘리엇이 삼성물산에 투자했다가 큰돈을 벌어갔는데, 더 큰돈을 벌겠다고 소송을 걸었으니 놀랄 만도 하다.

소송이 제기된 후 한국 정부는 "합병은 정당하게 이루어졌다."라고 변호했다. 그렇지만 당시 정권에서 합병 시점의 국민연금 관련 책임자였던 문형표 복지보건부 장관과 실무를 담당했던 홍완선 국민연금공단 기금운용본부장이 합병과정에 개입했다면서 적폐라고 감옥에 보낸 바 있는데, 소송이 제기된 후 정부가 개입한 적이 없다고 입장을 바꿨으니 소송에서 이기기가 쉽지 않을 것이라는 전망도 일부에서 제기되고 있었다.

어쨌든 소송이 제기되기 전 삼성을 비판하는 말잔치를 벌이던 다수의 정치인이, 소송이 제기되자 이 사건에 대해 한결같이 입을 닫았다. 만약 한국 정부가 패소해서 엄청난 돈을 엘리엇에게 물어주어야 한다면 누구 때문이냐는 책임 논란이 벌어질 것을 회피하려는 의도였을 것이다.

이런 상황이 전개되던 2020년 9월, 검찰은 이재용 회장을 기소했다. 부정한 방법으로 삼성물산과 제일모직을 합병시켰다는 이유며, 합병을 사후 합리화하기 위해 삼성물산의 자회사인 삼성바이오로직스에서 4조 원대의 분식회계를 했다는 주장이다. 합병은 정당하게 이루어졌다는 ISDS 소송에 임하는 정부의 입장과는 정반대의 견해다. 필자는 앞으로 이 사건이 어떻게 진행될지에 대해서는 알지 못한다. 합병 시점에 어떤 일이 벌어졌는지나 정말로 주가조작이 있었는지 알지 못하고, 이런 내용들은 회계 관련 전문 영역도 아니기 때문이다. 다만 합병과 삼성바이오로직스의 회계처리가 아무 관계가 없다고 필자가 믿는다는 것은 다시 한번 명확하게 밝히겠다.

참고로 이 사건과 관련해서 필자가 2019년 초 〈중앙일보〉에 기고한 칼럼(표현을 일부 수정함)을 싣는다. 이 글이 논란을 불러일으킬 것을 사전에 알았으므로, 개인적인 의견은 배제하고 객관적인 사실만을 이용해서 글을 썼다. 사실이 아닌 일을 사실처럼 썼다가 공격의 빌미가 되지 않기 위해서다. 어쨌든 이 칼럼을 발표해서 특정 정치집단의 공격목표가 됨으로써 필자는 수백 통의 전화와 문자, 이메일을 통한 욕설과 협박을 받았다. 직접 연구실까지 찾아와서 행패를 부린 사람도 있었다. 그러나 그런 사람들보다 몇 배나 많은, 알거나 알지 못하는 사람들이 보낸 감사나 격려의 이메일, 문자, 전화도 받았다는 사실을 밝힌다. 당시 너무 바빠서 그분들에게 일일이 답장을 드리지 못했었는데, 이 기회를 빌려 '격려해주셔서 감사하다.'라는 인사 말씀을 드린다.

삼성바이오로직스 사건과
무시된 회계 전문가의 견해

수백 명의 과학자가 성명을 발표하는 등 집단으로 저항함에 따라, 전 정권에서 임명된 신상철 카이스트(KAIST) 총장을 쫓아내고 자기 측 인사를 임명하려던 정부의 계획이 좌절되었다. 이와 유사하게 정부에 대해 학자들이 반발하는 일은 다른 학문 분야에서도 발생했다. 일부에서 '삼성바이오로직스(이하 SBL) 분식회계', 다른 쪽에서는 '금융감독원의 분식회계 조작 사건'이라고 부르는 사건이다. 이 사건은 2018년과 2019년 회계학계를 뜨겁게 달아오르게 했다. 필자를 비롯한 여러 저명한 학자가 "SBL의 회계처리가 잘못되지 않았다."라는 의견서를 발표했으며, 사석에서도 이와 관련한 견해를 쏟아냈다. 평상시는 금융 당국의 눈치를 보던 회계법인업계도 이 사건에 대해서는 크게 반발하고 있다.

최초로 이 사건을 문제 삼은 참여연대나 몇몇 정치인은, 삼성물산과 제일모직의 합병 시 이재용 회장의 지분비율이 높은 제일모직에 유리하도록 합병비율을 조정하려고 제일모직의 자회사 SBL의 가치를 부풀려 평가해 이익을 과다하게 기록하는 분식회계를 했다고 주장했다. 이 말이 사실이라면 합병 발표 전 문제가 된 회계처리가 이루어졌어야 할 텐데, 실제로는 합병 발표 10개월 뒤에 알려진 회계처리다. 기업의 본질가치와도 상관없어, 증가한 기업 가치를 언제 어떻게 기록할 것인지에 대한 의견 차이만 있는 사건이다.

이 회계처리가 왜 잘못인지에 대한 금융 당국의 주장이 사건이 진행되던 1년 동안 수차례 변했다는 점을 봐도 뭔가 이상하다는 생각이 든다. 분식회계가 아니라 올바른 회계처리라는 것을 보여주는 내부 자료가 '분식회계를 공모한 결정적인 증거'라며 앞뒤 내용을 다 잘라내고 일부만 발췌해 언론에 소개되기도 했다. 최종적으로 발표된 분식회계의 이유도 참여연대의 주장과 관련이 없는 내용이며, 심지어는 SBL의 가치를 과다하게 평가한 것이 아니라 정반대로 과소하게 평가했다는 내용이다. 처음에는 SBL의 가치를 부풀려 모회사인 제일모직에게 유리한 회계처리를 했다고 주장했는데, 부풀린 것이 아니라 SBL의 가치를 과소하게 평가했는데도 어떻게 계속해서 제일모직에게 유리하도록 의도적으로 분식회계를 했다고 주장하는 것인지 잘 이해가 되지 않는다.

이 사건의 핵심은 전문용어로 표현하면 '지배력의 존재 여부 판단'과 관련된다. 다수의 학자나 회계업계에서는 개별 회계처리 방법의 적정성 여부를 떠나 국제회계기준(IFRS)의 접근 방법에 비추어봐도 현 금융 당국의 주장은 문제가 있다고 본다. IFRS는 '원칙중심 회계기준'이라고 불리며, IFRS 도입 이전 우리나라에서 사용하던 회계기준이자 현재 미국과 일본에서 사용 중인 '규정중심 회계기준'과 대립되는 개념이다. 모든 상황에 대한 세부적인 규정을 사전에 마련할 수 없으므로, 이 사건처럼 세부적인 규정이 없는 경우라면 의사결정의 준거점이 되는 큰 틀만 제공하는 것이 IFRS다. 전문가가 그 틀에 따라 적정한 회계처리 방법이 무엇인지 판단하므로, IFRS상에서는 동일한 사안임에도 판단이 다르다면 서로 다른 결과가 나올 수 있다. 따라서 전문가가 왜 그런 판단을 했는지를 주석을 통해 설명한다. 이해관계자들이 그 이유를 알 수 있도록 하자는 것이다. 즉 전문가의 판단을 존중하자는 것인데, 전문가가 아닌 사람들이 나서서 전문가의 판단이 틀렸다고 하는 기묘한 일이 벌어지고 있다.

SBL의 회계처리가 논란을 불러일으킨 것이 사실이다. 그런데 SBL은 이를 숨긴 것이 아니라, 세 곳의 대형 회계법인과 수차례 논의를 거쳐 이 방법이 적정하다고 판단했고 공시도 했다. SBL의 공시 내용이 충분한가에 대해서는 이견이 있을 수 있다. 그렇지만 다수의 전문가가 당시 그 회계처리 방법이 옳다고 판단했고, 사후적이지만 SBL의 상장 당시 재무제표에 대한 감리를 수행한 공인회계사회나 전 정권의 금융 당국, 그리고 현재 다수의 학자 역시 그 회계처리 방법이 옳다고 판단했다. 이것을 보면 그 방법이 터무니없다고 보이지 않는다.

대다수의 학자나 회계사는 오히려 현재 금융 당국이 주장하는 회계처리 방법이 더 문제가 많다고 생각한다. 현 금융 당국의 주장이 옳다면 SBL뿐만 아니라 많은 국내외 기업도 이제까지 분식회계를 해온 것이며, SBL의 합작 파트너인 미국 바이오젠은 "경영권은 SBL이 보유한다."라는 허위 공시를 했던 셈이다. 일부 학자들은 "국제회계기준위원회에 이 회계처리 방법이 옳은지 문의하기만 해도 정답은 쉽게 알 수 있을 것"이라고 이야기할 정도다.

이 사건과 관련해서 공인회계사회와 한국회계학회가 공동으로 학회를 개최했으며, 앞으로도 계속 관련 학회를 열 계획이다. 얼마 전 열렸던 학회에서 참석자들은 "감독 당국이 회계기준을 객관적이 아니라 정치적으로 해석한다."라며 비판했다. 학회에서 발표된 설문조사 결과를 보면 회계사들이 금융감독 당국을 얼마나 불신하고 있는지 잘 알 수 있다. 최중경 공인회계사회 회장은 금융감독 당국이 이렇게 특정 의도를 가지고 회계기준을 이용하는 것을 막기 위해서 'IFRS와 이혼하는 것'도 고려해야 한다고 말했다. 필자도 이 견해에 일부 공감한다. 극단적인 대안이지만 '미국회계기준'을 쓸 수도 있을 것이다. 미국회계기준은 훨씬 복잡하지만 법조문처럼 자세한 회계처리 절차를 규정하고 있다. 따라서 해석을 둘러싼 이견이 발생할 가능성이 낮아 정치권이 SBL 사건과 같은 일을 벌이기 어려울 것이다.

이 사건이 종료되면, SBL 사건과 비슷한 의도로 시작된 듯한 다른 대기업들을 타깃으로 한 사건들이 금융 당국에 의해 대기 중이라는 소식은 우리를 더욱 우울하게 한다. 전문적인 일이라면 정치인이 아니라 전문가의 의견이 존중받는 사회가 그립다.

<중앙선데이>, 2019년 2월 16일자

한국회계학회 누리집

한국회계학회는 약 3천 명의 회계학 교수와 회계 전문가들이 회원으로 있는 학술단체다. 한국회계학회에서는 학술대회를 개최해 삼성바이오로직스 회계처리를 둘러싼 논란에 대해 토의했다. 이때 참석한 많은 학자와 회계사는 이 사건과 관련해서 정부와 금융감독원을 성토했다. 그렇다 하더라도 모든 회계학회의 회원이 당시 이런 학회의 움직임에 동의하지는 않았다. 소수이지만 이 회계처리가 의도된 분식회계라고 주장하는 사람들도 있었기 때문이다.

(출처: www.kaa-edu.or.kr)

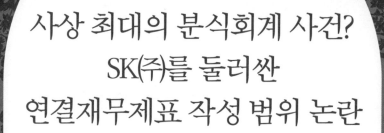

사상 최대의 분식회계 사건?
SK㈜를 둘러싼
연결재무제표 작성 범위 논란

2015년 들어 SK C&C와 SK㈜가 합병해 새로운 SK㈜가 탄생한다. 새로 탄생한 회사가 SK그룹의 지주사가 된 것이다. 그런데 금융감독원은 2018년 들어 이 합병이 SK그룹 최태원 회장이 부당하게 이익을 본 거래이며, 그러기 위해서 최태원 회장의 지분비율이 높은 SK C&C에 유리하도록 합병이 이루어졌다고 주장한다. 합병 전 SK그룹의 지배구조를 보면 SK C&C가 SK㈜를 지배하고, SK㈜가 텔레콤이나 이노베이션 등의 자회사들을 지배하는 구조였다. 그런데 SK C&C의 가치를 과대평가하도록 2010년부터 SK C&C는 SK㈜를 연결재무제표 작성에서 빼버렸고, SK㈜는 텔레콤이나 이노베이션 등을 지배한다고 연결재무제표를 작성했다는 것이다. 그결과 2010년 기준 무려 66조 원 규모의 대규모 분식회계를 범했다는 것이 금융감독원의 주장이었다. 그러나 결과적으로 금융감독원이 이런 주장을 중도에서 철회해서 SK㈜는 처벌받지 않았다. 이 사건의 전말이 무엇인지를 자세히 소개한다.

　한미사이언스(구 한미홀딩스)는 신약 개발로 대박을 터뜨린 한미약품을 자회사로 거느린 한미약품그룹의 지주회사다. 임성기 회장이 한미사이언스의 주식 중 34%를 소유한 최대주주이며, 한미사이언스는 한미약품의 주식 중 41%, 제이브이엠의 주식 중 37%를 보유하고 있다. 과거 존재하던 구 한미약품을 2010년 분할해 지주사와 자회사 체제로 전환시킨 것이다.

　그런데 2011년 국제회계기준(IFRS) 도입 시점부터 한미사이언스는 별도재무제표를 작성할 뿐, 한미약품을 종속회사로 간주하지 않아 한미약품과 한미사이언스의 재무상태와 영업성과를 합쳐 보고하는 연결재무제표를 작성하지 않았다. 회계기준에 따르면 자회사의 지분을 보유하고 있는 모회사가 자회사에 대해서 실질지배력을 행사하고 있다면 연결재무제표를 작성하고, 실질지배력을 행사하지는 못하더라도 20% 이상의 지분을 보유한다면 중대한 영향력을 미칠 수 있다고 간주해 지분

법으로 회계처리한다. 즉 실질지배력이 있느냐 없느냐에 따라 회계처리
가 완전히 달라진다. 연결재무제표 작성의 대상이 되는 자회사를 종속
회사라고 부르며, 이와는 달리 지분법 적용 대상이 되는 자회사를 관계
회사라고 부른다.

　IFRS 도입 이전에는 A회사가 B회사의 ① 의결권 있는 주식을 50%
이상 소유하는 경우, ② 의결권 있는 주식의 30%를 초과해 소유하고
있으면서 최대주주인 경우, ③ 이사회의 과반수 이상을 임명할 수 있는
권한이 있는 경우에 A회사가 B회사에 대한 지배력을 가지고 있다고 판
단해 연결재무제표를 작성해야 했다. 그런데 IFRS에서는 규정이 바뀌
었다. 지분비율이 50%가 넘지 않는다고 해도 다른 방법을 통해 B회사
를 실질적으로 지배해 이사회를 임명하거나 재무정책과 영업정책 등을
결정할 수 있다면 종속회사로 간주해 연결재무제표를 작성하도록 했다.
마찬가지로 지분비율이 50%가 넘더라도 다른 이유가 있어서 B회사를
실질적으로 지배하지 못한다면 연결재무제표를 작성할 필요가 없다.

　이상의 내용을 보면 IFRS 도입 이전에는 연결재무제표를 작성해야
하는지에 대한 판단 기준이 상대적으로 명확했다는 점을 알 수 있다. 그

러나 IFRS 도입 이후에는 기준이 좀 더 복잡하다. 지분비율이 50%에 미달하는 경우 실질지배력을 가지고 있는지에 관한 판단이 사람에 따라 달라질 수 있기 때문이다.

한미사이언스의 회계처리를 둘러싼 논란

2019년 들어 한미사이언스의 회계감사를 담당하던 회계법인이 삼일회계법인에서 한영회계법인으로 교체된다. 그런데 새로 감사를 맡게 된 한영회계법인은 한미사이언스가 41%의 지분을 보유한 한미약품을 실질적으로 지배하고 있으므로 연결재무제표를 작성해야 된다는 견해를 밝혔다. 즉 2011년부터 2018년까지의 회계처리가 모두 잘못되었다는 것이다. 이 견해에 대해 한미사이언스 측은 동의하지 않았다. 과거 9년 동안 안진과 삼일이라는 두 대형 회계법인이 감사를 맡아 진행해오면서 한 번도 문제 삼지 않았었는데, 이제 와서 갑자기 이를 문제 삼는 한영회계법인을 이해할 수 없다는 반론이었다.

언론에 반응이 보도되지는 않았지만, 아마 과거 한미사이언스를 감사했던 안진과 삼일에도 비상이 걸렸었을 것이다. 만약 관계회사로 취급한 과거의 회계처리가 잘못된 것이라면 회계법인과 담당 회계사들은 징계를 받아야 할 뿐만 아니라 소송을 당할 가능성도 높다. 또한 연결재무제표를 작성하는 경우와 별도재무제표를 작성하는 경우의 재무제표 장부금액 차이가 워낙 크기 때문에, 잘못된 회계처리의 금액에 따라 달라지는 법적 및 행정적 처벌의 정도도 매우 클 것으로 예측되는 상황이었다.

서로의 의견이 대립하자 2019년 말 한영회계법인은 회계기준원에 무엇이 올바른 회계처리인지에 대해 질의한다. 그러나 회계기준원은 "사실 판단이 필요한 문제"라면서 질의의 접수 자체를 거부한다. 한영회계법인은 2020년 1월 이에 항의하고 다시 답을 달라고 요구한다. 그러자 회계기준원과 금융감독원의 연석회의가 열렸는데, 두 시간 동안 진행된 회의 결과 "지배력에 따른 연결처리 여부는 기업의 판단이고 감사인은 이를 확인하라."라는 원칙적인 내용을 발표했다. 즉 기업에서 자체적으로 지배력을 가졌는지 판단하라는 것이다. 표현이 명확하지는 않지만, 이 내용과 언론에 보도된 관계자들의 설명을 종합하면 금융감독원은 한미사이언스의 손을 들어준 것으로 보인다. 즉 "기업 스스로가 가장 많은 정보를 가지고 있으니 알아서 판단하라."라는 의미를 가진 결론이었다.

언론보도를 보면 당시 한미사이언스와 한영회계법인 사이에 큰 의견 충돌이 있었던 것으로 보이지는 않는다. "사후적으로 문제가 될 수 있으니 한번 짚고 넘어가자."라면서 양측이 모두 동의해서 질의하게 된 것이다. 즉 금융감독 당국의 규제 리스크를 줄이기 위한 질의였다. IFRS에서 제시하고 있는 실질지배력 기준이 모호해 서로 다른 해석이 가능한 만큼, 혹시나 금융감독 당국이 다른 해석을 할 가능성이 있으므로 사전에 그런 가능성을 줄이기 위해 질의를 했다고 추측된다.

그런데 필자의 추측으로는 당시 한영회계법인이 나서서 한미사이언스의 회계처리에 대해 한번 점검하고 넘어가자고 의견을 제시하게 된 데는 다른 이유가 있었던 것으로 생각된다. 2017년부터 금융감독원은 SK(주)가 대규모 분식회계를 저질렀다는 혐의를 가지고 SK에 대한 감리를 진행하고 있었다. SK에 대해 금융감독원이 분식회계라고 주장한 내용이 한미사이언스의 경우와 거의 유사하기 때문이다. 그렇다면 SK 관련 사건은 무엇인지 자세히 알아보자.

SK그룹과 헤지펀드 소버린 사이의 경영권 분쟁

2015년 이전까지 SK그룹의 지주사는 SK㈜였다. 이 회사가 SK이노베이션, SKC, SK네트웍스 등을 지배하는 형태였다. 이때의 SK㈜를 그 후 SK C&C와 SK㈜가 합병해 탄생하는 SK㈜와 구분하기 위해 구SK라고 부르겠다. 그에 반해 합병 이후 탄생하는 SK㈜를 신SK라고 부른다.

SK C&C는 원래 1991년 창립된 선경텔레콤이 시초다. 현재의 SK텔레콤과는 전혀 다른 회사로서, 시스템 통합 및 IT 아웃소싱을 주 사업 분야로 하고 있다. 이 회사의 지배주주는 SK그룹의 총수인 최태원 씨로 45%의 주식을 보유하고 있다. 나머지 주식들도 대부분 기타 특수관계인들이 보유하고 있어서 소액주주들의 지분비율은 20% 정도에 불과했다. 2010년을 기준으로 SK C&C가 구SK의 주식 32%를 보유하고 있었다. 즉 당시 SK기업집단의 지주사인 구SK의 주식 중 다수를 SK C&C가 보유하고 있는 형태였다.

형식적인 지배구조로 보면 SK C&C가 더 상위에 위치해서 구SK를 지배하는 것 같지만, 그룹의 수뇌부는 구SK에 모여서 그룹의 중요한 의사결정을 담당하고 있었으므로 실질적으로는 구SK가 SK C&C를 지배한다고 볼 수 있었다. 구SK와 비교할 때 SK C&C는 앞에서 설명한 대로 시스템 통합 및 IT 아웃소싱을 담당하는 상대적으로 작은 규모의 회사였다. 그래서 일부에서는 옥상옥 구조(집 위에 또 집을 지었다는 의미, 불필요한 일을 한다는 것을 비유하는 말)의 지배구조라고 불렀다.

이런 이상한 형태의 지배구조가 생긴 데는 다 이유가 있다. 1990년대까지 대부분의 국내 대기업집단들과 마찬가지로 SK그룹도 순환출자 체제로 유지되고 있었다. 그러다 2004년 헤지펀드 소버린이 구SK의 주식을 매집하면서 경영권 분쟁이 시작된다.[1] 순환출자 체제의 가장 약한 고리가 구SK였는데, 구SK만 지배하면 그룹 전체를 지배할 수 있다는 것을 파악하고 구SK의 주식만 매수한 것이다.

당시 최태원 회장 및 특수관계인들이 보유 중인 구SK의 지분은 1% 미만이었으며, 순환출자 형태로 계열사가 보유하고 있는 구SK의 지분을 모두 합해야 15%뿐이었다. 그런데 소버린이 1,700억 원을 투자해 15%의 주식을 매집해 주주총회에서 표 대결을 선언했으니, 양측의 표 차이가 거의 없는 상황이었다. 외국인 주주는 3% 이상 지분을 매수할 수 없다는 당시 규정을 우회하기 위해, 소버린은 5개의 페이퍼컴퍼니가 각 3%씩만 지분을 매수하는 방식을 이용했다.

그렇지만 SK 측과 국내 다수 언론들이 나서서 "우리나라 회사를 외국 투기자본에 뺏긴다."라면서 애국심에 호소한 결과 주주총회에서 소액주주들의 압도적인 지지를 받아 경영권을 지킬 수 있었다. 재미있는 일이지만 당시 정권과 정권을 지지하는 참여연대 등의 몇몇 시민단체와 일부 언론들은 오히려 적극적으로 소버린 측을 지지했다. 따라서 주

---

1 이 경영권 분쟁에 대한 더 자세한 내용은 『숫자로 경영하라』에 실린 '외국인 투자자는 정말 기업 투명성을 향상시킬까?'라는 글을 참조하라.

SK㈜ 제42차 정기주주총회
주주총회에서 SK 측과 소버린 측의 표 대결이
벌어지는데, 사전 예상과는 달리 SK 측이 62 대
38의 큰 표 차이로 승리해 경영권을 지킬 수 있
었다.
(출차: MBC)

주총회가 열리기 직전까지는 누가 이긴다고 장담하기 힘든 상황이었다.
그런데 예상을 뒤엎고 SK 측이 62 대 38의 큰 표차로 승리했다. 주주
총회에서 패배하자 소버린은 주식을 매각하고 철수했는데, 1년의 투자
기간 동안 약 1조 원의 이익을 얻었다. 소위 '대박을 터뜨린 것'이나.

이런 일이 있은 후 SK그룹은 절치부심해 지배구조 개편작업에 착수
한다. 불투명한 지배구조로 많은 문제점을 야기시키던 순환출자 체제를
끊고, 더 바람직한 체제로 간주되는 지주사 체제로 전환하면서 각 계열
사에 대한 지배권을 확실히 하기 위한 작업에 들어간 것이다. 당시 정부
에서도 적극적으로 대기업집단들의 지주사 체제 전환을 권장하고 있었
다. 그런 작업의 일환으로서 지배주주가 많은 지분을 보유한 SK C&C
에서 보유 중이던 타 기업의 주식을 매각해 마련한 자금과 기타 여유자
금을 총동원해 그룹의 지주사인 구SK의 주식을 매수한다. 그 결과 SK
C&C가 보유한 구SK의 지분은 경영권 분쟁이 벌어졌던 2005년 11%
에서 지배구조 체제가 거의 완성된 2010년에는 32%까지 증가한다. 따
라서 지배주주가 SK C&C를 지배하고, SK C&C가 구SK를 형식적으
로 지배하고, 구SK가 다른 계열사들을 지배하는 형태가 확립된 것이다.

SK C&C와 SK㈜의 합병계획 발표와 일부 시민단체의 반발

이런 이상한 지배구조 때문에 외부에서는 꾸준히 SK C&C와 구SK
가 합병할 것이라고 전망해왔다. 2012년과 2013년 잠시 주춤했던 SK
C&C의 경영상황이 이후 본궤도에 올라 꾸준히 성장하기 시작했다. 이
익이 증가하자 주가가 오르기 시작하면서 합병할 가능성이 높아 보였
다. 그리고 2015년 들어 실제로 합병이 이루어지게 된다. 법률 규정에
의거해, 합병비율은 두 회사의 시가총액 비율에 따라 결정된다.

그런데 2015년 4월 20일 양사의 주주총회에서 합병계획이 발표되
자 경제개혁연대가 거세게 반발한다. 이 합병이 비즈니스에는 도움이
되지 않으며 지배주주의 지배권 강화 목적만을 위한 합병이라는 주장
이다. 또한 SK그룹이 의도적으로 SK C&C의 주가를 부풀려 SK C&C
의 시가총액이 과다하게 증가한 상황에서 합병이 이루어지도록 해서,
SK C&C의 지배주주 최태원 씨는 이익을 얻지만 구SK의 주주들은 손
해를 보는 합병이라고 주장했다.[2]

거의 비슷한 시기에 삼성물산과 제일모직의 합병계획도 발표되었는
데, 헤지펀드 엘리엇은 이재용 씨 일가의 지분비율이 높은 제일모직의
주가가 과다하게 오른 시점에서 합병이 이루어지기 때문에 삼성물산의
주주들에게 불리한 합병이라고 주장하고 있었다. 따라서 삼성그룹에서
벌어지고 있는 일과 동일한 일이 SK그룹에서 벌어지고 있다는 것이 경

---

2 경제개혁연대는 참여연대의 핵심 멤버인 김상조 씨가 주축이 되어 2006년 참여연대 경제개혁
   센터를 분리해 설립된 단체다.

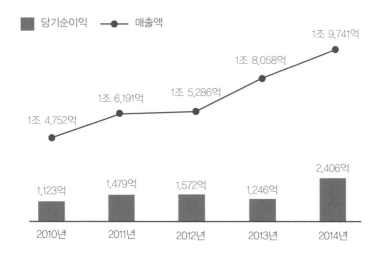

•• SK C&C의 이익과 매출액 성장   (단위: 원)

■ 당기순이익   ─●─ 매출액

1조 9,741억

1조 8,058억

1조 6,191억   1조 5,286억

1조 4,752억

                                                    2,406억
1,123억   1,479억   1,572억   1,246억

2010년   2011년   2012년   2013년   2014년

61

제개혁연대의 주장이었다.

　이런 주장에 대해 SK 측은 "합병을 통해 SK C&C가 보유한 ICT 역량을 그룹 계열사에 더 밀접하게 접목할 수 있어서 시너지 효과가 생긴다."라고 반박했다. 또한 공정거래법 규정에 따라 계열사 간 내부거래에 대한 규제가 증가하고 있는데, 이 규제를 피하기 위해서도 합병이 필요하다고 설명했다. SK C&C는 그룹 계열사들에게 IT 서비스를 제공하는 회사이므로, 당시 매출액 중 그룹 내부거래 비중이 약 40%를 차지하고 있었다. 따라서 공정거래법에 따라 거래에 제한을 받게 되면 큰 피해가 예상되는 상황이었다. 또한 SK 측이 SK C&C의 주가를 고의로 부풀렸다는 증거가 무엇이냐고 반론했다.

　이렇게 의견이 대립하는 상황에서, 국내외 의결권 자문기관들이나 기관투자자들이 잇달아 합병안 지지를 발표한다. 의결권 자문기관들의 공신력이 크다고 볼 수는 없지만, 어쨌든 이들 기관을 포함해 다수의 투자자가 합병을 지지한다는 것은 SK의 주장이 틀리지 않을 가능성이 높다는 것을 의미한다. 당시 삼성물산의 합병과 관련해서는 큰 논란이 벌어졌었고 5년이 지난 후에도 그 논란이 지속되고 있다. 그에 반해 SK의 합병에 대해 벌어진 논란에 대해서는 언론보도도 별로 없었고 사건 이후 바로 잊혔다는 사실을 비교해보면 이 사건이 크게 주목받지 못했던 이유가 무엇인지 짐작할 수 있을 것이다. 즉 경제개혁연대의 주장이 별다른 호응을 얻지 못하고 있었던 것이다.

논리적으로 설명되지 않는 국민연금의 이상한 행동

합병은 6월 26일 열린 주주총회에서 투표를 통해 결정된다. 그런데 주주총회 이틀 전 구SK의 주식 중 7.2%를 보유한 국민연금 의결권행사 전문위원회에서 반대투표를 하기로 결정한다. 이 합병이 구SK의 주주들에게 불리하므로 합병에 반대하겠다는 견해다. 이런 반대에도 불구하고 곧이어 열린 주주총회에서 구SK의 참석 주주 중 87%가 합병에 찬성함으로써 두 회사는 합병하게 된다. 국민연금이 보유한 주식비율이 주주총회 참석 주주 중 10%였으므로, 국민연금을 제외한 거의 대부분의 주주가 합병에 찬성한 셈이다. 생각보다 싱겁게 SK 측의 일방적인 승리로 표 대결이 끝난 것이다. 그 결과 현재의 신SK가 탄생하게 되었다. 사실 다수의 국내외 기관투자자들의 지지를 받고 있었으므로, 국민연금의 투표 여부에 관계없이 주주총회 이전에 이미 SK 측의 승리가 예견되었었다.

그런데 주주총회에서의 대결보다 더 놀랄 만한 일이 그 이후에 발생했다. 합병에 반대하는 주주는 주식매수청구권을 행사할 수 있으며, 행사되면 회사가 이 주식을 매수해주어야 한다. 그런데 너무 많은 주주가 주식매수청구권을 행사하면 회사가 보유한 현금으로 이를 다 매수할 수 없다. 따라서 사전에 일정 규모의 제한을 두고, "그 이상 주식매수청구권 행사 요청이 접수되면 합병을 무효로 한다."라는 내용을 발표한다.[3] 그런데 이 건의 경우 SK 측에서는 "1조 원 이상의 주식매수청구권 행사 요청이 있으면 합병을 무효로 한다."라는 것을 결정해서 발표한 상황이었고, 국민연금이 보유한 지분의 가치가 1조 4천억 원이니 되었다. 다시 말해 주주총회에서의 합병안건 가결 여부와 관계없이 국민연금이 주식매수청구권 행사 요청만 하면 합병을 무효로 할 수 있었다. 주주총회에서의 표 대결 승리가 아무 의미가 없었던 것이다.

그런데 놀랍게도 국민연금은 주주총회 이후 주식매수청구권 행사를 신청하지 않았다. 그 결과 구SK의 주주 중 불과 79주만이 청구권을 행사해, 회사는 2천만 원 미만의 돈만 사용해 이 지분을 매수했다. 합병이 발표된 이후 두 합병 당사자 회사들의 주가가 계속 상승해서, 주식매수청구권 행사가격보다 시가가 10% 이상 높아 주주 입장에서는 주식매수청구권을 행사할 이유가 별로 없었다.[4]

---

[3] 합병과 관련된 주식매수청구권 행사에 대한 더 자세한 내용과 사례는 이 책에 실린 '합병을 원하는 자, 소액주주의 마음을 얻어라'라는 글을 참조하길 바란다.

국민연금공단
국민연금은 SK와 SK C&C의 합병 때 거의 유일하게 반대표를 던진다. 그런데 반대표를 던진 후 놀랍게도 주식매수청구권 행사는 요구하지 않았다. 이런 비합리적인 일이 발생한 데는 숨겨진 이유가 있을 가능성이 높다.

이 일을 삼성물산과 제일모직의 합병 건과 비교하면 상당히 이상한 점이 발견된다. 삼성물산과 제일모직의 합병 주주총회는 SK의 합병 주주총회 날짜보다 약간 늦은 7월 17일이었다. 삼성의 합병안을 놓고는 국내 모든 언론이 삼성 편을 들고 있었다. 이때 외국 의결권 자문기관은 반대를 권고하고 있었는데도 불구하고 국민연금은 찬성투표를 했다. 그런데 SK의 합병안에 대해서 외국 펀드는 아무 말도 하지 않는데 시민단체와 국민연금이 나서서 반대한 것이다. 이번에는 의결권 자문기관이나 기관투자자들이 합병에 동의하고 있었는데도 말이다.

그런데 반대투표를 하고 나서 주식매수청구권을 행사해 합병을 무효

---

4 합병 선언 이후 두 회사의 주가가 계속 상승했다는 점도 주주들이 "합병이 회사에 도움이 되지 않는 지배주주만을 위한 합병"이며 "소액주주들에게는 손해가 된다."라는 시민단체의 주장에 동의하지 않고 있었다는 간접적인 증거라고 볼 수도 있다. 그렇지만 주가는 해당 기업의 가치뿐만 아니라 당시 세계 경제의 상황이나 국내 정치 상황 등 여러 가지 요인들에 영향을 받기 때문에, 단지 주가의 흐름만을 가지고 SK 측의 주장이 옳다고 명확하게 이야기할 수는 없다.

화할 수 있었는데도 불구하고 청구권 행사를 하지 않았다. 또한 나중에 알려진 일이지만, 국민연금은 합병 발표 직전까지도 SK C&C와 구SK의 지분을 계속 매수해 지분비율을 늘리고 있었다. 합병이 예상된 상황에서 지분비율을 늘렸다는 것을 보면 합병의 미래를 긍정적으로 평가하고 있었다고 볼 수 있다.

이런 제반 상황을 종합해보면 국민연금이 반대투표를 한 것은 실제로 합병이 손해를 본다고 판단해서가 아닐 가능성이 높다. 언론에 짤막하게 보도된 내용을 보니 반대투표를 결정한 의결권행사전문위원회 회의에서도 위원들끼리 서로 의견이 대립해 격렬한 논쟁이 벌어졌었다고 한다. 경제개혁연대와 의견을 같이하는 몇몇 위원이 적극적으로 반대의견을 주장해 회의에서 안건이 통과된 것이다. 그렇기만 겉으로는 합병에 반대한다고 주장하거나 투표한 위원들도 실제로는 합병이 이익이 된다고 생각하기 때문에 주식매수청구권을 행사하라는 요구를 하지 않았을 것이다. 이 해석이 옳다면, 국민연금의 일부 의결권행사전문위원회 위원들이 고도의 정치적 행위를 한 셈이라고 볼 수 있다. 즉 남들에게 보여주기 위한 '반대를 위한 반대'를 한 것이다. 우스갯소리에 비유하자면 카드 판에서 종종 보이는 블러핑(bluffing, 뻥카)을 한 셈이다.[5]

---

5 개인적인 견해이기는 하지만, 국민이 낸 돈으로 운영되는 국민연금이 이처럼 국민의 노후자금 증진과 무관한 정치적 행위를 했다는 점은 안타까운 일이다. 이 경우는 반대투표만 하고 실제 주식매수청구권 행사를 하지 않았으므로 국민연금이 손해를 보지는 않지만, 만약 실제로 청구권을 행사까지 했더라면 국민에게 큰 손해를 끼쳤을 것이기 때문이다. 이런 불합리한 일이 다시 벌어지는 것을 막기 위해서 국민연금의 자산운용을 정부나 이익단체에서 독립시켜서 전문가들이 맡도록 해야 할 것이다.

정권 교체와 금융감독원의 SK그룹 조사 착수

이런 이해하기 힘든 일이 일어난 후인 2017년 중반, 정권이 교체되자 금융감독원의 고위직에 공무원 출신이 아닌 시민단체 출신 인사들이 다수 진출한다. 그 직후 금융감독원은 다수의 인력을 모아 사전 계획에 없던 몇몇 대기업에 대한 조사를 시작한다. 그중에는 SK그룹과 삼성그룹이 포함되어 있었다. 금융감독원 고위관계자가 사석에서 SK C&C와 구SK의 합병 사례를 예로 들면서 "최태원 회장이 합병을 통해 큰 이득을 보았고", "부도덕한 SK그룹을 혼내주어야 한다."라고 이야기했다는 것도 널리 알려졌다.[6] 이 말의 진위 여부를 알 수는 없지만, 우연의 일치일지 몰라도 금융감독원의 조사가 집중된 부분이 바로 SK C&C와 구SK의 합병 건이었다.[7] 합병과정이 법률에 따라 제대로 이루어졌는지와 합병 관련 회계처리가 적정한지에 대해 살펴본 것이다.

2019년까지 2년이라는 긴 시간에 걸쳐 이루어진 자세한 조사 이후 금융감독원은 합병과 관련해 대규모 분식회계가 있었다는 잠재적 결

66

6 이 이야기는 언론에 보도되어 알려진 것은 아니며, 사석에서 한 이야기가 자본시장업계에 널리 퍼진 것이다. 따라서 사실 여부는 명확하지 않다. 다만 필자가 다양한 경로로 동일한 내용을 전해 들은 것을 보면, 복수의 관계자들이 여러 모임에서 유사한 이야기를 한 것으로 추측된다.

7 이와 유사하게 금융감독원이 삼성그룹에 대한 조사에서 집중한 부분이 삼성바이오로직스의 회계처리 관련 이슈였다. 삼성물산과 제일모직의 합병 시 제일모직에 유리하도록 제일모직의 자회사인 삼성바이오로직스의 이익을 부풀리기 위해 4조 원 규모의 분식회계를 저질렀다는 것이 참여연대의 주장이었다. 그런데 금융감독원은 참여연대가 이런 주장을 시작했던 2017년, 이미 이 사안을 조사한 후 정당한 회계처리였다고 발표한 바 있었다. 그러다 2018년 들어 정권이 바뀌자 다시 이 사안에 대한 조사에 착수한 것이다. 즉 SK와 삼성 건 모두 합병 시점의 회계처리에 대해 조사를 시작한 것이다.

론을 내린다. SK C&C의 주가를 끌어올리기 위해 분식회계를 해서 합병비율을 SK C&C에게 유리하게 조작했다는 판단이었다. 그래야 SK C&C의 지분을 많이 가진 지배주주 최태원 씨가 합병을 통해 이익을 보게 된다. 그런데 금융감독원이 말하는 분식회계 시점은 놀랍게도 합병이 일어난 2014년이 아닌 2010년으로 거슬러 올라간다. 즉 분식회계가 2010년에 벌어졌다는 주장이었다. 이 주장의 전말을 자세히 알아보자.

이 글의 앞부분에서 이미 설명한 것처럼, 우리나라에서는 2011년부터 상장회사에 한해 IFRS를 적용하게 되었다. 그런데 IFRS에서는 연결재무제표를 작성하는 기준이 이전과 크게 달라진다. 2010년까지는 명확한 지분율 기준이 존재해서 해당 지분율을 넘으면 무조건 연결했는데, IFRS에서는 투자기업이 피투자기업에 대해 실질지배력을 가진 경우에만 종속회사로 판단해 연결대상이 된다. 그렇지만 어떤 경우가 실질지배력을 가진 것인지 명확하지 않으므로 사람이나 기업에 따라 판단이 달라질 수 있다.

IFRS 도입 직전의 SK그룹의 지배구조는 다음 페이지 〈그림 1〉과 같다. SK C&C는 당시 규정에 따라 구SK를 연결해 연결재무제표를 작성하고 있었다. 마찬가지로 구SK도 자회사들을 연결해 연결재무제표를 작성하고 있었다. SK C&C가 보유한 구SK의 지분비율이나 구SK가 보유한 다른 자회사들의 지분비율이 50%를 넘지 않았지만, 의결권 있는 주식의 30%를 보유하는 최대주주에 해당되므로 자회사들을 종속회사로 간주해 연결재무제표를 작성했던 것이다.

2011년 IFRS가 도입되자 실질지배력의 존재 여부에 따라 지배-종

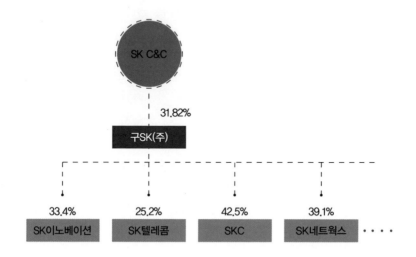

•• 〈그림 1〉 2015년 SK그룹의 최상위층 지배구조

속 관계를 파악해 연결 여부를 결정하게 되었다. 그러자 SK그룹은 SK C&C가 실질적으로 구SK를 지배하지 못한다고 판단해서 구SK를 SK C&C의 연결범위에서 빼버린다. 그렇지만 구SK는 기존에 연결 중이던 다른 자회사들에 대해 실질지배력을 가지고 있다고 판단해서 계속 연결했다.[8] 즉 SK C&C는 연결재무제표를 작성하지 않지만 구SK는 연결재무제표를 작성한 것이다.

---

8 위의 〈그림 1〉에 표시한 지분율은 전체 발행주식 수 중에서 차지하는 지분율이다. 유통주식 중에서 차지하는 지분율은 이보다 높아 대략 40% 초중반 정도다. SK그룹에서만 이런 지배력 변경과 관련된 회계처리가 이루어진 것은 아니다. 2011년부터 현대자동차도 이전까지 연결하던 기아자동차를 연결에서 제외했다. 이와 관련된 자세한 내용은 이 책에 실린 '현대자동차는 기아자동차를 지배하지 못하는가?'라는 글을 참조하라. 또한 LG그룹은 과거 연결대상 종속기업이 161개였으나 IFRS로 전환하자 26개로 대폭 감소했다. 즉 많은 회사를 연결대상에서 제외한 것이다.

SK C&C가 구SK를 실질적으로 지배하고 있었는가?

그런데 이 경우 복잡한 회계처리가 이루어진다. 보유하고 있던 주식의 분류가 바뀐다면, 우선 해당 주식의 장부가와 시가의 차이를 평가손익으로 인식한다. 단 IFRS 도입 시점에는 이 평가손익을 손익계산서에 포함시키지 않고 재무상태표의 이익잉여금을 조정했다. 즉 해당 주식의 보유기간 동안 주식의 시가가 상승했다면 평가이익을, 반대로 시가가 하락했다면 평가손실을 회계장부에 적어야 한다. 그 후 새로운 주식의 분류에 따라 적절한 회계처리가 이루어진다. SK C&C의 경우 구SK를 연결범위에서 제외한 시점에서 구SK가 종속회사가 아니라 관계회사로 재분류되므로, 그 제외 시점인 2011년부터 지분법 회계처리를 해야 한다.[9]

소버린의 경영권 공격을 받은 이후 2011년까지 SK그룹은 여러 분야에서 많은 발전을 이루었다. 이에 비례해 SK C&C가 보유하고 있던 구SK의 주가도 보유기간 동안 엄청나게 상승했다. 따라서 2011년 들어 SK C&C가 구SK의 주식을 종속회사에서 관계회사로 재분류한 결과, 이 주식을 장부가에서 시가로 재평가함에 따라 SK C&C의 이익잉여금이 크게 증가했다. 당기순이익 변동이 없지만 연결재무제표의 자본 중 '지배기업의 소유주지분'이 증가하는 효과가 생긴 것이다. 정확히 분리 공시되지 않아 이 금액이 얼마인지는 알 수 없지만, IFRS를 도입한 결과 SK C&C의 자본가치(지배회사 지분)는 도입 전 1조 2천억 원과 비교

---

9 지배력 변경 때문에 발생한 주식의 재분류와 관련된 회계처리에 대한 더 자세한 내용은 주석 8에서 소개한 이 책에 실린 '현대자동차는 기아자동차를 지배하지 못하는가?'라는 글을 참조하라.

할 때 약 5,900억 원 정도 증가했다. 거의 50%가 늘어난 것이다. 구SK를 연결에서 제외한 것이 금액의 증가에 가장 큰 영향을 미쳤을 것으로 판단된다.

금융감독원은 바로 이 회계처리가 분식회계라고 판단했다. 〈그림 1〉에서 볼 수 있듯이 SK C&C가 보유한 구SK의 지분비율이나 구SK가 보유한 다른 자회사들의 지분비율 사이에 큰 차이가 없는데, 전자는 연결에서 제외하고 후자는 계속 연결한 것이 SK C&C의 자본가치를 부풀리기 위한 행위라고 본 것이다. 즉 금융감독원은 SK C&C가 구SK에 대한 실질지배력을 가지고 있는데, 고의로 SK C&C의 자본가치를 부풀리기 위해 연결범위에서 제외했다고 주장한다.

금융감독원의 이런 주장에 SK그룹 측은 강력히 반발했다. 구SK는 SK그룹의 지주사라서 그룹의 수뇌부가 구SK의 직원이며, SK C&C의 고위 임원 인사를 포함한 그룹의 중요한 의사결정이 구SK에서 이루어진다고 주장했다. 이에 반해 SK C&C는 그룹의 ICT 업무를 담당하는 작은 회사일 뿐이라고 반박했다. 형식적으로는 SK C&C가 구SK의 주식을 많이 보유하고 있지만 실질적으로 SK C&C는 구SK의 지배를 받는 SK그룹의 계열사에 불과하다는 것이다. 따라서 지분의 소유구조와는 별개로 SK C&C는 구SK를 지배하지 못한다는 주장이다.

그렇다면 과연 구SK가 다른 계열사들을 실질적으로 지배하고 있는지 논란이 될 수 있다. 다른 자회사들의 경우도 30%대의 지분만을 구SK가 보유하고 있으므로, 이 정도 지분비율이라면 실질지배력이 있는지를 판단하기가 모호하기 때문이다.

실질지배력 보유 여부의 판단 기준

그렇다면 구SK가 다른 계열사들을 실질적으로 지배하고 있는지를 판
단해보자. K-IFRS 제1110호에서는 연결 시 투자자가 피투자자에 대
한 의결권의 과반수를 보유하지 않는 경우 여러 다른 지표들을 이용해
실질지배력이 있는지를 평가하도록 규정하고 있다. 우선으로 보는 지표
는 ① 상대적 의결권 규모, ② 다른 주주들의 주식 분산 정도, ③ 잠재적
의결권 보유 정도가 있다. 그리고 우선적 지표로 볼 때 판단이 명확하지
않은 경우 추가로 여섯 가지 선순위 지표와 네 가지 후순위 지표를 고
려한다. 이런 규정이 있다고 하더라도, 이 지표들을 실제 기업의 사례에
적용하는 데는 기업의 재량적 판단이 개입될 여지가 충분히 존재한다.

　이런 복잡한 기준들 하나하나를 자세히 설명할 수는 없다. 그렇기 때
문에 이 글에서는 우선적 지표 세 가지만 설명한다. ① 상대적 의결권
의 규모란 다른 주주들에 비해 얼마나 많은 주식을 보유하고 있는가를
말한다. SK C&C는 구SK의 지분 중 32%, 유통주식 중에서는 37%를
보유하고 있었다. ② 주식 분산 정도를 보면 2대 주주는 국민연금이지
만 다른 주식들은 많은 소액주주에게 분산되어 있다. SK C&C 주주들
의 주주총회 참석률이 평균 70%대 후반이었으므로, 이를 고려하면 주
주총회 참석자 중 SK C&C의 지분비율은 대략 48%쯤 된다. 물론 다
른 주주들에 비해 압도적인 지분비율이기는 하지만, 그렇다고 해도 다
른 주주들이 모두 연합한다면 52%가 될 뿐만 아니라 평상시보다 더 많
은 주주가 주주총회에 참석한다면 SK C&C의 지분비율은 더 낮아진다.
따라서 상대적 의결권과 다른 주주들의 주식 분산 정도라는 기준으로

SK서린빌딩
금융감독원은 SK C&C가 SK를 실질적으로 지배하고 있는데도 불구하고 고의로 연결재무제표를 작성하지 않아 SK C&C의 지분가치를 부풀렸다고 봤다. 그러나 나중에 이런 주장을 접는다.

볼 때 SK C&C가 명백하게 구SK를 지배한다고 보기 힘들다.

③ 잠재적 의결권이란 의결권으로 전환될 수 있는 다른 상품(스톡옵션이나 다른 옵션, 또는 주식으로 전환될 수 있는 다른 지분상품이나 채무상품)들이 존재한다면 이 상품들이 실행될 가능성이 있는지를 판단하는 것이다. 만약 다른 주주들이 보유한 옵션이 실행되어 주식으로 전환되면 SK C&C의 지분비율은 낮아지게 된다. 이런 옵션이 존재한다면 이 옵션이 실행될 것인지를 합리적으로 판단해야 하고, (아직 실제로 실행되지 않았다고 해도) 만약 앞으로 실행될 것으로 판단되면 실행의 결과 지분비율이 변한다고 해도 계속해서 자회사를 지배할 수 있는지를 판단해야 한다.[10]

---

10 삼성바이오로직스가 바로 이 규정에 따라 합작 파트너인 바이오젠이 보유한 주식매수선택권(콜옵션)이 앞으로 실행될 것으로 판단했고, 그 결과 삼성바이오에피스에 대해 보유하고 있던 실질지배력을 상실한 것으로 회계처리했다. 즉 실제로 옵션이 실행되었느냐가 아니라 '합리적으로 볼 때 앞으로 실행될 것이라고 볼 수 있는가.'를 기준으로 회계처리가 결정된다.

그런데 SK C&C의 경우는 이런 상품들 자체가 존재하지 않았기 때문에 별도로 고려할 필요가 없었다.

그런데 이런 세 가지 우선적 지표에 대한 설명은 SK C&C가 보유한 구SK의 지분에만 해당하는 것이 아니라 구SK가 보유한 다른 자회사들의 지분에도 똑같이 해당한다. 즉 우선적 지표에 따라 판단한다면 실질지배력을 보유하고 있는지가 명확하지 않으므로 다른 선순위 및 후순위 지표를 살펴봐야 한다. SK그룹에서는 구SK에 근무하는 그룹의 핵심 경영진이 SK C&C를 포함한 계열사들의 경영진을 임명하고 중요한 경영방침을 결정하는 행위를 하고 있으므로, 이에 근거해 구SK는 다른 자회사들을 지배하고 있지만 SK C&C는 구SK를 지배하지 못한다고 판단했다. 판단 근거에 사용된 내용들은 대부분 K-IFRS 제1110호에서 규정한 후순위 지표에 해당한다.[11]

금융감독원의 주장과 한미약품의 질의

그렇지만 금융감독원은 지분비율을 기준으로 볼 때 SK C&C가 구SK를 연결해야 하는 것이 맞다고 주장했다. 또는 만약 SK C&C가 구SK

---

[11] 이 후순위 지표에 대한 내용은 너무 복잡하므로 자세한 설명을 생략한다. 후순위 지표에 대한 더 자세한 내용은 다음 사례를 참조하라.
최종학·안혜진·조미옥, '실질지배력에 따른 SK기업집단의 연결범위 결정사례', 〈회계저널〉, 2021년.

를 연결하지 않는다면 마찬가지로 구SK도 다른 자회사들을 연결하지 않는 것이 일관된 판단이라고 주장했다. 즉 자회사에 대한 지분비율이 유사한데도 불구하고, SK C&C의 지분가치를 부풀리기 위해 구SK를 연결대상에서 빼버렸지만 구SK는 계속해서 자회사들을 연결했다는 주장이었다. 그래서 지배주주 일가에 유리하도록 2015년의 합병비율을 조작했다는 견해다.

만약 금융감독원의 주장이 옳다면 SK그룹은 사상 최대의 분식회계를 저지른 셈이 된다. IFRS 도입 이전인 2010년 기준으로 보면, 구SK는 자산 규모가 연결재무제표 기준으로는 77조 원이지만 별도재무제표 기준으로는 11조 원이다. 즉 연결하느냐와 하지 않느냐에 따라 무려 66조 원의 차이가 난다. 엄청난 파장을 불러일으킨 대우조선해양 사건에서 드러난 분식회계 규모가 3조~4조 원 정도라는 것을 고려하면, 66조 원이라는 분식회계 규모가 얼마나 큰지 짐작할 수 있다. 이런 분식회계가 사실이라면, 당시 개인 비리로 수감 후 감옥에서 나온 지 얼마 되지 않은 최태원 회장을 비롯한 최고경영진들 다수가 다시 감옥에 가야 하는 것이 명백했다.

더군다나 이 건은 SK그룹에만 해당하는 것이 아니다. 앞에서 이미 설명했지만 IFRS 도입 시점에 실질지배력이 없다는 판단하에 기아자동차를 연결대상에서 빼버린 현대자동차, 무려 130여 개나 되는 자회사를 연결대상에서 빼버린 LG그룹의 경우를 똑같은 기준으로 판단한다면 모두 엄청난 규모의 분식회계를 저지른 셈이다. 지주사 체제를 취하고 있는 상당수의 국내 대기업집단도 마찬가지다. 따라서 이들 기업의 최고경영진도 법적 책임을 져야 할 것이었다.

이렇게 서로의 의견이 대립하고 있던 2019년, 한영회계법인이 한미사이언스를 새롭게 감사하게 되었다. 그런데 한미사이언스의 지배구조를 살펴보면 한미사이언스는 자회사인 한미약품의 지분 중 41%를 보유하고 있다. 또한 그룹의 지주사로서 한미사이언스의 수뇌부에서 자회사인 한미약품에 대한 주요 의사결정을 내리고 있다. 또한 두 회사의 이사진도 같았다.[12] 즉 SK C&C의 경우와 비교해본다면, 한미사이언스는 SK C&C보다 자회사에 대한 지분비율도 높고 자회사에 대한 경영 의사결정을 내리는 정도도 높다고 볼 수 있다. 따라서 SK C&C가 구SK를 연결하는 것이 맞다는 금융감독원의 주장이 옳다면, 한미사이언스도 당연히 한미약품을 연결해야 한다. 이런 이유에서 한영회계법인이 고민하다가, 한미사이언스와 협의를 해서 어떤 회계처리가 옳은지에 대해 금융감독원과 회계기준원에 질의하게 된 것으로 추측된다.

그런데 2019년 말 한미사이언스가 이 안건을 질의하자 회계기준원은 특이하게도 "답변을 줄 수 없는 사항"이라고 질의 접수 자체를 거부한다. 대답을 회피한 것이다. 당시 외부감사에 대한 법률이 크게 강화되어 3년 동안 감사인을 감독 당국이 강제로 지정하는 주기적 감사인 지정제도가 실시되기 때문에 감사인 교체 빈도가 급증할 것으로 예상되었다. 후임 감사인이 강화된 법적 책임을 낮추기 위해 전임 감사인이 허용한 회계처리 중에서 조금이라도 논란이 될 만한 점이 있다면 뒤엎어버리는 일이 계속해서 발생하고 있었다. 즉 기업과 회계법인 사이, 그리

---

12 이사진이 같다면 모회사의 이사진이 자회사에 대한 의사결정을 동시에 내린다고 볼 수 있다. 이에 반해 SK C&C와 구SK는 이사진 중 한 명만 동일했다.

고 전임 회계법인과 후임 회계법인 사이에 회계처리를 둘러싼 갈등이 속출하고 있었다. 이런 문제점을 해결하기 위해, 2019년 중 금융감독원과 금융위원회는 감사인이 교체된 후 전임 감사인과 후임 감사인 사이에 적정한 회계처리를 둘러싼 이견이 있는 경우 질의를 하면 적극적으로 답변해 이견을 해소할 수 있도록 하겠다고 발표했었다. 그런데 막상 기업과 회계법인이 질의를 하자 답변을 회피한 것이다.

분식회계를 저지르지 않았다는 증권선물위원회의 판단

왜 금융감독원과 회계기준원이 이 질의에 대한 답을 회피했을까? 정확한 이유야 알 수 없지만, 그럴 만한 이유를 추측할 수 있다. 금융감독원에서 SK그룹 안건을 분식회계라고 주장하고 있는 상황에서, 만약 한미사이언스의 회계처리가 올바른 것이라고 답한다면 금융감독원의 SK그룹에 대한 주장이 틀렸다는 것을 의미한다. 만약 반대로 한미사이언스의 회계처리가 틀렸다고 답한다면, 이는 금융감독원의 SK그룹에 대한 주장은 옳지만 SK그룹뿐만 아니라 국내 다른 대기업 중 다수도 엄청난 분식회계를 저지르고 있다는 의미가 된다. 이처럼 어떤 판단을 내린다고 해도 후폭풍이 크기 때문에 입장이 곤란해지므로 질의에 대한 접수 자체를 회피한 것으로 추측된다. 물론 필자의 개인적인 견해일 뿐이다.

일이 이렇게 커지자 금융감독원도 많이 고민한 듯하다. 그러다 결국 SK C&C가 구SK를 연결에서 제외한 것이 고의적인 분식회계라는 주장을 접었다. 이 주장을 제외하고, 합병 때 발생한 다른 회계처리와 관런된 안건들에 대해서만 증권선물위원회에 상정한다. 그런데 그 안건에는 합병 시 구SK가 보유하고 있던 SK라는 브랜드 가치를 과대평가해 무형자산으로 인식했다는 주장이 새롭게 포함되어 있었다. SK라는 브랜드는 가치가 없으므로 연결재무제표에 자산으로 기록되지 않아야 하는데 이를 2조 원으로 부풀려 평가했다는 주장이다.[13] 연결범위 작성 이슈 때 언급하던 66조 원 규모보다 상당히 줄어들었지만, 어쨌든 2조 원이라는 분식회계 규모도 대우조선해양의 분식회계 규모의 절반에 해당하는 막대한 금액이다.

자본시장과 관련된 사건에 대해 금융감독원은 검사 역할을, 증권선물위원회는 판사 역할을 수행하는 기관이다. 한 기관이 검사와 판사 기능을 모두 수행하면 권한이 너무 크기 때문에 두 기능을 분리해놓은 것이다. 또한 회계 관련 사안들은 회계에 대한 특별한 전문성이 필요하므로, 회계 분야 전문성을 가진 사람들을 일부 포함한 감리위원회를 증권선물위원회 산하에 두고 자문을 받고 있다.

2019년 말 열린 회의에서 증권선물위원회는 금융감독원의 주장 중 사소한 일부 사항에 대해서만 금융감독원의 판단이 옳다고 인정했다. 연결재무제표 작성 시 SK라는 브랜드 가치를 '0'으로 평가해야 한다는 주장은 받아들이지 않았다. 만약 이 주장이 받아들여졌다면, 브랜드 가치라는 무형자산을 보유하고 있는 국내의 다른 거의 모든 대기업집단 지주사들도 분식회계를 한 셈이다. 외국 유명 기업들도 여기에 해당하

---

13 너무 복잡해 자세한 설명을 생략하지만, 별도재무제표에는 무형자산을 적을 수 있지만 연결재무제표에는 적을 수 없다는 주장이었다.

한미약품
한미사이언스는 한미약품의 주식 중 41%를 보유하고 있다. 한미약품이 한미사이언스의 종속회사인지 관계회사인지를 둘러싸고 논란이 벌어진다. 올바른 회계처리가 무엇인지에 대해 금융감독원과 회계기준원에 질의를 하는데, 이들은 애매한 답을 내놓는다.

는 경우가 많을 것이니 이들도 다 분식회계를 한 셈이다. 금융감독원의 주장은 SK그룹에만 해당되는 내용이 아니라 브랜드를 보유하면서 그 브랜드를 사용하는 계열사들로부터 브랜드 사용료(로열티)를 받는 일반적인 기업들에게 거의 다 해당되는 내용이었기 때문이다.

예를 들어 2019년 기준 연결재무상태표에 표시된 CJ의 브랜드 가치는 1조 2천억 원이다. 그렇다면 CJ도 '0'으로 기록해야 할 브랜드 가치를 과대평가하는 대규모 분식회계를 한 셈이니 엄청난 후폭풍이 몰아쳤을 것이다. 구체적으로 설명하자면 수많은 경영진이 감옥에 가고 회계사들의 자격이 취소 또는 정지되었을 것이다. 그 결과 주가도 크게 출렁일 것이며, 이와 관련된 민사소송도 다수 발생할 것이다. 증권선물위원회에서도 금융감독원의 주장이 옳지 않다고 판단할 만한 충분한 이유가 있었다는 점을 짐작할 수 있다.[14]

회계 이슈를 둘러싼 혼란과 미래 전망

이런 판단이 내려진 직후인 2020년 1월, 한영회계법인은 한미사이언스 관련 질의사항에 대해 다시 답을 달라고 금융감독원과 회계기준원에 요구한다. 당시 회계법인들 사이 또는 회계법인과 기업 사이에 적절한 회계처리가 무엇인지에 대한 여러 갈등이 빚어지면서, 한 달 동안 무려 200건이 넘는 질의가 회계기준원에 쏟아졌다. 한미사이언스 건과 거의 동일한 지배력 관련 이슈를 질의한 경우가 최소 10건 이상 있었다. 그러자 금융감독원과 회계기준원은 이와 관련한 연석회의를 다시 열었다. 두 시간 동안 진행된 회의 후 "지배력에 따른 연결처리 여부는 기업의 판단이고 감사인은 이를 확인하라"라는 원치저인 내용을 발표했다. 즉 기업에서 자체적으로 지배력을 가졌는지 판단하라는 것이다.

표현이 명확하지는 않지만, 이 내용과 언론에 보도된 관계자들의 설명을 종합하면 금융감독원은 한미사이언스의 손을 들어준 것으로 보인다. 즉 "기업 스스로가 가장 많은 정보를 가지고 있으니 알아서 판단하라."는 결론이었다. SK C&C가 구SK에 대해 지배력이 없다고 스스로 판단한 것처럼, 한미사이언스도 스스로 판단하라는 의미다.

---

14 이 건을 제외한 합병 시점의 회계처리에 대해서는 두 건의 오류가 발견되었다. 그 오류를 수정하면 SK C&C의 자본가치는 1,200억 원 정도 더 늘어난다. 이 점도 SK C&C의 자본가치를 부풀리려고 분식회계를 했다는 금융감독원의 최초 주장과 상반된 증거다. 오히려 분식회계의 결과 SK C&C의 자본가치가 축소되어 기록된 것이다. 이 오류 때문에 SK는 사소한 징계를 받았다. 필자야 자세한 내막을 알 수 없지만, 아마도 SK에서 이 사건을 담당했던 실무진들은 징계 결과를 통보받고 만세를 불렀을 것이다. 2년이 넘는 기간 동안 시달린 끝에 거의 대부분 혐의에서 벗어난 것이다.

언론은 이 결과를 한미사이언스의 입장을 지지하는 내용이라고 해석했지만, 애매한 표현을 보면 금융감독원과 회계기준원이 다시 답변을 회피한 것이라고 봐야 정확할 것이다. 기업이 판단하고 감사인이 확인한 회계처리라 하더라도, 금융 당국이 원하기만 하면 언제라도 기업과 감사인의 판단이 잘못되었다고 처벌할 수 있기 때문이다.

결국 이 이슈를 둘러싼 혼란과 규제 위험은 금융감독원과 회계기준원의 답변이 나왔다고 해도 조금도 변하지 않았다. SK의 사례와 똑같은 지배력 상실 시점의 회계처리와 관련된 삼성바이오로직스 건에 대해서는 분식회계가 아니라고 판단했다가 정권이 바뀌자 의견을 바꿔버렸다는 점도, 전문가인 필자 입장에서 볼 때 도대체 뭐가 옳다는 것인지 판단하기 어렵게 만드는 이유다.

회계는 1+1=2의 수학 공식처럼 명확한 것이 아니다. 회계처리를 결정할 때는 여러 판단을 해야 한다. 어떻게 판단해야 할지 애매하고 선택 가능한 대안들이 모두 충분한 근거를 갖춘 상황이라면, 기업 입장에서는 자신들이 더 유리한 방향으로 판단할 것이다. 기업이 아닌 어느 누구라도 그렇게 행동하는 것이 당연하다. 그런데 나중에 그런 판단을 뒤집어서 처벌한다면 기업은 엄청난 규제 위험에 처하게 된다. 더군다나 특정 기업을 타깃으로 해서 '혼내줘라'는 지시가 위에서 내려온 경우라면, 이런 판단과 관련된 회계처리들을 골라 손쉽게 문제 삼을 수 있다. 물론 SK 건이 그런 경우라는 뜻은 아니며, '앞으로 이럴 위험이 존재한다'는 정도로만 언급하겠다.

이런 일이 계속될 위험이 있으므로, 회계법인 입장에서는 조금이라도 문제의 소지가 될 회계처리가 있다면 전문가 입장에서 판단을 내리기가 두려워진다. 특히 최근 들어 회계법인의 법적 책임이 크게 증가한 후 이런 경향이 더욱 커졌다. 그 결과 선택 가능한 대안이 있다면 가장 보수적으로 회계처리를 하는 사례가 크게 증가했다. 이런 이유에서 기업과 감사인, 전임 감사인과 후임 감사인 사이에 올바른 회계처리 방법이 무엇인지에 대한 이견이 크게 증가했고, 이 문제점을 해결하기 위해 금융감독원과 회계기준원에게 질의할 수 있도록 한 것이다.

일부에서는 이런 혼란과 갈등이 일시적인 것이고 시간이 지나가면 자동으로 해결될 것으로 생각하기도 한다. 필자도 그랬으면 하지만 쉽게 그렇게 될 것 같지는 않다. 이번 사건이 이런 경우에 해당하는지에 대해서는 필자가 구체적인 언급을 하지 않지만, 정치적인 이유에서 특정 기업을 타깃으로 한 처벌이 있는 한 앞으로도 이번 사건과 유사한 사건은 계속해서 벌어질 가능성이 높다. 전문가의 일은 전문가에게 맡겨두는 사회가 왔으면 한다. 이 사건을 구체적으로 염두에 두고 하는 이야기가 아니라 일반적인 이야기일 뿐이지만, 요즘 들어 정치와 관계가 없어야 할 국가 행정조직조차도 정치화되어가는 듯해서 안타깝다.

회계로 본 세상

SK 관련 사건의 전개과정을 보면 여러 이상한 점이 눈에 띈다. 그중에서도 금융감독원이 SK C&C가 구SK를 연결에서 제외한 것을 처벌할 수 없다고 판단하자, 처음에는 언급이 없었던 다른 내용을 가지고 분식회계라고 주장하기 시작했다는 점이 독특하다. 혹시 처음 안건이 안되겠다고 판단되자 무리해서 금액이 큰 다른 건(브랜드 가치)을 평계로 처벌하려고 시도했던 것이 아닌지 하는 의심이 생긴다. 즉 금융감독원이 'SK그룹을 꼭 강력하게 처벌하고 싶어 했던 것'이 아닌가 추측할 수 있다. 물론 언론에 공개된 자료만 본 필자는 언론에 공개되지 않은 내막을 알지 못하므로, 필자의 이런 추측이 잘못될 수도 있다. 어쨌든 '사상 최대의 대규모 분식회계 사건(?)'이라고 시작됐던 이 일은 용두사미로 상대적으로 조용하게 끝났다. 그 덕분에 언론에도 별로 보도가 안 되어서 모르는 사람들이 많다. 회계 전문가들 사이에서만 널리 알려졌을 뿐이다. 아마 SK그룹 직원들도 대부분 이런 일이 벌어졌다는 것을 모를 것이다.

　필자의 추측이 잘못되었다면 열심히 일하는 금융감독원 직원들을 괜히 의심하는 것이니 정말 그분들께 죄송하다. 그렇지만 상황 전개과정을 보면 충분히 의심할 만한 정황이 있다는 점은 충분히 이해할 수 있을 것이다.[1]

　이 사건과는 관계가 없을지라도, 외부에는 잘 알려지지 않았지만 '정치적인 이유에서의 기업 손봐주기'의 도구로서 권력기관이 회계를 이용하는 일은 종종 벌어지고 있다.[2] 다만 최근에 와서 그런 성향이 점점 강화되고 있었을 뿐이다. 예를 들어 모 대형 건설사는 몇 년 전 대규모 분식회계가 적발되어 큰 처벌을 받았다. 분식회계로 적발된 항목의 상당 부분이 당시 건설사들에서는 관행처럼 적용되던 것이었으며, 또 한미사이언스의 사례처럼 판단의 차이 때문에 발생한 것도 많았다. 이런 사항들에 대해 상당히 큰 처벌을 한 이유는 해당 사건이 정치적인 의도로 크게 확대되었기 때문이라고 보인다. 특정인을 쫓아내거나 혼내주기

1　필자는 SK라는 브랜드의 공정한 가치가 얼마인지 모른다. 다만 2조 원이라는 금액이 일정한 평가과정을 거쳐 측정된 금액일 것으로 생각한다. 미래의 현금흐름을 예측해서 평가하므로, 미래를 알지 못하는 인간이 한 일인데 평가과정에서 오류가 있어서 일부 금액이 과대 또는 과소 평가되었을 수는 있을 것이다. 그런데 단순히 과대평가되었다는 것도 아니고 '가치가 전혀 없다'는 극단적인 주장은 받아들이기 힘들다. 너무 복잡한 이야기라 그 내막을 모두 설명하기는 힘들지만, "별도재무제표에서는 SK의 브랜드 가치가 존재하지만 연결재무제표에서는 가치가 없다."라는 것이 금융감독원의 주장인데 회계를 아는 사람이 한 주장이라고는 믿기 힘들다. 그래서 금융감독원이 이런 주장을 하게 된 것에 다른 이유가 있었던 것은 아닌지 의심하게 된 것이다.

2　『숫자로 경영하라 3』에 실린 '한화의 대한생명 인수 및 대우조선해양 인수 실패와 그 뒷이야기'라는 글에도 정부가 한화그룹을 정치적인 이유로 혼내주기 위해 회계를 수단으로 썼던 사례가 소개되어 있다.

위해 벌어진 사건이었던 것으로 추측된다.

이 사건이 그렇다는 것은 아니지만, 정권이 바뀌면 과거 정권에서 임명한 사람들 중 자리에서 물러나지 않고 버티는 사람이 있다면 이런 일들이 종종 발생한다. 그런 과정에 꼭 금융감독 당국만 동원되는 것은 아니다. 검찰, 감사원, 공정위원회, 국세청 등 다른 권력기관들뿐만 아니라 친정부 성향의 언론이나 시민단체들까지 동원되는 일이 종종 발생한다.

그런데 이 처벌의 결과 해당 건설사만 영향을 받은 것이 아니다. 이 사건이 벌어지자 다른 건설사들에서도 똑같은 이유에서 과거의 회계처리를 뒤엎는 일이 다수 발생했다. 과거에 분식회계라고 하지 않았던 사항에 대해 갑자기 분식회계라고 하면서 정상적인 경우보다 큰 처벌을 했기 때문에, 회계법인 입장에서는 똑같은 이슈를 가지고 있는 다른 건설사들에 대해서도 동일한 기준을 적용하며 과거의 회계처리를 수정하지 않을 수 없기 때문이다.

이 때문에 건설사와 회계법인 사이의 갈등, 전임 감사인과 후임 감사인 사이의 갈등이 그 후 1~2년간 다수 발생했었다. 건설업계 전체에 엄청난 혼란을 불러일으켰던 사례다. 과거의 회계처리가 오류라고 재무제표를 수정한 결과 많은 기업과 회계법인이 벌금을 냈으며, 개인적인 징계를 받은 사람들도 많다. 만약 SK C&C의 두 가지(지배력 변경 및 브랜드) 회계처리가 분식회계라고 결정 났다면, 동일한 회계처리를 수행한 국내의 많은 기업들과 이 기업을 감사했던 회계법인들도 똑같은 처지에 처했을 것이다. 대혼란이 일어났을 것이 틀림없다.

이런 사례를 보면 정치가 얼마나 기업이나 개인을 어렵게 만드는지를 알 수 있다. 국제회계기준(IFRS)의 정확한 해석과 적용이 어렵다고 해서, '내 해석과 동일하지 않은 다른 사람들의 해석은 모두 잘못되었다'고 주장할 수는 없다.[3] 전문적인 일이라면 정치인이나 공무원이 아니라 전문가들의 손에 맡겨놓기를 바란다.

이런 일이 자주 반복되다 보니, 회계학계나 업계에서는 최근 '회계심판원' 같은 조직을 만들어야 한다는 의견이 반복적으로 나오고 있다. 세금 문제로 국세청과 기업 사이에 갈등이 발생하면 조세심판원에서 조세 전문가들이 모여 양측의 주장을 듣고 판단을 내린다. 법원으로 가기 전에 전문가들이 판단할 수 있는 기회를 주는 것이다. 회계에 대한 문제도 마찬가지로 전문가가 판단할 수 있게 되기를 바란다. 법원으로 가게 되더라도 회계 전문가가 아닌 판사들이 복잡한 내용을 이해한 후 정확한 판단을 내린다는 것을 보장할 수 없기 때문이다.

---

3 물론 이 말이 논리에 맞지 않는 엉터리 해석을 하면서 분식회계를 정당화하는 일부 기업의 경우에도 적용된다는 의미는 아니다.

대우조선해양 분식회계 사건에 대한 이상한 뒤처리가 벌어진 이유

2010년대에 걸쳐 대우조선해양에서는 약 3조~4조 원 규모의 대규모 분식회계를 자행한다. 고위 정치권에서 임명한 최고경영진들이 보너스를 더 많이 받기 위해서 저지른 분식회계이며, 많은 직원들도 분식회계 과정에 적극적으로 개입한 것으로 알려졌다. 이 사실은 2016년 말부터 2017년 초 사이에 전모가 드러났다. 회계감사를 수행하던 회계법인에서 몰래 숨겨놓은 분식회계의 증거를 찾아낸 것이 시초다. 분식회계를 저지른 최고경영진은 형을 선고받고 감옥에서 지내고 있다. 그런데 분식회계에 대해서 사전에 알고 있었던 것으로 보이는 정황증거가 많으며, 분식회계의 결과 과다보고된 이익에 따라 배당을 받았던 지배주주 산업은행은 아무 처벌을 받지 않았다. 그리고 놀랍게도 분식회계에 대해 처음 발견해서 공개한 회계법인은 무거운 처벌을 받았다. 처음에는 "영업정지를 통해 회계법인을 문 닫게 하겠다."라고 했지만, 결과적으로는 매출의 약 30%를 3년간 잃게 하는 중징계로 귀착된다. 이런 황당한 처벌이 이루어진 배후는 무엇일까 알아본다.

MANAGING BY NUMBERS

2016년 막부터 2017년 초 사이에 전모가 드러난 대우조선해양의 분식회계 사건은 여러 면에서 한국 사회에 큰 여파를 미쳤다. ① 분식회계의 정확한 규모는 알려지지 않았지만 최소 3조~4조 원에 이르는 대규모 분식회계라는 점, ② 적자 회사가 가공(架空)의 이익을 꾸며 큰 규모의 흑자를 기록한 것처럼 보고하고, 조작된 재무제표로 수조 원의 자금을 조달했다는 점, ③ 두 명의 CEO와 다른 두 명의 CFO가 함께 최소 5년의 오랜 기간 분식회계를 주도했다는 점, ④ 다수의 직원이 분식회계에 대해 알고 있었을 뿐만 아니라 분식회계를 수행하는 데 적극적으로 참여했다는 점, ⑤ 분식회계를 통해 지배주주인 산업은행과 체결한 경영목표를 달성한 후 경영목표 달성의 대가로 대우조선해양 직원들이 받은 보너스가 수천억 원에 달한다는 점, 그리고 ⑥ 분식회계 때문에 부실이 더욱 심화되어 결과적으로 회사를 살리기 위해 지금까지 약 7조 원 이상의 공적자금(국민 세금)이 투입되었다는 점 등은 한국 기업사(企

業史)에서 매우 드문 경우다. 이렇게 많은 국민 세금을 받아다 써버린 기업이 과거에 또 있었는지 궁금할 정도다. 이렇게 많은 돈을 투입했는데도 아직까지 회사가 살아나지 못했다는 점도 독특하다. 앞으로도 계속 돈이 들어가야 할 것으로 보인다.

대우조선해양 사태를 보면 '이렇게 부도덕한 사례가 과거에도 있었나?'라는 생각이 들 정도다. 규모만 본다면 1998년 외환위기 직후인 2000년대 초반 발생했던 대우그룹이나 현대그룹의 분식회계가 더 컸지만, 분식회계의 내용을 보면 대우조선해양의 경우가 더 심각하다. 더군다나 대우그룹이나 현대그룹의 분식회계 사건은 회사의 경영상황이 어려운 상태에서 회사가 망하는 것을 어떻게든 막아보려고 하는 과정에서 발생했었다. 또한 앞에서 언급한 여섯 가지 특징 중 ①과 ②만을 가지고 있었다. 잘못한 것은 잘못한 것이지만 최소한 동기에 대해서는 동정심을 가질 수 있었다. 그런데 대우조선해양의 분식회계는 최고경영진이 연임을 하기 위해서 또는 최고경영진을 포함한 직원들이 보너스를 더 많이 받기 위해서 수행한 분식회계라고 알려져 있다. 우리나라에서는 과거에 거의 없던, 주로 미국에서 발생하던 '선진국형 분식회계'라고 볼 수 있다.

대우조선해양 분식회계 사건 자체도 이상하지만, 이 사건의 뒤처리는 더욱 이상하다. 이 사건의 뒤처리 과정도 앞으로 두고두고 회계학 교과서나 회계 사례들에 소개될 법하다. 대우조선해양의 분식회계의 특징과 이 사건의 뒤처리가 어떻게 이루어졌는지에 대해 지금부터 자세히 살펴보자.

대우조선해양 경영진과 정치권력과의 밀접한 관계

대우조선해양의 분식회계 특징을 여섯 가지로 요약해서 앞에서 간단히 소개했다. 그중 ①과 ②는 이미 필자의 다른 글에서 충분히 설명했으며 언론에서도 많이 다룬 내용이므로 다른 항목들만 구체적으로 살펴본다.

대우조선해양의 분식회계는 정치권력과 밀접한 관계를 가지고 있다. 분식회계를 벌어진 것은 남상태 사장(노무현 정권 임명)과 고재호 사장(이명박 정권 임명) 시기다. 이들의 인사에 당시 권력의 최고 실세 집단이 관여했다는 설이 있다. 다른 공기업들도 대부분 마찬가지겠지만, 정권이 바뀌기만 하면 많은 사람이 권력 주변으로 모여들곤 한다. 그러다가 운이 좋으면 좋은 기업의 사장이나 임원 자리를 차지하기도 한다. 자세한 내막을 알기 어렵지만 대우조선해양도 이런 관행과 무관하지 않았을 것이란 의구심이 든다.

분식회계가 저질러지는 동안 대우조선해양을 거쳐간 사외이사는 총 30명이다. 그중 최소 절반인 15명의 인사가 정치권 출신 또는 정치와 관련 있는 사람들이다. 이 비율은 노무현 대통령 시기와 이명박 대통령 시기가 정확히 똑같다. 정치인 출신이 아닌 사외이사들 중에서도 정부의 각종 부처나 기타 권력기관 출신이 여럿 있었다. 그러니 재무보고나 기업활동에 대한 전문성이 없는 사외이사들이 대우조선해양에 대한 감시 및 감독 활동을 제대로 수행했을 가능성이 낮을 것이다.

어쨌든 이런 사실들을 보면 대우조선해양이 정권의 전리품으로 취급되고 있었다는 점을 알 수 있다. 사외이사 자리만이 아니다. 언론에서는 2000년 이후 모두 60명의 정관계 및 산업은행 인사가 고문, 상담역, 자

청와대
대우조선해양을 포함한 여러 회사의 경영진이나 사외이사를 정권의 핵심부에서 임명하는 일은 빈번하게 벌어진다. 이런 과정을 통해 임명된 경영진은 자기를 임명해준 사람에게 진 은혜를 갚기 위해 행동할 유인이 있다.

문역 등의 명목뿐인 자리를 차지했었다고 보도했다. 이렇게 돈이 줄줄 새고 있었던 것이다.

물론 대우조선해양만 이런 것은 아니다. 정부가 직접 지분을 가지고 있지 않은 은행이나 기타 민간기업 중에도 정권에서 논공행상으로 자기편의 사람을 사장이나 고위 임원으로 임명하는 일은 어느 정권에서나 빈번하게 이루어졌다. 물론 지금도 마치 당연한 것처럼 이루어지고 있고, 자발적으로 고위 임원이 물러나지 않는다면 검찰, 공정거래위원회, 국세청, 금융감독원 등 권력기관을 동원해 압박하고 처벌까지 하는 일이 비일비재하다. 그렇다고 하더라도 대우조선해양 사외이사의 50%가 정치 연관 인물로 채워졌다는 사실은 전례를 찾기 힘들 정도로 극단적인 경우다.

이런 상황에서 임명된 경영자는 회사를 잘 경영해서 발전시킨다는 목표를 세우기보다는 자기를 임명해준 정치권력자들에게 은혜를 갚거나, 또는 이들에게 잘 보여서 연임을 하려고 노력할 가능성이 더 높을 것이다. 아무리 경영성과가 좋더라도 권력자에게 밉보이면 연임이 어렵기 때문이다. 그래서 분식회계 사건이 발생하자 남 사장이나 고 사장이 재임 당시 자신을 임명한 정치권에 로비를 하고 향응을 베풀었으며 상당한 뇌물도 제공했다는 의심이 다수 제기되었다. 이런 주장들이 사실인지에 대해 필자가 직접 검증할 길은 없지만, 당시 정황과 재판에서 논의된 사항들을 보면 사실일 수도 있다는 점을 짐작할 수 있다.[1]

기타 분식회계의 특징

법원의 판결문을 보면, 두 CEO뿐만 아니라 이 기간 일한 두 명의 CFO도 분식회계에 적극적으로 가담했고 다수의 직원에게 분식회계를 수행하라고 지시했다. 그런데 이 두 CFO는 대우조선해양의 지배주주인 산업은행의 부행장 출신이다. 대우조선해양은 1998년 외환위기 이후 부도가 발생해서 당시 많은 자금을 산업은행이 지원했다. 이후 2000년 산업은행은 대우조선해양의 경영권을 인수한다. 따라서 산업은행에서 고위 임원 출신 CFO를 파견해서 대우조선해양의 경영을 직접 챙겨왔

---

1 법원의 판결문에는 "산업은행장의 지시를 받고 대우조선해양 사장이 6인의 국회의원에게 뇌물을 건넸다."라는 내용이 등장한다. 이 판결문에서 드러난 금액은 국회의원 개인당 몇백만 원 정도로 크지 않지만 드러나지 않은 금액이 있을 수 있다. 필자의 개인적인 견해일 뿐이지만, 산업은행장이 불과 몇백만 원을 뇌물로 국회의원에게 건네라고 지시하지는 않았으리라 생각한다.

다. 그런데 이들이 분식회계에 적극적으로 관여하고 있었다는 점은 놀랄 만한 일이다. 물론 이들은 분식회계를 지시한 바 없고 알지도 못했다고 주장했지만, 다른 증인들의 증언이나 증거물을 볼 때 이들의 주장은 거짓이라고 법원은 판단했다.

또한 이번 사건은 분식회계가 벌어진 기간이 아주 길다는 특징을 가진다. 대부분의 경우 분식회계를 저지르는 기간이 1~2년 정도에 불과하다. 예를 들어 단기간 특정 목적을 달성하기 위해 대손충당금을 덜 쌓는 방법을 이용해서 이익을 부풀렸다면, 그 목적이 달성된 후 과거 적게 쌓은 대손충당금 때문에 더 많은 대손상각비가 발생하게 되거나 대손충당금을 더 쌓아야 하므로 이익이 줄어든다. 또한 만약 밀어내기 매출을 해서 매출채권을 늘리는 방법으로 이익을 부풀렸다면, 미래 기간이 되면 해당 매출채권에 대한 대손상각비가 더 늘어나므로 이익이 줄어든다. 즉 분식회계를 통해 가공의 이익을 적었다면, 미래 시점에 그 가공의 이익을 은폐하기 위해 이익을 실제보다 줄여서 보고해야 한다. 이런 문제점 때문에 오랜 기간 계속해서 이익을 과대 보고하는 분식회계를 수행하기 힘들다.

그런데 대우조선해양의 경우는 조사가 수행된 모든 연도에서 분식회계가 발견되었고, 시간이 갈수록 분식회계 규모가 커졌다. 공소시효가 지난 오래된 자료들에 대해서는 조사하지 않았을 것이라는 점을 고려하면, 분식회계가 저질러진 기간은 적발된 것보다 더 길었을 가능성도 있다. 과거의 분식회계를 은폐하기 위해서는 더 큰 규모의 분식회계를 저질러야 했던 것으로 추론할 수 있다.

분식회계를 저지른 이유와 여러 관련 부서의 직원들이 분식회계의 과정에 적극 가담한 이유 중 하나는 보너스와 관련된 것으로 보인다. 매년 대우조선해양과 산업은행은 경영계약을 체결했다. 이 경영계약의 핵심은 '정해진 목표이익을 달성한 경우에만 성과 보너스를 지급한다는 것이다. 따라서 더 많은 성과 보너스를 받기 위해 직원 중 일부가 적극적으로 분식회계에 동참한 것으로 보인다.

물론 처음부터 이런 도덕적 해이나 부정이 직원들 사이에 만연하지는 않았을 것이다. 그런데 회계부정을 통해 성과 보너스를 두둑하게 받고도 아무 일이 발생하지 않자, 시간이 흘러갈수록 점점 더 많은 수의 직원이 죄의식을 잊어버리고 당연한 것처럼 분식회계를 수행하지 않았을까 추측된다. 이렇게 해서 받아간 성과 보너스의 규모가 고재호 사장 시절만 봐도 임원은 100억 원, 기타 직원들은 5천억 원 정도라고 한다. 남상태 사장 시절 받아간 성과 보너스는 얼마인지 언론에 보도되지 않아 알 수 없지만 아마도 이 금액보다는 적을 것이다. 초기에는 상대적으로 분식회계 규모가 작았으므로 보너스 규모도 적지 않았을까 추측하는 것이다.

대우조선해양의 분식회계가 조선업계에 미친 영향

결과적으로 대우조선해양을 살리기 위해 두 차례에 걸쳐 최소 7조 원 이상의 공적자금이 투입되었다. 엄청난 규모의 국민 세금이 대우조선해양에 투입된 것이다. 이렇게 대우조선해양의 부실 규모가 커진 가장 큰 이유는 조선업의 업황이 크게 악화했기 때문이다. 그러나 앞에서 소개한 것처럼 경영진의 방만한 경영도 이에 일조했다고 볼 수 있다. 분식회계도 부실 규모와 크게 관련되어 있다.

대우조선해양의 분식회계는 주로 건조 예정인 선박이나 해상플랜트의 예상 건조원가를 실제보다 낮춰 잡음으로서 공사진행률을 과다하게 보고하는 방식으로 이루어졌다.[2] 따라서 회사 내부에서 공식적으로 작성되는 서류에는 선박이나 해상플랜트의 예상 건조원가가 실제 건조원가보다 상당히 낮게 잡혀 있었다. 예를 들어 실제로는 2천억 원을 들여야 만들 수 있는 배를 1,500억 원쯤에 만들 수 있다고 공식 서류에는 적혀 있었다. 이 서류를 본 수주부서에는 '회사가 원가절감을 잘하는구나. 건조기술이 발달해서 과거 2천억 원쯤에 만들 수 있었던 배를 이제는 1,500억 원쯤에 만들 수 있구나.' 하고 잘못 이해했던 것으로 보인다. 그래서 신규 선박을 발주하는 입찰에 참가해서 1,700억 원쯤에 배를 만들겠다고 주문을 수주했다. 이런 식으로 적자가 발생하는 배를 많이 수주했기 때문에 부실의 규모가 불어난 것이다. 또한 적자 회사를 흑자로 조작한 결과, 낼 필요가 없는데 낸 세금만 6천억 원 정도에 이른다.

이런 내용을 보면 얼마나 황당한 일이 수년간에 걸쳐 발생하고 있었는지를 알 수 있다. 분식회계를 통해 이익을 부풀리고 예상 건조원가를 낮춰 잡는다는 것을 다른 부서의 직원들에게 알리지 않았으므로, 다른

---

2 이에 대한 더 자세한 내용은 『숫자로 경영하라 4』에 실린 '대우조선해양의 분식회계 여부에 대한 논란'을 참조하기를 바란다. 이뿐만이 아니다. 'change of order'라고 불리는 설계변경이 조선업계에서는 빈번히 발생하는데, 설계변경을 통해 처음 예상보다 더 많이 투입한 공사비를 전체 공사비에 포함시키지 않는 방법, 그리고 공사대금을 받을 수 없는 것이 판명된 선박 주문처에 대한 매출채권을 상각(비용)처리하지 않는 방법 등의 분식회계가 주로 이루어졌다.

대우조선해양에서 배를 건조하는 모습
대우조선해양에서는 장기간에 걸쳐서 약 3조 원 규모의 분식회계가 벌어졌다. 분식회계와 부실경영에 빠진 회사를 살리기 위해 국민 세금이 약 7조 원이 투입되었다.
(출처: 대우조선해양 DSME)

부서에서는 이 사실을 알지 못하고 부실을 더 키우는 행위를 적극적으로 수행했던 것으로 보인다. 수주를 하면 할수록 적자 규모가 더 커지는 상황이었다. CEO나 CFO는 이런 사실을 알고 있었을 테지만 이를 저지하지 않았다. 경우에 따라서는 저가 수주에 적극적으로 앞장선 것으로 보인다.

이런 행위가 대우조선해양만 부실하게 만든 것이 아니다. 당시 대우조선해양이 적극적으로 낮은 가격에 배를 수주하니, 경쟁업체인 현대중공업이나 삼성중공업도 덩달아 낮은 가격으로 입찰에 참여할 수밖에 없었다는 경쟁업체 임원들의 이야기를 필자는 여러 차례 들었다. 그 때문에 선박 수주단가가 크게 떨어졌다고 한다. 비슷한 이야기는 언론에도 수차례 보도되었다. 만약 이런 이야기가 사실이라면 대우조선해양의 행동은 국내 다른 업체들이 위기에 빠지는데도 일부 원인을 제공한 것으로 볼 수 있다.

분식회계와 대리인 문제

이런 대우조선해양 분식회계의 여러 특성을 보면, 부정한 행위도 마다하지 않고 개인의 단기적 이익 극대화를 위해 노력하는 직원들의 모습을 발견할 수 있다. 흔히 이야기하는 '대리인 문제(agency problem)'가 극명하게 드러나는 사례다.[3] 물론 사람들이 자기 자신의 이익 극대화를 위해 노력하는 것이 지극히 당연하지만, 회사는 물론이고 산업 전체에 악영향을 주는 이런 극단적인 사례를 보면 정말 씁쓸하다.

대우조선해양 사건의 또 다른 중요한 이해관계자는 산업은행이다. 이 사건에서 지배주주인 산업은행이 의도적으로 분식을 주도하지는 않았겠지만, 분식이 벌어지는 것을 알면서도 묵인한 것으로 보이는 정황 증거는 일부 있다.

앞서 이미 소개했지만, 산업은행에서 파견한 산업은행 부행장 출신의 CFO가 분식회계에 대해 잘 알고 있었고, 심지어 적극적으로 분식회계를 지시하거나 관여했다고 법원은 판단을 내렸다. 또한 산업은행은 각종 경영상황에 대한 보고를 수시로 받고 있었고, 중요한 회의에 직원이 직접 참여하기도 했다. 일부 회계 및 재무 업무를 직접 결정하기도 했다. 분식이 드러나는 시점까지 다수의 산업은행 출신 인사가 대우조선해양 또는 대우조선해양 자회사에서 높은 직위에 앉아 일했었다. 이 사

---

3   대우조선해양과 관련된 대리인 문제에 대해서는 서울대학교 김우진 교수가 작성해 언론에 기고한 칼럼(url.kr/832g67) '대리인 시스템 안 바꾸면 대우조선의 비극은 또 일어날 수 있다'를 참조하기를 바란다.

실을 보면 산업은행 측에서 해당 업무에 관여한 직원 중 일부도 분식회계에 대해 자세히는 아니더라도 대략적으로는 알고 있었을 가능성이 있다. 물론 관련자 중 아무도 자신이 분식회계에 대해 사전에 알고 있었다고 증언할 사람은 없을 것이다.

만약 산업은행의 관계자들이 분식회계에 대해 알면서도 모른 체했다면, 이는 두 가지 이유로 설명될 수 있다. 첫째, 대우조선해양이 높은 이익을 기록해야 대우조선해양을 높은 가격에 매각할 가능성이 높아지기 때문이다. 둘째, 대우조선해양의 이익에 산업은행 관련 직원들의 성과평가액이 연동되어 있었다면 대우조선해양이 분식회계를 통해 이익을 부풀리는 것을 묵인했을 수 있다. 분식회계의 결과 부풀려진 이익 때문에 산업은행은 2011년부터 2015년까지 4년 동안 1,800억 원을 배당금으로 지급받았다. 이런 고배당 때문에 관련 산업은행 직원들의 성과평가점수가 높아졌을 가능성이 있다. 결국 이 두 가지 가능성 모두 대리인 문제 때문에 발생한 것으로 요약될 수 있다.

물론 일부 산업은행 직원들이 분식회계가 저질러지고 있다는 것을 대략적으로는 알았다고 하더라도, 이렇게 대규모로 분식회계가 이루어지고 있다는 것은 몰랐을 가능성이 높다. 이 정도로 큰 규모라는 것을 알았다면 절대로 그냥 넘어갈 수 없었을 것이기 때문이다. 또한 분식회계가 상당히 장기간에 걸쳐 이루어지고 있었으므로, 그동안 산업은행의 담당자는 수차례 교체되었을 것이다. 그렇다면 교체 때 분식회계에 대한 내용은 인수인계가 제대로 되지 않았을 수 있다. 전임자 입장에서는 과거의 우수한 업적이 분식회계 때문이라고 후임자에게 설명해줄 수 없었을 것이다. 물론 이런 이야기들은 모두 필자의 개인적인 추측일 뿐이다.

산업은행은 정말 몰랐을까?

산업은행의 관계자들은 회계감사를 수행한 안진회계법인의 탓으로 돌린다. 안진회계법인이 부실하게 감사를 수행해서 분식회계를 발견하지 못했고, 산업은행은 안진회계법인만 믿고 있었으므로 부실을 전혀 알지 못했다고 주장했다. 따라서 이 사태는 안진회계법인의 책임이지 산업은행의 책임이 아니라는 주장이다.

필자의 개인적인 견해이기는 하지만, 이 주장을 그대로 믿기는 힘들다. 산업은행의 주장은 산업은행이 대우조선해양의 지배주주임에도 불구하고 그동안 대우조선해양을 감독하거나 중대한 영향력을 행사하지 않고 방치했다는 이야기이기 때문이다.

그런데 이 주장과는 반대로 대우조선해양의 인수를 둘러싸고 산업은행과 한화그룹이 소송을 벌일 때, 1심과 2심에서 산업은행은 "대우조선해양은 상장기업이므로 외부감사를 받을 뿐만 아니라 산업은행이 대주주로서 대우조선해양에 직원을 파견해 엄격히 감시·감독하고 중대한 영향력을 행사"한다고 주장했었다. 따라서 "숨겨진 우발채무나 부실이 존재할 가능성"이 매우 낮으므로 한화그룹이 실사를 군이 할 필요가 없었다는 주장이었다. 한화그룹 측에서 대우조선해양 인수 작업을 중단한 것이 실사를 하지 못했기 때문이고 실사를 했으면 숨겨진 부실이 있을 수 있다고 주장한 것에 대한 반론이었다.

대우조선해양 사건이 드러나기 전에 열린 1심과 2심에서 법원은 산업은행의 주장을 받아들여서 한화그룹에 패소 판결을 내렸다.[4] 이처럼 엄격하게 감독하고 있으므로 부실이 있을 가능성이 거의 없다고 주장

산업은행 본사의 모습
대우조선해양의 대규모 분식회계가 적발되자
산업은행은 그동안 안진회계법인만 믿고 아무
일도 하지 않았기 때문에 분식회계에 대해 전
혀 알지 못했다고 주장했다.

하던 중 분식회계가 드러나자, 갑자기 그동안 안진회계법인만 믿고 아
무것도 하지 않았다고 주장을 정반대로 바꾼 것이다.

또한 산업은행 부행장 출신의 두 CFO가 분식회계에 깊숙하게 관여
하고 있었다는 법원의 판단이나 대우조선해양의 주요 의사결정 회의에
산업은행에서 파견된 직원이 동시에 참여하고 있었다는 사실도 이런
주장과 일관되지 않는다. 당시 산업은행의 이동걸 회장조차도 산업은행
회장으로 임명되기 전인 2016년 6월 〈한겨레〉에 기고한 글에서 "산업
은행은 자회사인 대우조선해양의 경영상황을 전혀 모를 정도로 무능했
나? 무관심했나? 아니면 알고 숨겼던 것인가?"라고 말한 바 있다. 이 말

---

4 이 책에 실린 '대우조선해양 분식회계 사태가 한화와 산업은행의 소송전에 미친 극적인 영향'
이라는 글을 참조하길 바란다. 한화그룹은 대우조선해양을 인수하려다 2008년 세계금융위기
가 일어난 후 계약금을 지불한 상황에서 대우조선해양의 방해 때문에 실사를 하지 못했다. 결
과적으로 약속된 날짜까지 잔금을 치르지 않아 계약을 파기당했다. 그 후 계약조건을 지키지
못한 것은 실사를 하지 못한 것 때문이므로 계약금의 일부를 돌려달라고 소송을 제기했다. 이
소송의 1심과 2심에서 산업은행은 "실사의 실익이 없다."라고 주장해서 승리했다. 하지만 대우
조선해양의 분식회계 사건이 벌어진 후 "M&A 과정에서는 실사가 꼭 필요하며 실사를 했으면
결과가 달라졌을 것이다."라고 대법원이 판단해 한화 측에 일부 승소 판결을 내렸다.

을 보면 산업은행 회장도 몰랐다는 주장을 믿지 않는다는 것을 짐작할 수 있다. 일부 인사들의 기고문이나 언론사 자체 사설에서도 산업은행이 몰랐다는 말을 믿기 어렵다는 견해가 대부분이었다.

　반면 회계감사를 수행한 외부감사인은 경영진의 주도로 상당수의 직원도 함께 참여해 조직적으로 이루어진 분식회계를 발견하지 못했을 가능성이 있다. 외부감사가 크게 강화된 지금에야 좀 달라졌지만, 당시만 해도 외부감사인들은 불과 며칠 동안 감사대상 회사를 방문해 실사를 진행하고, 길어야 3~4주 동안 회계장부를 감사한 후 감사의견을 표명하기 때문이다. 즉 외부감사인들이 접근할 수 있는 정보의 질과 양은 매우 제한적이다. 따라서 대우조선해양의 경우처럼 회사에서 다수의 직원이 동원되어 적극적으로 회계처리의 기초가 되는 자료부터 조작하는 방식으로 치밀하게 분식회계를 저지르고 서로 말을 맞추었다면, 짧은 기간 감사를 수행한 외부감사인이 이를 적발해내기는 상당히 어렵다. 또한 분식회계가 저질러진 기간 동안 안진회계법인이 계속 감사를 한 것도 아니었다. 초반부에는 다른 회계법인이 감사를 했었고 안진회계법인은 뒷부분 감사를 맡았다.

안진회계법인의 분식회계 적발과 산업은행의 은폐 요구(?)

경위가 어쨌든 간에 안진회계법인이 대규모 분식회계를 몇 년간 발견하지 못했다는 점은 회계감사에 일부 문제가 있었음을 의미한다. 안진회계법인은 2015년 들어 마침내 분식회계를 적발해냈다. 현대중공업과 삼성중공업에서 큰 규모의 적자를 기록했다는 발표가 나오면서 대우조선해양은 문제가 없는지에 대해 시장에서는 수차례 의심의 눈길을 보냈다. 그럴 때마다 대우조선해양의 경영진은 "우리는 아무 문제가 없다."라는 주장을 되풀이했다. 그러다가 박근혜 정권이 들어서고 나서 새 사장이 임명된 뒤 마침내 안진회계법인이 분식회계의 증거를 찾아낸 것이다. 여러 수상한 점을 발견한 안진회계법인이 대규모로 회계 인력 및 IT 전문 인력을 투입해 철저한 감사를 수행한 끝에 교묘하게 숨겨놓았던 분식회계의 증거를 찾아냈다고 한다. 법원 판결에 따르면 외부감사를 직접 담당했던 회계사 중 소수는 분식회계를 이 시점보다 전부터 알고 있었던 것으로 보인다.

산업은행은 안진회계법인이 분식회계를 발견하기 까지 놀랐다. 그리고 안진회계법인에게 분식회계를 드러내지 말고 숨기자고 요구한 것으로 전해진다. 숨기는 것이 불가능하다면 분식회계로 부풀려진 이익을 미래의 업적에 반영해 처리하자고 요청했다고 한다. 즉 새로운 분식회계로 과거의 분식회계를 처리하자는 것이다. 처음에는 실무진에서, 나중에는 고위층까지 나서서 동일한 요구를 한 것으로 알려져 있다.[5]

하지만 안진회계법인이 이 요구를 거절하고 발견한 분식회계를 폭로한 것으로 알려져 있다. 외부감사를 한 회계법인으로서 지극히 당연한

---

5 필자는 거의 대부분 공개된 자료만을 이용해 글을 쓴다. 다만 산업은행의 안진회계법인에 대한 분식회계 은폐 요구에 대한 내용은 언론에 공개된 자료가 아니기에 사실과 다를 수도 있다는 점을 밝힌다. 그렇지만 회계업계 및 금융계 인사들과 산업은행 직원들 사이에서는 이런 요구가 있었던 것이 널리 알려져 있다는 점은 분명한 사실이다.

딜로이트 안진회계법인
대우조선해양 사건이 벌어지자 금융 당국은 딜로이트 안진회계
법인을 영업정지 시켜 없애겠다는 계획을 세운다. 이러한 계획은
증권선물위원회 감리위원들의 큰 반발을 불러일으켰다.

행동으로 볼 수 있다. 그러나 이후 산업은행은 안진회계법인에게 주던
여러 일감을 빼앗아서 다른 회계법인에게 줬다.[6] 산업은행은 안진회계
법인을 믿기 어려워 내린 조치라고 설명했지만, 다르게 보면 안진회계
법인이 분식회계를 폭로한 것에 대한 보복이라고 볼 수 있는 여지도 있다.

　이런 산업은행의 행동을 보면 분식회계에 대해 알지 못했다는 주장
을 더욱 믿기 힘들다. 만약 분식회계에 대해 아무것도 몰랐다면, 안진회
계법인이 분식회계를 발견한 후 이를 숨기려고 하기보다는 대우조선해
양의 경영진과 직원들에게 분식회계에 대한 합당한 제재 조치부터 취

---

6 산업은행은 이 일이 분식회계를 숨기자는 산업은행의 주장에 안진회계법인이 동의하지 않아
내린 보복이 아니라, "대우조선해양 사태를 보고 안진회계법인을 더 이상 신뢰할 수 없어서 일
감을 회수해 다른 회계법인에게 맡긴 것"이라고 주장한다. 그런데 그때 새로 일감을 받은 회계
법인 중에는 안진회계법인 이전에 대우조선해양을 감사했지만 분식회계를 발견하지 못했던 회
계법인도 포함되어 있다. 만약 산업은행의 주장이 사실이라면, 왜 그 회계법인은 계속해서 신
뢰해서 안진에서 뺏은 일감을 나눠줬는지 궁금하다.

했어야 했다. 예를 들면 분식회계와 관련된 경영진을 파면하면서 그들에게 민사소송을 제기하고, 산업은행의 담당 직원들을 문책하는 등의 행동이다.[7] 그런데 이런 행동은 취하지 않고 분식회계를 찾아낸 회계법인부터 먼저 제재하는 듯한 행동은 오히려 분식회계를 저지른 쪽을 옹호하는 것으로 비칠 수 있다. 이런 상황을 보면 한국에서 회계법인이 독립적으로 감사를 수행하는 것이 얼마나 어려운지를 잘 알 수 있다.

산업은행에 대한 금융 당국의 이상한 대응과 산업은행의 변화

이 사건에 대한 뒤처리는 어떻게 되었을까? 우선 대우조선해양의 경영진은 잘못에 합당한 벌을 받았다. 당시의 CEO와 CFO는 모두 징역형을 선고받고 감옥에서 지내고 있다. 회사도 행정적으로 상당한 처벌을 받았고 벌금도 냈다. 감사업무를 직접 담당했던 안진회계법인의 몇몇 회계사들도 "미필적 고의를 가지고 감사를 부실하게 수행했다."라는 법원 판결을 받았고, 일부는 실형을 선고받고 감옥에 갔다. 실형은 선고받지 않았지만 부실감사 때문에 면허가 정지되는 등의 징계를 받은 회계사들도 여럿 있다.

관련자들에 대한 민사소송도 벌어졌다. 2021년 2월과 8월에 내려진 민사소송의 1심 및 2심 판결에 따르면 대우조선해양, CEO, CFO, 그

---

7 이 사건이 벌어진 후 4년이나 지난 2020년에 들어서야 산업은행은 분식회계에 책임이 있는 대우조선해양의 전임 경영진과 안진회계법인에 대한 소송을 제기했다.

리고 안진회계법인은 소송을 제기한 투자자들에게 수백억 원을 배상해야 한다. 물론 소송이 여기서 끝나지는 않겠지만, 이 판결 결과를 본 다른 투자자들이 또 소송을 제기할 수 있으므로 피해배상액은 앞으로 더 늘어날 수도 있다.

그런데 놀랍게도 대우조선해양의 지배주주인 산업은행은 법적 및 행정적으로 아무 처벌도 받지 않았다. 언론에서 이런 문제점을 몇 차례 지적했지만 그냥 조용히 넘어가버렸다. 만약 모 대기업의 지배주주가 경영하는 회사에서 막대한 분식회계가 발생했다면 해당 지배주주가 어떤 처벌을 받을지 생각해보자. 회사의 대표자로서 책임을 지고 최소 수년간 감옥에서 보내야 할 가능성이 높다. 또는 분식회계에 대해 몰랐거나 분식회계에 적극 관여하지 않았다고 판단되어 실형을 살지는 않더라도 사회적 비난이 쏟아져 경영일선에서 물러나야 할 것이다. 그러니 산업은행이 아무 처벌도 받지 않은 것이 얼마나 예외적인 일인지 추측할 수 있다.

대우조선해양 외에 다른 사건들과 관련해서도 산업은행은 당시까지 많은 비난을 받고 있었다. 어려움에 처한 상태에서 매물로 나왔다가 민간기업이나 펀드가 인수한 회사는 상대적으로 빨리 실적이 회복해 정상궤도에 올라섰는데, 산업은행이 인수한 회사들은 장기간 구조조정이 지지부진하고 매각도 하지 않으면서 계속 자회사로 거느리고 있는 일이 빈번하게 발생했기 때문이다. 물론 산업은행이 인수한 회사들이 좀 더 어려운 형편이었다는 이유도 있겠지만, 대리인 문제가 이런 현상에 영향을 미쳤을 가능성도 있다. '책임질 수 있는 일을 하기 싫어서 자꾸 일을 뒤로 미룬다.'라는 비판이 꾸준히 제기된 이유다.

그렇지만 산업은행도 대우조선해양 사건으로 많은 점을 배운 듯하다.

2018년 이후 국내 경제상황이 점차 악화되면서 어려움에 처한 기업들이 늘어났다. 그 결과 산업은행이 자금을 지원하는 사례가 늘어났는데, 과거와는 달리 신속히 행동하면서 기업 구조조정이나 매각에 나서는 모습을 보이고 있기 때문이다. 뒤에 숨어만 있는 것이 아니라 행장이 직접 나서서 일을 추진하기도 한다.[8]

2020년 코로나19 사태로 인해 기업들의 업황이 더욱 어려워지자 산업은행은 더 큰 역할을 하는 중이다. 산업은행이 앞으로도 이런 적극적인 자세로 우리나라 경제 살리기에 앞장섰으면 하는 바람이다.

안진회계법인을 없애라

산업은행에 대해 직접적인 처벌을 하지 않은 것도 이상한데, 금융 당국이 안진회계법인에 대해 취한 태도는 더욱 이상하다. 금융감독원은 안진회계법인을 없애버리겠다는 내용의 징계안을 작성해 금융위원회에 올렸다. 1년간 모든 감사업무를 할 수 없도록 영업정지를 시키겠다는 것이다. 1년간 사업을 못 하게 한다면 회계법인은 살아남을 수 없다. 회계사들도 대부분 퇴사해 다른 회계법인으로 옮겨갈 것이므로 법인은 해체될 수밖에 없다. 이 사건과 관련 있는 세 기관, 즉 대우조선해양, 산업은행, 안진회계법인 중에서 안진회계법인에게 가장 큰 행정적 징계를

---

8 일부에서 논란이 있기도 하지만, 아시아나항공을 한진그룹에 매각한 것과 대우조선해양을 현대중공업그룹에 넘긴 것이 그 예다.

한다는 것이었다.

일반적인 분식회계 사건이 일어났을 경우를 생각해보자. 분식을 저지른 회사와 분식에 관여한 지배주주에게 큰 책임이 있는 것이 당연하다. 회계감사를 부실하게 수행해 처음에는 분식회계에 대해 알지 못하다가 나중에 가서야 분식을 발견한 회계법인도 물론 책임이 있다. 그렇지만 책임의 정도는 앞의 둘보다 훨씬 덜할 것이다.[9] 그런데 다른 둘과 비교도 안 되는 강한 처벌을 하겠다는 것은 상식적으로 이해가 안 되는 일이다. 만약 회계법인을 없앤다면 다른 둘도 모두 없애야 형평성 있는 처벌이다. 실제로 안진회계법인이 없어진다면 약 2,500개의 일자리가 사라진다. 전문가인 공인회계사들의 대부분은 다른 회계법인으로 옮겨갈 수 있겠지만, 법인의 약 3분의 1을 차지하는 운영이나 관리 인력들은 당장 일자리를 구하기가 쉽지 않을 것이다. 몇몇 회계사가 감사를 잘못 수행했다고 해서 2,500개의 일자리를 없애야 할 일일까?[10]

---

9 예를 들면 경찰과 도둑의 비유를 들 수 있다. 경찰이 수사를 잘못해서 도둑을 잡지 못했다고 하자. 그렇다고 해서 경찰이 잘못한 정도가 도둑의 잘못보다 더 크다고 할 수는 없다.

10 안진회계법인이 없어지더라도 안진회계법인 소속 회계사나 직원 중 이 사건과 관련 없는 다수의 사람은 다른 회계법인을 만들어서 그곳으로 옮기면 아무 차이가 없다는 금융감독원 일부 인사들의 주장이 당시 몇 차례 언론에 보도된 바 있다. 이 주장이 만약 정말로 실행 가능한 것이라고 금융감독원에서 생각했다면 '산업은행도 없애고 산업은행의 직원 중 이 사건과 관련 없는 대다수의 직원도 다른 은행을 만들어 옮기는 방안'은 왜 실행하려고 하지 않았는지 궁금하다(물론 이 말은 비교하기 위해 쓴 것일 뿐. 필자가 정말로 산업은행을 없애야 한다고 주장한다는 의미는 아니다). 또한 아무 차이가 없다면 왜 굳이 안진회계법인을 없애겠다고 하는지도 이해하기 힘들다. 금융감독원은 이 주장의 근거로서 20년쯤 전 직원 100명의 회계법인이 중징계를 받자 회계부정사건과 무관한 50명쯤의 직원이 다른 회계법인을 만들어 옮겼던 사례가 있었다고 설명했다. 이런 일이 20년 전 벌어진 바 있으니 2,500명의 직원이 근무하는 회계법인에서 사건과 무관한 2,490명이 다른 회계법인을 만들어 옮기는 것이 가능하다는 주장이다. 필자의 개인적인 견해일 수도 있겠지만, 그 과정에서 발생할 엄청난 혼란과 비용을 고려해보면 이런 주장이 실행 가능하다고 여겨지지 않는다.

언론이나 회계업계, 그리고 학계에서 이런 우려를 여러 차례 표시했는데도 금융감독원은 강경한 자세로 안진회계법인을 없애버려야 한다는 주장을 되풀이했다. 안진회계법인 소속 회계사들이 부실하게 감사를 수행했기 때문에 분식회계를 막지 못했으며, 특히 일부 회계사는 분식회계를 알면서도 이를 방조했다고 주장했다. 최소한 안진회계법인이 일부 일탈행위를 하는 회계사들의 행동을 막을 수 있는 법인 내부 통제시스템이나 심리실을 제대로 운영하지 못해 문제를 사전에 막지 못했다고 설명했다. 따라서 영업정지를 시켜서 없애야 한다는 것이다.

그러나 안진회계법인을 없애겠다는 징계안은 이를 심의하고 처벌 수위를 결정하는 판사 역할을 하는 금융위원회 소속 증권선물위원회 및 감리위원 중 일부의 반발을 불러일으켰다. 어느 누가 보더라도 상식적으로 납득할 수 없는 처벌 수위였기 때문이다. 만약 나중에 이 사안으로 감사원의 감사를 받게 되거나 소송이 벌어진다면 처벌의 근거를 설명하기가 대단히 힘든 안건이므로 일부 외부위원들이 반발한 것이 당연하다. 금융감독원의 주장대로 안건이 통과된다면 외부위원들도 나중에 법정에 설 가능성이 충분했다.

왜 이런 이상한 일이 벌어졌을까?

치열한 논란과 긴 회의 끝에 결국 타협이 이루어졌다. 최종 결정된 처벌안은 1년간 신규 감사계약을 금지한다는 것이다. 그 결과 안진회계법인은 감사 부분 매출액의 약 30%를 잃게 되었지만, 최소한 회사는 살아남을 수 있었다. 기존에 진행되던 다년간 감사계약이라면 감사를 계속할 수 있기 때문이다. 다만 이 징계는 1년뿐인 단기 징계가 아니다. 형식적으로는 1년 신규 감사계약 금지이지만, 상장법인의 경우 회계법인이 교체된 후의 최초 감사계약은 3년 이상으로 정해져 있다. 따라서 안진회계법인에게 감사받던 회사가 이 징계 때문에 회계법인을 교체했다면 최소 3년간은 교체한 회계법인을 유지해야 한다. 따라서 한번 잃은 감사고객은 3년 이내는 되찾아 올 수 없다. 그러므로 실질적으로는 1년이 아니라 3년에 걸친 징계다.

안진회계법인이 잘했다는 것은 결코 아니지만 처벌 수준의 이런 차이를 보면 뭔가 석연치 않다는 생각이 든다. 이런 이상한 결정은 금융감독원 실무자 수준이 아니라 정치권 및 금융 당국의 최고위층 수준에서 내려졌을 가능성이 높다. 실무자 수준에서는 회계법인을 없애버리겠다는 생각 자체를 하지 못할 것이다. 당연히 뒷감당도 할 수 없다.

만약 정말로 당시 안진회계법인이 없어졌다면 정권이 바뀐 뒤 소송도 제기될 것이고, 검찰에 대한 고발이나 언론 투서도 일어날 것이다. 일자리를 잃은 많은 사람이 관계 당국 앞에 모여서 시위를 하고 자신들의 억울함을 여기저기에 호소할 것이다. 그 결과 전 정권에서 벌어진 적폐로 몰려 검찰의 수사나 감사원의 감사가 진행될 가능성이 있다.

필자의 추측일 뿐이지만, 이런 결정이 내려진 배경에는 다음과 같은 두 가지 이유 중의 하나 또는 둘 다가 있을 가능성이 있다. 첫째, 금융 당국에서는 정말로 산업은행이 분식회계에 대해 전혀 몰랐었고, 안진회계법인은 매우 부실하게 회계감사를 수행해서 당연히 발견했어야 할 분식회계를 발견하지 못했다고 판단했을 가능성이다. 하지만 앞에서 이

국회
대우조선해양 사건이 벌어지자 국회에서는 관련 감독기관 인사들을 불러 책임을 추궁했다. 그러나 여야정당 모두가 이 사건과 관련된 만큼, 이런 과정은 처음 시작 때와는 달리 상대적으로 짧고 조용히 끝났다.

미 설명한 것처럼 산업은행이 분식회계에 대해 전혀 몰랐다는 주장은 설득력이 떨어진다. 안진회계법인이 분식회계를 발견하자 산업은행이 이를 은폐하려고 시도했다는 점(이 이야기가 사실이라는 가정하에)이나, 안진회계법인 이전에 감사를 수행했지만 분식회계를 발견하지 못했던 다른 회계법인은 없애겠다고 하지 않았다는 점도 이런 의심을 뒷받침한다. 최소한 필자나 상당수의 회계 전문가는 이 주장을 믿지 않고, 앞에서 소개한 것처럼 현 산업은행장도 이 주장을 믿지 않는 것처럼 보인다.

둘째, 안진회계법인이 분식회계를 발견해 발표한 시점은 '정부가 얼마를 대우조선해양에 지원해주어야 할까?'에 대한 사항들이 금융 당국 최고위층에서 한참 논의가 되던 때였다. 그런 상황에서 엄청난 규모의 분식회계가 적발되자, 추가로 자금지원을 해서 과연 회사를 살려야 하는지에 대한 논란과 이런 사태를 막지 못한 금융 당국에 대한 비난이 크게 발생했다. 그래서 금융 당국은 상당한 어려움을 겪었다.

국회에서도 소관 상임위원회에서 금융감독원장, 금융위원장, 산업은행장, 그리고 경제부총리를 출석시켜 왜 부실하고 부도덕한 회사에 엄청난 자금을 지원했는지와 왜 관리 감독을 부실하게 해서 이런 사태를 일으켰는지 추궁했다. 이들은 대우조선해양이 우리나라 경제에서 차지하고 있는 비중이나 2만 명쯤 되는 직간접 고용인력 문제 등을 언급하면서, 경제적 및 사회적 파장을 고려하면 추가로 몇 조 원의 자금을 투입해 회사의 파산을 막은 결정이 합리적이라고 설명했다. 앞으로 조선 경기가 회복되기만 하면 대우조선해양이 전 세계 동종업계 2, 3위를 다투는 기업이므로 다시 살아나서 국가에 기여할 수 있다는 설명도 덧붙였다.

정의란 무엇인가?

이런 책임 추궁도 상대적으로 짧게 끝났다. 책임을 추궁하는 국회의원들도 "대우조선해양에 자금지원을 해주지 말고 망하게 해야 한다."라고 말했다가는 대우조선해양이나 관련 납품업체 직원들이나 그 가족들, 그리고 다른 이해관계자들로부터 엄청난 비난을 받을 것이 분명하다. 뒷감당을 할 수 없을 것이 명백하므로, 의사결정 절차가 제대로 이루어졌느냐 정도만 잠깐 추궁하는 수준에서 머물렀다. 그리고 노무현 정권과 이명박 정권이 모두 대우조선해양의 부실 및 분식회계 문제에 연관되어 있는 만큼, 양 정당이 서로 조용히 넘어가기를 원했을 수도 있다. 더 깊이 책임 추궁을 하면 자기편 사람들도 다수 다치기 때문일 것이다. 어쨌든 금융 당국의 수뇌부가 한참 동안 이 문제로 곤란을 겪은 것은 분명하다.

결국 '안진회계법인이 분식회계를 발견하지 않았거나 또는 발견했더라도 이를 산업은행의 요구대로 숨겼다면, 금융 당국의 최고위층이 국회에 출석해 책임 추궁을 당하고 언론으로부터도 큰 비난을 받는 어려움을 겪지 않거나 혹은 겪더라도 강도가 덜했을 가능성이 있다.'라고 금융 당국에서 판단했을 가능성이 있다. 즉 대우조선해양에 추가로 자금을 지원하는 것이 문제가 되지 않고 조용히 끝날 수 있었는데, '안진회계법인의 폭로 때문에 이 사건이 크게 알려져서 자신들이 곤란을 겪었다.'라고 판단했을 가능성이 있다. 그래서 고위층에서 '안진회계법인을 혼내주자.' 하는 생각을 하고 이를 실무자에게 지시했을 가능성이 있다. 그래서 금융감독원은 '안진회계법인을 없애겠다.'라는 처벌안을 마련한 것이 아닐까 추측한다. 물론 이는 추측에 불과하며, 필자가 상당한 오판을 했을 수도 있다.

이런 사건의 내막을 살펴보면 과연 '정의란 무엇인가?'를 고민하게 된다. 물론 안진회계법인이 잘못한 것은 맞다. 그렇다 하더라도 필자의 추측이 만약 옳다면, 분식회계를 적발해내고 공표한 대가로 회계법인을 없앤다는 것은 우리가 일반적으로 생각하는 '정의'의 개념에서 크게 벗어난 일이다. 안진회계법인보다 더 큰 잘못을 저지른 산업은행에 대해서는 처벌 없이 넘어간다는 것도 정의롭지 못한 일이다. 힘없는 회계법인만 처벌을 받은 셈이다. 정치적 사건들의 뒤처리가 정의롭게 이루어진 것이 별로 없는 것처럼, 이 사건도 중요성에 비하면 상대적으로 조용히 종료되었다.

111

안진회계법인의 소송 승리

그 후 안진회계법인은 처벌이 부당하다고 주장하며 행정소송을 제기했고, 그 결과 필자가 예상했던 대로 2018년 1심에서 승소했다. 법원은 "극소수 구성원의 위반 행위로 전체 감사 업무를 정지시킨 것은 지나치게 가혹하다."라고 했으며, "징계 사유는 인정되지만 재량권을 일탈 남용해 위법"하고 "감사 소홀, 부실 등 책임을 온전히 원고(안진)에 돌릴 수만은 없다."라고 언급했다. 당연한 결과라고 생각한다.

그럼에도 불구하고 안진은 피해배상을 금융 당국에 요청하는 소송은 하지 않을 것이라고 밝혔다. 언론에서는 "소송을 했다가 금융 당국에 밉보이면 더 큰 보복"을 당할 수 있다고 그 이유를 추측했다. 부당한 영업정지로 최소 1,200억 원의 매출손실을 봤어도 손해배상을 청구할 수 없는 것이 한국의 현실이다. 물론 산업은행도 뺏었던 일감을 돌려주지 않았다. 금융 당국이나 산업은행 모두 '잘못해서 미안하다'는 한마디의 형식적인 사과도 하지 않았다.

1심 판결로 끝난 것이 아니었다. 금융 당국이 1심 판결에 불복해서 계속된 2심에서 재판부는 업무정지 기간(2017~2018년)이 이미 지나버렸기 때문에 소송의 실익이 없다고 각하 판결을 내렸다. 즉 안진회계법인이 소송에서 이겨도 업무정지 기간은 이미 지나갔으므로, 소송의 실익이 없으니 소송을 할 필요가 없다는 뜻이다.

그러나 2021년 1월 내려진 대법원 판결에서는 다시 안진회계법인이 승소했다. 대법원은 소송 효력이 지났더라도 업무정지가 과연 적법했는지에 대해서는 심리를 해야 한다는 취지로 판결 이유를 설명했다. 그래야 앞으로 유사한 사건이 다시 일어났을 때 금융 당국이 이 판결 결과를 적용해 판단할 수 있을 것이라고 덧붙였다. 다시 2심 재판을 진행하라는 판결이다. 2심 판결이 끝나고 다시 대법원 판결까지 이루어지려면 앞으로도 최소 1년이 더 걸리겠지만, 필자는 안진회계법인이 승소할 확률이 매우 높다고 생각한다.

재판의 결과와 관계없이, 이런 사태를 불러온 고위 금융감독 당국자들과 정치인들은 이런 현실이 과연 정의로운 사회인지에 대해 고민하고 반성해야 할 것이다. 왜 외국 학계에서 한국을 (여러 후진국과 함께) 공정한 법 집행이 안 되는 나라로 분류하는지 이런 사례를 보면 잘 알 수 있다. 무척 안타깝지만, 앞으로 가야 할 길이 정말 멀게 느껴진다.

대우조선해양과 한국의 미래

대우조선해양은 이제 겨우 적자의 구렁텅이에서 회복하는 조짐이 보인다. 분식회계가 발생한 이후의 기간인 2015년과 2016년도 동안 합쳐서 약 5조 원의 막대한 손실을 기록했던 회사는 2017년 약 6천억 원의 이익을 기록해서 드디어 흑자전환했다. 2017년 이익은 1조 4천억 원의 채무조정이익(채권단으로부터 채무를 감면받은 금액) 때문이므로, 실제로는 2017년까지 적자가 발생했던 것이다. 그 후 2018년은 3,200억 원의 이익을 기록했지만 2019년 다시 465억 원의 손실을 기록했다. 2020년의 이익은 866억 원이라 높지 않지만 수주금액은 점차 늘어나고 있다. 드디어 회복의 기미가 보이기 시작한 셈이다. 코로나19 상황이 종식되

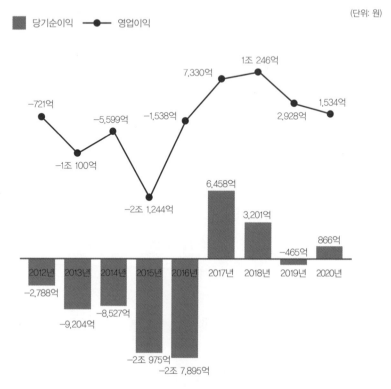

대우조선해양의 영업이익과 당기순이익 변화 추세

(단위: 원)

■ 당기순이익 ──●── 영업이익

-721억
-1조 100억
-5,599억
-1,538억
-2조 1,244억
7,330억
1조 246억
2,928억
1,534억

6,458억
3,201억
-465억
866억

2012년 2013년 2014년 2015년 2016년 2017년 2018년 2019년 2020년

-2,788억
-9,204억
-8,527억
-2조 975억
-2조 7,895억

면 각국의 무역 수준이 이전으로 회복될 것이고, 그에 따라 조선업계의 업황도 개선될 것으로 전망된다.

　수많은 사람의 생존이 달린 만큼 하루빨리 회사가 정상궤도에 올라서기를 바란다. 그래야 일자리를 잃은 수많은 사람이 다시 일할 수 있게 될 것이다. 한국의 주력기업들이 계속해서 쇠락하고 한국의 경쟁력도 사라지는 듯한 안타까운 시점이다. 그동안 우리를 먹여 살려온 이런 기업들이 부활해서, 우리의 후손들도 계속 우리가 누린 것 같은 번영의 시기에서 살 수 있었으면 하는 바람이다.

그러기 위해서는 정치인들과 관계 당국자들도 자신들이 무엇을 해야 하는지를 고민해야 할 것이다. 민간기업들을 압박하고 권력을 휘두르는 것을 즐기기만 한다면, 앞으로 우리의 후손들은 지금 우리가 사는 수준의 삶도 누리기 힘들 것이다. 7조 원이나 되는 막대한 국민 세금을 낭비한 것이 이들에게 교훈이 되었으면 하는 바람이다. 경영능력보다는 로비능력이 더 뛰어난 사람들을 낙하산으로 민간기업에 내려보내고, 그 대가로 뇌물을 챙기거나 후한 대접을 받는 일이 더 이상 발생하지 않기를 바란다. 국민이 낸 세금을 받아 서로 나누어 쓴 직원들도 반성해야 할 것이다.

우여곡절을 겪었지만 정말이 어찌 되었든 대우조선해양도 발전하고, 2019년 대우조선해양을 인수해서 새 주인이 된 현대중공업그룹도 더욱 발전하기를 바란다. 두 회사의 기술력이 합쳐진다면 여러 시너지 효과가 발생할 수 있을 것이므로, 앞으로 세계 조선업계를 선도하는 최고의 회사로 재탄생하기를 바란다. 마지막으로 다시는 이런 막대한 분식회계나 황당한 처벌이 우리나라에서 일어나지 않기를 기원한다.

● 후기

필자는 이 글을 2017년도 말에 작성했다. 그 후 법원 판결 결과를 보고 일부 내용을 보강했다. 최초 원고 작성 후 4년이 지난 2021년 말이 되어서야 원고를 〈동아비즈니스리뷰〉에 발표했다. 오래 기다린 덕분에 글의 시사성은 대폭 줄었지만 필자가 글 때문에 골치 아픈 문제에 연루될 가능성도 좀 줄었다. 분식회계는 2014년까지 일어났던 일이고 관련 뒤처리는 2017년까지 벌어졌다. 현재까지 관련 재판도 대부분 끝났으니 사건 관련자들의 흥분했던 마음도 어느 정도는 가라앉았을 것이다. 또한 필자가 글에서 언급한 관련 정치인이나 관료 및 산업은행 관련자 중 일부, 특히 고위직들은 거의 전부가 현직에서 물러났다.

필자는 논란의 대상이 될 것 같은 글을 쓸 때는 더욱 객관적인 입장에서 양측의 입장을 거의 동등하게 다루려고 조심한다. 그런데 이 글은 대립한 양쪽의 견해를 동등한 비중으로 제시하지 않고 거의 일방적으로 한쪽을 비난하는 내용이다. 다른 쪽의 견해가 비슷한 비중으로 다룰 수 없을 만큼 말이 안 된다고 보기 때문이다. 어쨌든 이번 사건에 대해서는 필자가 이 글에서 언급한 것보다 더 많은 내부정보를 접했다는 것을 밝힌다. 그럼에도 불구하고 '산업은행에서 여러 관계자가 나서서 안진회계법인에게 분식회계를 덮으라고 요구'했다는 것(이 정보가 사실이라는 가정하에)을 제외한 다른 내부정보는 원고 작성에 거의 사용하지 않았다. 그리고 이 정보는 최소 수백 명 이상의 금융계와 회계업계 사람들에게 널리 알려진 이야기라서 은밀한 내부정보라고 보기도 힘들다. 물론 그렇다고 해서 이 정보가 언론 등을 통해 널리 보도될 정도로 공개된 정보는 아니다.

필자도 골치 아픈 문제에 관련되는 것이 싫다. 하지만 이런 불합리한 일이 일어났다는 것을 세상에 알림으로써, 그 결과 이런 일이 다시 발생할 가능성을 조금이라도 줄이기 위해 이 글을 썼다. 이 사건과 관련된 사람들이 이 글을 읽고 양심선언을 하면서 자신의 잘못을 고백한 일은 없겠지만, 그래도 마음속으로 조금이나마 반성하는 계기가 되었으면 하는 바람이다. 또한 현재 현직에서 열심히 일하는 이 사건과 무관한 다른 사람들도 앞으로 일할 때 더욱 조심하는 계기가 되었으면 한다. 특히 권력을 가진 사람들의 경우 자신의 작은 행동 때문에 다른 많은 사람이 부당한 피해를 입지 않도록 더욱 조심해야 할 것이다.

그리고 산업은행도 이 사건을 거울삼아 깊이 반성하고, 앞으로는 이런 일을 되풀이하지 않기를 바란다. 필자의 글을 읽으면 기분이 좋지 않겠지만, 산업은행을 위한 애정 어린 조언이라고 이해하기를 바란다. 산업은행은 2018년 이후 과거의 소극적인 자세에서 벗어나서 적극적으로 노력하고 있다. 이 점에 대해서는 필자가 박수를 보내고 싶다. 코로나19 사태 때문에 경영난에 빠진 기업들이 많으므로, 앞으로 산업은행의 역할이 더욱 필요하고 중요한 시점이다. 국가 경제의 회복과 발전을 위해 산업은행이 더 중요한 역할을 하기를 기대한다.

마지막으로 필자의 글이 안진회계법인이 잘못하지 않았다고 주장하는 것은 결코 아니라는 것을 다시 한번 강조하겠다. 부실하게 감사를 수행해서 이런 막대한 분식회계를 사전에 발견하지 못했다는 것은 분명한 큰 잘못이다. 필자는 안진이 받은 행정 처벌이 잘못의 크기와 걸맞지 않다는 것을 지적한 것뿐이다. 이 사건을 기회로 절치부심하고, 내부통제와 품질관리 절차를 개선해서 앞으로는 절대 이런 일이 일어나지 않도록 해야 할 것이다. 이 점은 안진회계법인뿐만 아니라 다른 회계법인들도 명심하기를 바란다. 특히 회계법인별 전사적인 내부통제와 품질관리 절차의 개선은 꼭 이루어져야 할 것이다.

회계로 본 세상

 필자는 『숫자로 경영하라 4』에 실린 '경영자 교체와 빅 배스 회계처리, 왜 자주 일어날까?'와 '기업 지배구조의 중심으로서의 이사회의 구성과 역할'이라는 글에서, 정치권력이 기업에 미치는 부정적인 영향을 소개한 바 있다. 첫 번째 글은 정권이 바뀌고 경영자가 교체되면 새 정권에 의해 임명된 후임 경영자들이 임기 초기에 이익을 크게 줄이는(또는 손실을 크게 늘리는) 회계처리를 한 후 임기 말에 이익을 늘리는(또는 손실을 줄이는) 회계처리를 수행한다는 내용이다. 그 글에서 자세히 설명하지는 않았지만, 이익을 크게 늘리는 회계처리를 수행한 후 주가가 오르자 스톡옵션을 행사해서 엄청난 돈을 벌어간 경영자도 있다. 두 번째 글에서는 서로 다른 정권에서 임명한 사람들이 함께 일하는 기업의 경우, 같은 정권에서 임명한 사람이 아니라면 상급자의 말도 무시하는 행동을 해서 문제를 일으키는 사례를 소개했다.
 이런 내용을 보면 정치권에서 임명된 경영자들이 기업에 어떤 피해를 미치는지와 우리나라에서 정치권력의 힘이 얼마나 큰지 잘 알 수 있다. 대우조선해양의 사태도 비슷한 이유에서 일어난 사건이다. 정부는 자기 정권의 창출과정에 수고한 사람들에게 뒷자리를 마련해주기 위해 대우조선해양을 이용했고, 지배주주인 산업은행도 마찬가지로 퇴직자들에게 뒷자리를 마련해주는 데 대우조선해양을 이용한 듯하다.[1] 그런데도 불구하고 과거 일부 특정 정치적 성향을 가진 사람들은 대우조선해양의 지배구조가 앞으로 오너 경영자 체제를 대체할 우리나라 기업지배구조의 모범이라고 칭송하기도 했다. 우수한 지배구조를 가진 기업으로 수차례 선정까지 됐을 정도다.

이런 상황이었으니 잘 경영해서 빨리 민간에게 매각한다는 것은 큰 관심사가 아니었을 수 있다. 빨리 매각하면 자신이 사람들에게 뒷자리를 마련해줄 수 있는 방법이 사라지기 때문이다. 이런 과정에서 엄청난 양의 국민 세금이 낭비된 것이다. 정치권도 사건이 일어나자 서로 자기편 사람들이 다칠 것 같으니 쉬쉬하고 조용히 덮어버렸다. 여당과 야당 모두 자신들의 이익과 관련된 일에 대해서는 눈을 감고 못 본 체한 것이다.

사건이 발생하자 산업은행은 자신은 책임이 없다고 주장했다. 안진회계법인의 감사 결과만 믿고 있었으므로 이 사건의 책임은 안진회계법인에게 있다고 말이다. 그리고 권력을 가진 금융 당국을 설득했고, 그

---

1 산업은행이 지배주주이므로 퇴직자에게 자리를 마련해준다는 게 꼭 잘못되었다는 뜻은 아니다. 어떻게 보면 지배주주가 당연히 할 수 있는 일이다. 그러나 자리를 맡았으면 열심히 일해서 회사를 발전시킬 만한 사람을 퇴직자 중에서 뽑아서 보낼 수는 없었을까?

결과 금융 당국이 나서서 안진회계법인을 없애려고 노력한 듯하다.

　이 사건에서 산업은행이 제일 잘한 일은 자신에게 돌아오는 비난의 화살을 안진회계법인에게 돌려버린 것으로 보인다. 그러나 자신에게 책임이 없다는 산업은행의 주장이 설득력이 없다는 것은 이미 앞에서 설명한 바 있다. 이 사건이 벌어지기 바로 직전까지 진행되던 한화그룹과의 소송 때는 "대우조선해양에 직원을 파견해 철저히 감시·감독을 하고 있으므로 숨겨진 부실이 있을 가능성이 거의 없다."라고 주장했었다. 그런데 이 사건이 벌어지자 "우리는 그동안 아무 일도 하지 않았고 안진회계법인만 믿고" 있었다고 말을 바꾼 것이다. 이렇게 말이 바뀐 결과 한화와의 소송에서는 판결이 뒤집혀 패소했다. 대우조선해양 사건에 대한 책임을 모면하기 위해 한화와의 소송을 포기한 것으로 보인다. 그 덕분에 대략 2천억~3천억 원 사이의 금액을 한화에게 돌려주게 되었다. 또다시 국민 세금이 낭비된 사례다.[2]

　그 후 수년의 시간이 지난 2020년 들어 산업은행이 안진회계법인에게 소송을 제기했다. 부실하게 감사를 수행해 산업은행이 분식회계를 알지 못했다는 주장이다. 이와 관련된 법원의 판례를 소개한다. 코오롱캐피탈에서 발생한 1,600억 원의 횡령 사건 때문에 피해를 입은 코오롱의 계열사와 코오롱그룹의 이웅렬 회장은 2005년 코오롱캐피탈을 감사한 삼일회계법인에게 손해배상 소송을 제기했다. 부실한 외부감사 때문에 직원의 횡령을 적발하지 못했으니 발생한 피해를 배상하라는

2　이 소송에 대한 보다 자세한 설명은 이 책에 실린 '대우조선해양 분식회계 사건이 한화와 산업은행의 소송전에 미친 극적인 영향'이라는 글을 참조하라.

주장이다.

이 소송에서 1심부터 대법원까지 모두 삼일회계법인에게 승소 판결을 내렸다. 횡령의 원인은 코오롱캐피탈 내부의 허술한 인감 관리와 내부 통제의 부재 때문이며, 설령 감사가 일부 부실하게 수행되었더라도 그 책임이 회사보다 훨씬 덜하고 횡령 사건과 인과관계도 없다는 것이 판결의 이유다.

이 소송에서 코오롱그룹 측은 삼일회계법인의 감사 결과만 믿고 계열사인 코오롱캐피탈의 재무제표를 신뢰하고 있었다고 주장했다. 그러나 법원의 판결문에 따르면, "코오롱그룹에서 계열사의 사장이나 중요 임원을 임명하고, 그룹 차원의 내부감사나 성과 평가도 실시하며, 그룹 차원에서 내부통제제도를 설계하고 운용"하고 있었다. 이런 내용을 보면 코오롱캐피탈에 대해서 코오롱그룹이 아무 통제도 하지 않고 방치하면서 감사받은 재무제표만 믿고 있었다는 주장은 사실이 아니라는 점을 누구나 쉽게 알 수 있다. 주장에 설득력이 없으므로 비례 책임을 따지는 부분 승소도 받지 못하고 완전 패소를 한 것이다.

이 판결 결과와 앞선 사건을 비교해본다면 "대우조선해양에 대해 중요 임원을 임명하지 않고 내부감사나 성과 평가도 실시하지 않고 내부통제제도도 운영하지 않고" 있었어야만 대우조선해양을 방치하고 있었다는 산업은행의 주장이 옳을 텐데, 사실은 그렇지 않으니 산업은행의 주장에 설득력이 부족하다는 것을 누구나 쉽게 알 수 있다. 어쨌든 산업은행이 환골탈태에 성공해서, 앞으로 부실기업을 인수하면 과감한 구조조정을 한 후 신속히 매각하는 모습을 보이기를 바란다.

총 3편의 글로 구성된 2부에서는 널리 알려진 사건의 이면을 회계지식을 통해 들여다본다. 언론에 단편적으로 보도되었던 사건들의 큰 흐름을 종합적으로 소개하면서, 언론에 보도되지 않았던 배후에 숨어 있는 이야기들도 추측해본다. 워런 버핏의 투자법에 대한 과학적 분석을 통해 버핏의 말과 행동이 얼마나 다른지를 알 수 있으며, 연구개발비 회계처리가 재무제표에 포함되어 발표되는 무형자산이나 이익의 금액에 어떤 차이를 가져오는지 알아본다. 그리고 대우조선해양의 분식회계 사건이 한화와 산업은행 사이에서 오랫동안 진행되던 소송 사건에 어떤 결과를 가져왔는지도 소개한다. 이런 사례들을 통해 외부로 잘 드러나지 않는 큰 그림을 생각해보고, 이런 일을 되풀이하지 않으려면 의사결정 과정에서 어떤 주의를 기울여야 할지 고민하는 시간이 될 수 있을 것이다.

2부

회계정보 속
숨겨진 비밀을 읽자

워런 버핏은
어떤 기업에
투자할까?

'오마하의 현인'이라고 불리는 워런 버핏은 세계 최고의 투자
가로 유명하다. 많은 회사의 주식을 매수해서 보유하는 것으
로 엄청난 수익을 올리고 있다. 수많은 사람이 그의 말에 귀
기울이고, 그의 투자법을 배우려고 노력한다. 또한 그는 자
신의 투자철학이나 견해를 직설적으로 널리 전파하는 것으
로 유명하다. 한때 대학교에서 투자법에 대해 강의했던 경력
도 있다. 이 글에서는 워런 버핏이 설파한 투자법을 정말 지
켜서 투자하는지를 살펴본다. 특히 투자하는 기업의 '회계처
리와 공시', '경영자 보상과 지배구조', '투자와 자금조달 원
칙'의 세 가지 측면에 대한 워런 버핏의 견해가 무엇인지를
살펴보고, 그가 실제로 투자한 기업들이 워런 버핏의 철학에
따라 경영되고 있는지를 알아본다. 이 글을 통해 워런 버핏
의 과학적 투자법을 이해할 수 있을 것이다. 자신의 투자습
관과 비교하며 워런 버핏처럼 성공하기 위해서는 어떻게 해
야 하는지 생각해볼 수 있을 것이다.

워런 버핏은 세계 최고의 투자가로 유명하다. 미국 네브라스카주 오마하시에 거주하므로 사람들은 그를 '오마하의 현인(Oracle of Omaha)'이라고도 부른다. 그의 총자산은 2018년 기준 대략 850억 달러로 추산된다. 아마존의 제프 베이조스, 마이크로소프트의 빌 게이츠 다음으로, 세계에서 세 번째 부자로 꼽힌다.

부의 원천은 그가 운영하는 버크셔 해서웨이(Berkshire Hathaway)라는 회사다. 이 회사의 본업은 주식 투자다. 수많은 회사의 주식을 사서 보유한다. 자산운용사라고 생각하면 된다. 그는 1964년 원래 섬유회사였던 버크셔 해서웨이의 경영권을 인수한다. 이후 업종을 완전히 변경해 수많은 회사에 투자하면서 회사를 발전시켜왔다.

워런 버핏이 성공적인 투자성과 때문에 유명한 것만은 아니다. 그는 직설적으로 자기 생각을 널리 전파하는 것으로도 유명하다. 젊은 시절 유명해지기 전에는 대학교에서 투자법에 대해 강의하기도 했다. 정치적으로는 열렬한 민주당 지지자임에도 불구하고 돈을 뿌리는 정부 정책이 장기적으로 미국 경제를 망친다면서 오바마 전 대통령을 수차례 날카롭게 비판하기도 했다. 언론과 대화를 빈번히 나눌 뿐만 아니라 버크셔 해서웨이의 주주들과도 주주총회장에서 직접 만나 많은 대화를 나눈다. 버크셔 해서웨이 주식의 한 주 가격이 2018년 기준 32만 달러(약 3억 6천만 원)가 넘으므로, 한 주만 보유한 주주라고 해도 상당한 부자인 셈이다. 버크셔 해서웨이의 주주총회에는 매년 많은 주주가 전 세계에서 참석해 버핏의 견해를 듣고 싶어 한다. 우스갯소리이기는 하지만, 전 세계에서 중국 공산당대회 다음으로 많은 수의 백만장자가 한자리에 모이는 장소가 바로 버크셔 해서웨이의 주주총회라고 한다.[1]

또한 버핏은 매년 '버핏과의 대화'를 입찰에 부쳐서, 입찰에서 승리한 사람과 점심 식사를 하며 대화를 나누는 시간을 가진다. 2018년 '버핏과의 대화'의 최종 입찰가는 330만 달러(약 37억 원)였다. 최근 몇 년간 비슷한 수준의 금액에서 입찰 승자가 결정되었다. 그를 만나기 위해 이 정도의 돈을 내는 사람들이 많다는 의미다. 버핏은 이렇게 번 돈을 자선단체에 기부한다. 그는 많은 돈을 기부하는 자선가로도 널리 알려져 있다. 부를 가지고 있을 뿐만 아니라 사회적 존경도 받는 이유다.

워런 버핏은 이처럼 다양한 기회를 통해 사회와 소통하면서 자신이 투자하는 기업의 회계처리와 공시, 경영자 보상과 지배구조, 그리고 투

---

1 이 말은 워런 버핏의 회사인 버크셔 해서웨이의 주주들이 백만장자라는 걸 설명하기 위해 만들어진 말이라기보다는, 중국 공산당 집권층이 얼마나 부패했는지를 손쉽게 드러내고자 버크셔 해서웨이의 주주와 비교하며 만들어진 말 같다.

워런 버핏
세계 최고의 주식 투자자로 알려진 워런 버핏은 회계정보를 철저히 분석하는 과학적 분석을 통해 주식을 매수한 후 장기 보유하는 것으로 유명하다.
(출처: 로이터연합뉴스)

자와 자금조달 원칙에 대해 이야기했다. 사람들은 그의 이야기가 사실인지 궁금해한다. 일부 사람들은 이런 이야기가 단지 홍보 목적일 뿐이며, "실제로 워런 버핏이 투자할 때 이런 원칙들을 별로 중요하게 고려하지 않는다."라고 말하기도 한다. 따라서 워런 버핏이 실제로 어떤 기업에 투자하는지를 살펴보는 것이 매우 흥미 있는 연구주제가 되리라 생각한다. 미국 워싱턴 대학의 보웬 교수 등의 연구팀은 바로 이 주제로 연구를 수행했다.[2] 이 연구의 발견에 대해 살펴보자.

---

2 Bowen, Rajgopal, and Venkatachalam, "Is Warren Buffett's Commentary on Accounting, Governance, and Investing Practices Reflected in the Investment Decision and Subsequent Influence of Berkshire Hathaway?", 〈The Accounting Review〉, 2014.
이 논문에 언급된 내용 중 한국 기업과 별로 관계가 없는 사항들은 생략했다.

회계처리와 공시에 대한 버핏의 견해

버핏은 1998년 발행한 버크셔 해서웨이의 연차보고서에서 "우리는 우리가 소유한 회사들의 CEO에게 회계처리 때문에 사업에 대한 의사결정이 영향을 받아서는 안 된다고 이야기했다. 경영자는 무엇이 중요한가를 고려해야지, 어떻게 기록될 것인가를 고려하면 안 된다(We want our managers to think about what counts, not how it will be counted)."라고 말한 바 있다. 회계장부에 표시되는 이익이나 부채 비율 수치 때문에 경영 의사결정이 달라져서는 안 된다는 그의 견해를 표현한 말이다.

구체적으로 버핏이 회계 및 공시 관련해서 언급한 내용은 다음과 같다. ① EBITDA(Earnings Before Interest, Tax, Depreciation and Amortization; 이자, 세금, 감가상각비, 그리고 무형자산상각비 차감 전 이익)를 의사결정 목적으로 사용하는 것은 여러 문제점을 가지고 있다. 따라서 EBITDA를 사용하지 말아야 한다.[3] ② 단기 이익이나 성장률 예측치를 발표하고, 이 예측치를 달성하기 위해 무리한 단기 의사결정을 하는 것은 기업의 장기 발전에 좋지 않다. 따라서 단기 예측치를 차라리 발표하

3 EBITDA의 문제점이나 EBITDA에 대한 버핏의 견해를 좀 더 구체적으로 알고 싶다면 『숫자로 경영하라 2』에 실린 'EBITDA 지표가 놓친 것들을 들여다보자'라는 글과 『숫자로 경영하라 3』에 실린 'EBITDA의 성과평가와 투자의사결정 목적으로의 활용'이라는 글을 참조하기를 바란다. 다음 연구에서도 EBITDA를 강조하는 기업들이 무리한 투자를 할 뿐만 아니라 과다한 부채를 사용하고, 그 결과 경영성과가 낮다는 것을 보고한 바 있다.
Rozenbaum, "EBITDA and Managers' Investment and Leverage Choices.", 〈Contemporary Accounting Research〉, 2019.

지 말아야 한다. ③ 과거에 경영자가 발표한 예측치나 애널리스트들이 발표한 예측치를 달성했다고 자랑하는 경영자들이 있다. 경영자는 미래를 예측할 수 있는 신이 아니다. 예측치를 달성하기 위해 경영자들이 이익을 조작하는 경우가 종종 있다. 이런 행위를 하지 말아야 한다. ④ 퇴직자들에게 미래에 지급해야 할 금액을 의미하는 퇴직급여나 연금부채를 추정할 때 상대적으로 보수적인 가정을 사용해야 한다.[4] ⑤ 단순하고 이해하기 쉬운 설명을 사업보고서에 사용해야 한다. 외부 사람들이 읽었을 때 이해하기 힘든 설명을 사용하는 경영진은 무엇인가 숨기려고 하는 것이다.

그렇다면 버핏은 과연 자신의 발언대로 투자할까? 실제로 버핏이 투자한 기업들을 살펴보면, 다른 기업들에 비교할 때 ③과 ④의 기준을 잘 충족하는 것으로 나타났다. 그러나 다른 기준들에서는 버핏의 투자기업과 다른 기업들 사이에 큰 차이가 없었다.[5]

---

4 한국 기업들은 퇴직급여나 연금부채의 금액이 상대적으로 크지 않지만 미국 기업들은 이 금액이 매우 크다. 따라서 미래에 지급해야 할 퇴직금이나 연금 금액을 추정해 현재의 비용과 부채로 기록하는데, 기업들이 낙관적인 가정을 사용해 비용과 부채를 과소 기록하는 경우가 많다. 즉 이는 회계처리를 얼마나 낙관적으로 수행하는가를 판단하는 기준이 된다. 이를 좀 더 일반화해서 국내 기업에 적용한다면 회계처리를 얼마나 보수적으로 하는가를 판단하는 기준이 될 것이다.

5 단 이 내용은 분석대상이 된 변수에 영향을 미칠 수 있는 다른 요인들의 효과를 통계적 기법을 통해 제거하고 난 후의 결과를 말한다. 이런 요인들을 제거하지 않고 단순히 버핏이 투자한 기업과 다른 기업들의 평균만을 비교한다면 다른 결과가 도출되기도 하므로 주의해야 한다. 예를 들어 평균적으로 볼 때 버핏의 투자기업들이 이익예측치를 달성하는 정도가 더 높은데(71% 대 63%), 이는 버핏의 투자기업들의 성과가 더 우수하기 때문이다. 성과를 통제하면 버핏의 투자기업들이 이익예측치를 달성하는 정도가 낮다. 통계 전문가가 아닌 일반인들이 이런 차이를 이해하지 못하고, 단지 평균만을 비교해 잘못된 결론을 내리는 경우가 종종 있다.

경영자 보상과 이사회의 구조에 대한 버핏의 견해

버핏은 경영자 보상이 주주의 부와 연계되어야 한다고 주장한다. 그는 많은 경우, 회사의 경영성과가 좋을 때는 성과와 경영자의 보상 연계 정도가 높고 반대로 회사의 경영성과가 나쁠 때는 연계 정도가 낮다는 것을 지적했다. 즉 회사가 잘될 때는 주주와 경영자가 모두 많은 보상을 받는데, 회사가 잘 안될 때는 주가가 떨어져서 주주는 손해를 보는데도 불구하고 경영자의 보상은 크게 영향을 받지 않는 경우가 많다는 것이다. 아울러 그는 이사회나 강력한 외부주주들이 함께 경영자의 행동을 감시 또는 견제해야 한다고 주장했다.

구체적으로 그가 경영자 보상과 이사회의 구조와 관련해서 언급했던 내용은 다음과 같다. ⑥ 최고경영진에 대한 보상이 과다해서는 안 된다. 과다한 부를 탐내는 탐욕스러운 경영자들이 일부 있다. ⑦ 경영자 보상과 성과는 밀접하게 연관되어야 한다. 즉 성과가 변하면 보상이 이에 연동해 변해야 한다. ⑧ 성과가 나쁠 때 경영자 보상과 성과와의 연계성이 낮아지는 경우가 많다. 성과가 나쁠 때 주주가 손해를 보는 것처럼 경영자도 보상을 덜 받아야 한다. ⑨ 단지 다른 기업의 경영자들이 더 많은 보수를 받는다고 해서 우리 기업의 경영자에게 더 많은 보수를 줄 수는 없다. ⑩ 경영자 보상은 경영자가 얼마나 많은 초과이익(=이익 - 자본비용)을 올렸느냐에 따라 결정되어야 한다. 더 많은 자본을 투자했을 때 이익이 더 커지는 것은 당연하다. 따라서 단순히 이익이 얼마나 많으냐가 아니라 투하된 자본에 비해 얼마나 많은 이익을 올렸는지를 진정한 성과로 봐야 한다. 경영자 보상도 이에 따라 결정되어야 한다.

⑪ 경영자 보상 중 스톡옵션의 비중이 적어야 한다. ⑫ 이사회의 다수는 사외이사여야 한다. 사외이사들이 경영자의 행동을 감시할 수 있기 때문이다. ⑬ 이사들은 기업의 주식을 보유하고 있어야 한다. 그래야 이사들이 주주와 동일한 마음으로 행동을 할 수 있다.[6] ⑭ 이사는 이사의 능력과 성과에 따라 선정되어야 한다. 다양성을 높이겠다는 의도에서 또는 이름이 잘 알려진 유명한 사람이라서 뽑는 것은 지양해야 한다. 이사회의 다양성이란 이사회 내에 얼마나 많은 여성이나 백인 이외의 인종 또는 다양한 국가 출신의 사람들이 포함되어 있느냐는 것을 말한다. 버핏은 많은 미국 기업이 단지 외부에 보여주기 위해 이사를 고르고 있다고 비판한다.

이러한 내용 중 ⑪에 대해서는 일부 설명이 필요하다. 스톡옵션에 대한 버핏의 견해는 다소 충격적이다. 스톡옵션은 경영자가 열심히 일할 인센티브를 강화하고, 경영자와 주주의 부를 연동시키는 수단으로 널리 받아들여지고 있기 때문이다. 그러나 스톡옵션의 문제점에 대한 비판도 많다. 버핏은 스톡옵션이 부작용을 가져올 수 있으므로 과다하게 사용해서는 안 된다고 보는 쪽이다.[7]

---

6 이 내용을 ⑥과 합해 생각해보면, 버핏은 보상 수단으로 스톡옵션보다 주식을 사용하는 것을 선호한다고 보인다. 필자도 『숫자로 경영하라』의 '기업들이 스톡옵션을 더이상 사용하지 않는 이유'라는 글에서 보상 수단으로 주식을 사용하는 것의 장점을 소개한 바 있다.

7 이런 비판에 대해서는 『숫자로 경영하라』의 '기업들이 스톡옵션을 더이상 사용하지 않는 이유'와 『숫자로 경영하라 3』의 'EVA, 과연 만병 통치약일까?'라는 글을 참조하기를 바란다. 결국 버핏은 스톡옵션보다 EVA를 사용해서 보상하라는 의견이다. 필자는 이 두 글에서 EVA나 스톡옵션 모두 장점과 단점을 가지고 있는 제도라고 설명한 바 있다. EVA와 비교할 때 스톡옵션이 좀 더 과감한(또는 무리한) 경영자의 의사결정과 과다한 보상을 야기하는 제도라는 단점이 있다.

버핏과의 점심 식사
워런 버핏은 매년 경매에서 최고 입찰가를 적어낸 사람과 점심 식사를 함께하며 대화를 나눈다. 경매 입찰가는 수백만 달러 정도인데, 버핏은 이 돈을 자선단체에 기부한다.

그렇다면 버핏은 과연 자신의 언급대로 투자할까? 실제 버핏이 투자한 기업들을 살펴보면, 다른 기업들에 비교할 때 ⑥, ⑦, ⑧, ⑬, ⑭의 기준을 잘 따르는 것으로 나타났다. 그러나 ⑫에 대해서는 버핏의 주장과는 반대로 버핏 투자기업들의 사외이사 수가 다른 기업들보다 적은 것으로 나타났다. 나머지 기준에서는 버핏 투자기업과 다른 기업들 사이에 큰 차이가 없었다.

투자와 자금조달 원칙에 대한 버핏의 견해

버핏은 경영자의 성과를 투하자본 대비 수익률(과다한 부채비율과 회계 조작 없이 계산된)이 얼마인지 보고 평가해야 한다고 언급한 바 있다.

구체적으로 버핏이 언급한 투자와 자금조달 원칙에 대한 내용은 다음과 같다. ⑮ 기업은 이해하기 쉬운 사업을 영위해서 꾸준하고 안정적인 이익을 창출해야 한다. ⑯ 기업은 많은 이익을 창출해야 한다. ⑰ 기업은 장기적으로 볼 때 경쟁우위를 가져야 한다. ⑱ 보유한 유형자산 때문에 이익을 창출하는 기업보다 보유한 무형자산 때문에 이익을 창출하는 기업을 선호한다. ⑲ 부채를 과다하게 사용해서는 안 된다. ⑳ 주식분할이 주가를 상승하게 하므로 주주들에게 도움이 된다는 견해에 동의하지 않는다. ㉑ 배당을 잘 지급하는 기업을 선호한다. ㉒ 주가가 과대평가되는 것보다는 내재가치와 유사한 것을 선호한다. ㉓ 주식을 발행해 자금을 조달하려면 주식의 내재가치가 주가보다 높거나 최소한 같아야 한다. ㉔ 주식교환을 통해 타 회사를 인수해 합병할 때도 내재가치가 주가보다 높거나 최소한 같아야 한다.

이 내용들의 대부분은 쉽게 이해할 수 있다. 그러나 이들 중 일부에 대해서는 설명이 필요하다. ⑮와 관련해 버핏은 수차례에 걸쳐 이런 기업을 선호한다는 자신의 투자철학을 밝힌 바 있다. 꾸준하고 안정적인 이익을 창출하는 것을 선호하므로, 버핏은 이익이 아직 발생하지 않은 초기 단계의 기업에 투자하는 것을 꺼린다. 즉 미래의 성장에 대한 기대보다는 과거의 증명된 경영성과를 보고 투자한다. 이런 이유에서 버핏은 IT기업이나 혁신적인 신기술을 개발한 기업에 거의 투자하지 않는다. 예를 들면 비트코인이나 애플 같은 회사에도 투자하지 않았다. 따라서 4차 산업혁명이 일어나고 있는 현 상황에 비추어 보면 버핏의 투자철학이 옳지 않다는 비판도 꾸준히 제기되고 있다.

⑯에서 버핏이 언급한 이익은 두 가지로 정의된다. 첫째, 회계기준에 따라 계산되는 이익이 아니라 버핏이 스스로 정의한 '소유주 이익(owner earnings)'이라는 개념이다. 이 개념은 '이익＋감가상각비와 무형자산상각비－연평균 투자 목적의 자금 지출액'을 말한다. 둘째, 투하자본 대비 얼마나 많은 이익을 얻었는지, 즉 EVA를 말한다.

장기 투자를 선호하는 버핏의 투자 스타일

⑳에 대해서는 설명이 필요하다. 주식을 분할하면 주가가 하락한다. 예를 들어 주식을 1 대 2로 분할한다면 기존의 한 주가 두 주로 나눠진다. 즉 주식 수가 두 배가 되면서 주당 주가는 반으로 떨어진다. 따라서 주식의 총시장가치는 이론상으로 변함이 없다. 그러나 실제로는 주가가 약간 상승하고 거래 빈도도 늘어난다. 주가가 낮아지므로 기존에 주가가 높아서 주식을 사는 데 부담을 느끼던 사람들이 좀 더 부담 없이 주식을 살 수 있기 때문이다. 그 결과 '유동성 프리미엄'이 생겨서 주가가 올라간다.

그런데 이 과정을 통해 새로 주식을 구매하는 주주들은 대부분 단기 투자자다. 소량의 자금을 투자했고 수시로 주식을 사고파는 사람들이기 때문에 기업의 장기 성과에는 큰 관심이 없는 경우가 많다. 따라서 주주 중 단기 투자자들의 비중이 높아지면 경영자가 장기적인 관점에서 회사를 경영하기 힘들다. 버핏은 한 번 주식을 매수하면 최소 수년, 보통 수십 년씩 보유하는 장기 투자자이므로 단기 투자자들 때문에 경영진이 휘둘리고 단기 의사결정을 하는 것을 매우 싫어한다. 앞서 '회계 및 공시에 대한 버핏의 견해' ②에서 언급한 대로 경영진이 단기 이익목표를 발표하거나 ③에서 언급한 대로 경영진이 단기 이익목표를 달성하기 위해 노력하는 것을 싫어하는 것도 같은 맥락이다. 그래서 버크셔 해서웨이의 주가가 3억 6천만 원이 넘는 현재까지도 주식분할을 하지 않는다. 즉 단기 투자자가 버크셔 해서웨이의 주식을 구매하는 것을 원하지 않는 것이다.

버크셔 해서웨이의 주주총회
다른 회사의 주주총회와는 달리 버크셔 해서웨이의 주주총회에는 수많은 사람들이 모여들어 마치 축제가 열린 것처럼 진행된다.

㉑에 대해서도 설명이 필요하다. 버크셔 해서웨이는 한 번 매수한 주식은 장기간에 걸쳐서 보유하므로, 피투자기업의 주식을 잠시 보유하다가 팔아서 현금 수익을 올리지 않는다. 그래서 버크셔 해서웨이는 피투자기업들이 지급한 배당을 받아 필요한 비용으로 사용하거나 새로운 투자를 한다. 따라서 배당을 하는 피투자기업들을 선호하는 것이다.

그런데 버크셔 해서웨이는 배당을 지급하지 않는다. 배당을 지급하지 않아도 계속해서 투자를 통해 기업을 성장시키기 때문이다. 즉 버크셔 해서웨이의 주주들은 배당을 지급하는 것보다 회사가 계속 투자해 성장하는 것을 더 원한다고 해석할 수 있다. 따라서 버핏이 '배당을 지급하는 회사가 더 좋은 회사'라고 생각한다고 보기는 힘들다. 다만 버핏의 회사 운영 스타일상 배당을 지급하는 회사를 선호할 뿐이다.[8]

버핏의 투자 스타일에 대한 결론

과연 버핏은 자신이 말한 대로 투자와 자금조달 원칙을 따르는 기업들에 투자할까? 실제 버핏이 투자한 기업들을 살펴보면, 다른 기업들에 비교할 때 ⑮부터 ㉑까지 항목들이 모두 버핏의 주장과 일치하는 경향을 보였다.[9] ㉒, ㉓, ㉔는 버핏이 투자한 기업들이 다른 기업들과 통계적으로 유의하게 다르지 않았다. 단 ㉓과 ㉔의 경우는 실제로 주식을 발행해서 자금을 조달하거나 주식교환을 통해 타 회사와 합병한 피투자기업의 숫자가 너무 적어서 통계적으로 유의미한 비교가 힘들었다.

이상의 내용을 살펴보면, 버핏이 투자하고 있는 기업들은 대부분 버핏이 여러 경로로 언급한 우수한 기업의 특징과 일치하는 것을 알 수 있다. 즉 버핏의 말과 행동이 일치하는 셈이다. 다만 추가로 분석한 결과, 버핏이 투자한 기업들은 버핏이 투자하기 이전부터 이런 성향을 가지고 있는 것으로 나타났다. 버핏이 투자한 이후 버핏의 경영철학에 따라 기업의 행태가 바뀐 것이 아니라 버핏이 이런 행태를 가진 기업들을 주로 투자대상으로 골랐다는 의미다.

버핏의 투자행태가 옳을까? 앞에서 일부 언급한 내용이 있지만, 학자

---

8 ㉑에서 소개한 배당의 효과는 뒤에서 설명한다. 핵심을 요약하자면, 배당을 더 지급하는 회사에 대한 투자수익률이 더 높지만, 그 이유가 배당을 지급하기 때문은 아니다. 수익성이 높은 회사들이 배당을 많이 지급하는 것일 뿐이다.

9 ⑰의 장기적 경쟁우위는 다음 두 가지 방법으로 측정했다. 첫째, 과거 5년 정도의 장기간의 평균 수익률이다. ⑯에서 1년의 단기간의 수익률을 측정했다면 ⑰에서는 장기간의 수익률을 측정한 것이다. 둘째, 사업보고서 내에서 해당 기업이 속해 있는 산업군의 경쟁에 대해 언급하고 있는 정도다. 문장에 대한 통계적 분석을 통해 경쟁 정도를 분석해냈다.

들이 실제 자료들을 이용해서 과학적으로 분석해봤을 때 버핏의 투자 행태가 반드시 옳은 것은 아니다. ②의 내용과 달리, 단기 이익예측치라 도 이를 발표하는 기업들이 발표하지 않는 기업들보다 더 좋은 성과를 기록한다는 사실은 널리 알려져 있다. 뭔가 숨기고 싶은 기업들이 아무 발표도 하지 않는 것이다. 앞에서도 일부 언급했지만, ⑮와 관련해서 버 핏의 투자철학을 비판하는 사람들도 있다. 그러나 버핏은 일관되게 '미 래에 대한 예측이 아니라 검증된 결과를 보고 투자한다.'라는 자신의 원 칙을 고수한다.

⑱의 경우 버핏의 개인적인 취향과 관련된 것으로 보인다. 버핏이 보 험회사의 주식을 다량 보유하고 있는 것처럼, 버핏은 제조업보다는 서 비스업에 대한 투자를 선호한다. 따라서 ⑱과 같은 투기기준을 가지고 있는 것 같다. 이는 미국 산업구조가 제조업은 점차 쇠퇴하고 서비스업 이 발전해온 것과 맥락을 같이한다. 그렇지만 한국과 같은 제조업 중심 의 사회에서도 ⑱의 기준이 과연 옳은 것인지는 의문이다. 오히려 제조 업들이 더 빨리 성장해왔고 앞으로도 성장할 가능성이 높기 때문이다. ⑳과 ㉑은 기업의 본질가치와는 큰 관계가 없다.

지금까지 버핏의 투자 스타일을 정리했다. 일부 학자들은 좀 더 간단 히 버핏이 투자하는 기업들을 다음과 같은 세 가지 특성을 가진 것으로 정리하기도 한다. (i) 변동성이 적은 상대적으로 안정적인 기업, (ii) 내 재가치가 현재 주가보다 높은 기업, (iii) 수익성이 우수하고 빠르게 성 장하며 배당을 꾸준히 지급하는 기업이다.[10]

나는 어떻게 투자하고 있는가?

버핏의 철학은 대부분 옳지만 모두 옳은 것은 아니다. 또한 일부가 옳지 않다고 해서 그런 조건에 해당하는 기업에 투자하면 안 된다는 뜻도 아니다. 다만 버핏이 투자하는 기업들이 다른 기업들보다 더 우수하다고 보기는 힘들다는 것뿐이다. 버핏의 투자성향에 따라 특정 성격을 가진 기업들이 선택된 것뿐이다.

다만 한 가지는 분명히 하고 싶다. 버핏은 확고한 투자철학을 가지고 있으며, 피투자기업을 선정할 때 이런 기준들을 이용해서 해당 기업을 철저히 분석한다. 버핏은 연차보고서의 내용과 재무제표를 꼼꼼히 읽고 회사에 대한 정보를 파악하라고 수차례 강조한 바 있다.

장기 투자도 강조한다. "10년간 보유할 주식이 아니라면 10분도 보유하지 마라." 또는 "영원히 보유할 주식을 사라."라고 할 정도다. 따라서 단기간의 주가 변동에 신경 쓰지 않는다. 주가 차트나 주가 추세를 투자 의사결정에 고려하지 않을 정도다. "주식을 사는 것이 아니라 기업을 사는 것"이라는 말도 했다. '단기간의 주가 변동을 노려서 주식을 사지 말고 장기간 해당 기업이 얼마나 발전할지를 판단해서 주식을 사라'는 이야기다.

과연 나는 어떻게 투자하고 있는가? 버핏을 부러워하기 전에 자신도 버핏처럼 확고한 투자철학이 있는지, 사업보고서나 재무제표를 열심히

---

10 Frazzini, Kabiller, and Pedersen, "Buffet's Alpha.", 〈Financial Analyst Journal〉, 2018.

읽고 투자대상 기업을 분석하는지, 그리고 참을성 있게 기다리면서 장기 투자를 하는지를 스스로 돌아보기를 바란다. 풍문이나 언론보도 내용만 보고 투자하지는 않는가? 주식을 산 후 조금 올랐다고 일주일 만에 팔아버리지는 않는가? 대다수의 개인 투자자들이 이런 방법으로 주식 투자를 하고 있다. 이것이 바로 개인 투자자들의 평균 수익률이 시장의 평균 수익률에 미치지 못하는 이유다.

　필자가 『숫자로 경영하라 2』에 실린 주식 투자와 관련된 여러 글에서 이미 언급한 것처럼 '알기 쉬운 주식 투자법'이라는 것은 존재하지 않는다. 그런 것이 있다고 홍보하는 책은 대부분 가짜다. 필자의 전공인 회계는 주식 투자와 밀접한 관계가 있는데도 불구하고, 필자도 회계와 경제학, 그리고 재무관리를 20년쯤 공부하고 나서야 주식 투자의 길이 보이기 시작했다. 물론 이 기간 동안 주식 투자에 대해서만 공부한 것은 아니다. 따라서 주식 투자만 공부한다면 20년보다는 짧은 시간이 걸릴 수 있겠지만, 어쨌든 주식 투자로 성공하고 싶다면 열심히 공부하기를 바란다. 재무제표조차 찾아보지 않거나, 찾아보더라도 기초적인 내용밖에 이해하지 못한다면 주식 투자로 성공하기 어렵다는 것을 명심하자.

회계로 본 세상

앞에서 워런 버핏의 투자철학 24가지를 소개했다. 워런 버핏의 투자 철학 모두를 소개한 것은 아니며, 우리나라의 사정과 관계없는 몇 가지는 생략한 것이다. 더 자세한 내용을 알고 싶다면 앞에서 필자가 소개한 두 논문을 찾아보기를 바란다. 여기에서는 앞에서 소개한 내용 중 ⑳에서 언급한 주식분할, 그리고 ㉑에서 언급한 배당과 관련된 내용 일부를 자세히 소개하도록 하겠다. 내용이 좀 복잡하기 때문에 본문에서는 설명하지 않았다. 먼저 주식분할 이야기를 소개한다.

삼성전자는 2018년 5월 1 대 50의 액면분할을 실시했다. 주가가 50분의 1로 낮아지면서 주식 수는 50배로 늘었다. 그 결과 이론상의 시가총액은 변하지 않는다. 당시 삼성전자가 액면분할을 결정한 이유는 삼성전자의 주식이 너무 비싸서 거래가 잘 일어나지 않아 주식의 유동성이 낮기 때문이었다. 삼성전자 측에서는 액면분할의 결과로 개인 투자자 비중이 늘어나고 주가도 약간 오를 것이라고 기대한다는 내용이 언론에 보도된 바 있다.

이와 관련된 보도 내용을 살펴보니, 삼성전자의 경우 코스피 시장에서의 시가총액 비율은 25%나 되는 데 비해 거래량 비중은 0.1%에 불과했다. 즉 거래가 거의 일어나지 않는 것이다. 당시 주가가 250만 원이 넘었는데, 이 정도 가격의 주식을 매수할 수 있는 투자자들은 많지 않기 때문이다. 1천만 원을 투자해서 삼성전자의 주식을 산다고 해도 불과 4주 정도 살 수 있을 뿐이다. 이런 상황이니 주식의 유동성이 낮고, 따라서 유동성 프리미엄을 누리지 못하고 있었다.

유동성 프리미엄이란 거래가 쉽게 일어날 수 있기 때문에 가격이 올라가는 현상이다. 알기 쉽게 비유를 들어 설명하자면 아파트의 가격이 토지나 임야보다 높은 것은 유동성 프리미엄 때문이다. 주인이 원한다면 아파트는 쉽게 팔 수 있는 데 반해, 토지나 임야는 팔고 싶어도 팔기가 쉽지 않다. 따라서 거래가 쉽게 이루어질 수 있는 만큼 아파트 가격에 약간의 프리미엄이 붙는 것이다.

이런 이유에서 삼성전자는 250만 원짜리 주식을 1 대 50으로 분할해 5만 원짜리 주식으로 만들었다. 그 결과 개인 투자자들이 적은 규모의 투자자금을 이용해서 주식 투자를 하는 경우라도 삼성전자 주식을 살 수 있게 되므로, 거래가 더 빈번하게 발생할 것이다. 그러므로 앞으로 개인 투자자의 비중이 증가할 것이라고 예측된다.

그런데 주식분할을 한다고 해서 주가가 많이 올라갈까? 그렇지 않다. 유동성 프리미엄은 약간일 뿐이다. 주가는 기업의 내재가치, 주식시장에서 흔히 사용되는 용어로는 펀더멘털에 따라서 결정된다. 따라서 주식분할의 효과는 매우 단기적이고 크지도 않다.

또한 개인 투자자의 비중이 증가하는 것도 반드시 좋은 것이라고만은 볼 수 없다. 앞에서 설명했지만, 오히려 워런 버핏은 개인 투자자들을 싫어한다. 개인 투자자들의 상당수가 단기 투자자이기 때문이다.

버핏은 장기 투자를 원칙으로 하므로, 자신을 믿고 오랫동안 기다려줄 장기 투자자들을 선호한다. 그래서 버크셔 해서웨이의 주가가 3억 6천만 원이 넘어도 주식분할을 하지 않는 것이다. 그러니 버크셔 해서웨이의 주식은 거래가 거의 일어나지 않는다. 이 주식을 살 수 있는 개인 투자자는 최소 3억 6천만 원을 동원할 수 있는 사람이고, 그런 사람들은 엄청난 부자들뿐이다. 이들은 주가의 미세한 변동에 일희일비하지 않는다. 그리고 버핏이 워낙 장기 투자를 강조하다 보니 버크셔 해서웨이의 주주들도 장기 투자자다. 즉 개인 투자자라고 하더라도 일반적인 개인 투자자들과는 성향이 매우 다르다.

삼성전자의 입장에서는, 만약 액면분할의 결과 개인 투자자의 비중이 많이 늘어난다면 앞으로 단기 업적에 대한 압박이 심해질 부작용도 나타날 수 있다. 그렇지만 이런 단점에도 불구하고 삼성전자는 개인 투자자의 수를 일부러 늘리려는 의도가 있다고 생각된다. 왜 이런 결정을 했는지가 궁금하다. 필자가 추측하는 이유가 있기는 하지만, 명확하지 않으므로 별도로 언급하지는 않겠다.

이제 ㉑에서 언급한 배당에 대한 내용을 소개한다. 많은 사람은 배당을 잘 주는 기업에 투자하면 투자성과가 좋다고 생각한다. 특히 금융계 사람들이 이런 주장을 하고, 배당이 주가를 결정한다고 이야기하기도 한다. 단기간의 주가 반응만을 살펴본 학자 중에서도 이런 주장을 하는 사람이 있다. 배당을 올(내)린다고 발표하면 주가가 상승(하락)하기 때문이다.

그러나 학자들이 장기간에 걸쳐 주가를 결정하는 요인들에 대해 분석해보면, 금융계 사람들의 주장과는 것과는 달리, 주가를 결정하는 가장 큰 요소는 배당이 아니라 이익이나 성장성이다. 이익이 높은 기업들이 배당을 더 많이 지급하는 것인데, 이익은 고려하지 않고 배당만 보고서 마치 배당을 더 많이 지급하므로 주가가 높다고 착각하는 것이다. 통계적 방법론을 사용해서 이익을 통제하고 나면 배당이 주가를 설명하는 정도는 거의 없다. 예를 들어 배당을 상승시키면 주가가 단기적으로 상승하지만, 장기적으로 보면 주가는 결국 이익 수준에 맞게 회귀한다.

앞에서 버크셔 해서웨이는 배당을 지급하지 않는다고 소개했다. 배당을 잘 주는 기업이 좋은 기업이라는 기준에 따르면 버크셔 해서웨이는 나쁜 기업인 셈이다. 배당에 대한 환상에서 벗어나야 한다. 지금 당장 현금을 받는 것을 선호하는 투자자라면 배당을 잘 주는 기업을, 장기적으로 주가가 오르는 기업을 선호한다면 번 돈으로 배당을 주기보다는 열심히 투자하는 기업을 선택하면 되는 것뿐이다.[1]

---

1 배당에 대한 더 자세한 내용은 『숫자로 경영하라 2』에 실린 '과다한 배당금 지급, 그것이 함정이었다'이라는 글을 참조하기를 바란다.

비용이냐, 자산이냐…
연구개발비 회계처리를 둘러싼 논란[1]

2010년대 후반부터 국내 몇몇 제약·바이오 산업에 속한 기업들이 오랜 연구개발 끝에 신약 개발에 성공했다는 뉴스가 속속 보도되었다. 그 결과 해당 산업에 속한 다수 기업의 주가가 큰 폭으로 상승했다. 한미약품, 셀트리온, 삼성바이오로직스 등이 대표적인 예다. 그런데 몇몇 제약·바이오 기업의 회계처리에 문제가 있다는 비판이 크게 제기된다. 연구개발에 막대한 자금을 사용하고 있는데, 사용된 자금을 비용으로 회계처리하지 않고 자산화한다는 비판이다. 회계처리에 대해 잘 알지 못하는 대부분의 사람의 경우 '자산화'한다는 말이 무슨 의미인지도 파악하기 힘들 것이다. 금융감독원은 제약·바이오 기업들에 대한 대규모 조사에 착수하면서 대대적인 처벌을 시사했지만, 업계의 로비와 설득에 따라 처음의 강경한 입장에서 한 발 후퇴한다. 그 결과 국내 기업들의 대부분 회계관행을 인정해주기로 결정했다. 연구개발비에 대한 회계처리 방법이 구체적으로 어떤 차이를 가져오는지 알아보자.

MANAGING BY NUMBERS

145

2018년 초 셀트리온은 2,017년 매출액과 영업이익이 전년도 대비 각각 44%와 105%가 증가한 8,300억 원과 5,200억 원을 기록했다고 발표했다. 여러 제품의 판매가 호조를 보이고 시장점유율이 증가해 좋은 업적을 기록한다는 설명이 뒤따랐다. 이런 성과에도 불구하고 주가는 하루 새 10%나 폭락했다. 전날 도이치증권이 발표한 보고서에서 '매도' 의견을 내고 목표 주가를 현재 주가의 3분의 1 수준으로 제시했기 때문이다. 도이치증권 애널리스트는 "셀트리온그룹의 R&D 비용 자본화가 세계 동종기업보다 높다. 직접 지출한 R&D 비용 비율은 27%에 불과하다."라면서, 이 회계처리를 수정하면 이익률은 크게 낮아질 것으로 전망했다. 구체적으로는 "지난 2016년 57%에 달했던 영업이익률을 유지

---

1 이 글은 홍익대학교 경영대학의 안혜진 교수와 공동으로 저술했다.

하기 어렵고, 약 35%까지 내려올 것"이라고 전망했다.

이런 주장에 대해 셀트리온은 "바이오시밀러 업종 특성을 무시한 왜곡된 시각"이라며 강력히 반박했다. 셀트리온은 "회계처리 기준상 바이오시밀러는 다른 신약과 달리 상대적으로 상업화 가능성이 높기 때문에 제품의 성공 가능성이 확보된 시점부터는 연구개발비의 자산화가 가능하다."라고 말했다. 또한 "바이오시밀러 개발사들이 제품 허가 이전에 개발비를 자산화하는 것은 정상적인 회계처리 방식이다."라고 주장했다.

이런 반박에도 불구하고 주가가 크게 폭락한 것을 보면 당시 투자자들이 매우 혼란스러워했음을 짐작할 수 있다. 발표 내용이나 논란 자체가 회계나 제약·바이오 업계에 대해 잘 아는 사람이 아니라면 이해하기 힘들 정도로 복잡하기 때문이다. 과거에 논란이 벌어진 적이 있는 셀트리온 헬스케어 관련 이슈나 셀트리온 서정진 회장의 주가 변동과 공매도에 대한 과민반응도 다시 화제가 되었다.

2018년 3월 들어 이번에는 차바이오텍 쇼크가 자본시장을 덮쳤다. 차바이오텍이 감사를 실시한 회계법인으로부터 한정의견을 받아 과거 재무제표를 수정하게 된 것이다. 수정한 결과 차바이오텍은 4년 연속 적자를 기록하게 되었다.

당시 줄기세포 치료제에 대한 개발비 23억 원을 무형자산으로 인식하는 것에 대해 회사와 회계법인이 의견을 달리했다. 회사는 무형자산으로 회계처리해야 한다고 주장했지만, 회계법인은 계획대로 임상실험이 진행되고 있지 않다면서 비용으로 회계처리해야 한다고 봤다.

이런 내용이 반복적으로 언론에 보도되면서 제약·바이오 업계 회사

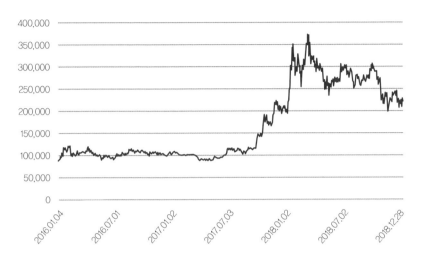

•• 셀트리온 2016~2018년 주가 추이

경영성과가 개선됨에 따라 셀트리온의 주가는 계속 상승추세에 있었는데, 2018년 초 도이치증권의 보고서가 발표된 이후 급락한다. 그 후 회계처리 관련 논란이 해소되는 시점인 2018년 말까지 대부분의 제약·바이오 업종 기업의 주가는 하향세를 보였다.

들의 주식 가격에 거품이 있다는 견해가 자본시장에 퍼졌다. 그러자 제약·바이오 업계 회사 전체의 주가가 큰 폭으로 하락하기 시작했다. 차바이오텍 사건이 일어난 3월 24일 하루 동안에만 코스닥 지수가 5% 떨어졌는데, 제약·바이오 업계 기업들은 대부분 10% 이상 추락했다. 이런 일들이 벌어지자 금융감독원은 제약·바이오 업계의 연구개발비 회계처리에 관한 전면 조사에 착수했다. 일부 관계자는 "해외 메이저 제약사들은 성공적으로 신제품 개발이 완료되어 관계 당국에 판매 승인을 신청하거나 판매 승인을 받은 후에야 개발비를 자산화한다."라면서,

"이런 관행에 비추어 볼 때 국내 대다수의 기업은 분식회계를 저지르고 있다."라고 발표했다.

연구개발비의 일반적인 회계처리

이런 논란이 진행되는 동안 대다수의 투자자는 혼란에 빠졌다. R&D 비용의 자본화 또는 연구개발비의 회계처리가 문제라는데, 대부분 그 내용을 잘 이해하지 못했기 때문이다. 언론의 보도를 읽어봐도 부정확한 내용이 많아 무슨 소리를 하는지 쉽게 이해하기가 어려웠다. 이로 인해 자본시장 전체에 공포가 확산되면서 해당 업종 거의 대부분 기업의 주가가 폭락하는 혼란이 벌어진 것이다. 이제부터 당시 이슈가 된 연구개발 활동 관련 지출을 어떻게 회계처리하는지와, 다른 업종과 구별되는 제약·바이오 업계의 특징이 무엇인지에 대해 설명한다.

회계상 자산은 '과거의 거래나 사건의 결과로 발생했으며, 특정 기업이 현재 통제하고 있으며, 미래 경제적 효익이 유입될 것으로 기대되는 자원'을 말한다. 자산 중 무형자산은 물리적 실체는 없지만 개별로 식별가능한 자산이다. 특히 해당 자산을 보유하고 있는 결과, 미래의 경제적 효익이 기업에 유입될 가능성이 상당히 높으며 해당 자산의 원가를 신뢰성 있게 측정할 수 있을 때만 발생한 원가를 무형자산으로 회계장부에 기록할 수 있다.

이러한 무형자산은 크게 외부로부터 취득한 무형자산과 내부에서 창출된 무형자산으로 구분된다. 이 중 기업이 수행하는 연구개발 활동은 기업 내부에서 창출하는 무형자산과 관련이 있다. 내부 창출 무형자산의 경우 미래 경제적 효익을 창출할 수 있는 자산이 존재하는지 여부와 그 자산을 언제 인식해야 하는지를 판단하기 어렵다. 즉 연구개발 활동이 벌어지는 긴 시간 동안, 어느 시점에 이르러야 개발된 또는 개발 중인 기술이 미래에 회사에 효익을 가져다줄 수 있는지를 명확히 알기 어렵다는 것이다. 이 문제를 해결하기 위해 회계기준에서는 기업의 연구개발 활동을 연구 단계와 개발 단계로 구분하고, 그 단계에 따라 연구개발 활동 관련 지출을 다르게 회계처리하도록 하고 있다.

연구 단계란 새로운 과학적·기술적 지식을 얻거나 연구결과, 기타 지식 등을 탐색해 새로운 기술이나 신제품의 개발 가능성을 탐색하는 초기 단계를 말한다. 개발 단계는 여기에서 한 단계 더 나아가 연구활동의 결과 발견된 기술을 상업적으로 발전시켜나가는 단계다.

회계기준에 따르면 연구 단계에서 발생한 지출은 전액 발생 시점에 비용(연구비)으로 인식하도록 하고 있으며, 연구 단계와 개발 단계의 구분이 분명하지 않은 경우라면 전액 연구 단계에서 발생한 지출로 간주한다. 그리고 개발 단계에서 발생한 지출은 해당 기술을 실제로 개발할 가능성이 높고 그 결과 미래 경제적 효익을 창출할 가능성이 높은 경우에만 '개발비'라는 항목의 무형자산으로 인식할 수 있다. 다시 말해 연구비는 발생 시점의 비용으로, 개발비는 무형자산으로 처리하는 것이다.

앞에서 소개한 도이치증권의 보고서에 '자본화(capitalization)'라는 용어가 등장한다. 자본화란 비용으로 회계처리하지 않고 '자산의 증가'(즉 개발비)로 회계처리했음을 나타내는 용어다. 무형자산으로 기록된 개발비는 미래 일정 기간 나누어서 순차적으로 비용으로 인식된다.

차바이오텍 누리집
2018년 들어 셀트리온과 차바이오텍에서 연이어 회계 관련 이슈가 발생해 자본시장의 이목이 집중된다. 차바이오텍은 면역세포와 줄기세포의 보관과 치료를 주사업분야로 설립된 회사다.

전문용어로는 '무형자산 상각'이 진행되는 것이다. 이상의 내용을 종합하면, 연구비(비용)란 당기에 발생한 지출을 모두 비용으로 기록하는 것이다.

그에 반해 연구비가 아니라 개발비(무형자산)로 기록하면 미래 여러 연도에 나누어서 비용을 인식하므로 당기 이익이 늘어나는 효과가 있다. 개발비로 분류해 무형자산으로 기록한 경우라도, 나중에 혹시 연구개발 활동이 실패해서 미래 경제적 효익을 창출할 가능성이 낮아진다면 무형자산의 가치가 하락한 것으로 본다. 그렇다면 무형자산(개발비)의 장부금액을 감소시키고 그 액수만큼 손실(손상차손)을 기록한다.

결론을 요약하면, 어떤 방식으로 기록하냐에 따라 단기간의 이익이 달라질 수 있다. 즉 연구비 처리를 하면 개발비 처리를 할 때보다 당기 이익이 감소한다. 그러나 회계처리가 영향을 미치는 전체 장기간의 이익을 모두 합하면 두 방법 중 어느 쪽을 따르더라도 모두 동일한 이익이 기록된다. 즉 개발비 처리를 하면 현재 이익은 높게 표시되지만 그만큼 미래 이익이 낮게 표시되는 것이다.

제약·바이오 업계 신약 개발 과정의 특징

2010년대 중반 이후 한미약품, 셀트리온, 삼성바이오로직스 등이 여러 신약 개발에 성공하면서 대박을 터뜨리자 국내 제약·바이오 업계는 큰 주목을 받았다. 그런데 이 업종은 일반적인 회사들의 연구개발 활동과 다른 복잡한 단계를 거친다. '신약 후보물질 발굴 → 전임상 → 임상1상 → 임상2상 → 임상3상 → 정부승인 신청 → 정부승인 완료 → 제품판매 시작' 등의 단계다.

임상1상이란 최대 수십 명 정도의 소수의 사람에게 약품을 투여하는 실험이며, 이 실험이 성공하면 최대 수백 명에게 약품을 투여하는 임상2상으로 넘어간다. 나아가 임상2상이 성공해야 수천 명을 대상으로 하는 임상3상을 치르게 된다. 이런 과정을 거치는 데 매우 오랜 시간과 막대한 비용이 소요된다. 그럼에도 불구하고 성공 가능성은 매우 낮다. 이런 위험을 감당할 수 있는 소수의 거대 메이저 제약사가 세계 의약품 시장 대부분을 장악할 수밖에 없는 이유다.

제약·바이오 업계에서 출시되는 의약품은 ① 오리지널 신약(합성, 바이오), ② 제네릭 의약품(합성 제네릭, 바이오시밀러), ③ 개량신약 등 크게 세 종류로 나뉜다. ① 오리지널 신약은 지금까지 없던 새로운 구조의 약으로 주성분에 따라 합성신약과 바이오신약으로 구분할 수 있다. 이 중 ①-1 합성신약은 화학적 공법으로 물질 합성을 통해 제조된 약품이고, ①-2 바이오신약은 DNA 재조합과 같은 바이오테크놀로지(biotechnology)를 이용해 만든 신약이다. ② 제네릭 의약품은 기존에 허가되어 있던 신약의 특허가 만료된 후 이 신약과 주성분, 제형, 함량

등을 동일하게 만들어낸 약품이다. 제네릭 의약품 또한 구성물질에 따라 합성 제네릭과 바이오시밀러로 구분된다. ②-1 합성 제네릭 의약품은 합성신약의 복제약품으로 기존의 오리지널 제품과 동일한 합성 화학 물질의 유기작용을 적용해 동등한 효능을 얻는 의약품이다. 보통 제네릭 의약품이라고 하면 합성 제네릭 의약품을 말한다. 반면 ②-2 바이오테크놀로지를 이용해 만든 바이오시밀러 제품은 제네릭 의약품과 같은 복제약이나 오리지널 약품과의 생물학적 동등성을 입증하기 어려워 '시밀러(similar)'라고 칭한다. ③ 개량신약은 기존 약물의 구조나 제제, 용도 등을 약간 변형시켜서 얻어지는 약물을 말한다. 오리지널 신약보다 개발기간이 짧다.

외국의 메이저 제약사 거의 대부분은 ① 오리지널 신약을 개발해 판매하고 있다. 그에 반해 우리나라 제약사는 거의 대부분 ② 제네릭 신약 중 통상 복제약이라고 부르는 ②-1 합성 제네릭 의약품을 생산한다. 셀트리온이나 삼성바이오로직스는 ②-2 바이오시밀러를 생산한다. 즉 한미약품과 같이 ① 오리지널 신약을 개발하는 회사는 국내에서 드물다.

일반적으로 연구개발의 성공 가능성은 ① 오리지널 신약이 제일 낮고, 그다음이 ③ 개량신약이며, 상대적으로 제일 용이한 것이 ② 제네릭 신약이다. 국내 제약사들은 대부분 상대적으로 성공 가능성이 높은 ② 제네릭 신약을 개발한다. 이때 회계처리는 개발의 난이도와 개발 상황에 따라 적절한 방법을 선택하면 된다. 즉 신약 개발 과정 중 성공할 것으로 판단되는 시점부터 발생하는 지출은 개발비로 자산화하고, 그 이전 단계에서 발생하는 지출은 연구비로서 비용처리를 한다.

도이치증권의 주장에 대한 셀트리온의 반론

그러나 이런 기준을 실제로 적용하는 데는 여러 복잡한 이슈가 발생한다. 가령 도대체 성공할 것으로 예측되는 시점이 언제부터인가를 판단해야 한다. 예를 들어 앞에서 소개한 도이치증권이 발표한 보고서의 경우 해외 메이저 제약사들의 회계처리를 소개하고 있다. 메이저 제약사 거의 대부분이 관련 규제기관에 판매승인을 신청하거나 판매허가를 받은 시점에 이르러서야 성공 가능성이 높다는 판단하에서 개발비로 처리한다.

반면 셀트리온의 경우는 ① 오리지널 신약을 개발하는 해외 메이저 제약사들과는 달리 상대적으로 개박 과정이 쉬운 ⓐ 그 비이오시밀디 신약을 개발한다.[2] 따라서 "바이오시밀러 개발사들이 정부의 판매허가를 받기 이전에 개발비를 자산화하는 것은 정상적인 회계처리 방식이다."라고 주장하면서 도이치증권의 보고서에 대해 반박했던 것이다.

필자는 도이치증권의 보고서가 비교를 잘못했다는 셀트리온의 주장이 옳다고 생각한다. 그러나 필자가 이 분야의 전문가가 아니므로 필자의 판단이 틀렸을 수도 있을 것이다. 그렇지만 왜 바이오시밀러 신약이 상대적으로 개발이 쉽고, 셀트리온이 개발하고 있는 신약들이 어떤 단계에 있고, 왜 성공할 가능성이 높다고 판단했는지에 대한 근거는 셀트

153

---

2 여기서 '쉽다'라는 표현의 의미는 상대적으로 다른 신약 개발보다 쉽다는 의미일 뿐이다. 절대적으로 본다면 바이오시밀러 약품이라도 신약 개발의 성공 확률은 상당히 낮다는 점에 주의하기를 바란다.

리온이 보도자료를 통해서건 사업보고서를 통해서건 설명한 바 없다. 즉 공시 내용이 부족해서 공시된 정보를 본 일반적인 투자자들이 그 정보에 기초해 합리적인 의사결정을 할 수 없었다고 생각된다. 도이치증권의 애널리스트가 비교대상을 잘못 선정해 분석한 것도 있지만, 셀트리온도 혼란의 원인을 제공한 만큼 사태의 책임이 일부 있는 셈이다.

주주나 기타 정보이용자들이 현명한 판단을 할 수 있도록 충분한 정보를 제공하는 것은 해당 주주들로부터 자금을 조달받은 기업의 의무다. 또한 회계기준에서도 투자자가 충분한 판단을 할 수 있을 만큼의 적정한 수준의 정보를 공시하도록 요구하고 있다. 셀트리온은 회계기준을 충분히 따르지 않았던 셈이다.

제약·바이오 업계뿐만 아니라 거의 대부분의 기업이 연구개발 활동을 수행하고 있다. 그런데 이 이슈가 제약·바이오 업계에서 유독 크게 논란이 된 이유는 이 업계의 연구개발이 다른 업계보다 보통 더 오래 걸리고 성공 가능성은 낮기 때문이다. 대신 성공하면 큰돈을 벌 수 있는 고수익 고위험 업종이다. 그뿐만 아니라 현재 사람과 자본이 몰려드는 '한참 뜨고 있는 산업'이기도 하다. 전통적인 주력 산업에 속한 회사들이 경기침체로 어려움을 겪고 있는 상황에서, 제약·바이오 업종은 우리나라의 '미래 먹거리가 될 것'이라고 주목받고 있었다. 그래서 제약·바이오 업체들에 대한 사람들의 관심이 많았고 주가도 높게 형성되어 있었으므로, 이런 일이 발생하자 상대적으로 논란이 크게 발생했었을 것이다.

금융감독원의 분식회계 조사와 업계의 반발

2018년에 금융감독원의 조사가 진행되자 업계는 크게 반발했다. 금융감독원에서 기업들의 회계처리 실태를 조사하는 과정에서 업계의 회계 관행을 분식회계라고 비판하고 강력한 처벌을 암시했기 때문이다. 업계는 단체로 성명서를 발표하기도 하고, 언론을 통해서도 자신들의 주장이 정당하다고 적극 홍보했다. 정부 고위층이나 정치인들을 만나 주장을 전달하기도 했다. 업계의 주장을 요약하면, 금융감독원은 한국 현실을 잘 모르고 기준을 경직적으로 해석하고 있으며, 금융감독원이 요구하는 대로 따르면 업계가 공멸해 국가 경제와 일자리에 큰 타격이 발생할 것이라는 주장이다.

금융감독원이 한국의 현실을 잘 모르면서 경직적으로 기준을 해석한다는 주장의 근거는 다음과 같다. 외국의 메이저 제약사들은 앞에서 소개한 신약 개발의 모든 단계, 즉 임상의 전 단계부터 제품 판매까지를 대부분 직접 수행한다. 따라서 임상3상이나 정부승인 신청 시점 이후에도 연구개발 관련 지출이 계속 발생한다. 그러므로 이 시점 이후에 발생하는 지출을 개발비로 기록하는 데 문제가 없다. 그런데 우리나라의 제약·바이오 기업은 다르다. 대부분 이 과정을 다 수행하지 않는다. 모든 단계를 직접 수행하려면 워낙 큰 비용과 시간이 소요되고, 수행할 능력도 부족하므로 이 중 일부분, 특히 연구개발 단계 중 앞부분만을 수행하는 기업이 대부분이다.

예를 들어 상대적으로 연구개발 활동에 많은 자금을 투자하는 것으로 알려진 한미약품도 임상1상까지만 자체적으로 수행하고, 임상2상부터는 대개 외국의 메이저 제약사와 공동으로 수행한다. 아예 전임상 단계나 임상1상을 완료한 후 그때까지의 연구결과를 외국 제약사들에게 매각하는 것을 목표로 하는 국내 제약사도 많다. 이런 기업에게 외국 메이저 제약사와 같은 방식으로 회계처리를 하라는 것은, 결과적으로 개발비 분류를 전혀 하지 말라는 뜻이다. 이처럼 사업의 형태가 다르다는 국내 업계의 현실을 금융감독원이 모른다는 비판이 제기된 것이다.

또한 앞에서 설명한 것처럼 국내에서는 완전 새로운 신약 개발이 아니라 특허가 끝난 외국 메이저 제약사의 약품을 따라 만드는 ② 제네릭 신약(복제약) 개발이 더 많다. 복제약은 연구개발 착수 초기부터 성공 가능성이 상대적으로 높다. 따라서 성공 가능성이 높은 시점부터 개발비 처리를 하라는 회계기준을 따르면, 복제약 개발의 경우는 임상 단계에서 개발비 처리가 가능할 것이다. 이 점을 봐도 외국의 상황을 국내에 그대로 적용하는 것이 적절하지 않다는 주장이 꼭 틀린다고는 볼 수 없다.

업계가 공멸할 것이라는 주장의 근거는 다음과 같다. 앞에서 설명한 것처럼 제약·바이오 업계는 연구개발에 오랜 시간과 막대한 비용이 소요된다. 이런 자금을 개인이 다 부담하기 힘들기 때문에, 기업은 주식이나 채권의 발행 등을 통해 외부에서 상당한 자금을 조달해서 사용하고 있었다. 그런데 회계기준을 보수적으로 적용해서 연구개발에 사용되는 지출을 대부분 연구비로 분류해 비용처리를 한다면 손익계산서에 보고되는 당기순이익이 크게 하락하거나 적자 규모가 커진다. 특히 신약 개발을 완료하고 판매를 개시하기 전 단계라면 벤처기업은 거의 대부분 큰 적자를 기록할 것이다. 따라서 외부 자금을 조달하는 것이 어려워질 수 있으며, 그렇게 되면 회사가 연구개발 활동을 이어갈 돈이 모자라므

제약·바이오 연구
제약·바이오 업계에서는 신약 개발을 위해 막대한 자금을 투입하지만 성공 확률은 매우 낮다. 따라서 연구개발에 투입된 자금의 회계처리를 어떻게 하느냐에 따라 기업이 보고하는 회계상의 이익이 크게 달라지게 된다.

로 기업이 망할 것이라는 게 이들의 주장이다.

이 주장이 약간 과장되었다고 볼 수도 있다. 어쨌든 이런 일이 벌어지면 기업들의 연구개발 활동이 위축될 것임은 충분히 예측할 수 있다. 과거 미국에서도 연구개발비에 대한 회계처리 기준이 변경되어 비용서리를 해야 하는 부분이 많아지자, 기업들이 이익을 줄어드는 것을 막기 위해 연구개발비 지출을 대폭 줄였던 일이 있었다.

금융위원회의 중재와 표준 회계처리 지침 발표

금융감독원의 회계감리가 진행되자 반발하는 기업들도 많았지만, 한편에서는 금융감독원으로부터 분식회계로 지적받을 것을 대비해서 과거 회계처리를 수정하는 기업들도 다수 나타났다. 바이로메드는 2017년 연구개발비 중 무형자산(개발비)으로 회계처리했던 495억 원을 비용으로 바꿔 재무제표를 정정해서 발표했다. 그 결과 흑자였던 2017년 영업이익이 8억 8천만 원의 손실로 전환되었다. 일양약품도 무형자산 중

개발비 66억 원을 손상차손으로 처리했다. 향후 개발 성공을 기대하고 자산화했던 개발비를 삭감해 손실로 처리(전문적인 용어로는 손상차손 회계 처리)한 것이다. 지난 2016년에 손상차손이 없었던 만큼, 금융감독원의 회계감리를 의식해서 일양약품이 보수적으로 회계처리를 바꾼 것이라고 언론들은 보도했다.

이런 일들이 지속해서 발생하자 투자자들은 이렇게 회계처리 방법을 변경하지 않은 기업들에 대해 의혹의 눈초리로 보기 시작했다. '너희도 똑같은 이슈가 존재하지 않느냐?'는 의심을 제기한 것이다. 그러자 몇몇 기업이 자발적으로 나서서 '우리는 문제가 없다'고 발표하기 시작했다. 자본시장의 의심을 씻기 위해 행동에 나선 것이다. 예를 들어 신라젠은 과거부터 "문제의 소지가 발생하지 않도록 글로벌 제약사들과 마찬가지로 모든 연구개발비는 비용으로 처리하고 있다."라고 설명했다. 그렇기 때문에 매년 연속 적자가 발생한 것이므로, 적자가 발생했다고 주가가 과다하게 하락하는 것을 막기 위해 설명에 나선 것이다.

이런 혼란과 논란이 지속되자 금융위원회에서 나섰다. 기업들에 대한 감독과 처벌을 담당하는 금융감독원과는 달리, 금융위원회는 감독과 처벌뿐만 아니라 전체 산업의 발전과 경제성장·고용 등도 함께 고려하는 입장이다. 즉 좀 더 거시적인 입장에서 다양한 측면을 살피는 것이다. 금융위원회는 금융감독원 관계자들을 만나 자본시장에서 벌어지고 있는 혼란을 줄이기 위한 설득에 나섰다. 쉽게 설명하자면, "무조건적인 강력한 처벌만이 능사"가 아니니 "기업들도 살 수 있도록 하고 투자자들에게도 도움이 되는 방향으로 문제를 해결하자."라는 것이다. 어떤 면에서 보면 일부 정무적 판단을 내린 것이라고 볼 수 있다.

이런 과정과 입장 조율을 통해 금융위원회와 금융감독원은 2018년 9월 제약·바이오 업계에서 적용하는 연구개발비의 표준 회계처리 지침을 마련해 발표했다. ① 오리지널 신약은 임상3상 개시승인 시점, ②-1 제네릭 신약은 생동성 시험 계획승인 시점, ②-2 바이오시밀러 신약은 임상1상 개시승인 시점부터 개발비 처리를 할 수 있다고 허락했다.[3] 또한 과거 이 시점보다 먼저 개발비 처리를 한 기업들도, 과거의 오류를 자발적으로 정정해서 재무제표를 수정한다면 처벌을 면제하기로 했다. 놀랄 만한 금융감독원의 입장 변화다.[4]

또한 이런 회계처리 때문에 영업손실이 증가해 주식시장에서 퇴출되거나 관리종목으로 지정되는 기업들은 퇴출이나 지정을 일정 기간 면제해주기로 했다. 예를 들어 현재의 상장규정은 코스닥 시장에서 4년 연속 영업손실을 보면 관리종목으로 지정하고, 5년 연속이면 퇴출된다. 이 기준을 완화해 회계처리 때문에 기업이 부당한 피해를 입지 않도록 대비책을 마련한 것이다. 금융위원회 관계자는 "제약·바이오 산업은 장기 연구개발 투자가 필수적인 만큼, 이번 지침으로 연구개발 투자가 위축되지 않도록 코스닥 상장사의 상장유지 부담을 일정 기간 완화"한다고 말했다.

---

3 이 지침은 꼭 이 시점부터 개발비 처리를 하라는 의미는 아니다. 이 시점부터 개발비 회계처리를 하는 것을 허용하겠다는 것이므로, 좀 더 보수적으로 이 시점 이후의 단계에서 개발비 처리를 시작하는 것도 가능하다.

4 필자의 개인적인 견해이기는 하지만, 회계기준을 문자 그대로 해석하면 해외 메이저 제약사들이 수행하고 있는 회계처리(즉 제품의 판매승인을 신청하거나 실제로 판매승인을 받은 시점부터 무형자산으로 개발비를 회계처리)하는 것이 가장 정확하다. 그렇지만 국내 현실을 감안해 이 시점보다 이전부터 무형자산으로 회계처리하는 것을 금융감독원이 문제 삼지 않겠다고 발표한 것이다.

국제회계기준과 금융 당국 발표 지침의 불일치

이게 끝이 아니다. 앞으로 기업들은 신약 개발과정이 어떻게 진행되고 있는지에 대한 자세한 정보를 사업보고서에 공시해야 한다. 즉 개발비로 분류해 무형자산으로 회계처리를 했다고 하더라도, 왜 그런 판단을 내렸는지를 주주나 다른 잠재적 투자자들과 이해관계자들이 알 수 있도록 정보를 제공하라는 것이다. 국제회계기준(IFRS)에 따르면 기업들은 자신의 경제적 실질에 맞는 회계처리 방법을 선택할 수 있는데, 다만 왜 그 방법을 선택했는지에 대한 근거를 구체적으로 설명해야 한다. 그런데 과거 우리나라의 많은 기업은 회계처리 방법을 선택해서 사용할 뿐, 왜 그 회계처리 방법이 경제적 실질에 맞는 방법인지를 설명하는 경우는 드물었다.

연구개발 관련 지출에 대한 회계처리도 마찬가지다. 만약 모 기업이 임상2상 시점부터 개발비로 분류하는 회계처리를 했다면, 왜 임상2상 시점에 접어들면 성공 가능성이 높아서 미래 경제적 효익이 발생할 것이라고 판단했는지에 대한 구체적인 근거를 제시해야 한다. 그런데 그런 근거도 제시하지 않고 보수적이지 않은 회계처리를 수행했으니 논란과 혼란이 발생한 것이다.

근거를 제시하지 않고 보수적으로 회계처리한다면 별문제가 없겠지만, 근거를 제시하지 않고 상대적으로 이익을 높게 표시하는 공격적인 회계처리를 수행하는 것은 문제다. 평상시 금융감독원의 자세라면 고의 분식회계라고 임원 검찰고발 및 파면요청을 하고 회사에 대규모의 벌금을 부여하는 중징계를 했었을 것이다. 또는 최소한 공시미비로 분류

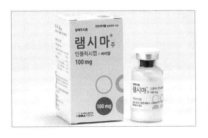

셀트리온이 만드는 램시마
셀트리온은 바이오시밀러 약품을 주로 생산하는 생명
과학 기업이다. 자가면역치료제인 램시마는 세계 시
장에서 50%에 가까운 점유율을 기록할 정도다.

해 징계했을 것이다.

금융위원회와 금융감독원이 나서서 구체적인 회계처리 지침을 마련
한 것은, 어떻게 보면 IFRS를 따르지 않겠다는 이야기다. IFRS가 아닌
독자적인 회계처리 기준을 사용하는 미국이나 일본처럼, 구체적인 지침
을 마련하고 그 지침대로 무조건 회계처리를 하라는 것이기 때문이다.
기업마다 상황이 다른데 말이다. 앞에서 설명한 사례처럼 임상 전 또는
임상1상 종료 후 연구결과를 외부에 매각하는 기업도 있는데, 지침처럼
무조건 오리지널 신약은 임상3상 개시승인 시점부터만 개발비 처리를
한다면 경제적 실질에 부합하지 않는 회계처리가 되는 기업이 틀림없
이 생긴다. 하지만 자본시장에서 워낙 큰 혼란이 발생하고 있으니, 타협
안으로 이런 지침을 마련한 것으로 생각된다.[5]

---

5 상당수의 기업과 감사를 수행하는 회계사는 명확한 가이드라인이 있는 것을 더 선호한다. 그래
야만 회계처리나 감사가 쉽고, 규제 리스크도 피할 수 있기 때문이다. 만약 규제기관이 특정 기
업을 처벌하기 위한 의도를 가지고 감리를 수행한다면, 예를 들어 가이드라인이 없는 상황에서
임상2상부터 연구개발에 지출된 자금을 모 기업이 무형자산으로 회계처리를 했다면 규제기관
은 이를 고의적인 분식회계라고 판단해서 회사와 감사인을 처벌할 가능성이 있다. 실제로 이와
유사한 일이 최근 발생했던 적이 있다. 가이드라인에 따라 기계적으로 똑같은 회계처리를 한다
면 이런 일을 당할 가능성이 사라진다.

장기적으로는 IFRS에 규정하고 있는 것처럼 경제적 실질에 맞는 회계처리를 기업들이 스스로 선택하도록 하는 것이 더 옳은 방법이라고 필자는 믿는다. 물론 기업들은 왜 그 방법이 경제적 실질에 맞는 것인지를 논리적으로 외부 이해관계자들에게 설명해야 한다. 예를 들어 임상 2상에 접어든 신약 후보 중에도 회사 내부에서 볼 때 성공 가능성이 높아 보이는 약물과 그렇지 않은 약물이 있을 것이다. 성공 가능성이 높다고 판단한 객관적인 증거가 있다면, 이 증거를 공시하면서 무형자산으로 처리할 수 있어야 한다.

사실 금융감독원이 신약의 경우 임상3상에 접어든 시점부터 개발비 처리하는 것을 묵인해주겠다고 발표해서 그렇지, 회계기준을 조문 그대로 해석한다면 외국 메이저 제약사들처럼 임상3상이 성공적으로 완료된 이후 또는 임상3상이 성공적으로 진행되어 성공이 명백하게 예견되는 시점부터 개발비 처리를 하는 것이 더 옳다고 볼 수 있다. 그렇지만 이전 단계에서도 만약 성공 가능성이 매우 높다는 객관적인 증거가 있다면 개발비 회계처리를 할 수 있을 것이다. 다만 왜 그런 판단을 했는지를 투자자들이 이해할 수 있도록 공시를 해야 한다는 의미다.

회계와 공시의 중요성과 필요성에 대한 이해가 필요

이런 지침과 과거의 회계처리에 대한 처벌을 하지 않겠다는 내용이 발표되자 일부에서는 "분식회계에 대해 면죄부를 준다."라면서 금융위원회와 금융감독원을 비난하기도 했다. 필자는 이런 주장에 동의하지 않는다. 강경한 처벌만이 능사가 아니다. 일부에서는 강경한 처벌을 해야 분식회계가 없어진다고 주장하지만, 살인이나 강도 등 강력범죄가 일어날 때마다 형량을 올려서 더 세게 처벌한다고 해서 강력범죄들이 사라지지 않는다.

아이가 공부를 못 하거나 안 한다고 가정해보자. 몽둥이를 들고 지키면서 아이를 체벌하는 방법으로 억지로 공부를 시킨다면 갑자기 아이의 성적이 크게 올라갈까? 공부하는 시간은 조금 늘어날 수 있겠지만, 그렇다 하더라도 성적은 크게 오르지 않을 것이다. 왜 공부해야 하는지를 스스로 깨우치도록 아이에게 납득시키고 공부하는 방법을 가르쳐줘야만 성적이 더 올라갈 것이다.

제약·바이오 업계에서 발생한 회계 이슈는 대부분 잘 몰라서 벌어진 일들이다. 사업 특성상 설립 초기 적자가 날 수밖에 없는 제약·바이오 업계에서는, 모두 생존을 위해 바쁘게 뛰고 연구개발에 매달리다 보니 회계를 잘 아는 직원을 고용할 여유가 없다. 그리고 회계나 투자자에 대한 소통의 중요성을 잘 모르고 필요성도 느끼지 못했을 것이다. 다른 제약사들이 대부분 복제약 개발을 하면서 상대적으로 연구개발 초기 단계부터 개발비로 회계처리를 하니, 그렇게 하는 것이 옳은 방법이라고 착각했었던 것 같다. 그래서 복제약보다 성공 가능성이 낮은 신약 개발 때도 동일한 방법으로 회계처리를 했던 것으로 생각된다.[6]

---

6 지배주주가 고의로 분식회계를 범했다면 주가를 부풀린 후 재빨리 자신의 주식을 매각하고 업계를 떠났을 텐데, 거의 대부분 기업에서 그런 일이 벌어지지 않았다. 이런 일을 보면 고의로 이익을 부풀리기 위한 분식회계가 아니었을 가능성이 높다는 것이 필자의 개인적인 견해다. 물론 분식회계의 가능성이 전혀 없다는 의미는 아니다.

사실 셀트리온이나 차바이오텍 등 일련의 사건으로 이 문제가 제약·바이오 업계에서 특별히 주목받은 것일 뿐, 연구개발에 많은 지출을 하는 다른 업종도 똑같은 문제를 안고 있다. 외부 투자자들로부터 자금을 조달한 기업이라면, 투자자들을 위해 회사가 어떤 일을 하고 있는지를 알려주는 것은 당연한 기업의 의무다. 정확한 회계처리를 해야 하고, 그렇게 회계처리를 한 이유를 투자자들에게 설명해야 한다. 이 사건을 계기로 기업들이 회계의 필요성을 인식하고 회계 전문 인력을 확보하거나 회계 담당 인력을 보강해서, 앞으로는 이런 일이 발생하지 않도록 대비했으면 하는 바람이다.

지침이 발표되자 제약·바이오 업계 거의 대부분의 기업 주가가 크게 상승했다. 2018년 9월 20일 하루 동안 차바이오텍은 무려 20%나 주가가 뛰었다. 자본시장에서 투자자들이 앞으로 불확실성이 해소될 것으로 이 뉴스를 해석했다는 의미다. 따라서 그동안 디스카운트되어 있던 주가가 회복된 것이다.

2018년 이전의 공시 내용

이 지침이 발표된 이후 제약·바이오 업계의 공시 내용이 어떻게 바뀌었는지 살펴보자. 다음 〈표 1〉과 〈표 2〉는 한미약품의 2017년도 신약 개발에 대한 공시 내용이다.

〈표 1〉의 표에서 장부금액이란 개발비(무형자산)로 처리한 장부금액을 말하며, 잔여상각기간이란 앞으로 얼마 동안 해당 약품들의 개발비

당기 말 현재 주요 개발프로젝트별 장부금액 및 잔여상각기간은 다음과 같습니다.

(단위: 천 원)

개발자산명	장부금액	잔여상각기간
Olmutnib	2,214,682	–
LAPS–GCSF Analog	1,080,080	–
HCP 1105	1,283,081	–
HIP 1403(한미플루)	534,488	3.8년
HCP 1303(구구탐스)	642,912	3.9년
HCP 1401(아모잘탄플러스)	1,954,293	4.7년
HCP 1305(아모잘탄큐)	1,016,679	4.8년
기타	821,106	–
합계	9,547,320	

165

를 상각해 비용처리할 것인지를 말한다. 예를 들어 HIP1403(한미플루)이라는 약품의 경우 개발비의 장부금액이 534,488천 원이고 잔여 상각기간이 3.8년이다. 따라서 1년에 약 140,655(=534,488/3.8)천 원 정도가 비용으로 처리됨을 알 수 있다.

이상의 내용을 보면 개발 중인 약품별로 어떤 단계에 있는지와 구체적으로 얼마만큼의 비용이 각 약품에 현재까지 사용되었는지 정확한 정보가 공시되지 않았었음을 알 수 있다. 〈표 2〉의 경우 장부금액은 모든 약품이 0인데, 이는 손상차손을 기록해서 개발비를 전액 비용처리해버렸기 때문에 나타난 것이다.

•• 〈표 2〉 2017년 중 손상을 인식한 개발비 내역

당기 중 회사가 손상을 인식한 개발비는 다음과 같습니다.

(단위: 천 원)

| 개발자산 | 취득금액 | 손상차손금액 | | 장부금액 | 회수가능액 평가방법 |
		당기	누계액		
HCP1604	1,117,061	1,117,061	1,117,061	–	사용가치
HCP1204	401,833	401,833	401,833	–	사용가치
HIP1404	396,430	396,430	396,430	–	사용가치
기타	375,824	375,824	375,824	–	사용가치
합계	2,291,148	2,291,148	2,291,148	–	

166

2018년 이후 공시 내용의 변화 사례

새 지침이 시행된 후인 2018년의 사업보고서에 공시된 내용인 〈표 3〉
을 살펴보자.

2017년과 2018년의 공시 내용을 비교해보면 2018년의 공시가 훨
씬 많은 정보를 포함하고 있다는 것을 알 수 있다. 예를 들어 현재 개발
중인 LAPS-GCSF Analog라는 약품의 경우 현재 임상3상에 있으며
3상 중에 발생한 약 22억 원의 지출을 개발비(무형자산)로 회계처리했
음을 알 수 있다. 또한 Olmutinib라는 약품의 경우 임상3상에 있으며
임상3상 중에 발생한 약 43억 원의 지출을 개발비로 회계처리했었지
만, 나중에 전액을 손상차손 처리했음을 알 수 있다. 손상차손 처리를
했다는 것은 이 약품의 개발이 사실상 실패했음을 의미한다. 따라서 이

●● 〈표 3〉 새 지침이 시행된 후인 2018년의 공시 내용

당기 말 현재 주요 개발프로젝트별 장부금액 및 잔여상각기간은 다음과 같습니다.

(단위: 천 원)

분류	단계	개발자산명	자산화한 연구개발비 금액(누계액)						연구개발비			잔여상각기간
			전임상	1상	2상	3상	판매승인	계	손상차손누계액	상각누계액	장부금액	
개발비	개발중	LAPS-GCSF Analog	–	–	–	2,152,605	–	2,152,605	–	–	2,152,605	–
		HCP1105	–	–	–	1,345,989	–	1,345,989	–	–	1,345,989	–
		Olmutinib	–	–	–	4,319,576	–	4,319,576	4,319,576	–	–	–
		레보세티 리진 (정제)	1,405,100	–	–	–	–	1,405,100	–	–	1,405,100	–
		D-이부프로펜 구강현탁액	–	–	–	1,435,176	–	1,435,176	–	–	1,435,176	–
		암로디핀 베실레이트로 사르탄칼륨정제	–	3,400,327	2,321,108	8,800,268	–	14,521,703	5,721,435	–	8,800,268	
		기타	1,989,253		–	1,859,703	–	3,848,956	3,390	–	3,845,566	–
		소계	3,394,353	3,400,327	2,321,108	19,913,317	–	29,029,105	10,044,401	–	18,984,704	–
	개발완료	HIP 1403 (한미플루)	–	697,158	–	–	–	697,158	–	302,102	395,056	2.8년
		HCP 1303 (구구탐스)	–	820,739	–	–	–	820,739	–	341,975	478,764	2.9년
		HIP 1401 (아모잘탄플러스)	–	–	–	2,093,885	–	2,093,885	–	558,369	1,535,516	3.7년
		HCP 1305 (아모잘탄큐)	–	–	–	1,070,188	–	1,070,188	–	267,547	802,641	3.8년
		기타	351,599	–	–	14,842	–	366,441	–	4,984	361,457	–
		소계	351,599	1,517,897	–	3,178,915	–	5,048,411	–	1,474,977	3,573,434	–
		합계	3,745,952	4,918,224	2,321,108	23,092,232	–	34,077,516	10,044,401	1,474,977	22,558,138	–

167

제까지 지출한 개발비가 미래 경제적 효익을 가져올 가능성이 거의 사라졌으므로 무형자산 금액을 삭감해서 이 금액을 전액 손실로 회계처리했다는 뜻이다.

지면 관계상 생략했지만 이 표 하단부에 있는 주석 내용에 "경쟁제품의 출시에 따라 시장성이 작을 것으로 판단해 개발을 중단하였고 그에 따라 관련 장부금액을 전액 감액하였습니다."라고 설명하고 있다.[7] 레보세티 리진(정제)이라는 약품의 경우는 현재 전임상 단계가 진행 중인데도 불구하고 개발비로 회계처리를 했다. 주석에는 "알레르기성 반응을 유발하는 히스타민의 작용을 억제하는 약물이며 현재 중국에서 생동(BE) 진행 중입니다. 중국 내 이미 출시된 의약품에 대한 복제약으로서 향후 성공 가능성이 높다고 판단하고 있습니다."라고 설명되어 있다. 이런 이유에서 성공 가능성이 매우 높다고 판단해 전임상 단계임에도 불구하고 개발비로 회계처리한 것으로 보인다. 즉 공시 내용이 과거와 비교할 때 상당히 충실해졌다는 것을 알 수 있다.

---

7 이 약품은 2015년 한미약품이 독일의 메이저 제약사인 베링거 인겔하임에 최고 8천억 원에 달하는 기술이전 계약을 체결해 주목받았던 제품이다. 그러나 임상3상을 진행 중이던 2016년 이 제품을 투여받은 환자가 사망함으로써 실험이 중단되었다. 그 결과 독일 제약사는 715억 원만 지불한 상태에서 한미약품에게 기술이전 계약을 취소한다고 통보한다. 한미약품은 이 사실에 대해 지연공시를 함으로써 이를 알지 못한 여러 투자자가 큰 손해를 봤고, 미공개 정보를 이용해서 주식 투자를 한 임직원들이 구속되기도 했다. 이런 내용들은 당시 언론에 크게 보도되었다. 한미약품에서는 이후 독자적으로 임상실험을 재개했으나, 2018년 들어 경쟁 약품인 티그리소가 전 세계에서 시판허가를 받아 본격적으로 환자들에게 투약되기 시작하자 더 이상의 실험을 포기하고 프로젝트를 중단한다. 따라서 이 약품의 개발비 잔액이 미래 경제적 효익을 가져올 가능성이 없으므로, 개발비 전액을 손상차손으로 회계처리해 무형자산(개발비) 금액을 삭감한 것이다.

회계자료를 읽고 분석하자

2018년 공시 내용을 보면 알겠지만, 외부 정보이용자들은 이 내용을 보고 회사가 어떤 상황에 있는지를 좀 더 정확하게 평가할 수 있게 되었다. 따라서 앞으로 자본시장에서의 혼란이 줄어들고 보다 정확한 정보에 기반한 투자자들의 합리적 의사결정이 이루어질 수 있을 것이다.[8] 만약 보수적으로 한미약품을 평가하고 싶은 투자자라면 공시된 내용을 보면서 취사선택을 할 수 있다. 예를 들어 외국의 메이저 제약사들과 동등한 기준으로 비교를 하겠다면 임상3상까지 기록한 개발비를 모두 비용으로 바꿔서 이익을 계산해볼 수 있다. 또는 금융 당국이 발표한 가이드라인과 정확하게 일치하는 기준을 적용하겠다면 임상2상까지 발생한 지출 중 개발비로 기록한 부분만 비용으로 바꿔서 이익을 계산해보면 된다.

재무제표를 찾아보는 사람들이 드물지만, 찾아보는 사람 중에서도 재무상태표에서 부채비율, 손익계산서에서 영업이익과 당기순이익이 얼마인지 정도만 확인하는 사람들이 거의 대부분이다. 그러나 지금까지 설명한 사례를 보면 재무제표와 재무제표에 포함된 공시 내용을 자세히 읽어보는 것이 얼마나 중요한지를 잘 알 수 있다. 재무제표와 공시

---

8 그러나 일부 기업들은 2018년 이후에도 충분한 공시를 하지 않고 있다. 현재의 공시 상황에 대한 더 자세한 내용은 다음 논문을 참고하기를 바란다.
   김현아·박선영, '연구개발비 회계처리에 대한 주석공시 사례연구: 제약·바이오 기업을 대상으로', 〈회계학연구〉, 2019년.

DART

ENGLISH >

최근공시   공시서류검색   기업개황   공모게시판   OpenDART   공시업무·제도   DART 소개

신속하고 투명한 전자공시시스템, DART

공시통합검색

검색조건 : 회사명   회사명/종목코드를 입력하세요   Q   검색   최근검색어 선택

□ 정기공시 □ 주요사항보고 □ 발행공시 □ 지분공시 □ 기타공시 □ 외부감사관련 □ 펀드공시 □ 자산유동화 □ 거래소공시 □ 공정위공시

정기공시 항목별 검색

회사명/종목코드를 입력하세요   Q   검색

회사현황   □ 회사의 개요   □ 사업의 내용   □ 경영진단 및 분석의견   □ 감사인의 감사의견   □ 임원 및 직원의 현황   □ 임원의 보수 등

재무정보   □ 요약재무정보   □ 연결재무제표   □ 연결재무제표 주석   □ 개별재무제표   □ 개별재무제표 주석
           □ 배당   □ 자금의 조달 및 사용   □ 기타 재무사항

지배구조   □ 최대주주   □ 이사회   □ 감사제도   □ 주주총회   □ 대주주와의 거래   □ 계열회사

전자공시시스템, 다트(DART)
금융감독원에서 제공하는 전자공시시스템에서 상장 및 비상장기업들의 다양한 자료를 찾을 수 있다. 이 자료를 찾아 읽으면서 분석하는 습관을 기르기를 추천한다.

내용 등은 금융감독원에서 제공하는 전자공시시스템(DART)에서 손쉽게 찾아볼 수 있다. 그러니 이 자료를 찾아 읽으면서 분석하는 습관을 기르기를 추천한다.

정확한 비교를 위해서는 일부 간단한 계산도 해봐야 한다. 애널리스트들이 나 대신 이런 계산이나 분석을 해줄 것이라고 기대하는 사람도 있겠지만, 국내 애널리스트의 역량이 미국 애널리스트와 비교할 때 아직 일부 부족한 경우가 있으므로 애널리스트가 발표하는 보고서를 그대로 신뢰하기가 힘들다. 좀 더 직설적으로 이야기한다면, 필자가 바로 앞에서 설명한 내용 정도를 반영해서 보고서를 작성하는 애널리스트도 많지 않다. 따라서 투자자 스스로 회계자료를 분석할 수 있는 능력을 기

르는 것이 중요하다.

본고에서 소개한 사건은 제약·바이오 업계에 국한해서 일어났지만 다른 업계라도 연구개발비 비중이 큰 기업이라면 그 내역에 대해 충분히 공시하고 있는지 주목할 필요가 있다. 앞에서 설명한 것처럼 회계기준에서는 '왜 그런 방식으로 회계처리를 하는지'를 설명하도록 규정하고 있기 때문이다. 대다수 국내 기업의 공시 내용은 기준에서 요구하는 것에 비해 부족하다. 금융감독원 감리를 받게 된다면 공시미비로 적발될 수 있으므로, 기업들도 스스로 자신들의 공시 내용을 돌아볼 필요가 있다.

만약 기업의 연구개발 상황을 파악할 수 있는 충분한 정보가 공시되지 않는다면 투자자들은 이를 기업에 요구해야 할 것이다. 투자자들 스스로가 적극적으로 나서지 않는다면 기업의 행동이 크게 바뀌지 않을 것이다. 또한 풍문만 믿고 투자하는 습관도 버려야 한다. 2019년에도 몇몇 제약·바이오 기업에서 정권 실세와 관련되어 있다는 뉴스로 주가를 띄운 뒤 임직원들이 주식을 팔아 한몫 단단히 챙기는 일이 발생했다. 기업의 옥석을 가리지 않고 '묻지마 투자'를 하는 사람들이 있으므로 이런 일들이 계속 벌어지는 것이다. 안타까운 실수를 더 이상 되풀이하지 않기를 바란다.

회계로 본 세상[1]

앞에서 소개한 '삼성바이오로직스의 분식회계 사건' 또는 '금융감독원의 분식회계 조작 사건'에 대한 짧은 글에서는 자세한 내용을 모두 설명하지 못했다. 다만 금융감독원이 자신들의 주장을 수차례 바꿨다는 것만 언급했다. 그 내용을 일부 여기에서 소개한다.

당시 참여연대는 "제약·바이오 업종이 성공 가능성이 낮은 고수익 고위험 분야인데 어떻게 약품 개발에 성공할 수 있을지 사전에 알 수 있느냐?"라며 삼성바이오로직스가 행한 합작사인 바이오젠이 보유한 옵션에 대한 회계처리가 잘못되었다고 주장했었다. 금융감독원은 이런 주

---

1 본고의 본문은 앞에서 설명한 것처럼 안혜진 교수와 공동으로 작성해 〈동아비즈니스리뷰〉에 기고했던 글을 일부 수정한 것이다. 그러나 '회계로 본 세상'에 적은 삼성바이오로직스와 관련된 글은 필자가 단독으로 『숫자로 경영하라 5』의 출판을 준비하던 2022년 초에 작성한 것이다. 이런 내용의 글을 썼다고 언어 또는 물리적 폭력을 행사하는 사람들이 있을 수 있으므로, 아래의 글은 안 교수와 아무 관계가 없음을 명백히 밝힌다.

장을 받아 검토한 후, 회계처리는 적정하다고 발표했었다. 그런데 정권이 바뀐 후 정반대의 입장에서 "삼성바이오로직스가 연구하는 분야는 성공 가능성이 매우 높은 분야이므로 회사 설립 당시부터 신약 개발이 성공할 것으로 봐서 옵션이 행사된 것을 가정해서 회계처리해야 한다."라고 주장했다. 이렇게 주장이 바뀐 결과도 삼성바이오로직스가 분식회계를 저질렀다는 것인데, 분식회계가 이루어진 시점과 내용은 전혀 달라진다.

이 글에서 설명한 것처럼 금융감독원에서 신약이면 임상3상, 바이오시밀러약이면 임상1상이 완료되면 성공 가능성이 상당히 높다고 판단해 연구개발비 지출액을 무형자산(개발비)으로 회계처리하는 것이 가능하다고 발표까지 했었는데, 삼성바이오로직스에 대해서만 말을 바꿔 임상3상을 완료하고 판매허가까지 받은 제품을 성공 가능성이 낮다고 하는 것이 논리에 맞지 않으므로 최초의 주장을 바꾼 것이 아닌가 의심이 된다. 금감원이 말을 바꾼 시점이 바로 바이오젠이 옵션을 행사하겠다고 통보하기 직전이었다.

약품 개발이 얼마나 어려운지는 모두 잘 알고 있다. 그러므로 처음 주장은 타당한 면이 있다고도 볼 수 있는데(그럴 가능성은 높지 않겠지만, 제품 판매허가를 받았더라도 나중에 새로운 문제가 발견되어 제품의 생산이 중단될 수도 있고 생산된 제품도 시장에서 경쟁 약품이 있다면 실패할 수도 있을 것이다), 신약 개발이 쉽다는 나중에 나온 주장은 좀 황당하다. 이런 사실들을 보면 금융감독원이 삼성바이오로직스를 꼭 처벌하기 위해 일부 무리한 주장을 했다고 추측할 수 있다. 물론 객관적인 증거는 없는 필자의 개인적인 견해일 뿐이다.

이런 논란이 벌어지던 2018년과 2019년 동안에도 약품 개발이 얼마나 어려운 일인지를 잘 보여주는 두 사건이 우리나라에서 발생했다. 첫째, 코오롱생명과학의 약품 인보사 허가 취소다. 이미 판매허가를 받고 환자들에게 처방되어 사용되던 약품의 성분이 뒤바뀐 것이 나중에 발견되어 허가가 취소된 인보사 사태는 자본시장에 엄청난 충격을 주었다. 더군다나 코오롱생명과학은 이 사실을 2017년부터 알고 있었는데도 그 사실을 숨기고 있었다는 증거까지 제시되었다. 경영진의 도덕성에 타격을 줄 뿐만 아니라 해당 약품을 사용하던 중환자들의 건강에도 큰 영향을 미칠 수 있는 심각한 일이다.

둘째, 신라젠의 약품 후보 펙사벡 임상3상 중단 소식이다. 3상에 접어든 약품 후보 물질의 성공 가능성이 약 70%라는 통계수치를 보면 실패 가능성이 30%쯤은 되는 것이다. 따라서 이런 실패는 가끔 발생할 수 있다. 그렇지만 3상이 실패하기 이전 CEO를 포함한 신라젠의 고위 임직원들이 미리 주식을 대규모로 팔아 약 2천억 원대의 현금을 챙겨갔다는 점은 놀라운 일이다. 사전에 실패 가능성이 높다는 것을 알고 있던 것이 아닌지 의심스러운 정황이기 때문이다. 성공하면 주가가 더 오를 것이므로, 성공 가능성이 높다고 생각했다면 이렇게 많은 양의 주식을 팔 리가 없다. 그런데도 2020년 들어 이 사건을 조사하던 검찰의 증권범죄합동수사단을 법무부 장관이 해체해버렸기 때문에 오랜 기간 수사가 제대로 진행되지 않았다. 그래서 정권에서 무엇인가를 숨기려고 한다는 의혹도 제기되었었다.

어쨌든 인보사와 펙사벡 두 사건이 일어나자 두 회사뿐만 아니라 다른 많은 제약·바이오 업종 기업의 주가가 동반 폭락했다. 시장의 투자자들이 패닉(공포)에 빠진 것이다. 국내 자본시장에는 그동안 여러 희망적인 소식들이 많았었다. 한미약품, SK바이오팜, 셀트리온, 삼성바이오로직스 등 여러 제약사의 신약 개발 성공과 관련된 뉴스가 계속 보도되었다.

그 결과 이들 기업뿐만 아니라 신약 개발을 하는 거의 모든 제약·바이오 업종 기업들의 주가가 치솟았다. 어떤 회사가 신약 개발에 뛰어들었다는 뉴스만 나와도 주가가 폭등했으며, 모 회사에서 일하던 연구원들이 독립해서 새 회사를 만든다고만 해도 벤처캐피털이 돈을 싸 들고 몰려들어서 서로 투자하겠다고 경쟁을 벌인다는 소식도 언론에서 읽은 적이 있을 정도다. 기업들마다 보유하고 있는 기술 수준과 신약의 개발 단계가 다 다른데, 대부분의 사람이 이를 구분하지 않고 묻지마 투자에 나섰던 것이다.

따라서 필자는 앞에서 언급한 두 사건이 일어난 후 제약·바이오 업종 기업들의 주가가 동반 폭락한 것이 과열에 빠졌던 자본시장이 이들 사건을 계기로 정신을 차리고 합리적인 수준으로 돌아간 것이라고 생각한다. 해외 시장에서는 1상, 2상, 3상에 진입한 약품을 가진 회사라면 대략 가격이 얼마쯤 된다는 공식이 있다고 한다. 이러한 상식에 맞는 수준의 주가가 형성돼야 자본시장이 건강하게 돌아가서, 주식시장에서 큰 손해를 보는 사람들과 큰돈을 버는 사람들이 모두 줄어든다.

이런 사태를 계기로 '잘 모르면서 무조건 지르는 투기'가 아니라 합리적인 의사결정을 하는 투자자의 습관을 배웠으면 한다. 이 업계가 우리나라의 미래 먹거리가 될 가능성은 높지만, 그렇다고 해도 모든 기업이 다 엄청난 돈을 벌 수 있다는 환상은 사실이 아닐 것이다.

대우조선해양 분식회계 사건이 한화와 산업은행의 소송전에 미친 극적인 영향

1998년 외환위기 이후 부도가 난 대우조선해양을 산업은행이 인수한다. 그 후 2008년 들어 대우조선해양을 매각하기 위해 매물로 내놨을 때, 여러 회사의 인수경쟁 끝에 한화그룹이 대우조선해양의 우선협상대상자로 선정되었다. 그런데 한화그룹은 계약금 3,150억 원을 납부했지만 대우조선해양에 대한 실사를 진행하지 못한 상태에서 인수를 포기한다. 2008년 하반기에 발생한 세계금융위기의 여파다. 그 후 한화그룹은 계약금 3,150억 원을 돌려달라고 소송을 제기했지만 1심과 2심 법원은 계약이 이루어지지 못한 데는 한화그룹의 잘못이 크고 실사를 했는지에 대한 여부는 중요하지 않다면서 원고 패소 판결을 내린다. 그런데 그 이후 대우조선해양의 분식회계 사건이 벌어지자 법원의 판단이 크게 바뀌게 된다. 대법원은 실사가 M&A 과정에서 꼭 필요한 핵심이라면서, 실사를 못했으므로 M&A를 더 이상 할 수 없었다는 한화 측의 주장이 옳다고 판단했다. 분식회계 사건이 엉뚱한 다른 사건의 결과를 크게 바꾸게 된 것이다.

2019년 3월 KDR산업은행(이하 산업은행)과 현대중공업그룹이 대우
조선해양 매각 및 인수를 위한 계약을 체결했다. 현대중공업그룹이 대
우조선해양 경영권을 인수하고 산업은행은 현대중공업그룹의 지주사
에 제2대 주주로 참여하는 방안이다. 이 지주사 밑에 현대중공업과 대
우조선해양이 자리 잡게 된다. 이 거래의 결과 대우그룹이 해체한 2000년
부터 산업은행이 인수해서 경영해오던 대우조선해양이 무려 20년 만에
민영화가 된 것이다.

이전에도 산업은행은 대우조선해양을 매각하기 위해 노력을 해왔었
다. 특히 2008년 산업은행이 대우조선해양을 매물로 내놨을 때 포스코,
GS, 현대중공업과 치열한 경합 끝에 한화그룹이 인수를 위한 우선협상
대상자로 선정됐다. 당시 양자가 합의한 인수대금은 6조 3천억 원이다.
3주간 실사를 거친 후 발견된 사항에 따라 3% 범위 내에서 가격을 조
정하고, 그 후 2009년 3월까지 본계약을 체결하는 것과 동시에 인수대

금을 납부하기로 했다.

그런데 이 소식이 발표되자 한화그룹 전 계열사의 주가가 동반 하락한다. 시장에서는 한화의 승리가 '승자의 저주'에 해당한다면서, 한화그룹의 형편에 볼 때 인수대금이 너무 커서 한화그룹의 경영상황이 앞으로 악화될 것이라고 판단한 것이다.

그런데 양해각서를 체결하기 직전인 2008년 가을부터 세계금융위기가 발생하면서 경제상황이 급격히 악화되기 시작했다. 한화가 6조 3천억 원의 인수자금을 마련하기 위해 매각할 예정이었던 계열사 주식이나 부동산의 가치는 급락하고, 한화에 돈을 빌려주기로 했던 금융사들은 훨씬 더 높은 이자율을 요구했다. 대우조선해양도 신규 수주가 급감한다. 이때 산업은행은 한화에 "2008년 12월 29일까지 본계약을 체결하고 실사 여부와 관계없이 2009년 3월 말까지 모든 대금을 납부하라."라는 양해각서 조건의 변경을 강력히 요청해서 이를 관철시킨다. 원래 양해각서 초안에 있던 '실사 후 본계약 체결'이라는 내용을 바꾼 것이다. 이 조항을 포함시키지 않는다면 양해각서를 체결하지 않겠다는 산업은행의 압박에 한화가 마지못해 동의한 것으로 보인다.

한화와 산업은행의 갈등과 한화의 대우조선해양 인수 포기

양해각서에 따라 한화는 우선 계약금의 5%로 책정된 이행보증금 3,150억 원을 납부했다. 이 계약금은 위약벌(계약을 어기는 것에 대한 벌)이라고 계약서에 쓰여 있었다. 만약 한화 측의 귀책 사유로 최종 계약이 무산되면 산업은행이 이행보증금을 몰취하고, 그 반대로 한화 측에 책임이 없는 사유로 계약이 무산되면 한화가 원금과 이자를 돌려받을 수 있다고 되어 있었다. 만약 양해각서가 해지될 경우에는 이 금액을 제외한 기타의 손해배상이나 원상회복 등 일체의 다른 권리를 주장할 수 없다고도 명시되어 있었다.[1]

그런데 한화는 양해각서에 서명하고 이행보증금을 납부한 후에도 대우조선해양에 대한 실사를 진행할 수 없었다.[2] 매각 위로금 지급 등을 요구한 노조가 한화 측의 회사 출입을 막고 자료의 제공을 거부했기 때

---

1 원래 '양해각서'는 법적 구속력이 없이 양 당사자들이 서로의 의향을 교환하는 문서를 말한다. 그러나 이 사건의 경우 양해각서가 법적 구속력을 가진다고 내용에 규정되어 있었으므로, 명칭만 양해각서일 뿐 실제로는 계약서에 해당한다.
2 실사(due diligence)란 회사의 자산이나 부채 항목들의 실재성이나 완전성 등과 같은 재무제표에 포함된 내용들뿐만 아니라 계약, 소송, 인사 및 노무, 환경, 보험, 조세 등 기타 기업과 관련된 여러 사항을 정밀하게 조사하는 과정을 말한다.

문이다. 산업은행도 한화의 실사를 돕기 위한 별도의 행동을 취하지 않고 무관심한 태도를 보였다. 이런 상황이 계속되자 한화는 계약조건을 변경해달라고 요청한다. ① 매각대금의 분할 납부, ② 산업은행 보유 대우조선해양 주식의 전부 매각이 아닌 분할 매각, ③ 확인 실사 후 본계약 체결 등을 요구한 것이다.

하지만 산업은행은 이 요청을 거부한다. 그러자 한화는 대우조선해양 인수를 포기했고 산업은행은 이행보증금 3,150억 원을 몰취했다. 한화는 공돈만 날린 셈이다. 그렇지만 이런 소식이 알려지자 한화그룹 계열사의 주가가 일제히 상승한다. 자본시장에서는 오히려 한화가 대우조선해양 인수를 포기한 것을 호재로 받아들인 것이다.[3]

그 후 한화는 산업은행에 소송을 제기한다. 세계금융위기가 경영환경에 많은 영향을 미쳐 대우조선해양의 가치가 급락한 것은 계약 내용에 중대한 변경을 일으키는 사건에 해당하며, 부실 가능성이 높은 상황에서 대우조선해양 노조의 반대와 산업은행의 비협조로 실사를 못한만큼 계약조건을 이행하지 못한 것이 한화의 책임만은 아니라는 것이다. 특히 실사는 M&A 과정에서 꼭 거쳐야 하는 절차인데, 이를 수행하지 못했으니 M&A 절차를 완료할 수 없었다는 주장이다. 즉 한화가 인수를 포기한 것이 아니라 실사를 못해서 인수절차를 더 이상 진행할 수 없었다는 의미다. 따라서 이행보증금 일부를 돌려달라는 소송이다.

그러나 이 소송에 대해 2011년 1심, 그리고 2012년 2심 법원은 모

---

3 이 당시 벌어진 사건들과 관련된 보다 자세한 내용은 『숫자로 경영하라 3』에 실린 '한화의 대한생명 인수 및 대우조선해양 인수 실패와 그 뒷이야기'를 참조하기를 바란다.

두 원고(한화) 측 패소 판결을 내렸다. 이때까지만 해도 한화가 법정 다툼에서 승리할 가능성은 낮아 보였다. 법원의 판단 근거는 크게 다음의 세 가지로 요약된다.

치열한 소송전과 법원의 판단 근거

첫째, 한화는 대우조선해양이 우발채무의 존재나 부실의 발생 가능성이 높기 때문에 실사를 꼭 해야 본계약을 체결할 수 있다고 주장하지만, 대우조선해양은 상장기업으로서 외부감사를 받을 뿐만 아니라 산업은행이 지배주주로서 대우조선해양에 직원을 파견해 엄격히 감시·감독하고 중대한 영향력을 행사하고 있었으므로 숨겨진 우발채무나 부실이 존재할 가능성은 매우 낮다. 따라서 실사의 실익이 거의 없다.

둘째, 한화는 본계약을 체결하지 못한 것이 전적으로 한화의 책임이 아니라 양 당사자 모두 일부분 책임이 있으므로 이행보증금의 일부를 (누가 얼마나 더 잘못했는지 비례적으로 따져서) 돌려받아야 한다고 주장하지만, 이 주장은 이행보증금의 본질을 고려할 때 타당하지 않다. 양해각서 문안을 보면 이행보증금은 위약벌이라고 명시적으로 규정되어 있다. 비례책임을 따지는 손해배상액과는 달리 위약벌은 책임 정도에 따른 감액이 허용되지 않는다. 즉 손해배상액이라면 양측의 잘못을 따져서 잘못한 부분 정도만 비례적으로 보상하면 되지만, 위약벌은 '전부 아니면 전무(all or nothing)'의 개념으로서 조금이라도 더 잘못한 측에서 모든 벌을 부담하게 된다. 본 사건에서 계약조건을 이행하지 않은 것은 한화

2008년 세계금융위기
2008년 발생한 미국발 세계금융위기는 전 세계적인 경기침체를 가져왔다. 다수의 한국 기업도 생존이 위협받을 정도로 큰 타격을 받았다.

의 책임이 더 크다. 한화 측은 세계금융위기 때문에 시장 상황이 바뀌었다고 주장하지만, 양해각서 문안에는 '주식시장에서의 가격 변동 및 시장상황 등 외부 경제환경의 변화 및 그로 인한 영향'은 가격조정 사유에서 제외된다고 명시되어 있다. 그러므로 이행보증금을 돌려달라거나 비례책임에 따라 이행보증금을 나누자는 주장은 성립되지 않는다.

셋째, 산업은행이 이행보증금을 한화에 돌려주지 않는 것이 거래의 공정성을 현저하게 해치는 것으로 볼 수 없다. 이 사건으로 한화가 부당하게 큰 손해를 본 것처럼 보이지만, 한화가 산업은행에 납부한 이행보증금은 거래대금의 5%로서 총거래금액과 비교하면 액수가 크지 않다. 또한 이 사건의 결과로 대우조선해양의 매각절차가 2년 이상 지연되면서 산업은행도 피해를 입었다. 한화는 우선협상자 자격을 취득하고도 계약 체결에 최선을 다하지 않았기 때문에 제재는 불가피하다.

이런 이유에서 법원은 한화 측의 주장이 합당하지 않으며 산업은행은 이행보증금을 돌려줄 필요가 없다고 판단했다. 실사를 하더라도 숨겨진 부실이 없을 것이므로 실사의 실익이 크지 않으며, 계약조건을 지키지 않은 데는 한화의 책임이 더욱 크고, 계약 내용이 한화에게 부당하게 불리하지 않기 때문에 3,150억 원 전액을 위약벌로서 산업은행이 가질 수 있다는 결론이다.

세 가지 판결의 근거는 산업은행의 주장을 요약한 것으로서, 산업은행의 주장을 법원에서 거의 전적으로 받아들인 것이다. 이때까지만 해도 한화가 재판에서 이길 가능성은 거의 없어 보였다.

1·2심 결과를 뒤집은 대법원 판단의 근거

그런데 2심 판결 이후 상황이 급변하기 시작했다. 2014년 들어 현대중공업과 삼성중공업에서 대규모 적자가 발생했는데도 불구하고 대우조선해양은 계속 높은 이익을 보고했다. 그러자 대우조선해양이 분식회계를 통해 가공의 이익을 보고하고 있을 가능성이 높다는 의심이 널리 퍼진다. 그러자 대우조선해양의 경영진이 나서서 수차례에 걸쳐 이런 가능성을 적극 부인했다. 그러다가 2015년 중에 사장이 교체된 직후 상황이 달라진다. 외부감사인인 안진회계법인은 대우조선해양이 장기간에 걸친 대규모 분식회계를 통해 적자기업을 흑자기업인 것처럼 표시하고 있었다는 것을 발견했다.[4]

그 밖에도 대우조선해양에서 그동안 벌어졌던 경영진이나 직원들의 도덕적 해이의 사례 및 불법행위들이 언론에 다수 보도되었다. 분식회

---

4 대우조선해양 분식회계에 대한 보다 자세한 내용은 『숫자로 경영하라 4』에 실린 '대우조선해양의 분식회계 여부에 대한 논란'을 참조하기를 바란다.

계가 드러난 것은 박근혜 정권 시기이지만 분식회계가 벌어진 것은 남상태 사장(노무현 정권 임명)과 고재호 사장(이명박 정권 임명) 시기다. 그런데 이들이 재임 당시 자신을 임명한 정치권에 로비를 하고 향응을 베풀었으며, 상당한 뇌물을 제공했다는 의심도 제기되었다. 또한 그동안 분식회계를 통해 경영성과를 부풀려서, 분식회계가 없었다면 받지 못했을 수천억 원에 이르는 막대한 성과급을 최고경영진을 포함한 직원들이 받아간 사실도 알려졌다. 이런 일들이 벌어지는 2014년과 2015년 동안 대법원은 판단을 보류하고 상황을 지켜보았다.

이후 대우조선해양의 대규모 분식회계가 분명하게 밝혀지자, 2016년 들어 2심이 잘못되었으니 다시 재판하라는 판결을 했다.[5] 1심과 2심의 결과를 정반대로 뒤집은 대법원의 판단 근거들 중 핵심은 다음 두 가지로 정리할 수 있다.

첫째, 한화가 본계약의 체결 이전에 실사를 못한 것은 계약의 성사에 큰 영향을 미치는 중대한 사건이다. 협상 단계에서는 미처 예상하지 못했던 우발채무가 실사과정 중에 발생하거나 협상 시점에서 평가된 자산 가치가 실제보다 과장된 것으로 드러날 가능성이 있다. 따라서 M&A 거래에서는 실사가 매우 중요한 역할을 한다. 그러므로 실사를 진행하지 못했다면 계약조건이 완료된 것으로 볼 수 없다.

---

5 2012년 말에 2심 판결이 내려졌으므로 일반적인 경우라면 늦어도 2014년 들어서는 대법원의 선고가 내려졌어야 한다. 대법원은 기존에 제출된 자료만 가지고 심사를 하므로, 대부분의 경우 하급심보다 판결에 걸리는 시간이 더 짧다. 따라서 이번 판결은 일반적인 경우에 비해 2년이나 늦어진 것이다. 대우조선해양의 분식회계 논란이 벌어지자 대법원이 사건이 어떻게 진행되는지를 파악하기 위해 2년 정도 기다렸다고 해석할 수 있다.

한화그룹 사옥
2008년 산업은행이 대우조선해양을 매각하려고 시장에 매물로 내놨을 때 한화그룹은 6조 3천 억 원의 인수대금을 제시해 입찰에서 승리한다. 그렇지만 세계금융위기가 발발하자 산업은행과 한화 사이에 갈등이 발생해 소송전에 돌입한다.
(출처: 한화그룹 누리집)

둘째, 양해각서에 이행보증금이 '위약벌'이라고 규정되어 있다고 할지라도 그 금액의 본질은 '손해배상액'이다. 양해각서를 보면 양측은 이행보증금 이외에는 기타의 손해배상이나 원상회복 등 일체의 다른 권리를 주장할 수 없다고 명시되어 있다. 즉 이행보증금 외에는 다른 형태로 손해배상을 청구할 수 없도록 한 것이다. 따라서 양해각서에 '위약벌'이라고 규정된 이행보증금은 사실상 손해배상금의 역할을 한다. 손해배상액은 양측의 잘못 정도에 따라 비례해서 배분할 수 있다. 법원은 "이행보증금 몰취 조항을 둔 목적이 최종 계약 체결이라는 채무이행을 확보하는 데 있더라도 3,150억 원에 이르는 이행보증금을 전액 몰취하는 것은 과하다."라고 밝혔다.

대법원 판결에 대한 해석

2016년 7월 대법원은 이런 두 가지 이유에서 산업은행이 3,150억 원 전액을 몰취하는 것은 부당하다는 판결을 내리고 사건을 2심으로 되돌려 보냈다. 대법원에서는 2심의 판결이 옳은지, 옳지 않다면 왜 옳지 않은지에 대해서만 판단을 내린다. 따라서 대법원의 판결에 기초해 구체적으로 한화가 얼마를 돌려받을 것인지에 대해서는 2심을 맡은 고등법원에서 다시 판결을 내려야 한다. 고등법원의 판단에 따라 비례 책임을 계산해 3,150억 원을 나눠 가지게 된 것이다.

이 과정을 보면 대우조선해양의 분식회계 사건이 대법원의 판결을 바꾸는 데 큰 역할을 했음을 짐작할 수 있다. 1심과 2심에서는 분식회계가 없었을 것이라는 가정하에 대우조선해양이 외부감사와 산업은행의 엄격한 감독을 받고 있으므로 부실이 존재할 가능성이 낮아 별도의 실사를 할 필요가 없다고 판단했었다. 따라서 실사를 못 했다고 본계약 체결을 거부한 한화 측에 과실이 있다는 판단이었다. 산업은행의 주장을 거의 그대로 받아들인 것이었다. 판결문에는 "세계금융위기 때문에 자금사정이 안 좋아진 한화 측에서 실사를 실시하지 못한 것을 핑계로 계약조건을 자신들에게 유리하게 바꾸려고 했다."라는 표현까지 등장한다. 즉 실사를 하지 못했다는 것은 한화의 핑계에 불과하다는 것이다.

그런데 대우조선해양의 분식회계 사태가 터지면서 대법원 판사들은 당시 한화 측에서 대우조선해양의 실사를 수행했으면 분식회계를 발견했을 가능성이 높다고 판단하게 된 것으로 보인다.[6] 분식회계의 존재 여부와 규모를 파악하기 위해서는 실사를 해야 하는데, 이를 수행하지 못했으므로 M&A의 후속 단계를 진행할 수 없었다는 한화 측 주장을 대법원이 수용한 것이다. 대우조선해양 분식회계 사건이 없었다면 대법원 판사들이 이렇게 하급심의 판단을 뒤집지 않았을 것으로 추측된다. 물론 판결문에 이런 내용이 나타나 있지는 않다.

덧붙여 대법원은 양해각서에 '위약벌'이라는 명칭이 사용되고 있지만, 그 실질은 손해배상액에 가깝다고 판단했다. 즉 명칭보다 실질이 더 중요하다는 판단이었다.[7] 따라서 비례책임을 따져서 3,150억 원이라는 돈을 한화와 산업은행이 나눠 가지라고 결정한 것이다.

　대법원의 판결로 사건은 다시 고등법원으로 돌려보내졌다. 그리고 2018년 1월 드디어 고등법원의 판결이 내려졌다. 산업은행은 3,150억 원의 돈 중 40%에 해당하는 1,260억 원과 이 돈에 대한 이자를 한화에게 돌려주라는 판결이다. 2008년 대우조선해양의 매각을 추진하면서 시작된 사건이 무려 10년이 흐른 뒤에야 마침내 종결된 것이다.

국민 모두가 본 손해

이 사건은 우리에게 많은 시사점을 준다. 원래 양해각서 초안에는 실사를 마친 후 가격조정을 거쳐 본계약을 체결한다고 규정되어 있었으나, 산업은행 측의 요구로 실사가 완료되지 않더라도 본계약을 체결하는

6　당시 벌어진 상황을 돌아보면 2008년 당시에도 분식회계가 수행되고 있었을 가능성이 높아 보인다. 일례로 대우조선해양의 현금흐름표를 보면 2008년부터 2014년까지의 영업현금흐름은 음(−)이다. 그런데 같은 기간 동안 영업이익은 항상 양(+)이었다. 일반적인 경우라면 영업현금흐름이 영업이익과 비슷하거나 영업이익보다 더 커야 한다. 따라서 분식회계를 통해 영업이익을 부풀린 것으로 볼 정황이 충분히 존재한다. 다만 이는 필자의 추측일 뿐이며, 2008년 회계처리에 대한 구체적인 조사가 수행된 바는 없다.

7　당시까지 이 '위약벌'과 관련된 조항은 계약이행을 강요하기 위해 많은 계약서에 공통으로 포함되어 있는 내용이었다. 그런데 대법원의 이 판결 때문에 이런 관행이 크게 바뀌었다.

것으로 변경되었다. 세계금융위기가 악화되고 있던 2008년 11월 상황에서 볼 때, 본계약까지 시간이 지체된다면 계약의 상대방인 한화가 발을 뺄 가능성이 있다고 산업은행이 사전에 판단해 이를 방지하고자 계약조건을 바꾼 것으로 보인다. 결국 본계약이 체결되지는 않았으나, 계약조건을 바꾼 덕분에 3,150억 원 중 일부라도 받을 수 있게 되었으므로 산업은행의 이러한 결정은 현명했던 것으로 여겨진다.

당시 산업은행의 입장에서는 계약을 최종적으로 성사시키는 것이 매우 중요했다. 조선경기가 급속히 악화되면서 대우조선해양의 가치가 급락하고 있던 상황을 고려하면, 6조 3천억 원의 일부만을 회수하더라도, 예를 들어 계약대금의 10~20% 정도를 깎아준다고 해도 산업은행 측에 무척 유리한 거래였기 때문이다. 더 나아가 대우조선해양 분식회계 사건이 밝혀진 지금의 상황을 고려하면 3분의 1만큼 깎아줬어도 산업은행에 유리했을 것이다. 따라서 만약 산업은행이 민간기업이었다면 2008년 12월 들어 한화가 상황이 변했다면서 계약조건을 바꾸자고 주장했을 때 계약조건을 조금 양보하더라도 본계약이 체결되도록 유도했을 것이다.

그러나 감사원의 감사를 받아야 하는 산업은행은 최초의 계약조건을 변경하기 어려웠을 것이다. 계약조건을 바꿀 경우 추후 감사원에서 부당하게 한화에 특혜를 주었다고 산업은행을 문책할 것이 거의 틀림없기 때문이다. 정권이 바뀌면 국회에서도 전 정권의 비리를 파헤친다면서 국정감사를 할 가능성도 높다. 따라서 산업은행 측은 안 파는 것이 손해라는 것을 알면서도 계약조건을 바꿔줄 수 없었고, 그 결과 대우조선해양은 산업은행의 자회사로 계속 남아 있게 되었을 것이다.

대법원 전경
2016년 들어 대법원은 하급심의 판단을 뒤집고 산업은행이 3,150억 원의 계약금을 전액 몰취하는 것은 부당하다는 판결을 내린다. 한화 측의 주장을 받아들인 것이다.
(출처: 대법원 누리집)

산업은행이 입은 손해는 결국 국민의 세금으로 메꾸어졌다. 2019년 들어 대우조선해양이 현대중공업그룹에 팔릴 시점의 시가총액이 한화가 계약했던 6조 3천억 원의 절반 미만에 불과하다는 점을 생각해보면, 국민이 얼마나 큰 손해를 보았는지 잘 알 수 있다.[8] 이런 일이 일어난 이유는 표면적으로는 책임질 일을 하지 않겠다는 산업은행의 자세 때문이지만, 근본적으로는 환경 변화를 고려하지 않고 규정만을 따져서 관련 기관을 문책하는 감사원의 감사 행태나 항상 정쟁만을 일삼는 국회 때문에 발생한 것이다. 감사원이나 국회가 변하지 않는 한 이런 일은 계속 되풀이될 수밖에 없는데, 안타깝게도 변할 조짐이 전혀 보이지 않는다.

만약 당시 대우조선해양이 한화 또는 다른 기업에 인수되었다면, 현재의 대우조선해양 사태는 발생하지 않았거나 작은 규모에 그쳤을 것이다. 기업의 주인이 존재하고, 그 주인이 기업의 행동을 엄격하게 감시

---

8 현대중공업 그룹과 산업은행의 거래가 주식의 상호교환(현대중공업 지주가 대우조선해양의 주식을 받고 현대중공업 지주의 주식을 산업은행에게 지급) 형식으로 이루어졌으므로 정확한 인수금액은 알 수 없지만, 대우조선해양 주식 중 산업은행이 55%를 보유하고 있었으므로 이를 고려하면 현대중공업 그룹의 대우조선해양 인수대금은 대략 2조 5천억~3조 원 정도로 추정된다.

대우조선해양 누리집
한화는 대우조선해양을 사려고 했었으나 마지막 순간 포기했다. 그리고 거래의 결렬 책임을 둘러싸고 산업은행과 벌인 6년에 걸친 소송전에서 부분 승리를 하게 되어 계약금의 상당 부분을 돌려받게 된다.

한다면 (그리고 주인이 고의로 분식을 주도하지 않았다면) 장기간에 걸친 대규모 분식회계는 일어나기 힘들기 때문이다. 대우조선해양은 명백한 주인이 없는 상태가 오래 지속되면서 모두가 책임을 등한시하는 바람에 문제가 발생했거나, 또는 발생한 문제가 더 커졌다고 볼 수 있다. 어쨌든 이제 현대중공업이 대우조선해양을 인수한 만큼, 두 회사가 잘 합쳐지고 조선업 경기도 회복되어 다시 세계 최고의 회사로 재탄생하기를 바란다. 그래야 그동안 줄어들었던 수많은 사람의 일자리가 다시 생겨나서 국내 경기에 도움이 될 것이다.

M&A 의사결정 과정에 대한 조언

이 사건은 M&A와 관련해 기업들에게 여러 시사점을 준다. 이 시사점들을 크게 네 가지로 정리할 수 있다.

첫째, 한화는 산업은행에서 실사를 실시하지 않더라도 본계약이 체결된 것으로 하자고 계약조건 변경을 요구했을 때 이를 수락했다. 이는 명백한 실책이다. 실사 후 최종 인수금액을 결정한 후 본계약을 체결하고 인수금액을 지불한다는 원래 계약조건은 M&A 거래에서 일반적으로 사용되는 조건으로서 특정 계약당사자에게 불리하거나 유리하다고 할 수 없다. 그러나 숨겨진 부실의 가능성이 존재하는 상황에서 실사를 안 하고도 본계약을 체결하고 대금을 지불한다는 새로 바뀐 조항은 한화 측에 일방적으로 불리하다.

만약 이 불리한 조건을 한화 측에서 수락한다면, 산업은행이 대우조선해양의 가치를 보장한다는 내용이 계약조건에 함께 추가되는 것이 합리적이다. 한화가 인수를 완료한 후 실사를 실시해서 숨겨진 부실이 발견된다면, 이미 대금을 지불한 후라도 그 부실에 해당하는 금액을 돌려받을 수 있어야 하기 때문이다. 따라서 필자는 한화가 대우조선해양을 꼭 인수하겠다는 의욕이 앞선 나머지 계약조건을 수정하자는 산업은행의 제안에 숨겨진 함정을 면밀하게 검토하지 않았을 것이라고 생각한다.

둘째, 한화는 M&A 과정에서 매각을 앞당기려는 매도자의 의도를 간과했다. 산업은행이 계약조건 변경을 요구한 시점은 2008년 말로 세계 금융위기가 악화되던 시기였다. 실사를 하지 않고도 본계약을 체결하도록 해서 본계약 날짜를 당초 예정된 시한보다 앞당긴 것이다. 대우조선해양 노조가 실사를 반대해서 회사 출입을 막고 있는 상태에서, 앞으로 남은 불과 한 달 남짓한 기간 동안 노조를 설득해서 실사 기회를 얻은 후 실사를 마치고 본계약을 하는 것은 현실적으로 불가능하다. 이런 내용을 보면 '혹시 산업은행이 처음부터 한화가 실사를 하지 않기를 바랐던 것이 아닐까?' 하는 생각도 든다.[9]

191

실제로 당시 산업은행은 실사에 반대하는 노조를 설득하기 위해서 아무 일도 하지 않고 손을 놓고 있었다고 언론은 보도했다. 파는 쪽에서 계약을 독촉하면서 실사를 회피하는 행동을 한다면 숨겨진 이유가 있을 가능성이 높다. 이럴 때 사는 쪽에서는 조급할 필요가 없다. 시간을 갖고 분석해보면 파는 쪽에서 시간을 단축하고자 하는 이유가 드러나게 될 것이고, 사는 쪽에서 협상조건에서 우위에 서게 될 수도 있다.

셋째, 처음에는 급한 마음에 계약조건 변경에 동의했다고 하더라도, 그다음에 이행보증금 3,150억 원을 산업은행에 지불한 것 또한 큰 실책이다. M&A 시 엄밀한 실사를 실시하는 것은 필수다. 집 한 채를 살 때도 직접 방문해서 부서진 곳이나 문제점이 있는지 살펴보고 등기부를 확인한 후 거래한다. 이런 과정을 생략한 후 매매 계약을 먼저 한다면, 나중에 문제점이 발견되어도 남 탓을 할 수가 없다. 충분한 시간을 가지고 엄격히 실사를 실시해야 숨겨진 위험들을 발견할 수 있다. M&A 시에 매물로 나온 기업들은 매각자가 한 푼이라도 더 받으려는 목적에서 수치를 부풀리거나, 무리하게 단기 업적을 극대화하느라 장기 성장 잠재력이 오히려 훼손된 경우가 종종 있기 때문이다.[10] 그렇기 때문에 자세한 실사는 M&A 과정에서 꼭 필요한 핵심적인 절차다.

9 후에 밝혀진 대우조선해양의 대규모 분식회계 사건 때문에 떠오른 생각이다. 만약 이때부터 분식회계가 존재하고 있었으며 산업은행이 이를 알고 있었다면, 한화가 실사를 통해 분식회계를 발견하는 것을 막아야 하기 때문이다. 따라서 실사를 할 수 있는 시간을 한화에게 거의 주지 않으려고 했을 수도 있다.

10 2011년 벌어졌던 현대건설의 매각 때도 실사 과정에서 숨겨진 부실이 발견되어 인수대금이 대폭 조정된 바 있다. 이에 대한 이야기는 『숫자로 경영하라 3』에서 소개했다.

한화의 현명한 결정

그렇다고 한화가 계속 잘못된 결정만 한 것은 아니다. 넷째 시사점은 한화가 내린 현명한 결정과 관련된다. 한화는 적극적으로 노력해서 대우조선해양 인수자로 선정될 수 있었다. 그러나 이행보증금까지도 납부한 후 마지막 순간에 인수를 포기했다. 앞선 세 가지 실수에도 불구하고 마지막 순간 인수를 포기한 한화의 결정은 매우 훌륭했다. 이미 납부한 3,150억 원을 돌려받을 가능성이 낮다고 하더라도, 그 돈은 이미 되돌릴 수 없는 매몰원가(sunk cost, 과거의 의사결정으로 발생해서 현재의 의사결정으로 바꿀 수 없는 원가)다. 그 돈이 아까워서 5조 8천억 원의 잔금을 무리하게 납부했다면, 아마 그 뒤 한화는 더 큰 위기에 치었을지도 모른다. 한화의 인수 포기가 주식시장에 알려지자 한화그룹 계열사들의 주가가 일제히 상승했다는 점에서도 이런 가능성을 짐작할 수 있다.

기업들이 매몰원가가 아까워서 발을 빼지 못하고 계속해서 '밑 빠진 독에 물 붓기' 식의 투자를 하는 경우가 종종 있다. 경영자가 자신의 임기 내에 실패를 자인하고 손실을 인식하기 싫어하기 때문에 이런 행동이 계속 나타날 것이다. '내 임기 중에는 말고 다음 사람의 임기 중에 철수 결정을 내렸으면 하는 마음이 있지 않을까?' 하는 생각이다. 의사결정 시에 매몰원가는 무시하고 미래에 발생할 효익과 비용(원가)만을 고려해 현명한 판단을 내려야 한다.

한화는 마지막 순간에 잘못을 깨닫고 손절매를 했다. 한화의 경영진은 실수를 인정하면서 인수를 포기하자는 현명한 결정을 내린 것이다. 이러한 용기와 판단력은 모든 경영자에게 귀감이 될 만하다.

회계로 본 세상

2008년 당시 한화는 대우조선해양을 인수하려는 의지가 있었고 인수를 위해 큰 노력을 했다. 그래서 치열한 입찰 경쟁에서 포스코, GS그룹, 그리고 현대중공업을 제치고 승리를 할 수 있었다. 그러나 그 후 세계금융위기가 발발함에 따라 상황이 변해서 인수대금을 마련하기가 힘들어졌고, 대우조선해양의 가치도 급락한다. 따라서 냉정하게 계산한 후 6조 3천억 원이라는 가격에 인수하면 손해가 크다는 것을 깨닫고 인수를 포기한 것이라고 필자는 생각한다. 실사를 하지 못해서 거래를 완수하지 못했다는 것은 재판과정에서 인수포기를 정당화하기 위해 내세운 핑계였을 것이라고 추측한다.

만약 세계금융위기가 발발하지 않았다면, 한화는 실사를 하지 않았더라도 인수계약에 따라 대금을 지불했을 가능성이 높다. 2008년 당시에도 대우조선해양은 분식회계를 통해 기업 가치를 부풀렸던 것 같다.[1] 그런데 어느 정도 수치가 과대평가된 것은 충분히 감내할 수 있다고 판단했으므로 한화가 입찰에 참여했을 것이다. 물론 이런 내용은 필자의 개인적인 견해일 뿐이다. 재판과정에서 제시한 한화의 공식적인 견해는 "부실 가능성이 높은 회사를 실사하지 못해서 더 이상 인수작업을 진행하지 않은 것"이다. 개인적인 의견이지만, 한화의 법률팀이 설득력 있게 논거를 잘 만들었기 때문에 이길 수 있었다고 생각한다.

어쨌든 대법원에 가서 판결이 뒤바뀌어 산업은행이 재판에서 진 것은 대우조선해양에서 거의 10년쯤 장기간에 걸친 분식회계가 발생하는 것을 최소한 막지 못했고, 또는 정확한 분식회계의 규모까지는 몰랐더라도 분식을 한다는 정도는 알면서도 높은 가격에 대우조선해양을 판매하려는 의도에서 묵인한 듯한 산업은행 스스로의 탓이라고 볼 수 있다. 물론 이 점도 필자의 추측일 뿐이며, 정확한 원인이 무엇인지는 아직 밝혀진 바 없다.[2]

'세상만사는 새옹지마(塞翁之馬)'라고 한다. 만약 한화가 무리해서 2009년 대우조선해양을 인수했더라면 그 후 그룹 전체가 큰 위기 상황에 직면했었을 가능성이 높다. 그런데 대우조선해양을 인수하지 않는

---

1 이 점은 자세한 조사를 통해 밝혀진 내용은 아니다. 다만 필자가 당시 재무제표를 볼 때 정상적이지 않은 수치들이 발견되므로, 그 발견에 기반해 추측한 것뿐이다.

2 이와 관련해서 2020년 아시아나항공을 인수하려다 코로나19 사태가 발생하자 인수를 포기한 현대산업개발의 경우를 살펴보자. 현대산업개발은 최종 협상이 결렬되기 직전까지 아시아나항공에 대해 자세한 실사를 해야 한다고 계속 주장했었다. 그러나 산업은행 측에서 실사를 거부했다. 왜 당시 산업은행이 실사를 거부했는지 이해가 잘 되지 않는다. 숨길 것이 없다면 굳이 계약이 깨질 빌미를 주는 행동을 하지 말아야 하기 때문이다. 어쨌든 현대산업개발이 실사를 못 했다는 것을 계속 문제 삼았다는 것을 보면, '대우조선해양을 둘러싼 한화와 산업은행의 소송 결과를 보고 배운 것이 아닌가?' 추측한다. 코로나19 발생 이후 아시아나항공의 가치가 급락했음이 명백한 만큼, 실사를 이유로 계약을 깨거나 인수 가격을 크게 내릴 의도가 있었을 것이다.

바람에 상당한 여유자금을 보유하고 있었고, 그 결과 2014년 들어 삼성그룹이 내놓은 삼성토탈과 삼성종합화학을 인수했다. 그 후 화학산업이 호조를 보이면서 상당한 돈을 벌었다. 2016년 들어서는 두산DST를 인수해서 한화디펜스로 바꾼다. 방위산업계 국내 1위인 한화로서는 더욱 전문화할 수 있게 된 것이다. 만약 2009년 대우조선해양을 인수했었더라면 나중에 이런 추가 인수를 할 여력이 부족했을 것이다. 그러니 운이 참 좋았다고 볼 수 있다. 거기다가 대우조선해양 사태가 벌어져서, 재판 결과가 바뀌어 계약금으로 지불했던 돈도 상당 부분 돌려받게 되었으니 오히려 큰 복이 굴러들어온 셈이다.

이 사건과 관련된 새옹지마의 또 다른 예가 현대중공업이다. 현대중공업은 2008년 대우조선해양을 매수하겠다며 입찰에 참여했었지만 실패한 바 있다. 현대중공업이 입찰에서 얼마를 썼었는지는 알려지지 않았지만, 한화가 6조 3천억 원을 썼던 것을 보면 6조 원 정도 금액을 썼을 것이다. 당시 경쟁했던 포스코, GS, 현대중공업 중 어느 회사가 만약 대우조선해양을 샀었다면, 마찬가지로 경제위기 발생 이후 생존의 위기에 처했었을 것이다. 그렇지만 입찰에서 실패하는 덕분에 그런 위기에 처하지 않고 2008년 금융위기를 무사히 넘어갔다. 그리고 현대중공업은 2019년 들어 2008년 가격의 절반 이하의 금액에 대우조선해양을 인수하게 되었다.

현대중공업에서 대우조선해양을 인수하는 데는 산업은행의 적극적인 자세가 큰 역할을 했다. 산업은행이 적극 나서서 현대중공업에 협상을 제안했고, 그 결과 주식교환 형태로 대우조선해양을 현대중공업에서 인수하게 된 것이다. 그 대신 산업은행은 현대중공업그룹의 지주사에 주주로서 참여하게 된다.

　산업은행 입장에서는 지금 당장 현금을 회수할 수는 없지만, 나중에 조선업 경기가 회복되어 현대중공업의 업황이 개선되면 회사의 주가가 올라갈 것이다. 산업은행은 그때 보유하고 있는 주식을 매각해서 투자금을 회수할 수 있다. 세계 1등을 다투는 두 회사가 결합하는 것이니 틀림없이 기술이나 영업적 측면에서 시너지 효과가 발생할 것이다. 그러므로 이런 점을 고려해 산업은행이 전략적 판단을 한 것으로 생각된다. 다만 세계 1등을 다투는 두 회사가 결합하는 것이니, 앞으로 각국의 규제기관들로부터 합병 승인을 받는 일이 큰 과제일 것이다. 독과점 이슈가 제기될 게 거의 명백하기 때문이다.

● 후기

위에서 언급한 대로, 2022년 1월 EU는 현대중공업의 대우조선해양 인수를 불허하기로 결정했다. 두 회사가 결합하면 LNG 운반선 시장을 거의 과점하게 된다는 게 그 이유다. 그 결과 산업은행의 매각은 다시 원점으로 돌아간 듯하다. 산업은행이 다시 골치 아픈 문제를 떠안게 된 것이다. 산업은행이 또다시 적극적으로 나서서 빨리 새 매수자를 찾기를 바란다. 그렇지 않는다면 대리인 문제가 계속되어 결국에 가서는 대우조선해양의 생존 자체가 위기에 처하게 될 수도 있을 것이다. 이런 안타까운 일이 일어나지 않기를 바란다.

3부에서는 회계자료 및 기타 숫자들, 그리고 논리적인 사고가 경영 및 일반 의사결정 과정에 얼마나 큰 영향을 미치는지를 보여준다. 총수익스왑(Total Return Swap) 거래라는 복잡한 형태의 거래가 어떻게 사용되고 있고 어떤 효과를 가져오는지, 전환사채가 일반사채보다 좋은 점은 무엇이고 어떤 목적으로 사용되고 있는지, 그리고 회사의 합병 시 주주총회에서 주주로 하여금 합병안에 동의하게 유도하려면 어떻게 해야 하는지 사례를 들어 소개한다. 복잡한 내용이기는 하지만, 이를 알고 있는 경영자라면 좀 더 정확히 현재 벌어지고 있는 사건의 핵심을 파악할 수 있을 것이고, 그 결과 여러 측면에서 더 효율적 및 효과적으로 기업을 경영할 수 있을 것이다. 이 사례들을 통해 논리적이고 합리적인 경영방식의 장점과 회계지식의 중요성에 대해서 알 수 있을 것이다.

3부

회계지식을 활용한
경영 의사결정

롯데그룹의
총수익스왑 거래를 이용한
KT렌탈 인수

총수익스왑 거래란 두 거래 당사자가 각각 고정 손익과 변동 손익을 서로 바꾸는 거래다. 예를 들어 롯데그룹은 KT렌탈을 인수할 때 모자라는 자금 약 3천억 원을 재무적 투자자들을 이용해 조달한다. 그런데 재무적 투자자들로부터 돈을 빌리는 것이 아니라 재무적 투자자들이 KT렌탈의 주식을 직접 구매하도록 계약을 맺은 것이다. 그리고 재무적 투자자들에게 고정 손익(사전에 정해진 수수료)을 지급하는 것이다. 재무적 투자자들은 주가 변동에서 발생하는 변동 손익(주가 상승 또는 하락으로 발생하는 손익)을 고정 손익의 대가로 롯데그룹에 넘긴다. 또한 보유 주식에 대한 의결권도 롯데그룹에게 넘겨줬다. 이처럼 총수익스왑 거래는 최근 종종 발생하고 있다. M&A뿐만 아니라 주식 매각, 계열사 지원 등 다양한 목적으로도 이 거래가 사용된다. 총수익스왑 거래의 구조에 대해 살펴보고, 거래를 통해 어떤 효과가 발생하는지를 공부해보자. 또한 투자자 입장에서 볼 때 필요한 제도의 보완 방법에 대해서도 소개한다.

2014년 가을 렌터카 업체 중 가장 높은 시장점유율을 자랑하던 KT
렌탈이 갑자기 M&A 시장에 매물로 나왔다. KT렌탈이라는 명칭은 상
대적으로 잘 알려지지 않았지만 KT금호렌터카라는 이름은 대부분 들
어본 적이 있을 것이다. 원래는 금호아시아나그룹 소속이었던 회사다.

금호아시아나그룹은 2006년 거의 대부분 빚으로 마련한 자금으로
대우건설을 인수했다가 유동성 위기에 빠진다. 이 때문에 금호아시아나
그룹에 돈을 빌려줬던 채권단이 2009년 그룹의 경영권을 인수했다. 그
후 채권단은 금호렌터카를 매물로 내놨고, 이 회사를 2010년 KT그룹
이 인수해서 KT그룹 소속사였던 KT렌탈과 합병시켰다. 그렇지만 KT
렌탈이 금호렌터카에 비해 상대적으로 작았기에 합병한 회사를 금호렌
터카로 봐도 무방할 것이다. 총 3천억 원의 인수대금은 KT그룹과 재무
적 투자자인 사모펀드 MBK 파트너스가 절반씩 부담했다.

KT그룹이 금호렌터카를 인수한 이유는 상대적으로 정체되어 있는

KT 빌딩
KT그룹이 금호렌터카를 인수해 KT금호렌터카로 사명을 바꾼 후 KT금호렌터카는 큰 성장을 하게 된다. 그런데 2014년 들어 갑자기 KT그룹은 KT금호렌터카를 시장에 매물로 내놨다.

통신산업에 대한 의존도를 낮추고 장기적으로 발전 가능성이 높은 렌탈 사업에서의 시장점유율을 확장하려는 목적으로 보였다. KT그룹에 넘어온 후 KT금호렌터카는 성장을 거듭한다. 인수 직후인 2011년 KT 렌탈의 매출액과 당기순이익은 각각 6,600억 원과 270억 원이었는데, 2013년에는 8,900억 원과 320억 원으로 증가한다.

그런데 KT그룹은 갑자기 KT렌탈을 매각하기로 결정했다. 전임 이석채 회장이 물러난 후 2014년 취임한 황창규 회장이 전임 회장의 경영방침을 전면 수정한 듯하다고 언론은 보도했다. 이 회장은 재임 동안 약 20개의 회사를 인수하는 등 적극적으로 투자에 나서서 그룹의 외형을 키우며 사업다각화에 주력했다. 그러나 황 회장은 이들 기업 중 통신 분야 이외의 기업들을 대부분 매물로 내놨고, 언론은 다시 KT가 통신 분야에만 집중하기로 한 것 같다고 분석했다.

필자는 황 회장이 당시 면밀한 검토 끝에 이런 결정을 내렸을 것이라고 생각한다. 하지만 일부 언론이 지적한 것처럼 이런 의사결정이 당시의 정치적 상황과 관련되어 있었을 수도 있다. KT그룹은 정부가 주식을 단 한 주도 가지지 않은 기업이지만 정권이 바뀌면 전임 회장이 불명예스럽게 물러나고 새 정권이 신임 회장을 임명하는 이상한 일이 되풀이되어왔다. 황 회장도 그런 과정을 통해 임명되었다. 한국에서는 새 정권이 전 정권을 부정하는 현상이 반복되곤 한다. 외부에서는 KT그룹에서도 유사한 현상이 벌어진 것이 아닌지 의심할 수밖에 없다. 이러니 기업이 먼 미래를 바라보는 정책을 실시하지 못하고, 단기간에 효과가 나오는 일에만 집중하는 현상이 더욱 가속화된다는 느낌이다.

TRS 거래의 구조

이유야 어찌 됐든 잘나가던 KT렌탈은 갑작스럽게 M&A 시장에 매물로 나오게 됐다. 이를 롯데그룹이 1조 200억 원에 인수해 롯데그룹으로 편입했다. 롯데그룹은 인수대금 전체를 그룹사들에서 보유하던 여유자금으로 충당할 수 없었던 것인지, TRS(Total Return Swap; 총수익스왑)이라는 일종의 파생상품을 활용해 부족한 자금을 마련한다.[1]

TRS는 기초자산(reference assets 또는 underlying assets)에 대한 법

---

1 스왑은 교환이라는 의미다. 롯데는 여유자금이 충분했지만 취득세를 줄이기 위해 TRS 거래를 했다는 견해도 있다. 이 문제로 여러 지자체와 롯데그룹이 현재 소송 중이다.

•• 〈그림 1〉 TRS 거래의 기본구조

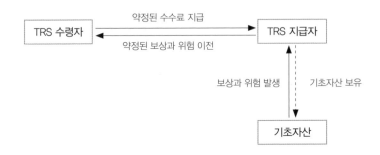

적 소유권을 보유한 TRS 지급자(TRS payer)가 약정된 수수료를 수령하는 대가로 TRS 수령자(TRS receiver)에게 기초자산에서 발생하는 보상(reward)과 위험(risk)의 일부 또는 전부를 이전하는 거래 형태를 총칭한다. 이를 도표로 나타내면 〈그림 1〉과 같다.

TRS는 법적 소유권(형식)은 TRS 지급자가 보유하는데도 불구하고 자산 소유에 따른 실제 권리(실질)의 일부 또는 대부분은 TRS 수령자가 가지게 되어, 결과적으로 형식과 실질의 일부가 분리되는 효과를 일으킨다. 자산 소유에 따른 실제 권리란 그 자산의 보유 때문에 발생하는 보상이나 위험을 말한다. 예를 들어 기초자산이 주식이라면, 주식 가격의 상승에 따라 발생하는 이익이 보상이고 주식 가격의 하락에 따라 발생하는 손실이 위험이다. 즉 TRS 수령자가 주가 변화에 따른 손익을 누리는 것이다. 또한 회사가 배당을 지급한다면 배당금도 보상이 된다. 그 대가로 TRS 수령자는 TRS 지급자에게 사전에 약정된 고정수수료를 지급하는 것이다. 즉 대부분의 계약의 경우 TRS 수령자는 변동 수익 및 위험에 노출되는 데 반해, TRS 지급자는 고정된 수익에만 노출된다. 즉 수령자와 지급자가 서로 변동 수익(위험)과 고정 수익을 교환한다는 의미에서 '총수익스왑'이라는 이름이 생긴 것이다.

롯데그룹의 TRS 거래를 통한 KT렌탈 취득

〈그림 1〉에 맞춰 롯데그룹의 KT렌탈 취득거래의 구조를 살펴보자. 인수대금 중 약 50%는 롯데그룹의 5개 계열사가 공동으로 지분을 매입한다. 계열사 중에서는 약 20%의 주식을 취득한 롯데호텔이 가장 많은 자금을 제공했다. 나머지 지분 중 약 20%는 대우증권(현 미래에셋대우) 사모펀드가 롯데렌탈의 미래 성장 가능성을 고려해 매입했다. 잔여지분 약 30%에 대해서는 롯데그룹이 여러 재무적 투자자[금융사들이 만든 특수목적법인(페이퍼 컴퍼니)]와 TRS 계약을 맺는다.

이 계약에 따라 여러 재무적 투자자는 각자의 자금으로 KT렌탈 주식을 취득한다. 여기서 TRS 지급자는 재무적 투자자들이고, TRS 수령자는 롯데그룹의 5개 계열사다. TRS 거래의 기초자산은 KT렌탈의 주식이다. 이 계약의 대가로 롯데그룹은 매년 기초자산 매입대금의 2.78%를 재무적 투자자들에게 지급한다. 그 대가로 재무적 투자자들은 보유한 주식의 의결권과 주가변동에 따른 차액을 롯데그룹에게 양도한다. 즉 주가 변동으로부터 발생하는 수익이나 위험을 모두 롯데그룹이 부담하는 것이다.[2]

KT렌탈이 지급하는 배당금은 재무적 투자자들이 수령한다. 롯데그룹이 재무적 투자자들에게 지급하는 수수료율이 비교적 낮은 2.78%이므로, 이를 보상하기 위해 롯데그룹이 아니라 재무적 투자자들이 배당금을 수령하기로 계약한 것으로 보인다. 즉 주식 보유를 통해 발생하는 보상의 전부(의결권+주가 변동+배당금)가 아니라 일부(의결권+주가 변동)만 롯데그룹에게 양도되는 것이다. 계약기간은 5년(2015년 5월~2020년 6월)이다. 계약기간이 종료되면 롯데그룹이 우선매수권을 갖는다. 이런 내용은 〈그림 2〉에 요약되어 있다. 〈그림 2〉에 등장하는 트리플에스가 재무적 투자자들이 설립한 페이퍼 컴퍼니다.[3]

•• 〈그림 2〉 호텔롯데 TRS 거래의 구조

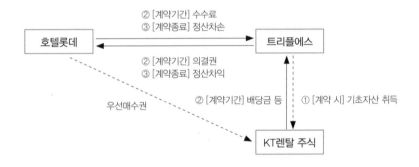

---

2 KT렌탈의 사례 외에도 기업 인수 시 TRS가 사용된 사례가 존재한다. 2016년 CGV가 터키의 최대 영화사 MARS Entertainment Group을 인수할 때 메리츠종합금융증권 및 외국 금융사들과 TRS 거래를 통해 필요한 자금을 일부 조달한 바 있다. SK그룹도 LG실트론(현 SK실트론)을 LG그룹으로부터 인수할 때 NH투자증권과 계약을 맺고 TRS 거래를 일부 사용했다.

3 앞에서 호텔롯데 외에도 4개의 롯데그룹 계열사가 KT렌탈 주식 인수를 위해 TRS를 사용했다고 설명했다. 호텔롯데가 재무적 투자자들과 TRS 거래를 하기 위해 만든 페이퍼 컴퍼니가 트리플에스다. 다른 계열사들은 다른 재무적 투자자들과 계약을 맺고 트리플에스가 아닌 다른 페이퍼 컴퍼니를 만들어 TRS 거래를 했다. 그 거래들의 형태도 모두 〈그림 2〉와 같다.

TRS 거래의 효과

만약 계약기간 동안 KT렌탈의 가치가 변동해 평가이익(손실)이 발생한다면, 이 이익(손실)은 롯데그룹 계열사들의 손익계산서에 파생금융상품평가이익(손실)으로 기록되며 동시에 재무상태표에 파생금융상품자산(부채)으로 기록된다. 롯데그룹이 재무적 투자자들에게 지급하는 수수료는 파생상품거래손실로 손익계산서에 기록된다. 예를 들어 호텔롯데는 재무적 투자자들에게 2016년 약 55억 원의 수수료를 지급했다. 재무적 투자자들이 보유하고 있는 KT렌탈의 주식은 재무적 투자자의 자산으로서, 이는 롯데그룹 계열사의 재무제표에는 포함되지 않는다.

계약기간 종료 후에는 어떻게 될까? 5년의 계약기간 동안 롯데그룹은 열심히 자금을 모아 재무적 투자자들이 보유한 주식을 매입할 수 있다. 또다른 방법은 5년 이내에 KT렌탈을 상장시키는 것이다. 상장 시점에 TRS를 보유한 재무적 투자자들은 보유하고 있는 주식을 외부에 매각해 투자금을 회수할 수 있다. 대우증권도 이런 기대를 갖고 KT렌탈 주식의 20%를 인수했을 것이다.

TRS 거래에서는 기초자산이 TRS 지급자의 자산이므로 TRS 수령자는 이 자산의 보유에 대한 회계처리를 할 필요가 없다. KT렌탈 거래를 보면, KT렌탈의 주식 30%는 재무적 투자자들의 자산이므로 롯데그룹은 이 주식에 대해서는 회계처리를 할 필요가 없다. 이 점을 보면 TRS 거래를 이용해서 인수에 필요한 자금을 일부 조달할 때 조달된 자금을 부채로 기록하지 않는 장점이 있다는 것을 알 수 있다. 고정적으로 지급해야 하는 2.78%의 수수료는 이자비용에 해당하는 셈이다.

만약 롯데그룹이 TRS 거래가 아니라 차입을 통해 자금을 조달했다면 이 차입금은 롯데그룹 계열사들의 부채로 기록되어야 했을 것이다. 하지만 TRS 거래를 이용함으로써 자산과 부채를 동시에 재무상태표에서 뺄 수 있었다. 따라서 상대적으로 부채비율을 낮게 표시할 수 있다. 이런 경우를 전문용어로 '부외부채(off-balance sheet financing 또는 unrecorded liability)가 존재한다.'라고 표현한다.

다만 TRS 거래 시 TRS 수령자가 지급해야 하는 수수료는 비용이므로 손익계산서에 기록된다. TRS 거래가 아니라 자금의 차입거래로 기록했다면 지급해야 하는 이자비용 대신, TRS 거래의 대가인 수수료비용이 손익계산서에 기록되는 것이다. 따라서 TRS 거래가 손익계산서에 보고되는 포괄손익에 미치는 영향은 없다. 액수는 동일한데 비용의 항목만 달라지는 것이다.

재무상태표에서 자산을 제거할 수 없는 매각의 경우

모든 TRS 거래에서 TRS 수령자가 기초자산을 재무상태표에서 뺄 수 있는 것은 아니다. 자산과 부채를 모두 기록해야 하는 경우도 있다. 첫째, 계약종료 시점이나 계약기간 중 재무적 투자자가 요구했을 때 롯데그룹이 KT렌탈의 주식을 사줘야 하는 의무가 있다면 자산과 부채로 기록해야 한다. 이 경우 TRS 수령자가 TRS 지급자로부터 돈을 빌려서 해당 자산을 구입한 효과가 나타나는 것으로서, 채권자(TRS 지급자)가 요구할 때 빌린 돈을 갚아야 하는 의무가 있는 셈이기 때문이다.[4] 롯데그룹 사례에서는 명시적인 의무가 없으므로 부채로 기록할 필요가 없다.

둘째, TRS 지급자가 보유한 기초자산의 원래 소유주가 TRS 수령자인 경우라면, 이 기초자산을 TRS 지급자에게 매각하고 TRS 거래를 맺었다고 하더라도 계속해서 TRS 수령자가 이 기초자산을 재무상태표에 기록해야 할 수 있다. 이때 TRS 거래를 통해 조달한 자금(TRS 지급자에게 자산을 매각하고 받은 매각대금)은 부채로 기록된다. 물론 이 매각은 법적으로는 매각이지만 회계적으로 보면 진정한 매각(true sale, 진성매각)으로 인정받지 못할 수 있다. 회계상으로는 자산의 보유로 인한 보상과 위험의 대부분이 이전되어야 자산 매각으로 인정받는다. TRS 거래를 통해 주가 변동의 보상과 위험을 TRS 수령자가 계속 보유하고 있다면 회계적으로는 매각이 아니다.

두 번째 사례에 대한 설명은 일부 이해하기 어려운 측면이 있다. 앞에서 소개한 KT렌탈과 같은 일반적인 TRS 거래에서는 기초자산을 TRS 수령자의 자산으로 인식하지 않는데(즉 TRS 지급자의 자산으로 인식하는데), 두 번째 사례에서는 법적으로는 매각했는데도 불구하고 마치 매각하지 않은 것처럼 계속해서 TRS 수령자의 자산으로 인식하기(즉 TRS 지급자의 자산으로 인식하지 않기) 때문이다. 이런 차이는 자산의 취득과 매각에 대한 회계처리 방법의 차이 때문이다. 회계적으로는 자산을 취득할 때 법적으로 자산의 소유권을 취득한 경우에만 취득자의 자산으로

---

4 반대로 만약 TRS 수령자가 TRS 지급자로부터 기초자산을 구입할 권리인 옵션을 보유하고 있는 경우라면, TRS 수령자는 이 기초자산을 자산과 부채로 기록할 필요가 없다. 권리를 가지고 있는 것이지 반드시 기초자산을 구매해야 하는 의무가 있는 것이 아니기 때문이다.

잠실 롯데타워의 모습
롯데그룹은 KT렌탈을 취득할 때 총수익스왑이라는 금융상품을 이용했다. 이를 이용해 인수에 필요한 자금의 일부를 조달했지만, 이 조달된 자금을 부채로 기록하지 않았다.

인식한다. 롯데그룹의 KT렌탈 인수 사례에 등장하는 기초자산인 KT렌탈 주식 30%에 대해 롯데그룹은 법적 소유권을 취득한 바 없다. 재무적 투자자들이 자신들의 자금으로 주식을 취득한 것이다. 따라서 롯데그룹의 자산으로 인식하지 않는다.[5]

---

5 필자의 개인적인 견해이긴 하지만, KT렌탈 주식에 대한 TRS 거래는 롯데그룹이 자금을 빌려 이 주식을 매입한 것으로도 볼 수 있다. 주식의 법적 소유권을 취득함으로써 누리게 되는 권리는 해당 주식에 대해 의결권을 행사하고 자유롭게 매각을 할 수 있는 권리라고 볼 수 있다. 그런데 롯데그룹은 의결권을 보유하고 있으며, 처분 시 우선매수권을 보유하고 있으므로 매각할 수 있는 권리도 일부분을 보유한 것이다. 그렇다면 롯데그룹이 해당 주식의 법적 소유권을 거의 대부분 보유한 것이므로, 이 주식을 법적으로 취득한 것이라고 볼 수 있다. 그렇다면 돈을 빌려 이 주식을 취득한 것으로 회계처리를 해야 한다. 물론 국제회계기준에서는 어떤 경제적 사건을 어떻게 회계처리해야 하는지는 해당 기업이 판단한다. 다만 최소한 외부 이해관계자들이 왜 그렇게 판단했는지 이유를 알 수 있도록 충분한 정보를 공시해야 한다.

그런데 두 번째 사례의 경우 TRS 수령자가 기초자산을 TRS 지급자에게 판매한 것이다. 이때는 자산의 보유로부터 얻는 보상과 위험의 대부분이 이전될 때만 회계적 매각으로 인정받는다. TRS 거래를 통한 매각 이후에도 자산의 보유로부터 얻게 되는 보상과 위험의 대부분을 매각자가 보유하는 거래는 회계상 진성매각으로 인정받지 못한다.

금호아시아나그룹 TRS 거래와는 무엇이 다른가?

사례를 이용해 두 거래의 차이점을 구체적으로 알아보자. 금호아시아나그룹의 모회사는 금호산업이며, 아시아나항공은 금호산업의 자회사다. 금호아시아나그룹은 대우건설 인수 실패의 여파로 재무상황이 악화되어 현재 채권단에 의해 경영되고 있다. 그런데 자회사인 아시아나항공은 모회사인 금호산업이 보유한 기업어음을 790억 원어치 보유하고 있었다. 어려운 상황에 처한 금호산업이 자금조달을 위해 발행한 채권을 상대적으로 여유가 있었던 아시아나항공에서 인수해 채권자가 된 것이다.

2013년 금호산업의 재무구조 개선을 위해 채권단은 아시아나항공에게 이 기업어음을 출자전환하라고 요구했다. 즉 부채를 금호산업의 주식으로 전환하라는 요구다. 전환 결과 아시아나항공은 금호산업의 지분 13.20%를 보유하게 되었고, 두 회사 사이에는 공정거래법상 금지된 상호출자 관계가 형성된다. 상호출자 관계란 두 회사가 서로 상대방의 주식을 보유하는 경우를 말한다.

다만 공정거래위원회는 이 상호출자가 채권단의 결정에 따라 비자발적으로 이루어진 것으로서 계열사 확장이나 지배력 강화의 의도가 없다고 판단하고, 법률에 따라 아시아나항공에게 6개월의 상호출자 해소 유예기간을 부여했다.[6] 이에 따라 2014년 3월 21일 아시아나항공은 대신증권과 TRS 계약을 맺고 이 주식을 대신증권에게 매각한다. 그리고 2014년 3월 27일 벌어진 아시아나항공의 주주총회에서 아시아나항공의 기존 경영진(박삼구 금호아시아나그룹 회장 등)은 재선임된다.

당시 금호아시아나그룹의 경영권을 둘러싸고 박삼구 회장과 경영권 분쟁을 벌이던 금호석유화학(박찬구 회장)은 금융감독원에 이 거래를 진성매각으로 회계처리할 수 있는지 질의했다. 동시에 법원에는 이 거래가 진성매각이 아니므로 3월 27일 열린 주주총회가 무효라는 소송을 제기했다. 박찬구 회장은 왜 이 주주총회가 무효라고 주장했을까?

아시아나항공의 TRS 거래를 통한 금호산업 주식매각이 실질적인 매각이 아니라면 이 주식은 계속해서 아시아나항공이 보유하고 있다고 봐야 한다. 즉 두 회사가 서로 상대방의 주식을 보유하므로 상호출자 관계가 존재하는 것이다. 그렇다면 주주총회일 당시 상법상 상호의결권 제한규정이 적용된다.[7] 따라서 이 지분은 주주총회에서 의결권을 행사할 수 없다.

즉 금호산업이 보유하고 있는 아시아나항공의 지분 30.08%가 주주총회에서 투표에 참가해 금호산업이 최대주주로서 아시아나항공의 이

---

6 이 기간 동안 주식을 처분하기만 하면 상호출자에 따른 처벌이나 불이익을 주지 않겠다는 의미다.
7 상호출자가 존재하고, 한 회사가 다른 회사의 주식을 10% 이상 보유하고 있다면 상호의결권이 제한된다. 즉 두 회사가 모두 보유한 주식의 의결권을 주주총회에서 행사할 수 없다.

공정거래위원회의 모습
공정거래위원회는 금호아시아나그룹의 TRS 거래가 적법하게 이루어
진 매각이라고 판단했다. 이 결정은 금융감독원의 판단과 정반대라서
논란거리가 된다.

사진을 선임했는데, 이 지분 30.08%가 의결권을 행사할 수 없는 주식
이므로 주주총회가 잘못 진행되었다는 주장이다. 이 주장이 옳다면 다
시 주주총회를 열어 30.08%를 제외한 다른 주주들의 투표만으로 이사
를 선임해야 한다. 그렇게 되면 박삼구 회장이 아니라 박찬구 회장 측이
아시아나항공의 경영권을 장악하게 될 가능성이 있었다.

　법원은 이 거래가 적법하다고 판단했다. 주식 매각이 이루어졌고, 따
라서 주주총회도 적법하게 열렸다고 판단한 것이다. 공정거래위원회도
법원과 동일하게 합법적인 매각이 이루어져서 상호출자가 정리되었다
고 인정한다. 그 덕분에 경영권 분쟁에서 박삼구 회장 측이 승리해 아시
아나항공의 경영권을 지킬 수 있게 되었다.

　그런데 금융감독원은 다른 판단을 내렸다. 금융감독원은 회계적으로
볼 때 아시아나항공과 대신증권 사이의 TRS 거래는 매각으로 볼 수 없
다고 판단했다. 따라서 이 주식은 계속해서 아시아나항공의 자산이며,

대신증권이 아시아나항공에 해당 주식을 매입하기 위해 지급한 현금은 아시아나항공이 대신증권으로부터 빌린 부채(차입금)로 기록해야 한다는 것이다.

법원과 다른 금융감독원의 판단 이유

이 TRS 거래에 따르면 매각 후 아시아나항공은 대신증권에게 6.4%의 고정수수료를 지급한다. 아시아나항공은 주가 변동에 따른 보상이나 위험을 계속 보유한다. 즉 주가 하락이 발생하면 대신증권에게 하락분을 보상하며, 반대로 주가가 상승한다면 대신증권이 상승분을 아시아나항공에게 지급한다. 배당금을 받을 수 있는 권리와 의결권을 행사할 수 있는 권리는 대신증권이 보유한다.

다만 금호산업은 경영상태가 열악해 수년간 배당을 지급하지 못하고 있으며 앞으로도 당분간은 지급하지 못할 것으로 예측된다. 즉 배당을 통해 대신증권이 얻을 수 있는 보상은 기대하기 힘든 상황이었다. 이런 거래구조 때문에 주식의 보유에 따른 보상이나 위험의 상당 부분을 주식의 매각 이후에도 계속해서 아시아나항공이 보유하고 있는 셈이므로 금융감독원은 이 거래를 회계상 진성매각으로 보지 않은 것이다.

앞에서 일부 설명한 바 있지만 주식의 보유로 인한 경제적 위험과 효익은 주식의 가치 변동으로 인한 손익과 배당의 수취로 인한 이익, 그리고 의결권을 행사함으로써 얻을 수 있는 이익으로 구분할 수 있다. 아시아나항공 사례에서 배당의 수취로 인해 대신증권이 큰 효익을 얻을 가능성은 희박하고, 대신증권이 의결권을 행사함으로써 얻을 수 있는 효익이 무엇인지는 불확실하다. 따라서 주식의 보유로 인한 나머지 경제적 위험과 효익은 주식의 가치 변동으로 인한 것뿐이다. 이를 아시아나항공이 보유하고 있으므로 주식의 법적 매각 이후에도 경제적 효익과 위험의 대부분을 아시아나항공이 보유하고 있다고 볼 수 있다.

이 사례와 달리 만약 다른 TRS 거래에서 기초자산인 특정 회사가 많은 배당금을 지급하고 있고(또한 배당을 마음대로 바꿀 수 없도록 배당에 대한 규정이 사전에 정해져 있고) 상대적으로 주가 변동의 가능성이 적다면, 이 거래가 회계상 진성매각인지에 대해서는 명확히 판단하기 힘들 수 있다. 그렇다면 미래 TRS 계약기간에 배당금으로 받을 수 있는 효익과 주가 변동의 가능성 중 무엇이 더 큰지를 판단해야 할 것이다.

아시아나항공 거래에서는 KT렌탈 사례와는 달리 기초자산인 금호산업 주식의 의결권을 TRS 지급자인 대신증권이 갖고 있었다.[8] 법적 소유권만 아니라 해당 주식의 보유로부터 얻게 되는 투표권도 대신증권에게 이전된 것이다. 따라서 법적으로 볼 때 진성매각이 아니라고 볼 수 있는 가능성은 낮다.

---

8 TRS 거래가 2014년 초에 열린 주주총회 직전에 이루어진 정황을 보면, 박삼구 회장 측은 대신증권이 주주총회에서 박삼구 회장에 우호적인 입장에서 투표할 것이라는 점을 기대했을 수 있다. 계약서에는 포함되지 않더라도 묵시적으로 이런 동의하에 거래가 이루어졌을 가능성이 높다. 일부 언론에서는 '일종의 지분 파킹(parking)'이라는 용어를 쓰기도 했다. 이런 이유에서 일부 법학자들은 재무적 투자자가 보유한 의결권을 TRS 수령자가 보유한 '숨은 의결권'이라고 부르며, 의결권 거래를 금지해야 한다고 주장한다. 그러나 이런 주장은 일부 과장된 것이다. 왜냐하면 TRS 지급자가 우호적인 입장에서 TRS 수령자를 위해 의결권을 행사할 것이라고 기대한다는 것일 뿐, 의결권을 행사하도록 강제하는 권한을 갖는 것은 아니기 때문이다. 외국의 경우도 TRS 거래를 금지하는 규제가 있다는 이야기는 들어본 적이 없다.

금융감독원은 경제적 실질이 무엇이냐, 특히 주가 변동으로 인한 경제적 위험과 효익이 누구에게 귀속되는가를 기준으로 자산의 보유 또는 매각 여부를 판단한다는 점을 알 수 있다. 그러나 법원이나 공정거래위원회는 자산의 법적 소유권을 기준으로 판단한다. 이것이 서로 다른 판단을 한 원인이다.[9]

TRS 거래를 이용해서 주식을 매각하는 이유

아시아나항공의 거래와 비슷한 경우로 현대자동차그룹 사례가 있다. 2015년 7월 현대제철이 현대하이스코(주)를 흡수합병하자 현대자동차그룹 내의 기존 순환출자 관계가 강화되었다. 그러자 공정거래위원회는 현대자동차(주)와 기아자동차(주)로 하여금 이 합병으로 인해 추가적으로

---

9 두 사례의 차이점을 보면 자산의 취득에 대한 회계처리와 자산의 처분에 대한 회계처리 기준이 다르다는 점을 알 수 있다. 롯데그룹 사례에서 롯데그룹은 자산(주식)에 대한 상대적으로 강한 통제권(의결권+주가변동+우선매수권)을 가지고 있는 데 반해, 아시아나항공은 상대적으로 약한 통제권(주가 변동)만을 보유한다. 그럼에도 불구하고 롯데그룹은 해당 주식을 자산으로 기록하지 않는데, 아시아나항공은 자산으로 기록해야 한다. 필자의 개인적인 추측이기는 하지만, 이런 차이가 발생한 이유는 발생한 사건을 회계상으로 기록하기 위해서는 그 사건이 실제로 발생했다는 상당한 증거가 필요하기 때문일 것이다. 즉 자산 취득의 경우 자산을 실제로 취득했다는 상당한 증거(예를 들면 법적 소유권과 자산의 보유에 따른 보상과 위험을 대부분 취득)가 있어야 회계장부에 기록하고, 자산 매각의 경우는 자산을 실제로 매각했다는 상당한 증거(예를 들면 법적 소유권뿐만 아니라 자산의 보유에 따른 보상과 위험을 대부분 이전)가 있어야 회계장부에 기록하는 것이다. 그 결과 유사한 상황에 대한 회계처리가 달라진 것으로 판단된다. 다만 앞에서 이미 설명한 것처럼, 롯데그룹 사례의 경우 이 자산을 법적으로 취득한 것인지에 대해 이견이 있을 수 있다. 일부 전문가들은 롯데그룹이 이 주식을 자산과 부채로 동시에 기록해야 한다고 볼 수 있을 것이라는 의미다.

아시아나항공 비행기
아시아나항공은 2014년 TRS 거래를 통해 보유하고 있던 금호산업의
주식을 매각한다. 금호산업의 지배주주인 박삼구 씨와 경영권 분쟁을
벌이던 박찬구 회장이 이 거래를 둘러싸고 소송을 제기한다.

보유하게 된 현대제철㈜의 지분 6.78%를 6개월 이내에 매각할 것을 명
령했다. 그 결과 2016년 2월 현대자동차와 기아자동차는 NH투자증권
과 TRS 거래를 통해 주식을 매각한다. 매각대금은 총 4,440억 원이며,
거래의 구조는 아시아나항공의 사례와 동일하다. 보유 주식을 주식시장
에서 다수의 투자자에게 매각하지 않고 TRS 거래를 통해 특정인에게
매각한 이유는 무엇일까? 그 이유는 크게 네 가지로 볼 수 있다.

　첫째, 아시아나항공의 경우나 현대자동차의 경우 모두 매각해야 하는
주식의 물량이 상당한 수준이다. 이 정도의 물량을 주식시장에서 한꺼
번에 매각하려면 상당한 시간이 소요될 뿐만 아니라 주가도 하락할 것
이다. 당연히 기존 주주들로부터 상당한 반발이 발생할 것이다. 따라서
일단 시간을 번 후 나중에 천천히 매각을 하려고 할 수 있다.

둘째, 해당 TRS 거래의 기초자산인 주식의 현재 가격이 매각자 입장에서 보면 내재가치보다 낮은 상태로, 앞으로 주가가 상승할 것이라고 보는 경우다. 현재의 낮은 가격으로 매각하기보다는 잠시 기다렸다가 나중에 상승한 가격에 매각하자고 판단한 것이다.

셋째, 아시아나항공의 경우는 당시 지배주주 가문의 형제 사이에 경영권 분쟁에 직면해 있었다. 만약 이 주식을 주식시장에서 매각한다면 경영권 분쟁을 벌이는 상대방(박찬구 회장)이 주식을 사들일 수 있다. 따라서 최소한 경영권 분쟁이 끝난 이후로 주식의 매각 시점을 미루려는 의도가 있었을 수 있다. 또한 대규모의 주식 매각 때문에 주가가 하락한다면 소액주주들은 회사 측에 대해 불만을 가질 수 있다. 그렇다면 소액주주들이 경영권 분쟁에서 기존 지배주주(박삼구 회장)에 반대하는 세력을 지지할 가능성이 높아진다. 이를 막기 위해 주식 매각 시점을 경영권 분쟁이 끝난 이후로 미뤘을 경우다.

넷째, 경영권 분쟁 중인 아시아나항공의 입장에서는 기존 경영진에게 우호적인 입장에서 주주총회에서 투표권을 행사할 특정인을 찾을 필요가 있었다. 그 특정인에게 주식을 매각하기 위해 이 거래 구조를 고안해냈을 수 있다. 그래서 거래도 주주총회가 열리기 불과 며칠 전에 이루어졌을 것이다.[10]

---

[10] 아시아나항공의 경우는 세 번째와 네 번째 이유, 특히 네 번째 이유가 주된 TRS 거래의 이유였을 가능성이 높다. 경영권 분쟁과 관련이 없는 현대자동차의 경우는 첫 번째와 두 번째 이유 때문에 TRS 거래를 했을 것으로 보인다.

현대그룹의 경영권 방어를 위한 TRS 거래의 활용

아시아나항공의 TRS 거래에서는 간접적으로 경영권을 방어하기 위해 TRS를 사용했음을 짐작할 수 있다. 좀 더 직접적으로 TRS를 사용해 경영권을 방어한 사례도 있다. 과거 현대그룹은 지배회사 현대엘리베이터가 피지배회사 현대상선의 주식을 보유하는 형태의 지배구조를 가지고 있었다. 2000년대 초반 현대엘리베이터의 1대 주주는 현대그룹의 창업자인 고(故) 정주영 회장의 5남 고(故) 정몽헌 회장의 미망인인 현정은 회장 및 기타 특수관계인이었다.

그런데 현대그룹은 2006년부터 다른 범현대가(家) 회사인 KCC 및 현대중공업그룹과 경영권 분쟁을 겪었다. 언론에서는 현씨 일가와 정씨 일가의 싸움이라고 불렀다. 특히 KCC는 한때 현대엘리베이터의 지분을 37%나 매입할 정도로 적극적인 공세를 취했다.

지분비율이 낮았던 현대상선(현 HMM)의 경영권이 위협받자, 현대엘리베이터는 여러 재무적 투자자(금융사)와 TRS 계약을 체결한다. 그 결과 18% 정도의 추가 의결권을 확보해 경영권을 보호할 수 있었다. 하지만 그 대가로 상당한 수수료를 지급해야 했다. TRS 때문에 지분 경쟁에서 패배한 KCC는 경영권 공격을 포기했고, 2007년 보유하고 있던 지분을 세계 제2위의 엘리베이터 회사인 쉰들러에게 넘긴다. 이때만 해도 현대엘리베이터와 쉰들러는 상호 기술을 공유하고 전략적 제휴를 통해 회사를 더 발전시키자면서 공동 기자회견을 하기도 했다.

그런데 2008년 세계금융위기가 발생하면서 해운업의 업황이 급속도로 악화되었다. 그 결과 생존의 위기에 처한 현대상선의 주가가 큰 폭

현대상선 소속 화물선의 모습
현대엘리베이터는 현대상선(현 HMM)의 경영권을 지키기 위해 TRS 거래를
활용했다. 그런데 이 거래에서 큰 손실이 발생하자 2대 주주인 쉰들러와
경영권 분쟁이 벌어졌다.

으로 하락했다. 그러면서 현대엘리베이터가 TRS 계약을 맺은 재무적
투자자들에게 주가 하락분을 보전해주게 되었다. 그 금액은 2011년과
2012년 동안 1천억 원이 넘는 막대한 수준이었다. 이 때문에 현대엘리
베이터도 큰 타격을 받았고, 2011년에는 2,600억 원이 넘는 손실을 기
록했다.

　이때 쉰들러는 현대엘리베이터의 주력 산업 부문인 승강기 사업 부
문을 자신들에게 매각하라고 요청하지만 현정은 회장 등 경영진은 이
요구를 거부했다. 본격적인 경영권 분쟁의 시작이었다. 그 후 쉰들러는
TRS 거래의 부당성을 지적하면서 우선 '회계장부 열람'을 청구하는 소
송을, 그리고 이어서 TRS 거래가 업무상 배임에 해당되므로 TRS 거래
를 통해 쉰들러가 본 피해 약 7천억 원을 배상하라는 소송을 법원에 제
기했다.

　지루하게 계속된 소송의 1심은 2016년에 들어서야 끝났다. 법원이

TRS 거래가 적법한 경영상의 판단이라고 판결을 내려 현대엘리베이터가 승소했다. 현대그룹이 승소한 이유는 2008년 금융위기가 발생하기 이전에는 TRS 거래에서 이익이 발생했었기 때문이다. 사후적으로 금융위기 이후 큰 손실이 발생했지만 이익이 발생한 시기도 있었다는 점을 고려하면, 회사가 손해를 입는다는 것을 사전에 알면서도 TRS 거래를 체결했다고 볼(즉 업무상 배임이라고 볼) 근거가 적다. 부차적인 판결 근거였겠지만, 현대그룹 측에서 이 TRS 거래가 합리적인 경영상 판단이었다는 주장을 뒷받침하는 증거들도 다수 제시했을 것이다.

1심 판단이 내려진 것뿐이지만 잠시라도 경영권 분쟁에서 벗어나게 된 현대그룹은 현대상선의 경영권을 채권단에게 넘기고 또 다른 계열사인 현대증권도 매각한다. 현대상선이 경영권 유지를 위해 모회사인 현대엘리베이터가 TRS 계약을 맺었다가 현대상선의 주가가 하락하면서 큰 손실을 입었는데, 현대상선을 포기함으로써 부실의 고리를 끊어버린 것이다. 채권단이 인수한 현대상선은 사명을 HMM으로 변경한다. 현 회장 측은 이렇게 해서 마련한 자금으로 현대엘리베이터의 지분을 추가로 확보함으로써 경영권 분쟁의 가능성은 거의 사라지게 되었다.

기타 TRS 활용 사례

이런 사례들에서 볼 수 있듯이 TRS는 경영권 방어와 기업 인수 등에서 다양하게 활용되고 있다. 또한 계열사 신용보강이나 자금조달 목적으로도 사용된다. 계열사 신용보강의 경우 상대적으로 재무상태가 열악한 자회사가 발행한 사채를 기초자산으로, 상대적으로 재무상태가 우수한 모회사(TRS 수령자)가 채권자(TRS 지급자)와 TRS 계약을 맺을 수 있다. 이 경우 채권의 가치 변동에 대한 효익과 위험을 모회사가 부담하게 된다. 따라서 채권자들은 상대적으로 안전한 투자를 할 수 있고, 자회사는 자신의 신용도에 비해 낮은 금리로 사채를 발행할 수 있다.

이러한 사례로는 2013년 두산건설이 상환전환우선주를 발행할 때 두산건설의 모회사인 두산중공업이 TRS 거래를 통해 투자자들에게 신용보강을 제공한 경우가 있다. 이 거래에서 만약 TRS 계약기간 동안 자회사에서 부도가 발생해 모회사가 손실을 입는 경우가 발생한다면, 모회사의 행위가 업무상 배임에 해당되는지에 대한 법적 다툼이 발생할 가능성이 있다. 앞에서 소개한 현대엘리베이터의 사례와 유사한 이유다.

또는 부실 계열사에 대해 부당지원을 했다는 혐의를 받을 수도 있다. 2018년 중에 벌어진 효성그룹에 대한 공정거래위원회의 고발과 관련된 사례를 그 예로 들 수 있다. 갤럭시아일렉트로닉스가 발행한 전환사채를 기초자산으로 한 효성투자개발의 TRS 거래에 대해, 공정거래위원회는 이 거래가 갤럭시아일렉트로닉스에 대한 부당한 지원이라며 검찰에 고발했다. 효성그룹은 정당한 경영상의 의사결정이었다고 주장했다. 이 안건에 대해서는 현재 법정다툼이 벌어지고 있다. 갤럭시아일렉트로닉스는 효성의 지배주주가 많은 지분을 보유한 회사다. 그래서 이런 논란이 더 크게 벌어진 것이다.

참여연대나 경제개혁연대 등의 시민단체는 다른 다수의 유사한 사례에 대해서도 계열사 부당지원이라고 비난하는 성명을 낸 바 있다. 신용보강에 대한 모든 사례가 계열사 부당지원이라고 볼 수는 없지만, 이런 분쟁이나 논란을 보면 최소한 지배주주가 관련된 계열사와 이루어진 TRS 거래는 문제가 될 수 있으므로 피해야 할 것이다. 모회사가 자회사의 지분을 100% 보유한 것이 아니라 일부분만 보유하고 있는 경우라면 계열사 부당 지원이라고 볼 여지가 있기 때문이다.

자금조달 목적으로 TRS 거래를 사용한 경우로는 현대자동차가 보유하고 있던 한국항공우주산업의 지분 10%를 2016년 TRS 거래를 통해 하나금융지주에게 매각한 사례를 들 수 있다. 현대자동차는 한국항공우주산업의 경영권을 보유하고 있지 않았으므로 이 거래는 경영권과 관련이 없다. 보유하고 있는 자산을 매각해 현금을 마련하기 위해 TRS 거래를 수행한 것으로 볼 수 있다. 주식을 주식시장에서 직접 매각한 것이 아니라 TRS 거래를 통해 매각한 이유는 앞으로 주가가 상승할 것으로 기대하기 때문이었을 것이다.

이 외에도 SK그룹에서 SK해운, SK E&S, SK B&T 등 다수의 회사들이 자금조달 목적으로 TRS 거래를 한 바 있다. 주식 등을 발행하면서, 이 주식을 기초자산으로 해서 주식을 인수한 재무적 투자자들과 TRS 거래를 체결한 것이다. SK네트웍스는 주식이 아니라 LPG 사업 영업권을 이용해서 파인스트리트 자산운용과 TRS 거래를 한 적도 있다.

한국의 경우는 아니지만 이슬람교의 샤리아 율법에 따라 직접 지분투자나 이자 수취가 금지된 이슬람권의 자본도 TRS를 이용해 해외투자를 하거나 돈을 빌려주는 거래를 한다. 즉 이슬람권의 자본들이 형식적으로는 율법을 따르지만 실질적으로는 율법에서 금지한 일들을 수행하는 것이다. 돈 앞에서는 종교도 뒷전인 셈이다.

223

TRS 거래의 사용 전망과 더 자세한 정보공시의 필요성

이런 여러 사용 사례가 있고 TRS 거래가 국내에 소개된 지 아직 얼마되지 않는다는 점을 고려하면, 앞으로 TRS 거래는 더 빈번하게 사용될 가능성이 높다. 따라서 경영자라면 TRS 거래를 이해하고 있는 것이 유용할 것이다. 일반적인 형태의 거래를 통해서는 달성할 수 없는 특수한 경영목적을 달성하기 위해서 TRS 거래를 활용할 수 있기 때문이다. 금융사들도 적극적으로 TRS 거래에 뛰어들고 있다. 일반적으로 채권을 매수했을 때 받을 수 있는 이자율보다 TRS 거래를 통해 얻을 수 있는 고정수수료율이 높기 때문에, 재무적 투자자의 입장에서 볼 때도 TRS는 좋은 투자수단이다. 이런 거래를 중개하는 금융사 입장에서도 좋은 시장이 생기는 것이다.[11]

외부 투자자의 입장에서는 부외부채 문제를 발생시키는 TRS 거래의 본질을 자세히 이해할 필요가 있다. 경우에 따라서는 큰 손실(또는 큰 이익)을 볼 수도 있기 때문이다. 따라서 기업은 투자자가 TRS 거래의 구체적인 조건에 대해 자세히 알 수 있도록 충분한 정보를 공시해야 한다. 현재는 공시가 충분히 이루어지지 않고 있다. 국제회계기준에 따르면, 기업은 왜 그런 회계처리 방법을 선택했는지를 주석을 통해 외부 정보이용자들에게 자세히 설명해야 한다. 설명을 하지 않는다면 최소한 공

---

11 〈인베스트조선〉 2017년 11월 24일자 "지배구조 개편 도와주는 '마법의 TRS'… IB경쟁 격화", 〈서울경제〉 2016년 2월 11일자 "자본확충에 규제 피하기까지… 해결사로 뜨는 TRS" 등의 기사를 참조하기를 바란다.

시미비로 징계받을 수 있고, 심지어는 분식회계로 더 큰 처벌을 받을 수도 있다는 것을 명심하자.

이런 문제점을 해결하기 위해 앞으로 관계 당국에서 공시에 대한 보다 자세한 규정을 마련하기 바란다. 2018년 여름 금융감독원은 TRS 거래를 중개하는 증권사에 대한 조사를 하겠다고 발표한 바 있다. 금융감독원이나 공정거래위원회의 규제가 점점 강해지는 요즘 상황을 보면, 앞으로 혹시 발생할 수도 있는 규제위험을 사전에 방지하기 위해서라도 좀 더 자세한 정보를 공시하도록 권한다. 특히 계열사 신용보강이나 지배주주와 관련된 경우는 더욱 주의가 필요하다.[12]

225

---

12 본고에 언급된 내용의 대부분은 다음의 논문을 참고로 해서 작성된 것이다. TRS 거래에 대한 더 자세한 내용이나 회계처리와 관련된 내용은 다음 논문을 참조하길 바란다.
한승엽·김영준·최종학. '총수익스왑에 대한 이해: 활용사례와 회계처리', 〈회계저널〉. 2019년.

회계로 본 세상

앞에서 잠깐 소개한 것처럼 일부 국내 법학자는 롯데그룹의 사례와 같은 의결권의 양도가 주식 소유권과 의결권(투표권)의 분리를 가져온다는 문제점을 초래하므로 이를 금지해야 한다고 주장한다. 이들은 주식의 의결권을 반드시 주식의 법적 소유자가 행사해야 한다고 믿는 듯하다.

필자는 이런 의견에 동의하지 않는다. 설명하기 매우 복잡하지만, 소유권과 의결권이 분리되면 소유권보다 더 많은 의결권을 보유한 특수주주가 나타날 수 있다. 그렇다면 다른 일반주주들에게 부당한 손해를 미치지만 자신들에게는 이익이 되는 행동을 이들 특수주주가 할 수 있는 유인이 발생한다.[1] 이런 행동을 하지 못하도록만 법적으로 제한을 가하면 되지, 이런 경우가 아닌 모든 의결권 거래를 다 막는다는 것은 과잉 입법이라고 생각된다. 의결권 거래를 막는다는 말은 결국 의결권과 관련된 TRS 거래를 전부 금지하겠다는 것이다. 세계에서 이런 법률을

가진 나라는 없다.[2]

예를 들면 롯데그룹의 KT렌탈 인수의 경우, 인수자와 매각자, 거래에 참가한 재무적 투자자들 모두가 동의했고 윈윈한 거래라고 할 수 있다. 이 거래 때문에 부당하게 피해를 본 사람은 아무도 없다. 그런데도 불구하고 이런 거래 자체를 막는다는 것은 이해할 수 없다. 만약 이런 거래를 모두 막는다면 M&A 시장이 위축되어 기업의 발전이나 구조조정에 장애가 될 것이다. M&A뿐만 아니라 앞에서 소개한 경영권 방어나 자회사 신용보강도 불가능하게 된다.

부작용이 없는 제도란 없다. 흔히 이야기하는 말로, 모든 조건을 완벽하게 갖춘 '백마를 탄 왕자님'은 세상에 없는 것과 마찬가지다. 모든 제도는 긍정적인 효과와 부정적인 효과를 가지고 있다. 따라서 긍정적인 효과와 부정적인 효과의 크기를 검토해서 의사결정을 해야 한다. 조금이라도 부작용이 발생할 가능성이 있는 제도라면 그 제도 자체를 없애버리는 국내 정치권의 특기 때문에, 우리나라가 전 세계 최고 수준의 규제를 가진 나라가 된 것이 아닐까?

일부 법학자들은 소유권과 의결권의 분리를 막아야 하는 이유를 '1주 1표 원칙'에 위반되기 때문이라고 설명한다. 즉 주식을 한 주 가진 사람

---

1 구체적인 사례에 대한 좀 더 자세한 내용은 다음 논문을 참고하기를 바란다.
 Hu and Black, 'The new vote buying: Empty voting and hidden (morphable) ownership', 〈Southern California Law Review〉, 2006.
2 2018년 맥쿼리자산운용과 플랫폼파트너스자산운용이 벌인 소송전에서 법원은 후자의 손을 들어준 바 있다. 경영권 공방을 벌이던 두 당사자 중 후자가 의결권 양도를 받아 투표에 참여했기 때문인데, 법원은 "의결권을… 어떻게 행사할지는 기본적으로 주주의 자유"라고 판단했다. 즉 우리나라의 법원도 의결권 거래를 허용하고 있는 것이다.

은 하나의 투표권만을 행사할 수 있다는 견해다. 우리나라 상법에 이 원칙이 규정되어 있는데, 사실 왜 이런 원칙이 상법에 규정되었는지 이해하기 힘들다. 왜냐하면 자료가 이용 가능한 나라들 중 '1주 1표 원칙'이라는 것이 존재하는 나라가 거의 없기 때문이다. 예를 들면 필자는 『숫자로 경영하라 4』에 실린 '알리바바는 왜 미국 상장을 택했을까?'라는 글에서 한국을 제외한 거의 모든 나라에서 차등의결권주식(1주당 1표가 아니라 경우에 따라서는 다수의 표를 가진 주식)이 허용된다고 설명한 바 있다. 따라서 대부분의 다른 나라들에서는 1주 1표 원칙이라는 것 자체가 존재하지 않는다는 것을 알 수 있다.

2014년 당시 차등의결권제를 채택하고 있던 알리바바는 홍콩 주식시장이 차등의결권제도를 허용하지 않자 이를 허용하는 미국 주식시장에 상장한 바 있다. 그러자 홍콩 주식시장이 규정을 개정해 차등의결권제도를 허용했고, 그 결과 2018년 들어 차등의결권 주식을 보유한 샤오미가 홍콩 주식시장에 상장한 바 있다. 페이스북이나 구글 등 유명 IT 업체들도 모두 차등의결권제도를 통해 지배주주가 경영권을 지키고 있다.[3]

더군다나 이 원칙은 국내에서도 존재하지 않는 원칙이다. 국내에서는 대기업집단 계열사들 사이에 순환출자가 있는 경우 투표권을 일부 제한한다. 또한 순환출자가 없더라도 감사위원에 해당하는 사외이사를 주주총회에서 뽑을 때는 지배주주의 투표권을 제한한다. 따라서 1주를 보유했더라도 투표권을 제한받는 주식이 국내에도 존재한다. '1주 1표 원칙'이라는 것이 국내에서도 실질적으로 지켜지지 않는다는 것을 알 수 있다. 그럼에도 불구하고 마치 신성불가침한 원칙이 존재하는 듯이 주장하는 것을 보면, 이들의 주장이 평계에 불과하다는 것을 잘 알 수 있다.

TRS 거래를 막아야 한다는 주장에 대해서는 동의하지 않지만 TRS 거래에 대한 자세한 공시는 필요하다는 점은 다시 한번 강조하고 싶다. 너무 복잡해서 자세한 설명을 하기는 힘들지만 2020년 큰 문제가 된 라임자산운용 사건에도 TRS가 등장한다. 라임자산운용이 투자자들이 맡긴 돈으로 TRS 거래를 벌였다가 큰 손실을 입었는데, TRS에 대해 사전에 공시하지 않았으므로 투자자들은 아무런 내용을 알지 못했었다. 이런 문제점을 해결하기 위해서는 TRS 거래의 내용을 투자자들이 알고 이를 의사결정에 반영할 수 있도록 공시를 해야 한다. 앞으로 기업들과 규제기관에서 이 문제에 좀 더 주의를 기울이기를 바란다.

---

3 이 제도가 기업의 외부자금조달을 용이하게 하므로, 결과적으로 자금조달을 통한 투자 활성화를 가져와서 기업의 성장을 촉진하는 결과를 가져온다. 그러므로 거의 대부분의 나라에서 이 제도를 허용하고 있다. 필자도 벤처 창업과 투자를 활성화하기 위해서는 이 제도가 필요하다고 믿는다. 물론 이 제도가 가진 단점도 있다. 지배주주의 지분비율이 높다면 지배주주가 부정이나 전횡을 일삼는 경우라도 다른 주주들이 연합해 경영진을 교체하기가 힘들다는 점이다. 이 단점 때문에 우리나라에서는 이 제도의 적용을 금지하고 있고, 결국 이 제도가 가진 장점도 발휘될 수 없는 것이다. 기존 주력 산업들이 점점 쇠퇴하고 있는 현재의 어려운 경제 현실을 돌아보면, 벤처기업들이 혁신을 통해 새로운 일자리를 창출하고 수출을 늘리는 것이 얼마나 중요한지를 깨달을 수 있다. 이런 기업들의 성장을 위해 이 제도가 하루빨리 도입되기를 바란다. 단점은 보완하면 된다. 예를 들어 주식을 매각이나 상속하면 차등의결권이 없어지도록 하면 된다. 물론 세계적으로 이런 제도를 가지고 있는 나라는 없으므로, 이런 보완책을 만들자고 제안하는 것이 이 제도를 꼭 도입하기 위해서는 반대파들을 설득해야 하기 때문에 생각해낸 고육지책일 뿐이다.

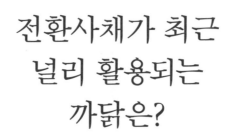

전환사채가 최근
널리 활용되는
까닭은?

전환사채란 주식으로 바꿀 수 있는 옵션이 부가된 특수한 종류
의 사채다. 즉 부채와 자본의 장점을 교묘하게 결합한 금융상
품이다. 전환사채는 보통 일반사채에 비해 이자율이 조금 낮
다. 최근 들어 전환사채가 널리 사용되기 시작하면서 언론
에 등장하는 빈도가 높아졌다. 코스닥 벤처펀드라는 제도가
도입되면서 전환사채의 발행이 급증하게 된 것이다. 그런데
이 전환사채는 주식으로의 전환비율이 고정되어 있는지 또
는 변동 가능한지에 따라 회계처리가 크게 달라지고 여러 복
잡한 이슈가 발생한다. 전환비율이 변동 가능하다면 대부분
의 경우 주가에 따라 전환비율이 달라진다. 즉 주가가 높(낮)
으면 더 적(많)은 수의 주식으로 전환할 수 있게 되는 것이다.
그에 따라 회계처리가 크게 변한다. 또한 전환사채의 전환
자체에 대해서도 언론이나 주주들 사이에 다양한 비판과 논
란거리가 존재한다. 이런 주장들이 무엇인지, 그리고 그 주장
이 옳은 것인지에 대해 생각해 본다.

MANAGING BY NUMBERS

지난 몇 년간 전환사채(convertible bond, CB)에 대한 기사가 종종 언론에 보도되었다. 전환사채란 사채의 형태로 발행되지만 특정 시기가 되면 투자자(즉 사채를 매수해 보유하고 있는 채권자)가 이를 주식으로 전환할 수 있는 옵션을 가진 특수한 형태의 사채다. 투자자 입장에서는 회사의 경영실적이 개선되어 주가가 오르면 전환사채를 주식으로 전환한 뒤 주식시장에서 매각할 수 있다. 만약 그렇지 않다면 계속해서 채권으로 남기면 된다.

투자자(=채권자)에게 상환청구권(풋옵션)이 부가된 전환사채의 경우 채권 발행사의 경영상태가 좋지 않아 채권자 입장에서 볼 때 채권의 만기까지 기다리다가는 원금을 회수하지 못할 것 같아 불안하다면, 만기 전 상환청구권을 행사해서 원금을 돌려받을 수 있다. 그렇지 않다면 만기까지 이자를 받다가 만기가 되었을 때 원금을 돌려받는다. 따라서 투자자 입장에서는 일반 채권에 투자하는 것보다 다양한 옵션을 가질 수

회계지식을 활용한 경영 의사결정

있으니 유리하다. 그래서 일반사채보다 이자율이 조금 낮아도 투자자들이 나타난다. 즉 발행사 입장에서는 일반 채권을 발행할 때보다 이자율을 낮춰도 채권을 매각할 수 있으니 자금조달비용을 낮출 수 있다는 장점이 있다.

과거에는 대부분의 사람들이 알지 못하고 잘 사용되지도 않던 전환사채가 최근 자주 뉴스에 오르내리는 것은 놀랄 만한 일이다. 그런데 전환사채가 꾸준히 뉴스거리가 되는 것은 맞지만 뉴스에 보도되는 내용은 시기에 따라 전혀 달랐다. 첫째, 2018년 중에는 전환사채 발행 빈도가 크게 늘고 있다는 뉴스가 중심을 이뤘다. 둘째, 2018년 하반기부터 2019년 중반기까지는 주가가 오르는데도 불구하고 전환사채 때문에 큰 손실을 기록한 기업이 많다거나, 전환사채가 주식으로 전환되어 주가가 하락했다는 소액주주들의 불만이 주로 뉴스에 보도되었다. 셋째, 2019년 하반기부터 2020년 상반기까지는 기업들의 성과가 악화되어 주가가 하락하자 전환가격 재조정(refixing, 리픽싱)이 이루어졌다는 것과, 투자자들이 전환사채에 대한 상환청구권을 행사하는 빈도가 늘었다는 보도가 이어졌다.

그런데 이 뉴스 보도들에는 재미있는 점이 있다. 첫째 뉴스는 단순히 발생한 사실을 보도하는 것이지 전환사채에 대한 찬반을 담고 있지 않다. 그런데 둘째와 셋째 뉴스는 서로 다른 내용의 뉴스인데도 둘 다 전환사채를 비판하는 내용을 포함하고 있다. 그런데 비판의 근거는 거의 정반대일 정도로 완전히 다르다. 왜 이런 이상한 내용들이 포함된 뉴스들이 보도되었는지 그 이유를 살펴보자.

코스닥 벤처펀드 제도의 도입과 전환사채

2018년 4월, 금융위원회는 새로운 코스닥 벤처펀드 제도를 도입한다고 발표했다. 벤처기업이 발행하는 주식이나 주식과 연계된 채권(전환사채, 신주인수권부사채 등)을 15% 이상 운용 포트폴리오에 편입하면 코스닥 시장에 신규로 상장하는 기업들의 공모주 중 30%를 우선해서 배정받을 수 있는 펀드다. 이 펀드에 투자한 투자자는 일부 투자금에 대한 세제 혜택도 받을 수 있다. 즉 이 제도는 위험도가 높아 벤처기업에 투자하기를 꺼리는 투자자들에게 일부 인센티브를 부여해 벤처기업에 투자하도록 유도하고, 그 결과 벤처기업들이 자금을 쉽게 조달할 수 있도록 마련한 제도다.

펀드매니저 중 상당수는 벤처기업 주식에 투자하는 것을 주저한다. 앞으로 성공할지 실패할지가 불확실한 벤처기업들의 주식을 인수하면 큰 위험을 부담해야 하기 때문이다. 다행히 성공한다면 큰돈을 벌 수 있겠지만 실패한다면 원금을 거의 회수하지 못한다. 더욱이 실패할 경우 펀드에 투자된 돈이 썰물처럼 빠져나가서 펀드의 운영이 어렵게 되는 것은 물론이거니와 펀드매니저 입장에서는 자신의 자리까지 위험해진다. 따라서 펀드매니저들은 초기 단계인 벤처기업보다는 어느 정도 시간이 흘러 사업 모델이 안정화된 상장기업에 대한 투자를 선호한다. 대박을 터뜨릴 가능성은 상대적으로 적지만 큰 손실을 볼 가능성도 적기 때문이다. 결과적으로 적당하고 안정적인 수익률을 올릴 수 있을 가능성이 높다는 의미다.

벤처기업이 성공하기 위해서는 적절한 시기에 적절한 규모의 자금이

금융위원회
금융위원회는 금융정책을 수립한다. 금융위원회의 주도로 위험한 벤처기업에 대한 투자자들의 투자를 더 늘리기 위해 코스닥 벤처펀드 제도가 2018년 도입되었다.
(출처: 금융위)

공급되어야 한다. 그렇지만 대개 자금 수요가 있는 벤처기업과 자금을 공급하는 투자자 사이의 눈높이가 맞지 않아 자금이 벤처기업으로 흘러가기 힘들다. 이를 '자금 수급의 미스매치(mis-match)가 발생한다'고 표현한다. 상대적으로 우량한 기업에는 서로 투자하겠다고 자금이 몰리는데, 반대로 불확실하거나 위험한 기업에 대해서는 아무도 자금을 대주려고 하지 않는 현상을 말한다.

금융위원회는 펀드매니저들에게 당근을 제시해서 벤처기업에 대한 투자를 증가시키려고 했다. 벤처 투자가 늘어나야 그 자금을 이용해서 사업을 벌여서 크게 성공하는 회사가 탄생할 수 있고, 그래야 일자리가 생겨날 것이기 때문이다.

이 제도를 도입한 결과 벤처기업들의 전환사채 발행은 이전보다 크게 증가했다. 언론보도를 보니 제도 도입 이후 3개월 만에 총 9천억 원 정도의 물량이 발행되었다. 제도에서는 주식이나 주식과 연계된 채권을 모두 언급하고 있는데, 왜 펀드매니저들이 주식이 아니라 전환사채를 인수했을까?

그 까닭은 전환사채 투자가 주식 투자보다 덜 위험하기 때문이다. 회사가 망해서 청산할 경우 잔여자산을 채권자와 주주가 나누어 가진다. 이때 채권자에게는 주주보다 먼저 투자금을 회수할 수 있는 우선권이 있으므로, 주주보다 채권자가 상대적으로 덜 위험하다고 볼 수 있다. 벤처기업은 망할 가능성이 높으므로, 이 위험을 고려하면 아무래도 주식을 가진 주주보다는 채권을 가진 채권자가 되는 것이 더 안전하다. 그런데 벤처펀드의 규정에 따르면 주식이나 주식 연계 채권을 인수해야 인센티브가 주어진다. 일반 채권은 해당이 안 되는 것이다. 따라서 대표적인 주식 연계 채권인 전환사채에 대한 수요가 크게 증가했고, 이에 맞춰 기업들이 전환사채의 발행을 늘린 것이다.

벤처펀드의 도입 이전인 2014~2015년 무렵부터 정부의 강력한 창업지원정책 실시로 대규모 공적자금이 벤처업계에 공급되기 시작했다. 그 결과 벤처기업에 대한 투자가 계속 증가하는 추세였고, 덩달아 전환사채의 발행빈도도 늘어나고 있었다. 그러다가 2018년 새로운 제도의 도입으로 발행빈도가 더 늘어나게 된 것이다. 제도가 긍정적인 효과를 발생시킨 것이다.

전환사채의 중요한 여러 특징

일반적인 사채의 경우 이자율과 만기라는 두 가지 특징만 존재한다. 그런데 전환사채는 이에 추가해 여러 가지 복잡한 특징을 가지고 있다. 이 특징은 크게 ① 투자자나 발행자의 상환청구권 보유 여부, ② 전환가격 결정, ③ 전환가격 재조정(리픽싱), ④ 전환시기, ⑤ 발행 형태(공모 또는 사모)로 구분할 수 있다. 이 중 ①은 일부 보통의 사채들도 해당되고, ⑤는 모든 사채에 해당되지만 특히 전환사채의 경우 더 이슈가 되었다.

첫째, 사채 중에는 상환청구권이 포함된 경우가 종종 있다. 이 상환청구권을 투자자들이 보유하고 있으면 풋옵션(put option), 발행사가 보유하고 있으면 콜옵션(call option)이라고 부른다. 투자자가 상환청구권을 행사하면 발행사는 사채가 만기되기 전이라도 사채의 원금을 투자자들에게 상환해야 한다. 회사의 재무상태가 불안해 사채가 만기되기 전에 회사가 망할 가능성이 높다고 판단한다면 채권자는 즉시 상환청구권을 행사할 것이다. 반대로 발행사 입장에서는 회사의 재무상태가 호전되고 자금 사정도 좋아져서 채권을 상환할 수 있을 만큼 현금이 충분하다면 상환청구권을 행사해 채권을 갚아버릴 것이다. 전환사채의 경우 채권자가 상환청구권을 가지고 있는 경우는 많지만 발행사가 상환청구권을 가진 반대의 경우는 드물다.[1]

둘째, 전환가격은 발행시점에 미래 주가에 대한 예측을 기반으로 해서 정해진다. 예측치를 기반으로 해서 발생사와 채권 인수자 사이의 협상에 의해 최종 전환가격이 결정된다. 예를 들면 주식 액면가가 5,000원이며 현재 주가가 8,000원인 시점에 전환사채를 발행하는데, '앞으로 3년 후 투자자가 원하면 채권 10,000원을 주식 1주로 전환한다.'라고 정해놓은 식이다. 전환사채를 발행하는 회사들이 대부분 위험도가 높은 회

---

1 최근 발행된 영구채권의 경우 약 90% 정도가 상환청구권을 포함하고 있다는 통계가 언론에 보도된 바 있다. 영구채권의 경우는 전환사채와 거의 반대로서, 발행사는 상환청구권(call option)을 가지고 있지만 투자자는 상환청구권을 가지지 못하는 경우가 대부분이다. 영구채권에 대한 더 자세한 설명은 『숫자로 경영하라 3』에 실린 '영구채권은 부채인가, 자본인가?'라는 글을 참조하라.

사들이므로, 이 기업의 전환사채에 투자하는 투자자들이 회사가 성공해 주가가 10,000원 이상으로 상승한다면 채권을 주식으로 전환해 이익을 볼 수 있도록 전환가격을 사전에 정해놓은 것이다. 앞선 사례의 경우, 채권자 입장에서는 주가가 10,000원 이상으로 상승하면 주식으로 전환하는 것이 채권을 계속 보유하는 것보다 유리하다. 전환가격이 너무 높게 책정된다면 전환사채에 투자하려는 투자자가 이익을 볼 수 있는 가능성이 줄어들기 때문에 투자금이 감소하고, 너무 낮게 책정되면 발행사의 주주들이 손해를 보게 된다. 따라서 양측의 치열한 협상 끝에 합리적인 수준에서 전환가격이 결정될 가능성이 높다.

셋째, 전환가격이 발행 후에 재조정(리픽싱)될 수 있는 경우가 있다. 채권자 입장에서는 상대적으로 안전한 투자를 하고 싶어 한다. 그런데 만약 발행사의 경영성과가 낮아 주가가 하락한다면 전환권을 행사하는 것이 무의미하다. 전환사채는 일반사채보다 이자율이 낮으므로, 이런 경우에는 일반사채를 보유하는 것보다 전환사채의 투자자가 더 불리하다. 그렇다면 투자자들이 전환사채를 인수하지 않을 것이다. 이런 단점을 보완하기 위해 주가가 일정 기준보다 더 하락한다면 하락한 가격에 비례해 전환가격도 낮추도록 한 경우를 전환가격 재조정이라고 부른다. 즉 전환가격 재조정을 통해 주식으로의 전환 가능성을 높이는 것이다. 예를 들어 앞에서 소개한 채권의 경우, 만약 주식의 가격이 계약 체결 시점보다 30% 하락한다면 이에 비례해 전환가격도 10,000원에서 30% 하락한 7,000원으로 재조정되거나 채권의 주식 전환비율을 높여서 더 많은 수의 주식을 받을 수 있도록 하는 것이다.[2] 그 결과 전환사채 인수자의 최저수익률을 일부 보장하는 효과가 생긴다.

넷째, 전환시기에 대한 규정도 필요하다. 사채의 만기까지 아무 때나 전환이 가능한 게 아니라 사전에 정해진 기간에만 전환할 수 있다. 예를 들어 사채의 만기가 3년이라면, 1년 또는 1년 반이 지난 시점부터 사채의 만기시점까지의 기간에 전환하도록 규정하는 것이다.

다섯째, 전환사채는 대부분 공모가 아니라 사모 형태로 발행된다.[3] 전환사채에 여러 복잡한 조건이 부가되어 있으므로, 사전에 몇몇 투자자(주로 펀드 등의 기관투자자)와 협의해서 발행조건에 대한 협상을 마친 후 발행하는 것이다. 이에 반해 일반 사채는 공모와 사모가 모두 빈번하게 발생한다.

전환권의 복잡한 회계처리

사채를 발행해서 자금을 조달한 기업에서 사채는 당연히 부채로 기록된다. 그런데 사채에 부가되어 있는 전환권의 경우는 좀 더 복잡하다. 전환권은 파생상품으로서 이 파생상품의 가치를 평가해야 한다. 만약 전환가와 주식의 시가 차이가 크지 않다면, 앞으로 시가가 상승하면 사채 투자자는 사채를 주식으로 전환해 이익을 올릴 수 있는 가능성이 높

---

2 리픽싱이 무한정 허락되는 것은 아니다. 현 규정에 따르면 한 번 재조정될 때마다 최대 30%만 전환가격을 낮출 수 있다. 재조정 시기는 보통 3개월에 1회 정도다. 전환가격 재조정은 전환사채뿐만 아니라 신주인수권부사채나 상환전환우선주 등의 상품에서도 존재하는 경우가 있다. 이들 세 종류의 금융상품은 명확한 부채(채권)와 명확한 자본(보통주)의 중간 정도에 해당하기 때문에 메자닌(mezzanine) 상품이라고 불린다. 메자닌은 이탈리아어로서, 건물의 1층과 2층 사이에 있는 중간층을 말한다. 메자닌 중에서 전환사채가 약 80%의 비중을 차지한다고 추산된다.

다. 그렇다면 전환권의 가치가 클 것이다. 그러나 만약 전환가가 현재 시가보다 월등히 높아서, 앞으로 시가가 상승하더라도 전환가를 초과해 상승할 가능성이 상대적으로 낮다면 전환권의 가치는 크지 않다. 이처럼 사채 발행 시점에서 전환권의 가치를 별도로 평가해서 이 가치를 재무제표에 기록해야 한다. 전환권의 가치평가는 회계법인이나 평가사 등에서 수행한다.

일반적인 전환사채의 경우 전환권의 가치는 자본으로 기록한다. 즉 부채에 해당하는 사채와 자본에 해당하는 전환권을 구분해 기록한다. 따라서 전환사채 발행 시 한 번 기록하면 사후적으로 자본 항목의 가치 변동에 대해 신경 쓸 필요가 없다.

그런데 전환가격 재조정 조항이 포함되어 있는 전환사채의 경우는 회계처리가 훨씬 복잡해서, 전환권이 파생상품부채로 기록된다.[4] 그리고 매 기간 부채의 공정가치를 평가해서, 가치가 변동한 경우 가치 변동분은 평가손익으로 기록하고 전환권(부채)의 가액을 변동시킨다. 예를 들어 시가가 상승해 투자자들이 사채를 주식으로 전환할 가능성이 높

---

3 공모란 '공개모집(public offering)'의 약자로서, 발행한 증권을 공개된 시장에서 원하는 사람들에게 판매하는 것이다. 잠재적 투자자들은 해당 증권의 조건을 본 후 매수 여부를 결정하게 된다. 사모란 '사적모집(private offering)'의 약자로서, 소수의 사람들과 사전에 발행조건에 대한 협의를 끝낸 후 증권을 발행해 이들에게 판매하는 것이다.

4 간단히 그 이유를 설명하자면, 채권 투자자가 전환권을 행사하면 채권 발행사가 얼마의 주식을 발행해서 투자자에게 지급해야 하는지가 정해져 있지[즉 픽스(fix)되어 있지] 않다. 이렇게 기업이 어느 정도의 의무를 부담해야 할지가 명확하게 정해져 있지 않은 경우는 그 의무를 부채로 기록한다. 회계처리에 대한 좀 더 자세한 내용은 다음 두 논문을 참조하라.
김영준·이유진·한승엽, '전환사채 발행자의 회계처리와 주가 변화에 따른 재무적 영향: 전환권 분류를 중심으로', 〈회계저널〉, 2019년.
정태범, '전환권 및 신주인수권에 대한 회계처리', 〈회계저널〉, 2021년.

아졌다면 전환권(부채)의 가치가 증가한 것이다. 그 결과 전환권(부채)을 증가시키고 그만큼을 파생상품 평가손실로 인식한다.

　이 금액은 현금이 유출되는 손실은 아니다. 그럼에도 불구하고 손실로 인식하는 이유는 앞으로 채권을 보유한 투자자들이 주식으로 전환 요청을 하면 주식을 발행해 시가보다 싼 전환가로 투자자들에게 지급해야 하기 때문이다. 주식을 발행해 시가대로 판다면 더 많은 돈을 수취할 수 있는데 그러지 못하고 전환가만 받을 수 있으므로 둘의 차이를 손실로 기록하는 것이다.

　주가가 하락한다면 반대의 상황이 발생한다. 상대적으로 전환 가능성이 줄어들기 때문에 전환권의 공정가치가 하락한다. 따라서 전환권(부채)의 감소를 기록하면서 동시에 가치감소분을 파생상품 평가이익으로 기록한다. 현금을 수취한 이익은 아니지만, 장차 주식을 발행해 발행가로 투자자들에게 지불해야 할 가능성이 줄어들기에 그 가능성의 변화만큼 이익을 기록하는 것이다. 이런 내용을 종합해보면, 부채로 분류된 전환권을 회계기간마다 공정가치로 평가한다는 것이 얼마나 복잡한 실무 문제를 일으키는지 이해할 수 있을 것이다.

주식시장의 호황과 기업들의 대규모 손실 기록

2017년과 2018년은 상대적으로 국내 경기가 안정되었거나 약간 하강 국면에 있었지만 일부 업종은 주가가 급등하기도 했다. 주로 삼성전자나 하이닉스반도체의 호황에 영향을 받는 IT업계와, 신약 개발의 관심이 집중된 제약·바이오 업계 기업들에 해당되는 이야기다. 그런데 전환사채를 발행해 자금을 조달한 기업에서 갑자기 주가가 올라 큰 손실을 기록하게 되었다는 이해하기 어려운 황당한 소식들이 들리기 시작했다. 다음 언론보도를 살펴보자.

> 지난 2016년부터 지난해까지 총 4차례 전환사채를 발행한 특수지 전문기업 국일제지. 시설자금과 운영자금, 그리고 타 법인을 인수하기 위해 투자자로부터 150억 원의 자금을 모았습니다. 하지만 이렇게 발행한 전환사채에서 최근 무려 359억 원에 달하는 파생금융상품 평가손실이 발생했다고 밝혔습니다. 국방 정보통신 전문기업 솔트웍스와 터치스크린 전문기업 에스맥, 디스플레이 장비 전문기업 영우디에스피 등도 상황은 마찬가지입니다.
>
> 〈한국경제TV〉, 2020년 2월 12일자

언론보도를 보면 2017년엔 1건에 불과했던 이런 사례가 2018년에는 30건으로 늘었으며 총 5,700억 원의 손실이 발생했다. 2019년에는 2018년보다 더 큰 규모의 손실이 발생했을 것으로 보인다. 언론보도를 검색해보니 쌍방울 1,206억 원, 갑을메탈 967억 원, 광림 612억 원, 카페24 540억 원, 차바이오텍 327억 원, 와이오엠 259억 원, 세미콘라이트 192억 원, 리드 148억 원 등의 손실이 발생했다. 카페24의 손실 규모는 자기자본의 76%에 달할 정도였으며, 광림은 60%, 쌍방울은 40%에 달한다. 일부 작은 회사의 경우는 자기자본보다도 손실 규모가 커서 자본잠식으로 전환한 일도 발생했다.

그런데 더 놀랄 만한 사실은, 이 기업들은 사업이 실패해서 큰 규모의 손실이 발생한 것이 아니라 오히려 그 반대로 사업이 성공하고 주가가 올라서 손실이 발생한 것이라는 점이다. 일부 언론에서는 "주가 올라 CB·BW 발행기업 '울상'"(〈매일경제〉, 2019년 7월 28일자)이나 "휠라코리아의 '희한한' 어닝쇼크"(〈비즈니스워치〉, 2015년 9월 23일자)라는 제목으로 이와 관련된 내용을 보도했다. 경남제약과 관련된 다음 보도를 살펴보자.

> 경남제약은 1분기 연결 기준 영업이익이 전년 동기 대비 61.8% 증가한 5억 8천만 원을 기록했다고 30일 공시했다. 같은 기간 매출액은 8.3% 늘어난 94억 7천만 원, 당기순손실은 적자 전환한 94억 7천만 원으로 집계되었다. 회사 측은 재무제표에 파생상품 평가손실 124억 원이 반영돼 적자를 기록했다고 설명했다. 회사 관계자는 "연초 주가 급등에 따른 전환사채 평가손실이 반영되었다"며 경영개선계획을 진행해 전환사채를 주식으로 전환하면, 손실 이슈는 곧 해결될 것"이라고 설명했다.
>
> 〈매일경제〉, 2018년 5월 30일자

주가가 상승하면 전환권의 가치가 증가한다. 부채로 분류된 전환권의 경우, 앞에서 설명한 것처럼 증가한 전환권의 가치를 파생상품 평가손실로 기록해야 한다. 즉 이 회사들은 사업이 과거보다 잘되다 보니 주가가 급상승했고, 그 결과 부채인 전환사채를 주식으로 전환할 가능성이 높아졌으므로 전환권의 가치가 크게 증가한 것이다. 그래서 파생상품 평

경남제약이 만드는 레모나
비타민제 레모나를 생산하는 것으로 잘 알려진 경남제약은 주가가 급등함에 따라 전환사채의 전환가격 재조정이 발생해서 막대한 평가손실을 기록했다. 그로 인해 2019년 1분기 영업이익은 흑자를 기록했지만 당기순손실이 발생했다.
(출처: 경남제약 누리집)

가손실 금액이 늘어난 것이다.

경남제약의 경우 특히 평가손실이 엄청났다. 평가손실 124억 원을 반영한 후 1분기 당기순손실이 약 95억 원이라는 사실은 평가손실을 제외하면 당기순이익이 약 30억 원 정도가 된다는 것을 의미한다. 적자와 흑자를 뒤바꿀 만큼 막대한 규모의 평가손실이 발생한 것이다. 이런 뉴스에는 대부분 "이 손실은 회계상의 착시효과일 뿐이며, 기업의 실제 펀더멘탈은 튼튼하다."라는 내용의 회사 관계자들의 설명이 함께 포함되어 있다.

동일한 시기에는 전환사채를 주식으로 전환한다는 뉴스도 자주 보도되었다. 주가가 많이 상승해 채권자 입장에서는 해당 채권을 주식으로 전환하는 것이 유리해졌으니 전환하는 것이다. 그런데 전환사채가 주식으로 전환되면 주식 수량이 늘어난다. 따라서 늘어난 주식 수량에 비례해 주가가 하락한다.

평가이익의 발생과 상환청구권 행사 요청

전환사채 때문에 항상 파생상품 평가손실만 발생하는 것은 아니다. 만약 주가가 하락한다면 그 결과 부채로 분류된 전환권의 가치도 동반 하락한다. 이 경우 가치가 떨어진 만큼 부채의 가액을 줄이고 평가이익을 기록한다. 주가가 하락하는 경우라면 회사의 경영성과가 나쁜 경우일 텐데, 주가 하락 때문에 오히려 평가이익이 발생하는 것이다.

언론보도를 검색해보니, 코너스톤네트웍스는 당기순손실이 22억 원인데 파생상품 평가이익이 8억 원, 데코앤이는 당기순손실이 106억 원인데 평가이익이 34억 원, 에스마크는 당기순손실이 345억 원인데 평가이익이 15억 원 발생했다. 평가이익 때문에 당기순손실이 줄어든 경우다. 앞에서 소개한 경남제약은 2017년 동안 65억 원의 평가손실, 2018년 동안 104억 원의 평가이익을 기록했다. 주가가 변동함에 따라 이익과 손실이 널뛰기하듯이 번갈아 발생한 것이다. 즉 평가손익 때문에 기업의 경영성과가 왜곡되게 된다.

이와 관련해 재미 있는 사실이 하나 있다. 앞서 설명한 대로 주가가 올라 발생한 파생상품 평가손실의 경우 '회계상의 착시효과'라는 회사 관계자의 적극적인 해명이 항상 함께 보도되었는데, 파생상품 평가이익의 경우는 아무도 나서서 왜 그 이익이 발생했는지 설명해주지 않는다. 즉 회사에서는 이 이익이 회계상의 효과일 뿐이라는 점을 밝히고 싶어 하지 않는 것이다.

이런 뉴스를 읽다 보면 앞에서 소개한 평가손실이 발생할 경우와 비교할 때 평가이익이 금액도 작고 발생 빈도도 적다는 차이점을 발견할 수 있다. 전환가격 재조정 때문에 이 차이가 발생한다. 전환가격 재조정 조항이 있는 경우 주가가 하락하면 주식의 전환가격도 낮아진다. 앞에 소개한 예에서 주가가 낮아짐에 따라 전환가격이 10,000원에서 7,000원으로 재조정된다면, 주가가 7,000원 이하로 떨어져야만 파생상품 평가이익이 생기는 것이다. 따라서 왜 평가이익이 생기는 빈도와 금액이 평가손실보다 작은지 이해할 수 있을 것이다.

2019년 하반기 들어 경기침체가 본격화되면서 기업들의 어려움이 시작되었다. 특히 어려움을 겪던 기업들의 주가가 폭락하면서 전환사채를 발행했던 기업들이 파생상품 평가이익을 기록하게 된 것이다. 동시에 주가 하락으로 전환가격이 재조정된다는 소식도 자주 언론에 보도되었다.

또한 이 시기에는 투자자들이 상환청구권을 행사한다는 뉴스도 다수 보도되었다. 언론보도를 검색해보니 2019년 말부터 2020년 초까지 녹십자엠에스, 동양네트웍스, 심텍홀딩스, 엠앤씨생명과학, 인트로메딕, 제테마, 진원생명과학, 코미팜, 파티게임즈, 헬릭스미스, DSC인베스트 등의 회사들이 발행했던 전환사채에 대해 투자자(채권자)들이 상환청구권을 행사해서 만기 이전에 투자금을 회수했다. 기업의 상황이 어려우니 투자자들이 위험하다고 판단해서, 채권의 만기가 돌아오기 이전에 상환을 요구한 것이다. 특히 2018년 하반기부터 전환사채가 집중적으로 발행되기 시작했으므로, 2020년 가을엔 더욱 뚜렷하게 이런 추세가 나타날 것이다. 전환사채 발행 후 2년이라는 시간이 흘러 전환권 행사가 가능해지는 경우가 많을 것이기 때문이다.

따라서 이들 전환사채를 발행했던 기업들은 이 사채대금을 상환할 자금 마련에 어려움을 겪고 있을 것이다. 어려운 이들 기업이 일반채권을 발행해서 필요한 자금을 마련하는 것은 매우 힘들다. 대부분의 경우 일반채권을 발행하기 힘들기 때문에 전환사채를 발행한 것이기 때문이다. 더군다나 코로나19 사태 때문에 모두가 어려운 형편이라서, 이런 불확실성의 시기에 투자하겠다고 나서는 사람은 많지 않을 것이다. 지배주주가 돈이 많다면 지배주주의 증자를 통해서 자금을 마련해 채권을 상환할 수 있다. 그렇지만 지배주주가 충분한 자금이 없는 경우가 대부분이므로, 이들 기업들이 자금상환 요청에 응할 수 없어서 유동성 위기에 빠지는 문제가 나타날 수 있다. 실제로 이런 가능성에 대해 우려하는 내용이 최근 여러 차례 언론에 보도된 바 있다.

전환사채에 대한 다양한 비판 제기

이런 일들이 벌어지면서 전환사채에 대한 많은 비판이 제기되었다. 비판의 내용은 크게 ① 전환권 행사, ② 전환가 재조정, ③ 상환청구권 행사에 대한 비판으로 정리할 수 있다. 주로 전환사채를 발행한 회사들의 소액주주들이 제기한 것들이다. 그 비판 내용을 자세히 알아보자.

　① 전환권 행사에 대한 비판은 2018년부터 2019년 초까지 가끔 언론에 보도되었다. 투자자가 전환권을 행사해서 채권을 주식으로 전환하면 주식 수가 증가한다. 회사의 자산이나 내재가치는 변하지 않는데 주식 수가 증가한 것이므로, 증가한 주식 수에 비례해 주가가 하락한다. 이를 전문용어로 '지분가치가 희석된다'고 표현한다. 언론에 보도된 내

용은 전환권 행사 때문에 주가가 하락해 기존 주주들이 피해를 본다는 것이었다. 따라서 전환권 행사를 막든지, 전환권이 있는 사채를 발행하지 못하도록 금지해야 한다는 주장이 제기되었다.

② 전환가 재조정과 관련한 비판은 2019년 들어 주식시장이 침체하기 시작하면서 다수 출현했다. 주가가 하락해 채권을 주식으로 전환하는 기준금액이 재조정되면 채권자들이 보유하고 있던 채권을 주식으로 전환할 가능성이 높아진다. 예를 들어 다음 언론보도를 살펴보자.

> 국내 메자닌 발행 시 부여되는 전환가 리픽싱 조항은 항상 논란의 대상이다. (…) 시장에서는 전환가 리픽싱이 기존 주주 가치를 훼손하는 제도라고 입을 모은다. 이로 인해 코스닥 시장에서 장기 투자를 가로막는 원인 중 하나로 지목되고 있다.
>
> 〈더 벨〉, 2019년 12월 5일자

이런 문제점이 있으니 전환가 재조정을 전면 금지하거나 재조정 조건을 엄격히 해서 재조정을 거의 하지 못하도록 하자는 주장이 나왔다. 참고로 통계를 보면 2018년 이후 발행된 전환사채는 전환가 재조정 조건이 포함되어 있는 경우가 90% 이상이다.[5] 그런데 외국에서 발행된 전환사채의 경우 한국보다 전환가 재조정 조항이 포함되어 있는 빈도가 훨씬 낮다고 한다.

---

5 김필규, '메자닌 채권시장의 특징분석 및 시사점', 〈자본시장연구원 이슈보고서〉, 2019년.

한국거래소의 모습
코스피와 코스닥 시장에서는 많은 주식이 거래
된다. 상대적으로 위험한 벤처기업의 주식에도
투자하는 사람이 많아야 벤처기업이 자금을 마
련해 투자할 수 있는 기회가 생긴다.
(출처: 한국거래소 누리집)

③ 상환청구권 행사에 대한 비판도 ②의 경우와 마찬가지로 2019년 이후 주식시장이 침체되면서 자주 등장했다. 경영환경이 어려워짐에 따라 많은 전환사채 투자자가 전환사채의 만기까지 기다리기보다는 만기 이전에 상환청구권을 행사해서 채권을 회수하자 나온 주장이다. 상환청구권 행사를 반대하는 사람들은, 상환청구권을 투자자가 행사하면 상환자금을 갑자기 마련하기 위해 기업이 어려운 상황에 처하기 때문에 상환청구권을 포함한 전환사채 발행을 금지시켜야 한다고 주장한다.

이런 이야기만 들으면 일리가 있어 보일 수 있다. 기업 또는 주주들이 전환사채 때문에 부당한 피해를 본다는 내용이기 때문이다. 그렇다면 과연 이런 주장이 올바른 것인지 알아보자.

비판에 대한 반론

이런 주장들은 기업들이 왜 전환권 행사, 전환가 재조정, 투자자의 상환청구권이 포함된 전환사채를 발행했는지에 대한 오해 또는 무지에서 비롯된 것이다. 이들 기업 대부분은 일반적인 사채를 발행할 수 없을 정도로 위험하거나, 만약 발행이 가능하다고 해도 상당히 높은 수준의 이자율을 부담해야만 하는 기업들이다. 예를 들면 신용등급이 투기등급에 해당되기 때문에 일반사채라면 약 10%에 육박하는 이자율을 지급해야 한다. 하지만 전환사채를 발행하면 훨씬 낮은 이자율(대부분의 경우 조건에 따라 0~5% 수준)로 자금을 조달할 수 있다. 이만큼 자금조달 금리를 낮출 수 있으므로 전환사채를 발행하는 것이다. 어려운 기업들은 이자율 몇 % 정도 절감하는 것도 아쉽기 때문이다.

따라서 전환권이 없는 일반사채만을 발행하도록 강제한다면 자금조달 금리가 대폭 상승하게 된다. 그뿐만 아니라 사채 발행 자체를 못할 기업들도 많다. 위험 정도가 일정 수준 이상을 넘어간다면 기업이 사채를 발행한다고 해도 이를 인수할 투자자가 없기 때문이다. 그뿐만 아니다. 전환사채의 발행을 허용한다고 해도 전환가 재조정이나 투자자의 상환청구권을 허용하지 않는다면 이자율이 더 올라가야 한다. 투자자 입장에서는 전환가 재조정이나 상환청구권이 위험을 낮추어주는 안전 장치가 된다. 이런 안전장치가 있기 때문에 상대적으로 낮은 이자율을 지급하는 전환사채에 투자하는 것이다.

전환가 재조정에 대해 불만인 사람들이 많은데, 전환가 재조정 조항이 가진 의도를 이해하지 못했기 때문에 이런 불만이 생긴 것이다. 전환가 재조정은 주가가 하락한 경우에도 전환사채를 보유 중인 투자자들이 주식으로 전환하는 것을 유도하는 조항이다.

기업은 만기가 되거나 만기 이전이라도 투자자가 상환청구권을 행사한다면 채권 액면가를 상환해야 한다. 현금에 여유가 있는 기업이라면 큰 문제가 없겠지만, 주가가 하락해서 전환가가 재조정될 상황이라면 경영환경이 어려운 시점이다. 이런 시점에 전환사채 투자자들이 채권의 상환을 요구한다면 기업은 유동성 위기에 처하게 된다. 이를 상환할 자금을 마련하지 못한다면 생존의 위기에 처할 수도 있다.

이렇듯 전환사채 투자자가 채권 상환을 요구하는 것보다는 주식으로 전환하는 게 기업에게 더 유리하다. 전환사채가 주식으로 전환되면 기업에서 현금이 유출될 필요가 없기 때문이다. 또한 사후적으로도 부채가 주식(자본)으로 바뀐 결과 부채비율과 이자비용이 줄게 되므로, 어려운 상태에 처한 기업이 회복할 가능성도 높아진다. 즉 채권이 주식으로 전환됨으로써 기업의 내재가치도 장기적으로 보면 상승하는 효과가 발생한다.

일부에서는 주가 하락 시 전환가 재조정 후 채권이 주식으로 전환되면, 기존 주주들의 입장에서는 지분가치가 희석되어 주가가 떨어지므로 손해라고 주장한다. 그러나 이런 견해는 앞에서 설명한 것처럼 기업이 어려운 상황에 처했을 때 만약 전환사채의 투자자들에게 주식이 아니라 현금을 지불해서 사채를 상환해야 할 경우가 발생한다면 기업이 유동성 위기 또는 생존 자체의 위기에 처할 수도 있다는 점을 고려하지 않은 이야기다. 주가가 훨씬 더 많이 떨어지거나 극단적인 경우 기업이 망할 수도 있다는 점을 간과한 것이다. 즉 이런 주장은 기업의 이익과 기존 주주의 이익이 같지 않다는 것을 암묵적으로 가정한 이야기인데, 자세히 따져보면 기업의 이익은 주주의 이익과 같다.

사후적 비판 vs. 사전적 상황

이런 것들이 싫다면 처음부터 전환사채를 발행하지 않고 일반사채를 발행하거나 증자를 통해 필요한 자금을 마련하면 된다. 그렇지만 일반사채를 발행해서 성공적으로 채권시장에서 매각해 자금을 조달할 만한 재무안정성을 가지고 있지 못하고, 마찬가지로 신주를 발행해서 주식시장에서 성공적으로 매각할 수도 없으므로 전환사채를 발행한 것이다.[6] 만약 주식을 발행해서 자금을 조달했다면 주식 수의 증가는 자금조달 시점에 발생한다. 이에 반해 전환사채를 발행해 자금을 조달한 후 나중에 전환사채가 주식으로 전환된다면, 주식 수의 증가는 전환 시점에 발생한다. 즉 기존 주주의 입장에서 볼 때 주식 발행의 경우 희석화가 더 빨리 일어나는 것이다. 이런 시점 차이를 볼 때도 전환사채에 대한 비판은 상당히 과장된 측면이 있다.

현재 대부분의 전환사채의 경우, 전환가 재조정은 주가 하락 시에만 적용된다. 이 조항이 주주들에게만 불리하므로 주가 상승 시에도 비례해 전환가 재조정을 하는 것이 공정하다는 주장도 있다. 이는 앞의 주장들에 비하면 좀 더 그럴듯하게 들린다. 그렇지만 이 주장에도 문제가 있다. 주가가 상승할 때도 전환권을 조정해서 전환가를 올리거나 전환 시 더 적은 수의 주식을 발행해서 준다면, 투자자 입장에서는 주식으로 전

---

6 재무안전성이 낮은 기업의 경우 채권보다 주식의 매각이 더 어렵다. 주주들보다 채권자들이 더 우선순위의 상환청구권을 갖기 때문에, 위험한 회사라면 채권에 투자하겠다는 투자자보다 주식에 투자하겠다는 투자자가 더 드물 것이다.

환할 유인이 줄어들게 된다. 전환권 조항 자체가 주식 전환을 유도하기 위한 것인데, 전환을 어렵게 만든다면 결국 회사가 자체적으로 자금을 마련해서 해당 채권을 상환해야 한다. 주가가 상승하는 경우라면 회사가 잘될 때이니 회사가 다른 방법으로 자금을 조달해서 채권을 상환하는 데 큰 문제가 없을 수도 있다.

하지만 이는 모두 사후적인 이야기일 뿐이다. 사전적으로 전환사채 발행시점에서 볼 때는 앞으로 어떻게 될지 미래를 알 수 없다. 사전적으로 볼 때는 위험한 회사이므로 전환사채를 발행해 자금을 조달한 것이고, 투자자 입장에서는 현재는 위험하지만 그래도 장차 회사가 잘된다면 채권을 주식으로 전환해서 좀 더 많은 이익을 올릴 수 있을 것이라는 기대로 낮은 이자율에도 불구하고 전환사채를 매수한 것이다. 만약 채권을 주식으로 전환해 돈을 벌 기회가 줄어든다면 투자자 입장에서는 더 높은 이자율을 요구할 것이 명백하다. 즉 전환사채를 이용하면 자금조달비용을 줄일 수 있다는 장점이 거의 사라지므로 일반사채와 거의 유사할 정도로 이자율이 올라갈 것이다.

정리하자면 기업이 자금이 필요한 상황에 처했을 때, 주주들이 자기 돈을 더 내기보다는 남의 돈을 빌려 필요한 자금을 마련하자고 동의해서 기업이 전환사채를 발행한 것이다. 그런데 나중에 그 투자안이 성공하고 보니 남들(=전환사채의 인수자들)에게 성공의 과실을 떼어 주기가 아깝다는 생각이 들어 이런 비판을 하는 셈이다. 실패했을 경우도 마찬가지다. 투자가 실패해서 큰 타격을 받았는데 남들이 먼저 자기 몫을 챙겨 가는 것을 보니 억울하다는 느낌이 들 것이다. 어떤 경우에서든 남에게 과실을 떼어 주기 싫다면 처음부터 투자에 필요한 자금을 모두 주주들이 기업에 제공해야 한다. 즉 돈을 빌려서 투자하지 말고 주주들의 증자만으로 필요한 자금을 조달해야 한다.

정책적 개선을 위한 제언

그럼에도 불구하고 일부 세부 내용들 중에서 정책적 개선이 필요한 부분이 있다. 예를 들어 현재 주가가 4,000원일 때 채권 5,000원당 1주로 전환할 수 있는 전환사채를 발행했다고 가정해보자. 주가가 25% 하락해서 전환가 재조정을 통해 5,000원당 1.25주로 전환할 수 있는 것으로 바뀌었다. 그런데 현재 규정에 따르면 그 후 주가가 회복한다고 해도 전환권 비율은 원래 수준으로 돌아가지 않는다. 따라서 만약 주가가 5,000원으로 회복되었을 때 전환사채 투자자들이 전환사채를 주식으로 전환한다면 채권 5,000원당 1주가 아니라 1.25주를 받게 된다.[7] 따라서 이런 일이 발생할 경우 전환사채 발행 시에 결정된 최초의 전환비율(이 예의 경우 채권 5,000원당 1주)까지는 재조정하도록 규정을 개정할 것을 추천한다.

　앞에서 대부분의 전환사채는 공모가 아니라 사모의 형식으로 발행된다고 설명했다. 복잡한 조건이 부가된 사채이므로 채권의 잠재적 인수

---

7 현실적으로 이런 일이 발생할 가능성은 낮다. 왜냐하면 전환사채의 만기가 대부분 3년인데, 3년 동안 주가가 전환가 재조정이 될 만큼 하락했다가 다시 상승해서 옛 수준으로 돌아갈 가능성이 그렇게 크지 않기 때문이다. 드물더라도 만약 발생하게 되면 논란의 여지가 될 수 있다.

주식 거래를 하는 모습
전환사채를 발행한 기업들이 많다. 이들 기업의
주식을 보유할 경우는 전환권의 조건에 대해
면밀하게 검토할 필요가 있다.

자와 협상을 통해 발행조건에 동의를 받고 채권을 발행하는 것이다. 그
런데 만약 채권 발행사와 인수자인 투자자 사이에 은밀한 비밀 계약이
존재한다면 문제가 된다. 예를 들어 채권 발행사의 지배주주가 투자자
와 이면계약을 맺어, 부당하게 낮은 가격으로 전환권을 행사할 수 있도
록 해서 소액주주들에게 손해를 끼치는 것이다. 이는 배임행위다. 투자
자는 그 대가로 지배주주나 지배주주가 지정한 다른 인물들, 예를 들면
상속자들에게 유리한 다른 거래를 은밀히 진행할 것이다.[8]

그러나 이런 경우는 전환사채만의 문제라고는 할 수 없다. 지배주주
가 다른 형태의 거래를 통해서도 얼마든지 주주들의 부를 타인에게 이

---

8 외부 투자자들이 볼 때는 어떤 거래가 지배주주나 지배주주가 지정한 인물이 유리한 거래인지
파악하기 힘들다. 따라서 전환사채가 발행될 때 전환권의 행사 가격이 공정하게 설정되었는지
에 대해 주의를 기울일 필요가 있다. 특히 전환사채를 매수할 수 있는 권리(call option, 매수청구
권)이 부가되어 있는 경우, 이 옵션을 전환사채의 발행사가 아닌 다른 제3자가 보유하고 있다면
왜 그런 이상한 상품이 발행되었는지 의심해볼 필요가 있다. 해당 제3자가 옵션을 행사해서 전
환사채를 확보한 후 이 전환사채를 주식으로 전환해 지분비율을 크게 늘릴 수 있기 때문이다.
언론보도에 따르면, 2010년대 후반 이후 이런 특징을 가진 전환사채의 발행이 증가하는 추세라
고 한다.

전할 수 있기 때문이다. 따라서 사전적으로 주주나 주주들을 대표하는 사외이사들이 엄격한 감시·감독 활동을 수행하고, 사후적으로는 엄격한 처벌을 통해 이런 일이 발생하는 것을 억제해야 한다. 이런 드문 경우를 막기 위해 전환사채의 사모 자체를 금지한다는 것은 '구더기 무섭다고 장 못 담그는' 행위에 해당할 것이다. 전환사채 시장 거의 대부분을 없애겠다는 이야기이기 때문이다.

어쨌든 이런 일이 발생한다면 강력히 처벌할 수 있도록 금융범죄에 대한 형량을 높이는 문제는 고려할 수 있을 것이다. 또한 전환사채를 발행한 기업에 대해 금융 당국이 발행조건을 사후적이라도 심사해서 부당한 조건으로 거래가 이루어졌는지 판단하는 역할을 할 수도 있을 것이다.

이런 내용을 살펴보면, 한쪽의 일방적인 이야기만 듣다가 큰 그림을 놓치는 경우가 종종 있다는 점을 알 수 있다. 전환사채에 부가된 여러 조건들이 생긴 데는 다 이유가 있다. 그 이유가 나름대로 합리적인 것이기 때문에 널리 사용되는 것이다. 물론 단점도 있다. 하지만 단점은 없고 장점만 있는 금융상품은 없다. 따라서 단점이 있다고 전환사채를 없앤다는 것은 말도 안 되는 일이다. 앞으로도 전환사채 등을 이용한 투자가 널리 활성화되어 중소·중견기업들도 많은 투자를 받을 수 있었으면 하는 바람이다. 물론 투자자들도 전환사채를 발행하는 기업들이 고위험 기업이라는 것을 명심하고, 반드시 자신의 판단하에서 투자해야 할 것이다. '묻지마 투자'를 한 후 실패하면 남 탓만 하는 투자자들이 너무 많다.

● 후기

이 글은 2020년 여름에 발표했다. 2021년 초 금융위원회는 주식 가격이 상승했을 때도 최초 발행조건까지는 전환가격 재조정이 가능하도록한 '증권의 발행 및 공시 등에 관한 규정' 개정을 예고했다. 즉 이 글에서 추천한 개선 방안을 그대로 받아들인 것이다. 그런데 개정 예고가 발표되자 2021년 여름 동안 전환가격 재조정 조건을 포함한 전환사채의 발행이 급증했다. 규정이 개정되기 이전 전환사채를 발행하는 기업들이 많았다는 의미다.

금융위원회가 이 규정을 개정한 이유는, 고의적으로 주가를 낮춰 전환가격 재조정을 한 후 다시 주가가 올라가도 전환가격이 원래대로 돌아가지 않는 문제점, 그래서 주가 상승의 혜택은 전환사채 투자자들에게 돌아가고 기존 주주들은 손해를 보는 문제점을 없애고자 한 것이다. 즉 주가가 떨어지거나 올라가거나에 관계없이 전환사채 투자자와 주주들이 사전에 정해진 비율에 따라 이익과 손실을 비례적으로 나눌 수 있도록 한 것이다.

그런데 그 규정을 피하고자 규정이 발효되기 직전에 전환사채를 발행했다면, 발행자인 기업과 전환사채를 인수하는 투자자 사이에 암묵적인 공모가 있었을 가능성이 있다. 예를 들면 지배주주나 지배주주와 밀접한 관계를 가진 개인 또는 집단이 전환사채를 인수하는 경우다. 물론당시 전환사채를 발행한 기업들이 모두 다 이렇다는 것은 아니다. 하지만 일반 투자자 입장에서는 이런 기업에 투자할 때 옥석을 가릴 수 있도록 조심해야 할 것이다.

너무 복잡해서 자세한 내용을 다 소개하기는 힘들지만, 신주인수권부사채(bond with warrant, BW)의 경우도 과거 수상한 거래가 여러 차례 발생했었다. 신주인수권만을 사채로부터 별도로 분리해서 거래하는 경우가 있는데, 이때 소액주주에게는 불리하지만 지배주주에게 유리한 것으로 의심되는 거래가 종종 발생했던 것이다. 이런 행위를 막기 위해 금융위원회에서는 2015년 법률을 개정해서, 신주인수권이 분리 가능한 신주인수권부사채는 공모로만 발생하는 것을 허용하고 있다. 즉 사모로 발행되는 거래를 금지한 것이다. 사채를 인수하고 소수의 재무적 투자자와 지배주주가 협상을 통해 은밀한 거래를 숨어서 하는 것을 막기 위해서다. 주석 8에서 설명한 것처럼, 이 거래가 금지되자 전환사채를 이용해 여러 복잡한 거래를 순차적으로 수행해서 신주인수권부사채와 비슷한 효과를 발생시키는 경우도 생겼다. 이처럼 비도덕적인 일을 하려는 사람들이 끊이지 않고 생긴다는 것이 안타깝다. 자본시장에서 한탕하고 도망치려는 사람들이 많은 만큼, 투자할 때 열심히 공부하고 투자해야 이런 속임수에 당하지 않을 것이다.

회계로 본 세상

2019년부터 2020년까지 금융시장을 요동치게 했던 당시 헤지펀드 업계 1위였던 라임자산운용(이하 라임) 사태도 전환사채와 연관되어 있다. 라임 사태는 2019년 중반 금융위원회가 미공개 정보 이용, 펀드 수익률 조작, 사기, 횡령 등의 혐의로 라임에 대한 조사에 착수하면서 시작된다. 펀드에 투자했던 투자자들이 펀드 환매를 시작해서 자금이 유출되기 시작하자 라임은 환매를 해줄 수 없는 상황에 처했다. 1조 원이 넘는 대규모의 손실이 발생한 것이 드러난 후 격렬한 법적 분쟁과 검찰의 조사가 현재 진행 중이다.

라임 사태에도 전환사채가 관련되어 있다. 라임펀드는 누구든지 그리고 언제라도 가입할 수 있는 개방형(open) 펀드다. 개방형 펀드는 환매도 자유로워서, 언제든지 투자자가 펀드 투자를 철회하겠다고 하면 환매를 해주어야 한다. 그런데 라임은 이렇게 해서 돈을 모아 전환사채 등의 메자닌 증권(부채와 자본의 중간에 해당되는 증권)에 투자했다. 메자닌 증권은 환매가 자유롭지 못하다.

예를 들어 전환사채는 ① 만기가 되어 상환을 받거나, ② 상환청구권을 행사할 수 있는 시기가 된 후 상환청구를 하거나, ③ 주식으로 전환할 수 있는 시기가 되면 주식으로 전환해서 주식시장에서 주식을 매각하는 세 가지 방법으로 투자금을 회수할 수 있다. 또는 ④ 채권시장에서 매수자를 찾아 판매해야 한다. 즉 라임은 개방형으로 돈을 모아서 회수가 자유롭지 않은 폐쇄적인 상품에 투자한 것이다. 따라서 투자자들이 대규모로 환매를 요청하자 이런 요구를 들어줄 현금을 마련할 수 없어 위기가 시작되었다.

환매 요청이 급증하자 라임은 ④ 방법에 따라 전환사채를 팔아 현금을 마련하려고 한다. 쉽게 팔리지 않자 ③의 방법에 따라 전환기간이 도래한 사채를 주식으로 전환해 주식시장에 매각하는 방법을 택한다. 급하다 보니 사채 만기까지 기다려서 원금을 상환받는 것보다 주가가 더 낮은 경우에도 채권을 주식으로 전환할 수밖에 없었다. ②의 경우처럼 상환청구권 행사시기가 도래했다면 상환청구권 행사 요청을 하면 되는데, 행사 요청을 해도 기업이 여유자금이 없는 상황이라 투자금을 돌려받는 데 오랜 시간이 걸리므로 주식으로 전환해 신속히 매각하는 방법을 택한 것이다. 그 결과 막대한 물량의 주식이 시장에 쏟아져 주가가 더 폭락했다.

이런 방법을 통해 현금은 마련했지만 급하게 매각하는 과정에서 손실이 발생한다. 물론 사후에 벌어진 조사결과 전환사채에 대한 투자 이외의 다른 투자에서도 많은 손실이 발생한 것이 알려졌다. 정확히 알려지지는 않았지만 관련자들이 개인적으로 빼내서 유용한 돈도 많아 보인다. 부사장이 수백억 원을 빼내 도망까지 했을 정도다. 이런 내용들을 숨긴 채 투자수익률이 우수한 것처럼 거짓으로 광고해서 더 많은 투자금을 모았고, 그 돈으로 앞서 투자한 사람들에게 이익을 배분하고 환매 요청이 올 경우 원금을 상환하고 있었던 것이다. 전형적인 폰지사기 수법이다.

이런 일이 발생하자 많은 관계자(투자자, 판매자, 감독기관 등)가 '누구 탓이다' 하면서 서로 잘못을 남에게 떠넘기려고 했다. 필자는 이와 관련된 모든 이해관계자가 정도의 차이만 있을 뿐 조금씩 책임이 있다고 생각한다. 그런데 2020년 말 금감원은 펀드를 판매한 판매자들(은행과 증권사)에게 CEO의 파면과 피해액 대부분을 보상하라는 징계를 내렸다. 필자의 개인적인 견해이긴 하지만 이 징계는 상당히 황당하다. 실제 범죄를 저지른 라임 관계자들보다 판매자가 더 큰 책임을 지라는 것이기 때문이다. 동일한 기준을 적용한다면 감독기관의 책임자인 금감원장도 파면당해야 하고 피해액 대부분을 보상해야 할 것이다. 언론보도를 보면, 이 징계에 대해 법원과 감사원도 과다한 징계라는 의견을 금감원에 전달했다고 한다.

이 사태와 관련해서 두 가지만 언급하겠다. 첫째, 일부에서는 "왜 금융시장에 대한 규제를 풀어 라임 같은 헤지펀드가 설립될 수 있도록 했냐."라며 금융 당국을 비난한다. 좀 더 빨리 라임에 대한 조사가 수행되었다면 파장의 규모는 일부 줄일 수 있었을 것이므로, 금융 당국에도 일부 도의적인 책임이 있다고 보인다. 그렇지만 금융시장에 대한 규제를 푼 것이 잘못이라는 주장에 대해서는 동의할 수 없다. 우리나라처럼 규제가 많은 나라가 전 세계적으로 없을 텐데, 지금의 규제도 부족하니 더 규제를 만들어야 한다는 주장은 어불성설이다. 만약 전환사채 같은 메자닌 증권 때문에 라임 사태가 발생했다면, 메자닌 증권의 발행을 전면 금지하면 이런 문제는 다시는 일어나지 않을 것이다. 그러나 그 때문에 벤처기업이나 중소기업들의 자금조달 방법이 사라지게 된다. 그 결과 이들 기업은 성장할 기회조차를 가지지 못하게 된다.

둘째, 그럼에도 불구하고 개선해야 할 부분이 있다. 개방형 펀드로 자금을 모아 폐쇄형 투자를 한 것은 잘못되었다. 개방형 펀드라면 언제라도 투자금을 회수할 수 있는 상장주식이나 일반채권에 투자하도록 하고, 폐쇄형 펀드(일정 시점에 투자자가 전액을 출자해 펀드를 설립한 후 사전에 정해진 시점이 될 때까지 자금을 인출할 수 없고, 그 시점이 도래하면 펀드를 해산해 투자자에게 반환하고 청산하는 펀드)만 폐쇄형 투자를 할 수 있도록 조치하는 것이 옳다. 그래야 갑작스러운 환매사태 때문에 큰 손실이 발생하는 것을 막을 수 있다.

세상에 완벽한 제도란 없다. 어떤 제도를 만들어도 인간의 탐욕이 존재하는 한 이런 일은 반드시 다시 생길 것이다. 필자도 라임 사태와 같은 일이 발생하리라고는 예상하지 못했다. 사후적으로 보니 고칠 점이 있다는 것을 알게 된 것뿐이다. 이번 사태와 관련된 사람들은 남들을 비난하기에 앞서 자신이 저지른 잘못을 먼저 반성하기를 바란다. 내가 신이 아닌 것처럼 남들도 신이 아니다.

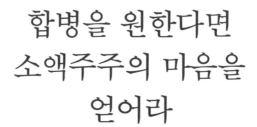

합병을 원한다면
소액주주의 마음을
얻어라

두 회사가 합병하려면 합병 여부에 대해 주주들의 승인을 받아야 한다. 주주총회에서 투표를 통해 참석자 중 3분의 2 이상의 승인을 얻어야만 합병이 추진될 수 있다. 상장사끼리의 합병은 합병이 발표되기 이전 두 회사의 주가비율에 따라 결정된다. 만약 일부 주주가 반대하더라도 합병이 주주총회에서 승인된다면, 반대하는 주주들은 주식매수청구권을 행사할 수 있다. 주식매수청구권이 행사되면 회사는 이 주식을 구매해주고 대금을 지불해야 한다. 그런데 너무 많은 주주가 주식매수청구권을 청구한다면 회사 입장에서는 이 주식을 모두 구매할 만큼의 현금이 없을 수도 있다. 따라서 합병 선언 때 "최대 ○○○까지만 주식을 구매하고 이보다 더 많은 주식 매수 요청이 들어오면 합병을 무효로 한다."라는 내용을 발표한다. 이 글에서는 여러 M&A 사례를 통해 실제로 주식매수청구권 행사 때문에 합병이 취소된 경우를 공부하면서, 주주들의 불만 없이 어떻게 M&A를 해야 할지에 대한 방안을 소개한다.

2015년 5월 26일, 삼성그룹은 계열사인 제일모직이 삼성물산을 흡수 합병한다는 뉴스를 발표했다. 병석에 있는 이건희 회장의 건강 때문에 상속과 함께 그룹의 미래 성장을 위한 지배구조 개편작업이 진행 중이라고 알려져 있는 가운데 나온 소식이었다.

합병이 실시되는 날(합병기일)은 2015년 9월 1일로 정해졌다. 합병 후 소멸회사인 삼성물산의 주식 1주당 존속회사인 제일모직의 주식 0.35주를, 제일모직이 신규 발행해 삼성물산의 주주들에게 교부하는 형식이었다. 합병비율은 법률에 따라 합병 선언 직전 및 그 이전 여러 달 동안의 두 회사 주가의 비율에 따라 결정되었다. 단 존속회사의 사명은 제일모직이 아니라 삼성물산으로 남기기로 했다. 삼성그룹의 정체성을 고려해 삼성물산이라는 명칭을 사용하기로 한 것이다.

합병 이후 삼성물산은 삼성그룹의 실질적인 지주회사가 된다. 합병 이전에는 제일모직이 삼성생명을 지배하고 있었고, 삼성생명은 삼성전자의 지분 7.2%를 보유하고 있었다. 그런데 합병 이후 이 7.2%와 삼성물산이 보유하고 있는 지분 4.1%, 지배주주 일가가 보유하고 있는 지분 3.4%를 합쳐서 총 14.7%의 지분으로 삼성전자를 지배할 수 있기 때문이다. 삼성전자는 삼성SDS를 지배하고 있기 때문에, 이 합병으로 사실상 삼성그룹의 핵심 계열사 거의 대부분이 통합 삼성물산의 직간접 통제하에 들어오게 되었다.

대규모기업집단들이 지주회사 체제로 전환하는 이유

합병 이후 제일모직(명칭 변경 후 삼성물산)의 최대주주는 16.5%의 지분을 보유한 이재용 부회장이다. 이부진 사장과 이서현 사장 및 이건희 회장을 포함한 지배주주 일가의 지분비율은 30.4%가 된다. 기타 다른 삼성 계열사들이 약 10%의 지분을 보유하고 있으므로, 합병 이후 지배주주의 지분율이 합병 전보다 조금 낮아지지만 경영권의 위협을 받을 정도는 아니다. 합병 이후 삼성그룹의 1대 주주는 이건희 회장에서 이재용 회장으로 바뀐다. 이병철-이건희-이재용 회장으로 내려오는 3세 경영 시대가 시작하는 것이다. 이재용 회장은 통합 삼성물산을 제외한 삼성의 다른 계열사 지분은 많이 갖고 있지 않다. 그러나 통합 삼성물산이 삼성그룹 계열사들의 지주회사 역할을 할 정도로 다른 계열사들의 지분을 상당히 보유하고 있으므로, 이재용 회장이 삼성물산을 통해 다른 계열사들을 지배할 수 있다.

최근 많은 국내 기업들이 지주회사를 통한 지배구조로 전환하고 있

이건희 회장
고(故) 이건희 회장이 쓰러져 병석에 있던 2015년, 삼성물산과 제일모직의 합병을 통해 삼성그룹의 지배주주가 이건희 회장에서 이재용 회장으로 바뀐다. 이건희 회장은 생전 반도체 분야에 대한 과감한 투자를 통해 오늘날의 삼성전자를 탄생시킨 위대한 기업가로 추앙받고 있다.

는 이유도 바로 여기에 있다. 지배주주가 모든 그룹 계열사 각각을 지배할 필요 없이, 지주회사 하나만 지배하면 그룹 전체에 대한 경영권을 행사할 수 있기 때문이다. 지주회사가 아닌 다른 회사들에 대한 경영권은, 지주회사가 나서서 다른 계열사의 주식을 경영권을 확보할 만큼 취득하면 된다. 따라서 지주회사 체제로 재편하면서 지배주주는 각 계열사들에 대한 보유주식을 팔아 현금화하고, 이 돈으로 지주회사의 주식을 인수해 지주회사에 대한 지배권을 확립한다. 삼성의 경우는 지분을 사고 파는 대신 계열사 합병을 통해 지주회사를 탄생시킨 경우다. 따라서 상대적으로 단기간에 지주회사 체제로 전환할 수 있었다.[1]

---

1 이 점에 관해서는 후술한다. 자세히 설명하기는 복잡하지만, 통합 삼성물산은 법적으로 엄밀히 이야기하면 지주회사에 해당되지 않는다. 다만 실질적으로 지주회사 역할을 할 뿐이다. 법적 지주회사가 되면 여러 가지 다양한 규제를 받게 되므로, 삼성물산은 의도적으로 법적 지주회사가 되는 것을 피하지 않을까 하는 생각이다. 지주회사에 대한 규제에 대한 더 자세한 내용과 다른 기업의 사례는 『숫자로 경영하라 3』에 실린 'LG그룹의 지주회사 전환과정과 지주회사 전환

보유주식의 매도나 합병 대신 주식교환의 방법으로 지배주주가 지주회사에 대한 지분비율을 늘리는 경우도 있다. 지배주주가 A회사의 주식(A주식)과 B회사의 주식(B주식)을 모두 보유하고 있는 경우, B회사 주주들에게 주식교환을 통해 새로 발행한 A주식을 배분하고, 그 대신 A회사가 주주들로부터 B주식을 넘겨받는 방식이다. 그렇다면 A회사가 B회사의 지분을 다수 보유하게 되어, A회사가 모회사, B회사가 자회사가 된다. 그리고 이 주식교환에 응한 주주들은 주식교환 이후 B회사의 주주가 아니라 A회사의 주주가 된다. 지배주주는 이 방법을 통해 B주식을 A주식으로 교환하고, 원래 보유하고 있던 주식과 교환해 받은 주식을 합하면 A회사의 주식을 상당히 많이 보유하게 된다. 이것만으로 경영권을 확보하기가 충분하지 않다면, 지배주주 자신이 보유하고 있는 현금을 이용해 주식시장에서 A주식을 더 매입하면 된다.[2]

삼성그룹의 지배구조 변동과 관련한 최근의 사건들

삼성물산과 제일모직의 합병이 삼성그룹의 지배구조 개편 관련 가장 중요한 사건이라고 할 수 있다. 그러나 삼성그룹의 지배구조와 관련한

의 효과'를 참조하기를 바란다. 법적 지주회사가 되는 것을 회피하고 실질적인 지주회사 역할만 하는 다른 기업들의 사례는 이 글의 주석 1을 참조하기를 바란다.

2 전술한 『숫자로 경영하라 3』에 실린 'LG그룹의 지주회사 전환과정과 지주회사 전환의 효과'를 참조하기를 바란다.

사건들은 지난 몇 년 동안 지속적으로 일어났다. 그중 중요한 것들만 요약해 소개한다.

2013년 하반기 삼성에버랜드가 제일모직의 패션사업 부문을 인수하고, 급식과 식자재사업부, 건물관리사업부 등을 분사한다. 이전까지만 해도 삼성에버랜드는 리조트나 골프장 운영, 단체급식 사업 등을 하는 회사였다. 그러다 삼성그룹의 뿌리라고 할 수 있는 제일모직의 핵심 사업을 인수하면서 중요하지 않은 부속 사업을 별도의 작은 회사로 떼어낸 것이다. 이때까지 삼성에버랜드는 비상장회사로 남아 있었다.

2014년 들어 삼성에버랜드는 사명을 제일모직으로 변경한 후 12월 18일 주식시장에 상장한다. 제일모직의 주식 가격은 상장 직후부터 급등한다. 다수의 언론은 제일모직이 새 삼성그룹의 지주사가 되어 삼성그룹의 지배구조 개편과정에서 핵심적인 역할을 수행할 것이라고 예측했다. 삼성그룹의 지배구조를 보면 제일모직이 삼성생명을 지배하고, 삼성생명이 삼성전자의 주식을 다수 보유하고 있다. 따라서 지배주주가 제일모직을 지배하면 삼성생명을 지배하게 되고, 삼성생명을 통해 삼성전자에도 상당한 영향력을 행사할 수 있게 되는 것이다. 그 결과 상장 시점부터 제일모직과 삼성물산의 합병 발표 시점까지 약 2.5배 정도 주가가 상승했다. 상장 이후의 경영성과도 매우 우수했다.

이 외에도 삼성그룹은 유사한 사업을 영위하는 여러 회사를 정리하고 사업구조를 재편하려는 움직임을 보였다. 2015년 초 삼성테크윈, 삼성탈레스, 삼성종합화학, 삼성토탈 등의 방위산업 및 석유화학 업계 계열사들을 한화그룹에 매각했다. 지배구조 개편에 필요한 자금을 마련하는 목적으로 매각하는 것이라고 알려졌다.

반대로 이들 회사를 매입하는 한화그룹은 이미 기존에 방위산업과 석유화학 계열사들을 거느리고 있었기 때문에 유사업종의 기업들을 통합해 시너지 효과를 얻을 수 있다는 계획에서 이들 회사를 인수했을 것이다. 이와 비슷하게 삼성그룹은 2015년 말 삼성정밀화학 등 3개 화학 분야 계열사도 롯데케미칼에 넘겼다.

또한 2014년 동안 삼성중공업(조선 및 해양플랜트 업체)와 삼성엔지니어링(플랜트 엔지니어링 업체)를 합병한다는 소식도 발표했다. 한화그룹의 경우처럼 비슷한 업종의 두 회사를 합병해 기업 규모를 키우고 시너지 효과를 얻겠다는 목표였을 것이다. 그런데 이 계획이 틀어지게 되었다. 소액주주들이 합병에 반대하고 주식매수청구권을 행사하겠다고 신청했기 때문이다.

주식매수청구권 행사

주주들이 주식매수청구권을 행사하겠다고 신청하면 회사는 사전에 정해진 가격대로 그 주식을 매입해야 한다. 그런데 너무 많은 주주가 청구권을 행사하겠다고 신청했으므로, 회사가 감당할 수 없는 수준의 막대한 자금이 필요하게 되었다. 결국 삼성그룹은 두 회사의 합병을 포기했다. 주식매수청구권과 관련된 이 내용은 너무 복잡하기 때문에 나중에서 다시 자세히 설명하겠다.

법률에 따르면 기업들이 합병할 때 합병에 반대하는 주주는 주주총회에 참석해 반대의사를 표시할 수 있다. 만약 그럼에도 불구하고 주주총회에서 합병이 가결된다면 이에 반대하는 주주들은 주식매수청구권을 행사할 수 있다. 주식매수청구권 행사가격은 합병회사의 이사회에서 합병 발표 당시의 주가에 따라 사전에 결정한다. 즉 회사는 합병을 선언하는 것과 동시에, 합병에 반대하는 주주들의 주식을 특정 가격에 구매를 하겠다고 공표하는 것이다.

만약 청구권 행사가격이 현재 주가보다 상당히 높다면, 주주 입장에서는 합병한 후 회사의 성장을 바라면서 주식을 계속 보유하는 것보다 현재 시점에서 주식매수청구권을 행사해 현금을 받는 것이 더 유리하다고 판단할 가능성이 높다. 반대로 행사가격이 현재 주가보다 낮다면, 주주들 입장에서는 청구권을 행사하면 손해를 보게 된다. 청구권 행사를 통해 받는 돈이 그 주식을 주식시장에서 매각해 벌 수 있는 보다 적기 때문이다. 따라서 많은 주주가 합병에 동의할 것이다. 주식매수청구권 행사가격은 법률에 따라 합병 발표 이전 몇 개월 동안의 평균 주가로 결정된다. 상장주식이 아니라서 주가가 없는 경우라면 가치평가를 해서 가격이 결정된다. 즉 객관적으로 볼 때 합리적인 수준에서 행사가액이 결정되는 것이다.

주식매수청구권이라는 복잡한 제도를 만들어놓은 이유는 합병이 회사의 가치, 즉 주주들의 부(富)에 큰 영향을 미칠 수 있는 중요한 경영활동이기 때문이다. 지배주주가 소액주주들의 의사를 무시하고 합병을 강행할 경우 소액주주들의 권리를 보호하기 위해 이런 보호장치를 마련해놓은 것이다. 공정하지 않은 합병비율이 결정되었다고 판단하는 소액주주들은 합병에 반대하는 것 외에도, 회사나 경영진에 대한 업무상 배임으로 소송을 제기할 수 있다. 이 경우 소송에서 이기려면 합병비율이

삼성중공업
2014년 삼성중공업과 삼성엔지니어링의 합병 계획이 발표된다. 그런데 합병 발표 이후 업황이 악화되면서 주식매수청구권 행사가격 이하로 주가가 급락한다. 그 결과 주주들의 반대로 합병이 주주총회에서 부결된다.

공정하지 않다는 증거를 제시할 수 있어야 한다. 글 후반부에서 설명하겠지만, 헤지펀드 엘리엇이 삼성물산과 제일모직의 합병에 반대해 소송을 제기한 것이 이런 예다.

삼성중공업과 삼성엔지니어링의 합병을 시도할 때 지배주주가 합병을 통해 이익을 보겠다는 불순한 의도가 있었을 가능성은 상대적으로 높지 않다. 일단 지배주주가 두 회사의 지분을 보유하고 있지 않다. 그룹 지배구조에서 핵심적인 역할을 하는 회사들도 아니다. 그러므로 상대적으로 의도적인 부정이 개입할 가능성이 낮다고 볼 수 있다.

삼성중공업과 삼성엔지니어링 합병안의 부결

문제는 합병 발표 이후에 발생했다. 2013년까지 두 회사의 경영현황이 모두 좋지 않은 상태였는데, 2014년 합병 발표 시점이나 2015년 이후에도 경영성과가 개선될 기미가 보이지 않았다. 그래서 합병 발표 이전에도 주가가 계속 하락하는 추세였다. 두 회사뿐만 아니라 두 회사가 속한 조선업이나 플랜트/건설업종 거의 대부분의 회사들의 주가가 계속 하락하고 있었다. 이런 이유에서 삼성그룹 측에서는 플랜트라는 사업부분이 겹치는 두 회사를 합병시켜 시너지 효과가 발생하기를 바랐을 것으로 보인다.

합병 선언 이후 2014년도 경영성과가 좋지 않다는 소식이 알려지면서 두 회사의 주가는 계속 하락했다. 회사가 나서서 자사주를 매입하는 방법 등을 이용해 주가를 끌어올리려고 노력했지만 흐름을 막을 수 없었다. 그 결과 주가가 주식매수청구권의 행사가격 밑으로 떨어졌다. 행사가격이 삼성중공업 27,003원, 삼성엔지니어링 65,439원인데, 주식매수청구권 신청 마감일에 이르렀을 때의 시가는 삼성중공업의 경우 2만 4천 원대, 삼성엔지니어링은 5만 7천 원대였다. 합병 발표 시점인 2014년 9월 1일의 경우 주가는 삼성중공업 2만 9천 원대, 삼성엔지니어링 7만 2천 원대였으므로, 두 회사 모두 20% 정도 주가가 하락한 것이다.

결국 대부분의 소액주주가 볼 때 주식을 계속 보유하는 것보다 합병에 반대표를 던진 후 주식매수청구권을 행사해서 회사에 주식을 사달라고 요청하는 것이 유리하게 되었다. 따라서 주식매수청구권을 행사한다는 신청이 쇄도했다. 상당한 지분을 보유하고 있던 국민연금도 마찬가지였다. 신청 마감일이 경과된 후 신청금액을 종합하니 삼성중공업은 9,236억 원, 삼성엔지니어링은 7,063억 원에 달했다. 합병 선언 당시 주식매수청구권 행사 신청금액이 삼성중공업은 최대 9,500억 원, 삼성엔지니어링은 최대 4,100억 원 이상이면 합병을 무효로 한다고 발표했는데, 삼성엔지니어링의 경우 이 금액을 월등히 초과하는 청구권 행사가 신청된 것이다. 따라서 두 회사는 어쩔 수 없이 합병 무효를 선언했다.

이 사건을 보면 주식매수청구권의 행사가격이 주식의 현재 시가보다 높다면 청구권을 행사하는 것이 무조건 유리하다고 생각할 수 있다. 그렇지만 꼭 그런 것은 아니다. 드문 경우이기는 하지만, 현재 시가가 주식매수청구권 가격보다 낮더라도 합병이 성사된 후 시너지 효과가 발생해서 이익이 대폭 늘어날 것이라고 예측한다면 회사의 미래 발전 가능성을 믿고 청구권 행사를 신청하지 않을 수도 있다. 즉 회사의 주가가 내재가치보다 저평가되어 있다고 판단한다면 주식매수청구권 행사를 하지 않을 수도 있다. 이처럼 주식매수청구권의 행사 여부는 회사의 미래 가치에 대한 판단 때문에 달라질 수 있다.

이 사건의 경우 합병이 부결되자 두 회사의 주가는 모두 크게 폭락했다. 합병하면 중복되는 부분을 통폐합할 테니 시너지 효과가 발생해 이익이 증가할 것이라는 기대감을 가지고 있는 주주들이 있었기 때문이다. 그동안 기대감에 주가가 열악한 경영성과에 비해 상대적으로 높았었는데, 합병에 실패하니 앞으로 회사 상황이 단기간에 개선될 전망이 보이지 않는다는 실망감 때문에 주가가 폭락한 것으로 보인다.[3]

---

3 뒤에서 제일모직과 삼성물산의 합병 성사 이후 주가가 하락하는 사례에 대해서도 설명할 것이다. 합병이나 경영권 분쟁 등의 중요한 일이 발생했을 때 논란이 종결되면 대부분 주가는 하락한다. 패배한 측에서 (주식매수청구권을 행사하는 것보다 주식 가격이 높다면) 주식을 매각하고 철수하기 때문이다. 따라서 단기적인 관점에서 가장 높은 수익률을 올리는 방법은 주주총회 등의 결전이 열리기 직전 주식을 매각하는 것으로 생각된다. 그런데 이러기 위해서는 패배한 쪽에서

주식매수청구권 행사 신청이 옳은 결정일까?

그 결과 주식매수청구권 행사를 신청해 합병에 반대한 주주들의 경우, 청구권을 행사해 현금을 받지도 못했으면서 보유 주식 가격만 과거보다 더 하락하게 되었다. 작은 이익을 보려다 더 큰 손해를 본 셈이다. 그러니 청구권 행사가 꼭 더 좋다고 볼 수도 없다. 청구권 행사를 신청해서 합병 무산에 큰 역할을 했던 국민연금에도 상당한 비난이 쏟아졌다. 국민연금이 청구권 행사를 한다고 하니 잘 모르면서 따라했던 많은 소액주주가 국민연금에 불만을 쏟아낸 것이다.

이처럼 주식매수청구권의 행사 신청 금액 때문에 합병이 무산되는 일은 종종 발생한다. 2010년 이후 국내에서 이 문제 때문에 합병계획이 취소된 사례만 봐도 대신증권그로쓰스팩과 썬택과의 합병(2010년), 웅진씽크빅과 웅진패스원의 합병(2012년), 네오위즈게임즈와 네오위즈인터넷의 합병(2012년), 한솔제지와 한솔로지스틱스의 합병(2013년), 원익IPS와 원익테라세미콘의 합병(2016년), 대한해운과 한진해운 사이의 영업양수(2017년), 휴젤과 동양에이치씨 합병(2018년), 제닉신과 툴젠의 합병(2019년) 등으로 적지 않다.

합병이 불발되었다가 다시 추진해 성사된 사례도 있다. 호남석유화학은 2004년 KP케미칼의 지분 54%를 인수해 자회사로 편입했다. 그 후 석유화학업계의 업황이 점차 악화되어 주가가 하락하는 상황에서 KP

주주총회 후 철수해야 한다. 만약 철수하지 않고 내년 주주총회를 기다리다가 다시 한번 표 대결을 벌이겠다고 하면 주가는 다시 상승할 가능성이 있다.

케미칼의 잔여지분을 인수해 합병시키려고 했다. 그러나 이런 시도는 실패로 끝났다. 2009년 글로벌 금융위기로 주가가 대폭 하락하면서 주식매수청구권 행사가격이 당시 시가보다 월등히 높아졌기 때문이다. 그 결과 주식매수청구권을 행사하겠다고 신청한 금액이 7천억 원에 달해 합병할 수 없었다. 절치부심한 롯데그룹은 2012년 호남석유화학, 롯데대산유화, KP케미칼의 세 회사를 합병해 사명을 롯데케미칼로 바꿨다. 이때도 일부 주주들은 반대하고 주식매수청구권을 행사했지만 그 금액이 크지 않아 합병은 무사히 진행되었다. 원익IPS와 원익테라세미콘의 경우도, 2016년 1차 시도에서는 실패했지만 2018년 들어 2차 시도에서 합병에 성공한 바 있다.

합병하는 회사들이 행사 요청 금액을 모두 받아들여 주식을 매입하고 합병하면 된다고 생각할 수도 있을 것이다. 그러나 회사에서 보유하고 있는 현금이나 기타 현금성 자산 금액을 월등히 초과하는 수준까지 행사 요청 금액이 발생한다면 이를 회사에서 모두 매입할 능력이 없을 수 있다. 따라서 사전에 "우리 회사는 최대 ○○○까지만 주식매수청구권 신청을 받아들이고, 이 금액보다 많은 금액이 신청될 경우는 합병을 취소한다." 또는 "합병을 취소할 수 있다."라는 내용을 합병 선언과 동시에 발표하는 것이다.

삼성그룹 입장에서는 유사한 업종인 삼성중공업과 삼성엔지니어링을 통합할 만한 충분한 이유가 있으므로, 얼마쯤 기다리다가 시장 상황이 개선되면 다시 합병을 추진할 수 있을 것이다. 다만 많은 주주가 미래 기간 동안 회사의 가치가 쉽게 증가할 것이라고 판단하지 않아서 주식매수청구권 행사를 신청한 것인 만큼, 현재의 업황을 보면 회사의 실적이 뚜렷하게 개선될 때까지는 좀 시간이 필요할 것 같다.

이제 논점을 다시 삼성물산과 제일모직의 합병 건으로 돌아가보자. 2015년 5월 26일 발표된 합병 선언문에는 주식매수청구권 행사액이 약 1조 5천 억 원이 넘으면 합병계약이 해제될 수 있다고 명시되어 있었다. 주식매수청구권 행사가격은 제일모직 156,493원, 삼성물산 57,234원이다. 당시 주가는 제일모직 약 18만 원, 삼성물산 약 6만 원이었으므로, 주식매수청구권 행사가격보다 시가가 높았다. 따라서 소액주주들이 합병에 반대하며 주식매수청구권을 행사할 가능성은 낮았다. 주식시장에서 팔면 더 비싼 값을 받을 수 있는데 손해를 보면서 주식매수청구권을 행사할 주주는 드물 것이기 때문이다.

합병을 둘러싼 삼성과 엘리엇의 대결

삼성물산과 제일모직의 합병 발표 후 약 일주일이 지난 2015년 6월 4일, 미국계 헤지펀드인 엘리엇 매니지먼트(이하 엘리엇)가 5% 이상의 삼성물산 지분을 확보했다고 밝혔다.[4] 특정회사 주식 5% 이상의 지분을 보유한 개인이나 단체는 보유하게 된 지 5일 이내에 이를 공시해야 한다는 규정에 따른 것이었다. 합병에 대한 이사회 결정 이전인 2015년 2월

---

4 엘리엇 매니지먼트(Elliott Management)는 행동주의 펀드로 알려졌다. 행동주의 펀드란 수동적으로 주식을 매수한 후 보유하는 것이 아니라 주식을 매수한 후 적극적인 행동으로 경영에 참여하는 행동을 보이는 펀드를 말한다.

헤지펀드 엘리엇의 로고
엘리엇은 한국 이외에도 많은 나라에 공격적으로 투자하고 피투자 국가나 기업들과 다수의 소송전을 벌여서 큰 수익을 올린 경력을 가진 헤지펀드다.

초 4.95%의 주식을 취득해서 보유하고 있었는데, 그 이후 5월 말부터 추가로 2.17%를 매수해 7.12%를 보유하게 되었다는 내용이었다. 주식 취득에 사용된 총 투자금액은 7,065억 원으로서, 약 6만 3천 원대의 가격에 삼성물산 주식을 매집한 것이다.

그리고 엘리엇은 삼성물산과 제일모직의 합병에 반대한다는 의사를 발표했다. 주가에 따라 결정된 삼성물산과 제일모직의 합병비율이 1 대 0.35인데, 이 비율이 삼성물산 측에 불리하게 결정되어 삼성물산이 손해를 보는 거래이니 반대한다는 주장이다. 또한 자신들이 직접 분석해 본 결과 공정한 합병비율은 1 대 1.6 정도라고 언급했다. 삼성물산의 주식가격이 5배쯤 올라야 한다는 주장이다.[5]

---

5 당시 유명 외국 의결권 자문기관이 엘리엇의 주장을 지지한다는 의견을 발표한 바 있다. 그런데 그 자문기관의 중요한 고객 중 하나가 엘리엇이라는 점은 널리 알려지지 않았다. 이 점을 고려해보면 과연 해당 의결권 자문기관이 공정한 의견을 발표한 것인지를 확신하기 힘들다. 따라서 이 점과 관련된 내용에 대해서는 본문에서 언급하지 않고, 본 주석에서만 간단히 언급한다.

경영권 분쟁의 시작이 알려지자 외국인 주주들이 삼성물산의 주식을 매수하기 시작하면서 주가가 상당히 올랐다. 이후 엘리엇과 삼성은 서로 자신의 주장이 옳다면서 국내 소액주주들을 대상으로 설득 작업에 들어갔다. 삼성 측은 소액주주들의 지지를 얻기 위해 '앞으로 주주들과의 소통을 강화하고 지배구조를 개선하고 소액주주들 보호에 힘쓰겠다.' 등 여러 약속을 했다. 삼성 측에서 계열사 직원들을 총동원해 소액주주들을 찾아가 설득한다는 소식도 들려왔다.

당시 국내의 모든 언론이 애국심에 호소하면서 삼성 편에 섰다. 엘리엇이 다른 나라에서 어떤 투자를 했었으며, 그 과정에서 해당 국가기관이나 기업들과 많은 불협화음을 불러일으켰는지 자세히 보도했다. 평상시 삼성에 대해 거부감을 보이고 사사건건 비판하던 몇몇 언론사까지도 이 당시 삼성 편에 섰다는 것은 상당히 재미있는 일이다. 언론들은 대부분 기업의 장기경영에는 관심이 없이 단기이익을 본 후 재빨리 주식을 매각하고 철수하는 외국 투기자금의 폐해를 강조했다.[6] 외국 자금

---

6 예를 들면 언론들은 외국 자본이 경영권을 공격해 기업을 좌지우지하면서 단기간에 큰돈을 벌고 떠난 후 막대한 현금 유출 때문에 큰 피해를 본 SK그룹이나(소버린의 ㈜SK에 대한 경영권 공격 사례) KT&G(아이칸-리이켄시타인의 경영권 공격 사례)의 사례를 자세히 보도했다. 두 경영권 공격 사건에 대한 자세한 내용은 『숫자로 경영하라』에 실린 '외국인 투자자는 정말 기업 투명성을 향상시킬까?'라는 글을 참조하기를 바란다. 외국 헤지펀드들이 SK와 KT&G를 공격할 때 동조해 주식을 샀다가 이들 펀드가 철수할 때 주식을 판 주주들은 큰 시세차익을 얻을 수 있었다. 그러나 헤지펀드들의 요구를 만족시켜주고자 막대한 배당을 지급하거나 자사주 취득에 필요한 자금을 마련하기 위해 투자를 축소하거나 직원 연봉 억제 또는 인원 감축 등을 한 결과 회사의 장기 성장성은 저해되었다. 따라서 장기 투자를 하는 주주들이나 희생을 강요당한 직원들은 오히려 손해를 본 셈이다. 어쨌든 이 사례만 보면 헤지펀드가 엄청난 돈을 버는 것 같지만, 널리 홍보되는 것과는 달리 헤지펀드들의 수익률은 일반펀드들보다 높지 않다고 한다. 다음 언론보도(fortune.com/2015/04/23/actively-mediocre)와 연구결과를 참조하기를 바란다.

회계지식을 활용한 경영 의사결정

의 공격에 대항할 수 있도록 국내 기업의 경영권 강화를 위해 (국회에서 몇 년째 발이 묶여 있는) 몇몇 법안을 허용해주어야 한다는 목소리도 나왔다.[7]

주주총회에서의 치열한 표 대결

엘리엇을 지지한다는 견해를 밝힌 것은 삼성물산 주식을 보유한 한화 증권과 일성신약, 그리고 몇몇 시민단체였다. 이런 논쟁이 진행 중에 삼성물산은 보유 중이던 자사주를 우호세력인 KCC에 매각했다. 회사가 보유 중인 자사주는 투표권이 없지만 자사주를 외부에 매각하면 유통 주식으로 변하면서 투표권이 살아나기 때문이다. 따라서 우호세력인 KCC에 매각해서 주주총회에서 우위를 점하기 위한 행동이었다.

그러자 엘리엇은 주주총회 개최를 금지시켜달라는 소송과 삼성물산이 자사주를 KCC에게 매각하지 못하게 해달라는 소송을 각각 제기했다. 그러나 이들 소송이 법원에서 기각되면서 엘리엇의 예상과는 달리 삼성 측에 유리한 사태가 전개되었다.

2015년 7월 17일 열린 주주총회에서 소액주주들이 압도적으로 삼

Dichev and Yu, 'Higher Risk, Lower Returns: What Hedge Fund Investors Really Earn.', 〈Journal of Financial Economics〉, 2011.

7 그런데 평상시에는 삼성을 적극 비판하다가 이 시점에서는 논조를 바꿔 삼성에 우호적인 보도를 하던 몇몇 언론사가, 나중에 정권이 바뀌고 나서 다시 당시 상황이 이슈가 되자 삼성을 비판하는 논조로 180도 돌아섰다. 처음에 삼성 편에 섰던 것보다 더 재미있다. 이런 재미있는 일이 일어난 것에는 다 이유가 있을 것이다.

2015년 삼성물산 합병 임시주주총회
삼성물산과 제일모직의 합병을 둘러싸고 치열한 논란이 벌어지면서, 당시 합병을 의결하기 위해 열린 임시주주총회가 엄청난 주목을 받았다.

성 측을 지지함으로써 엘리엇은 표 대결해서 완패했다. 법률규정에 따라 유효투표 중 3분의 1만 얻으면 합병을 부결시킬 수 있는데, 주주총회에서 전체 주주 중 84%가 참여했다. 따라서 엘리엇은 84%의 3분의 1인 28%만 얻으면 합병을 저지할 수 있었다. 그런데 투표결과 엘리엇 지지표가 약 25%, 삼성 지지표가 59% 나왔다. 이 정도 삼성 측 지지표가 나왔다는 것은 국내 개인투자자들의 절대 다수 외에도 총 34%의 지분을 보유하고 있던 외국 기관투자자 중 상당수가 삼성 측을 지지했다는 것을 의미한다. 엘리엇 지지를 밝힌 국내 주주들과 엘리엇의 보유지분을 합하면 10%쯤 되므로,[8] 외국인 주주들 중 3분의 2만 엘리엇을 지지했다면 엘리엇이 여유 있게 승리할 수 있었기 때문이다. 그런데 엘리엇의 주장에 다른 외국인 주주들 중 절반도 동의하지 않은 것이다.

언론에 보도된 바에 따르면 외국인 주주 중 엘리엇 다음으로 삼성물산의 주식을 많이 보유한 블랙록(3.12% 보유)과 네 번째로 많이 보유한 싱가포르 투자청(1.47% 보유)이 삼성 측을 지지했다. 이에 반해 네덜란드 연기금(0.61% 보유)과 캐나다 연기금(0.2% 보유)은 엘리엇을 지지했다. 물론 삼성이 승리할 수 있었던 이유는 다수의 소액주주와 KCC(5.96%)뿐만 아니라 국민연금(11%)이 찬성편에 섰기 때문이다. 국민연금의 이 결정이 청와대의 압력을 받고 부당하게 내려진 것인지에 대해 나중에 논란이 벌어지게 된다.

삼성의 승리와 통합 삼성물산의 출범

주주총회가 끝나자 그동안 삼성물산의 주식을 매집했던 일부 외국인 주주들이 대거 주식을 매각하기 시작했다. 매각 물량이 쏟아져 나오자 주가가 하락하기 시작해서 8월 초에는 주식매수청구권 행사가격(57,234원) 이하인 5만 5천 원까지 주가가 떨어졌다. 단기적으로 보면 주식을 계속 보유해서 제일모직과의 합병을 기다리는 것보다 주식매수

---

8 엘리엇을 지지한 국내 두 기관투자자는 일성신약과 한화투자증권이다. 언론보도 내용을 보면 일성신약은 경제적으로 볼 때 엘리엇의 주장이 옳다고 판단했다. 그래서 추후 주식매수청구권도 행사했다. 그러나 한화투자증권의 경우 당시 반(反)삼성 정서를 가진 대표이사가 실무자들의 반대에도 불구하고 엘리엇을 지지하도록 지시했다고 언론에 보도되었다. 후에 한화투자증권이 주식매수청구권을 행사하지 않은 것을 봐도 한화투자증권이 합병이 자신에게 불리하다고 판단하지 않았다는 점을 추측할 수 있다.

날짜 (2015년)	사건
5월 26일	삼성그룹, 삼성물산과 제일모직의 합병소식 발표
6월 04일	엘리엇 매너지먼트, 삼성물산 주식 7.12% 보유 공시 및 합병에 대한 반대의견 발표
6월 09일	엘리엇, 법원에 삼성물산 주주총회 금지와 자사주 매각 중단 가처분 신청
6월 10일	삼성물산, KCC에 자사주 899만 주(5.96%) 매각
6월 11일	주주명부 폐쇄일
7월 01일	법원, 엘리엇의 삼성물산 주주총회 금지 가처분 신청 기각
7월 07일	법원, 엘리엇의 자사주 매각 중단 가처분 신청 기각
7월 17일	임시 주주총회, 표 대결에서 59 대 25로 합병안 가결
8월 07일	주식매수청구권 신청 마감, 총 6,702억 원 매수 신청
9월 01일	제일모직과 삼성물산의 통합, 통합 삼성물산 출범

청구권을 행사해서 현금을 받는 것이 더 유리한 상황이 된 것이다. 반대표를 던졌던 주주들이 그대로 주식매수청구권 행사를 신청한다면 합병이 부결될 수 있었다.

그러나 신청 마감일인 8월 7일까지의 신청액은 6,700억 원 정도에 그쳤다. 엘리엇이 보유했던 지분 중 일부와 주주총회에서 엘리엇을 지지했던 일성신약 보유 지분(2.37%) 등 신청한 지분은 8%도 안 되었다. 합병 발표 시 회사가 밝힌 1조 5천 억 원의 최대 주식매수 금액에 훨씬 못 미치므로 합병이 예정대로 진행되었다. 그 결과 2015년 9월 1일을 기점으로 제일모직과 삼성물산이 통합해 통합 제일모직(통합 후 삼성물산으로 개명)이 출범하게 된 것이다.

주주총회에서 25%의 주주들이 반대표를 던졌는데, 이들 중 불과 8%

미만의 주주들만이 주식매수청구권 행사를 신청했다는 것은 놀랄 만한 수치다. 엘리엇이 7%가 넘는 주식을, 일성신약이 2.37%의 주식을 가지고 있었으니, 결국 엘리엇과 일성신약 외에는 주식매수청구권을 행사한 개인이나 집단이 거의 없었던 셈이다. 더군다나 엘리엇은 보유하고 있던 주식들 중 4.95%에 대해서만 주식매수청구권을 행사했다.

만약 엘리엇의 주장처럼 "삼성물산의 주식 가격이 불합리하게 낮은 시점에서 합병을 해 합병비율이 불리하게 산정된 결과 삼성물산 주주들이 손해를 보게 되었다."라면, 손해를 보지 않기 위해서는 당연히 주식매수청구권을 행사해야 한다. 또한 이 시점에는 앞에서 설명한 것처럼 주식매수청구권 행사가격이 당시 시가보다 높았다. 앞에서 설명한 삼성중공업과 삼성엔지니어링 합병의 경우, 주가가 주식매수청구권 행사가격보다 내려가자 주주들 다수가 주식매수청구권 행사를 신청해 합병이 부결된 바 있다. 즉 반대표를 던진 주주들 입장에서는, 당시 상황에서는 주식매수청구권을 행사하는 것이 어떤 기준에서 봐도 합리적인 행동이다.

그런데 다른 주주도 아니고 엘리엇이 보유 주식 중 일부에 대해서만 주식매수청구권을 행사했다는 것은 상식적으로는 도저히 이해할 수 없는 행동이다. 이런 엘리엇의 이상한 행동을 보면 무엇인가 숨겨진 이유가 있을 수 있다. 엘리엇이 주식매수청구권을 행사한 4.95%를 제외한 나머지 지분의 대부분을 주주총회의 참석자가 결정되는 주주명부 폐쇄 시점이 지나자마자 팔아버려서 더 이상 보유하고 있지 않을 가능성이 있다. 최소의 돈으로 최대의 의결권을 확보하기 위해 잠깐 동안만 주식을 구입했다가 매각한 것이리라.

주주들이 주식매수청구권을 행사하지 않은 이유는?

그럼에도 불구하고 왜 주주총회에서 반대표를 던진 기타 주주들 중 거의 대부분이 청구권 행사를 신청하지 않았는지에 대해서는 두 가지 가설을 생각해볼 수 있다. 첫째, 반대표를 던진 대다수는 외국인 주주들이었는데, 이들 외국인 주주들의 표는 엘리엇이 총수익스왑(TRS, Total Return Swap) 거래를 통해 투표권을 사온 것일 가능성이 있다. 돈에 여유가 있는 다른 금융사들에게 주식을 주주총회 직전 구입하도록 하고, 엘리엇은 이들 금융사들의 주식 보유기간 동안 주가 변동에서 발생하는 손익을 정산해주면서 추가 수수료를 지급하는 대가로 투표권을 사온 것이다.[9] 아마도 이 계약은 며칠째리 단기로, 주주들에게 주주총회에 참여할 수 있는 권한이 주어지는 주주명부 폐쇄 시점이나 주주총회일이 지나면 계약이 종료되는 조건으로 맺어졌을 것이다. 즉 경제적 실질을 보면 엘리엇이 금융사들의 돈을 빌려 차명으로 제일모직의 주식을 잠깐 매입해 주주총회 때 투표권을 행사했다가, 계약이 종료되면서 주식을 금융사에게 돌려주었기 때문에 더 이상 그 주식에 대한 영향력을 행사할 수 없으므로 주식매수청구권 행사를 할 수가 없었을 것이다.

이런 추측을 뒷받침하는 증거가 두 가지 있다. ① 엘리엇이 삼성물산의 주식을 매입하는 과정에서 약 2%의 주식을 TRS를 이용해서 매입한 것이 2016년 적발되어 금융위원회가 검찰에 수사를 의뢰했다는 점이

---

9 총수익스왑(Total Return Swap)에 대한 더 자세한 내용은 이 책에 실린 '롯데그룹의 총수익스왑 거래를 이용한 KT렌탈 인수'라는 글을 참조하기를 바란다.

다. 2017년 정권 교체 이후 이 사건에 대한 수사가 거의 진행되지 않다가 조용히 수사 불가능이라고 종결되었지만, 적발된 것보다 더 많은 주식을 엘리엇이 유사한 방법을 통해 취득했을 가능성이 있다. 이런 사건은 외국에서 거래가 이루어져 국내에는 증거자료가 없기 때문에 열심히 수사한다고 해도 진실을 밝혀내기 힘들 것이다. 그러나 일부에서는 당시 합병비율이 불법적으로 이재용 회장에게 유리하게 조작되었다고 삼성과 이재용 회장을 기소한 검찰이, 자신들의 주장에 불리한 증거가 될 TRS 거래에 대해 수사할 의지가 별로 없었다고 비난하기도 한다.

② 주주총회가 끝나자마자 상당수의 외국인 주주가 삼성물산 주식을 내다 팔았다. 이들 주주들은 처음부터 주가 변동 등에는 관심이 없이 단지 단기간 엘리엇과 TRS 거래를 해서 수수료 수익을 올릴 목적으로 주식을 매수했던 것으로 해석할 수 있다. 계약이 끝나니 바로 필요 없어진 주식을 팔아버린 것으로 보인다.

둘째, 반대표를 던진 주주들 중 상당수는 겉으로만 반대할 뿐 속으로는 합병 때문에 자신들이 손해를 본다고 생각하지 않았을 가능성이 있다. 손해를 본다고 생각하지 않더라도, 전략적으로 행동해 합병안을 주주총회에서 부결시킨다면 자신들에게 좀 더 유리한 방향으로 합병비율이 조정될 것이라고 기대했을 수 있다. 그래서 투표에서는 반대표를 던졌지만, 막상 합병이 가결되니 합병비율이 실제로는 자신들에게 불리하지 않다고 생각해 청구권 행사를 신청하지 않은 것이다. 즉 주식을 계속 보유하는 것이 청구권을 행사하는 것보다 유리하다고 생각한 것이다. 카드 게임을 할 때 '블러핑(bluffing)'을 하는 것과 비슷하다. '이런 일이 실제로 있을까?' 하고 생각할 수도 있겠지만, 국내에서는 국민연금도 합병이 예상되고 있는 상태에서 주식을 매수했지만 주주총회에서는 반대표를 던진 후 주식매수청구권을 행사하지 않은 사례가 있다. 이때 국민연금이 주식매수청구권을 행사했다면 금액이 사전에 발표된 최대 매수수량을 월등히 초과해 합병이 실패로 돌아가는 상황이었다.[10] 또는 앞에서 설명한 한화투자증권의 사례처럼, 합병비율이 불리하다고 생각하지는 않지만 정치적인 이유에서 반대표를 던졌을 수 있다.

물론 모든 주주가 이렇게 합리적으로 여러 가능한 대안을 치밀히 분석해서 행동하지는 않았을 것이다. 외국인 기관투자자들은 이런 판단을 내리고 전략적으로 행동할 만한 충분한 지식을 가지고 있다. 그렇지만 국내 개인투자자의 대다수는 이런 전략적인 판단을 하지 못했을 것이다. 국내 개인투자자 중 엘리엇 편에 서서 투표한 사람은 많지 않으므로, 이 점으로부터 추론해보면 이런 이유에 해당하는 한국인은 많지 않을 것이다. 즉 이 두 번째 가능성에 해당하는 사람들도 대부분 외국인 투자자로 보인다.

누가 합병 때문에 이익 또는 손해를 보았을까?

2017년 하반기 이후 정권이 바뀌고 나자 두 회사의 합병과정에 정부의 부당한 개입이 있었다거나, 합병이 한쪽 주주들에게 일방적으로 유리

---

10 이 사례에 대해서는 이 책에 실린 '사상 최대의 분식회계 사건이 될 뻔한 일: SK㈜를 둘러싼 연결재무제표 작성범위 논란'이라는 글을 참조하기를 바란다.

또는 불리하다는 등의 논쟁이 다시 벌어졌다. 이와 관련된 소송도 국내에서 벌어지고 있는 중이다.

그런데 앞에서 설명한 것처럼 청구권 행사 내역을 살펴보면, 주주총회에서 반대표를 던진 외국인 투자자들 대다수의 행동은 겉으로 내세우는 주장과 달랐다. 삼성물산 쪽에 불리하게 합병이 이루어졌다는 엘리엇의 주장이 옳다고 쉽게 동의할 수 없는 증거다.[11] 즉 합병을 통해 제일모직과 삼성물산의 주주들 중 누가 상대적으로 얼마만큼 이익이나 손해를 봤는지는 몇몇 언론이나 권력기관에서 이야기하는 것과는 달리 그렇게 명확하지 않다. 그러나 그렇다고 하더라도 이 거래를 통해 분명히 이익을 본 사람이 있다. 바로 삼성그룹의 이재용 회장이다. 왜 그럴까 생각해보자.

이재용 회장은 제일모직의 경영권을 가지고 있다. 제일모직은 삼성생명의 지분을 충분히 보유해 통제하고 있는데, 삼성생명은 삼성전자의 지분을 7.2% 보유하고 있다. 즉 이재용 회장은 제일모직과 삼성생명을 통제할 수 있다. 그러나 삼성그룹의 핵심 계열사인 삼성전자를 7.2%의 보유지분만으로 지배할 수는 없다. 따라서 합병을 통해 삼성전자의 지분 4.1%를 보유하고 있는 삼성물산을 이재용 회장이 지배하게 되면,

---

[11] 이 말의 의미가 삼성물산에게 유리하게 합병비율이 결정되었다는 뜻은 더더욱 아니다. 여러 엇갈리는 내용이 많기 때문에. 필자처럼 겉으로 드러난 외부 증거만 보고는 쉽게 판단하기 힘들다는 의미일 뿐이다. 만약 한쪽이 유리하게 합병이 이루어지도록 이재용 회장 측에서 의도했다고 하더라도, 누가 봐도 뻔할 정도로 엉성하게 이런 작업을 하지 않았으리라는 것은 쉽게 추측할 수 있다. 어쨌든 당시 벌어진 상황만을 보면 삼성물산에게 불리하게 합병이 이루어졌다고 볼 수 있는 가능성이 충분히 존재한다.

7.2% 및 4.1%와 가족이 별도로 보유하고 있는 삼성전자 지분 3.4%를 합해 총 14.7%의 지분으로 삼성전자를 지배할 수 있게 된다. 14.7%의 지분비율이 완벽히 삼성전자를 지배하기에는 약간 부족하지만, 통합 삼성물산이나 삼성생명 등이 이용 가능한 현금으로 삼성전자 지분을 약간 더 매입하면 부족한 부분을 보충할 수 있다. 이런 이유에서 두 회사를 합병시킬 것이라는 전망은 수년 전부터 널리 알려져 있는 상태였다.

만약 이 합병안이 부결되었다면 삼성그룹이 삼성전자에 대한 지배권을 명확히 하기 위해서 취할 수 있는 방법은 무엇일까? 우선 제일모직과 이재용 회장이 각각 현금을 마련해 삼성물산의 주식을 사야 한다. 경영권을 행사할 수 있을 만큼 충분하려면 최소 15% 정도는 되어야 한다. 그러기 위해서는 엄청난 지급과 시간이 필요하다. 이 정도의 대규모 자금을 어느 날 갑자기 마련할 수도 없으며, 자금이 있다고 하더라도 그정도의 막대한 물량의 주식을 갑자기 주식시장에서 살 수도 없다. 그러니 이런 일들을 모두 완료하는 데 몇 년의 시간이 필요할 것이다.

평상시라면 10년쯤 걸리더라도 이런 과정들을 차근차근 밟아갈 수 있을 것이다. 그런데 당시 이재용 회장은 그렇게 기다릴 시간적 여유가 없었다. 이건희 회장이 병석에 있었기 때문이다. 만약 이건희 회장이 갑자기 사망한다면 회장의 재산(삼성그룹의 계열사 주식)은 이재용 회장에게 대부분 상속될 것이다. 그렇다면 막대한 상속세를 낼 자금을 마련하기 위해 상속받은 주식의 반쯤은 팔아야 한다. 이 경우 이재용 회장이 삼성물산이나 삼성전자를 계속해서 지배할 수 없을 것이다. 아마도 삼성그룹은 해체되고, 각각의 회사들은 명확한 지배주주가 없는 국내의 여러 기업들처럼 바뀌어 갈 것이다. 그 결과 정권이 바뀔 때마다 CEO가 바

삼성 강남 사옥 건물
삼성의 지배권이 선대 회장으로부터 이재용 회장으로 이전되는 과정에서 핵심적인 역할을 한 것이 삼성물산과 제일모직의 합병이다. 그 과정에서 많은 논란이 있었고 현재 재판이 진행 중이다.

꾀는 등 정부의 큰 영향을 받게 될 것이다. 따라서 삼성그룹은 빠른 시간 안에 그룹의 승계문제를 마무리 짓기 위해 계열사 합병이라는 방법을 택했을 것이다. 주주총회의 의결을 거쳐야 하지만 3개월 정도면 충분히 합병을 완료할 수 있기 때문이다.

삼성이 앞으로 해야 할 일은?

앞에서 이미 설명한 것처럼 합병을 통해 구 삼성물산의 소액주주들이 손해를 본 것인지는 불명확하다. 이재용 회장이 경영권을 지킬 수 있어서 혜택을 봤다는 의미가 다른 사람들이 손해를 봤다는 의미는 아니기 때문이다. 보다 정확한 사실은 현재 진행 중인 재판에서 다루어질 것이므로 몇 년 지나면 결과를 알 수 있을 것이다.

그렇다고 하더라도 삼성의 지배주주 일가는 세금을 덜 내면서 삼성 그룹의 경영권을 지킬 수 있게 되었으므로 상당한 이익을 얻은 것이 명백하다. 그렇다면 지배주주 일가는 무엇을 해야 할까? 앞으로 최소한 이익의 일부라도 한국 사회에 환원하기를 바란다. 삼성그룹의 발전에 직원이나 국민들도 기여한 것이 분명한 만큼 이들에게도 과실의 일부가 돌아가야 할 것이다. 삼성이 엘리엇과 분쟁을 벌이던 중 주주들의 지지를 호소하는 과정에서, 앞으로 주주들을 존중하며 사회에 더 많이 기여하겠다고 약속한 바 있다. 그 약속을 꼭 지켰으면 하는 바람이다.

학생들을 가르치는 교수인 필자의 입장에서 볼 때 요즘의 청년실업 문제는 매우 심각하다. 특히 최근 고용 상황이 급속히 악화되면서 문제는 더욱 심각해졌다. 실업 문제 해결을 위해 삼성이 고용을 창출할 수 있는 국내 시설투자에 적극 나서주었으면 한다. 이런 여러 가지 노력이 꾸준히 진행되어야 일부 사람들이 가진 반(反)삼성 정서도 점차 완화될 것이다.

삼성그룹은 최근 또 다른 문제에 직면해 있다. 현 정부가 금산분리원칙을 강조하면서 삼성생명을 그룹에서 분리해 매각하거나 삼성생명이 보유한 삼성전자 지분을 매각할 것을 강력하게 요구하고 있기 때문이다.[12] 이를 강제하는 법률도 현재 국회에 제출되어 있으며, 여당 측에서 꼭 이 법률을 통과시키겠다고 장담하고 있다. 소위 '삼성생명법'이라고 불리는 법이다.

이 법이 실행되어 삼성생명을 독립 회사로 분리한다면 삼성생명이 보유하고 있는 삼성전자 주식을 어떻게 할 것인지에 대한 문제가 발생한다. 회사를 그룹에서 분리하지 않더라도 삼성전자 주식의 매각 문제는 동일하게 발생한다. 삼성생명이 보유한 삼성전자 주식(2019년 말 기준 8.8%)이 엄청나기 때문에, 이 주식을 살 만큼 많은 돈을 가지고 있는 다른 삼성그룹 계열사가 없다. 그렇다고 해서 그냥 삼성생명을 삼성그룹에서 떼어내 버린다면 삼성전자에 대한 지배권이 흔들릴 것이다. 지배주주 일가와 삼성물산이 보유한 삼성전자 지분을 다 합쳐야 2019년 말 기준 10.8%에 불과한데, 상속세를 내고 나면 이 지분비율이 크게 떨어질 것이기 때문이다.

만약 이런 일이 실제로 일어난다면 삼성전자는 1대 주주가 국민연금으로 바뀐다. 2019년 말 기준 국민연금이 삼성전자의 지분 11%를 보유하고 있기 때문이다. 그리고 실제 정부의 영향력은 이 수치보다 훨씬 크다. 국민연금의 돈을 받아 운용하는 국내외 자산운용사들의 경우, 만약 정부가 국민연금을 이용해 삼성전자를 지배하겠다고 나선다면 당연히 국민연금이 원하는 대로 투표를 할 수밖에 없기 때문이다. 몇몇 정치인이 나서서 적극적으로 금산분리원칙을 강조하는 이유가 바로 이 점을 의도한 것으로 추측할 수 있다. 일부 고위 정치인이 지난 몇 년간 계속해서 삼성전자를 '국민기업화'하자는 소리를 하는 것도 같은 맥락에

---

12 금산분리원칙이란 금융기업은 다른 산업기업을, 다른 산업기업은 금융기업을 지배할 수 없다는 원칙이다. 현실적으로 국내에서는 금산분리가 아니라 은산분리가 적용되어왔는데, 이는 금융기업 전부가 아니라 은행만 해당되는 것이었다. 그런데 이를 은행이 아닌 금융업 전부로 확대하겠다는 게 현 정부의 계획이다. 현재의 은산분리제도만 볼 때도 우리나라는 전 세계에서 가장 강한 규제를 가진 몇 나라 중의 하나에 해당한다. 산업 간 차이가 없어져서 IT와 금융이 결합되는 현 시점에서 이런 규제가 과연 필요한지 곰곰히 생각해봐야 할 것이다.

서 의도한 이야기로 보인다. 삼성전자의 경영권을 획득한 후 삼성전자의 최고경영진을 정치권에서 임명하겠다는 의도일 것이다.

정부의 금산분리 요구와 삼성전자의 미래

또한 삼성생명의 주식 중 삼성그룹이나 지배주주 일가가 보유한 물량도 불특정 다수의 주주에게 분할매각하게 된다면, 매각 후 삼성생명의 1대 주주는 국민연금(2019년 말 기준 5.89%), 2대 주주는 이마트(2019년 말 기준 5.88%)가 된다. 정부가 삼성생명에 대해서도 큰 영향력을 발휘하거나 경영권을 행사할 수 있게 될 것이다. 물론 삼성의 지배주주들이나 삼성물산은 삼성생명 주식 매각을 통해 마련한 돈으로 삼성전자의 지분을 취득해서 삼성전자의 경영권을 지키려고 노력할 것이다. 즉 현실적으로 볼 때 둘 중 삼성생명은 포기해야 하며, 돈을 모두 모아도 삼성전자의 경영권을 지키기가 쉽지 않다.

이런 과정에는 엄청난 시간과 노력, 그리고 자금이 소요될 것이다. 그래서 현재 삼성물산이 '강남 사옥을 매각하는 등의 방법을 이용해서 현금을 마련해 차곡차곡 준비하는 것이 아닐까?' 하고 추측한다. 또한 지배주주 일가도 2015년 이후 계속해서 조금씩이지만 삼성전자 주식을 사모아서 지분비율을 늘리고 있다. 삼성전자가 자사주를 수차례 취득한 이유도 유통주식 수를 줄임으로써 지배주주의 지분비율 향상을 의도하는 것일 가능성이 있다.

필자의 개인적인 생각일 수도 있지만, 정부가 삼성전자를 지배하면서

청와대의 모습
정치권의 고위 인사들은 수차례 '삼성전자를 국민기업화'해야 한다고 언급하면서, 이를 추진하기 위해 여러 법안을 마련하는 중이다. 지주회사 관련 법안들과 삼성생명법이 그 대표적인 예다.

최고경영진을 자신들 사람으로 임명한다면 삼성전자는 앞으로 어떻게 될까? 삼성전자의 미래뿐만 아니라 국가의 미래가 염려스럽다. 공기업이 아님에도 불구하고 정부가 최고경영진을 임명하고 있는 몇몇 회사가 왜 발전하지 못하는지 생각해보자. 정권의 최고위층에서 대표를 임명하던 대우조선해양에서 발생한 사태를 대표적인 예로 들 수 있지만, 사기업 중에서도 정부가 최고경영진을 임명하는 경우가 몇 개 있다. 이들 기업에서 심각한 대리인 문제나 여러 불미스러운 일이 계속 발생하고 있다는 것은 잘 알려진 사실이다.

역시 필자의 개인적인 견해일 수는 있지만, 필자는 어서 빨리 삼성그룹이 지배구조 개편과정을 완료하기를 바란다. 삼성그룹의 대표회사인 삼성전자의 경우 매출액 기준 90% 이상, 이익은 거의 100%가 수출로 창출되고 있다. 언론보도를 보면 삼성그룹이 연간 매출액 규모가 한국

GDP의 30%에 육박한다. 그만큼 삼성은 국민생활과 직결되어 있는 기업이고, 삼성전자가 없는 삼성그룹은 의미가 없을 정도다. 삼성이 앞으로 더욱 발전해서 더 많은 국부를 창출하고, 그렇게 창출된 국부가 국민들에게 더 많이 돌아갈 수 있게끔 노력하기를 바란다. 그래야 국민들의 사랑과 신뢰를 받는 기업으로 재탄생할 수 있고, 그 결과 일부 인사가 가진 반(反)삼성 정서도 완화시킬 수 있을 것이다.

지금도 대부분의 의사결정이 전문경영인들에 의해서 이루어지고 있겠지만, 이재용 회장 다음 단계에서는 결국 전문경영인 체제로 넘어갈 수밖에 없다. 이재용 회장도 2020년 가진 기자회견에서 그런 내용을 발표한 바 있다. 정치인들이 아닌 업계 최고 전문가들이 모여 회사의 미래를 설계할 수 있는 기반이 하루 빨리 마련되었으면 하는 바람이다.

우리가 배울 수 있는 교훈

이제 다시 합병에 대한 내용으로 돌아가보자. 모든 합병 시 주주들에게 주식매수청구권이 보유되는 것은 아니다. 소규모 합병의 경우 이런 복잡한 과정 없이도 합병이 가능하다.[13] 주주총회를 별도로 열 필요도 없

---

13 소규모 합병의 예는 합병을 하는 대가로 발행해야 하는 주식 수가 발행주식 수의 10%가 넘지 않는 경우, 자산이나 매출액의 10% 미만인 영업 부분을 거래하는 경우, 거래 후 부채가 전체 기업 부채의 10% 미만인 경우 등이다. 단 흡수합병회사의 주주 중 20% 이상이 서면으로 반대하는 경우에는 소규모 합병을 할 수 없다.

으며, 이사회의 결의만으로 합병할 수 있다. 따라서 합병에 걸리는 시간을 절반 가까이 대폭 단축할 수 있다.

예를 들어 2014년 동국제강은 자회사 유니온스틸을 합병했다. 유니온스틸의 주주들은 유니온스틸의 주식을 동국제강에게 넘기고, 대신 동국제강이 발행하는 신주를 받았다. 합병의 결과 동국제강의 발행주식은 약 9천만 주가 되었는데, 유니온스틸의 주주들에게 신규로 발행되는 주식은 약 650만 주로 발행주식 중 7%에 불과했다. 따라서 법률에서 정한 10% 기준 미만으로 소규모 합병에 해당되었다. 발행주식 수가 이렇게 적었던 이유는 동국제강이 이미 유니온스틸의 주식 중 65%를 보유하고 있었기 때문이다. 나머지 지분 35%를 보유 중인 소액주주들에게만 신주를 발행해 배부했기 때문에 발행주식 수가 7%에 불과했다.

동국제강의 사례를 보면, 주주총회를 열지 않고 간단히 합병을 성사시키려면 합병 선언 전 꾸준히 회사의 주식을 사모아서 지분비율을 높이면 된다는 점을 배울 수 있다. 소규모 합병의 사례를 검색해보니, KG동부제철의 동부인천스틸 합병(2020년), 삼성제약의 삼성제약헬스케어 합병(2019년), 롯데정보통신의 현대정보기술 합병(2019년), 포스코켐텍과 포스코ESM 합병(2019년), 삼양옵틱스와 옵트라움 합병(2017년), NXC의 NXCL 합병(2017년), LG화학의 LG생명과학 합병 (2016년) 등 다수가 발견된다.

또 한 가지 배울 수 있는 교훈은 합병 성공에 필요한 조건이다. 삼성중공업과 삼성엔지니어링의 합병이 무산된 것은 경영환경이 악화되어 주가가 계속 하락했기 때문이다. 과거의 주가에 기초해 결정되는 주식매수청구권 행사가액이 상대적으로 현재 주가보다 상당히 높아서 발생한 일이다. 2009년 호남석유화학과 KP케미칼의 합병이 실패한 상황도 거의 똑같다. 현재 주가보다 신주인수권 행사가격이 높으니, 상당수의 주주들이 불확실한 미래를 믿고 기다리기보다는 현재의 확실한 이익을 선택하는 의사결정을 할 것이다.

이를 보면 업황이 부진해 주가가 하락하는 상황에서 합병을 추진한다면 주주들의 동의를 얻기 어렵다는 것을 이해할 수 있을 것이다. 따라서 합병 기업과 피합병 기업 모두 주가가 하락하는 상황이 아니라 주가가 상승하거나 주가가 안정적인 상황에서 합병을 추진해야 성공 가능성이 높다. 삼성물산과 제일모직의 합병이 큰 논란이 되었던 이유도, 제일모직은 주가가 상승하는 상황이었지만 삼성물산은 반대로 주가가 하락하는 상황이었기 때문이다.

이상에 걸쳐서 상당히 복잡한 내용들을 정리했다. 우리나라 기업과 투자자 들이 이 글을 통해 합병과 관련된 여러 가지 사항을 배우고 활용했으면 하는 바람이다. 국내 사례들을 보면, 구조조정 목적의 합병은 불경기 때 실시되는 경우가 많다. 이 경우 앞에서 설명한 것처럼 주가가 하락하는 상황에 합병이 실시되므로 주주총회에서 합병이 부결될 가능성이 높다. 따라서 불경기가 닥치기 전 미리미리 미래를 예상해서 행동하는 지혜가 필요하다.

일이 발생한 후 대처하는 것은 대부분의 사람이 할 수 있다. 그러나 정말 현명한 경영자라면, 일이 발생하기 전에 미리 준비를 해놓거나 그런 일 자체가 일어나지 않도록 대비를 할 수 있어야 한다.

회계로 본 세상

삼성물산과 제일모직의 합병이 공정하게 이루어진 합병인지에 대해서는 논란이 많았다. 법대로 두 회사의 주가비율에 따라 합병이 이루어진 것은 맞지만, 과연 당시의 두 회사의 주가가 기업 가치를 제대로 나타내고 있었는지는 명확하지 않다. 두 회사의 주가가 모두 급변하는 중에 합병이 일어났기 때문에 논란이 커진 것이다.

이 사건을 통해, 앞으로 합병을 추진하는 기업들은 피합병기업들의 주가가 안정적일 때 합병을 해야 논란이 발생할 가능성이 줄어든다는 교훈을 얻었기를 바란다. 그러기 위해서는 1~2년에 걸친 준비기간이 필요하다. 만약 제일모직을 훨씬 전에 상장시켰더라면, 그리고 경기가 상대적으로 안정된 시점을 골라 합병을 했다면, 합병 직전까지 제일모직의 주가 상승 추세가 지속되지는 않았을 것이다. 마찬가지로 삼성물산의 경우 건설업 경기가 안정된 시점을 골라 합병을 했었어야 한다. 당시 부동산 경기 침체와 정부의 SOC 예산 삭감 정책 등으로 대부분의 건설사들의 주가가 하락하는 추세였다. 즉 제일모직의 상승 추세와 삼성물산의 하락 추세가 동시에 발생하던 시점에 합병이 선언되었으니 논란이 더 커진 것이다. 그전에 삼성중공업과 삼성엔지니어링의 합병이 실패한 것도, 두 회사의 주가가 모두 하락하는 어려운 시기에 합병이 추진되었기 때문이라는 점도 본문에서 설명한 바 있다.

엘리엇과 삼성그룹이 치열한 여론전을 벌이던 당시, 많은 사람이 어느 쪽 주장이 왜 옳은지에 대한 자기 나름대로의 논리를 들어 이야기했다. 필자에게 열변을 토하거나 필자보고 적극 나서라고 권하는 분들도 만나봤다. 그렇지만 가치평가 전문가가 아니고 내부 자료도 없는 필자의 단편적인 분석으로는 과연 어느 쪽 주장이 옳은지 쉽게 판단을 내릴 수 없었다. 따라서 필자는 이 합병 건 자체에 대해서는 어느 쪽의 주장이 옳다는 이야기를 이 글에서 하지 않았다.[1] 어쨌든 당시 부정한 방법으로 주가조작이 있었는지에 대해서는 재판과정에서 시비가 가려질 것이다. 필자가 알지 못하는 외부로 공개되지 않은 증거들이 있을 수도 있으므로, 그런 증거들에 따라 재판 판결이 영향받을 수도 있다. 따라서 이 글은 사실(fact)에 입각한 내용들만을 중심으로 정리한 것이며, 합병 과정에서 주식매수청구권이 어떤 역할을 하는지를 소개하는 글일 뿐이

---

1 필자는 정치인이 아니라 학자이므로, 잘 모르는 일에 나서지 않고 거의 확신하지 않는다면 아는 체도 하지 않는다. 사후적으로 보면 현재 건설업은 침체기가 계속되고 있지만 제일모직의 자회사였던 삼성바이오로직스는 엄청난 이익을 기록하면서 시가총액이 50조 원이 넘게 성장했다. 즉 사후적으로 보면 구 삼성물산이 아니라 제일모직 측에 불리하게 합병이 이루어진 것이다. 그러나 이는 사후적인 것일 뿐이며, 공정한 합병 여부는 합병 시점의 주가가 공정하게 형성된 것인지를 보고 판단해야 한다. 즉 현재의 사후적 가치는 사전적 가치를 평가할 때 참고할수는 있겠지만 큰 의미를 가진 증거라고는 보기 힘들다.

다. 삼성물산과 제일모직의 합병과 엘리엇의 투표행태에 대한 내용이 이 글에 등장하지만, 그 내용은 학자로서의 추론일 뿐이며 이 글의 핵심 주제도 아니다. 그 내용 자체가 어느 쪽 편을 지지하는 내용이 아니라는 점을 다시 한번 강조해서 밝히고 싶다.

이 글은 2018년에 최초 작성한 후 몇 차례 수정을 거쳐 2020년 〈동아비즈니스리뷰〉에 발표한 것이다. 이 글을 발표한 후인 2020년 10월 들어 이건희 선대 회장이 사망했다. 유족들이 총 12조 원 정도의 상속세를 납부해야 한다는 것이 언론보도를 통해 널리 알려졌다. 고인의 유지를 받들어 유족들은 2021년 초 1조 원의 현금과 구입가가 대략 1조 원 정도(감정가는 대략 3조 원)의 미술품 2만 3천 점도 기부하기로 했다. 한국 역사상 유래를 찾을 수 없는 최대의 기부다.

이 글에서 필자는 삼성물산과 제일모직의 합병으로 이재용 회장이 세금을 덜 내는 혜택을 받은 것은 확실하며, 최소한 그 일부분을 한국 사회를 위해 환원하라는 조언을 언급했다. 필자가 이런 언급을 했다고 유족이 기부를 한 것이 아니라 이건희 회장 유언의 일부였다고 하지만, 유족이 막대한 기부를 한 것은 사회환원의 일부일 것이다. 이런 막대한 부를 사회를 위해 기부하신 고(故) 이건희 회장님께 진심으로 감사를 표한다.

다만 아쉬운 점은, 왜 2015년 당시 합병이 이루어진 후 또는 합병 발표 이전에 사회환원 계획을 발표하지 않았는지 하는 점이다. 경영권 승계를 위해서 합병을 결정하게 되었다고 솔직하게 고백하면서, 그 대신 합병의 대가로 이재용 회장 일가가 얻게 되는 이익의 일부분을 사회에 환원하겠다고 발표했었으면 합병이 이렇게까지 국가를 뒤흔드는 큰 문제로 발전하지 않았을 가능성이 높다. 아마도 '합병비율은 주가로 정해지는 것이니 법적으로 아무 문제가 없다.'라는 법률가들의 자문만 받고 합병을 결정했을 것이다. 앞으로는 법뿐만이 아니라 '남들의 눈'과 여론도 생각하면서 의사결정을 하기를 바란다.[2]

앞에서 합병을 둘러싼 논쟁이 벌어지던 당시 삼성 측에서 소액주주들의 지지를 얻기 위해 "앞으로 주주들과의 소통을 강화하고 지배구조를 개선하고 소액주주들 보호에 힘쓰겠다." 등 여러 약속을 했다는 사실을 언급한 바 있다. 이런 약속대로 늘 주주를 생각하는 마음으로 꾸준히 소통을 하기를 바란다. '사실의 통보'와 '소통'은 전혀 다르다. 삼성전자의 주주들 중 지배주주 일가가 차지하는 비중이 15% 미만이라는 점은, 85%의 지분을 다른 주주들이 가지고 있다는 의미다. 또한 주주들만 생각하는 것이 아니라 선대 회장이 언급했던 '사업보국(事業報國)' 정신에 입각해 국가에 기여할 수 있는 방법도 생각해주기를 바란다. 이런 일이 꾸준히 이루어져야만 '삼성전자를 국민기업화시켜서 정권에서 CEO를 임명하겠다.'라는 일부 고위 정치인들의 주장이 힘을 잃게 될 것이다. 만약 그렇지 않다면 지금 당장은 아니더라도 언젠가 정말 이런 시기가 올 수도 있을 것이다.

---

2 한국에서 일반 법률보다 더 중요한 국민정서법을 고려하지 않은 셈이다.

4부에서는 기업지배구조와 관련된 사례들을 모았다. 기업지배구조 문제는 현재 한국 사회의 큰 화두가 되고 있다. 정확한 답이 없는 이슈인데도 불구하고, 일부 정치권이나 인사들은 큰 그림을 보지 못하고 근시안적인 입장에서 여러 정책들을 쏟아 내고 있다. 그러다 보니 제안된 정책들의 효과가 서로 정반대인 경우도 있고, 경제 전반에 상당한 부정적인 효과를 미치는 정책들도 일부 존재한다. 이런 혼란을 정리하는 데 도움이 될 수 있을까 하는 기대로 지배구조에 대한 사례들을 정리해 소개한다. 이 글들을 통해 한국의 경영자들이 지배구조 개편 방향이나 지배구조의 중요성에 대해 공부할 수 있고, 그 결과 한국의 기업지배구조가 더 발전하는 데 조금이라도 공헌했으면 하는 바람이다.

4부

기업지배구조와
회계의 역할

현대자동차그룹의
지배구조 개편 계획을
둘러싼 논란

현대자동차 그룹은 기형적인 지배구조를 개선하고 정몽구 회장으로부터 정의선 회장으로 경영권 상속을 하고자 하는 목적으로 2020년 말 지배구조 개편 계획을 발표한다. 1단계에서 현대모비스를 분할해 지주사 및 사업회사로 구분하고, 2단계로 사업회사를 글로비스와 합병한다는 계획이었다. 이런 계획이 이루어진다면 지배주주는 사업회사와 글로비스가 합병한 회사의 주식을 매각해 마련한 자금으로 지주사의 주식을 매수해, 지주사에 대한 지배권을 강화하려고 할 것으로 예상되었다. 사전에 공정위원회와 논의를 통해 마련했으며 법적 및 회계적으로는 전혀 문제가 될 것이 없는 계획이었지만, 이 계획은 주주들의 큰 반발을 받아 실패로 돌아가게 된다. 현대자동차그룹의 사례와 이와 유사한 다른 기업들의 사례를 통해, 회사의 분할이나 합병 시 주의해야 할 점이 무엇인지 공부한다. 인적분할과 물적분할의 차이점을 통해서, 주주들이 이런 다른 형태의 분할에 대해 어떻게 생각하는지도 살펴본다.

MANAGING BY NUMBERS

2020년 10월, 현대자동차그룹(이하 현대차그룹)은 20년 동안 회장 자리를 지켜온 정몽구 회장이 물러나고 아들인 정의선 부회장이 자리를 계승한다고 발표했다. 정몽구 회장이 병원에 입원해 있다는 뉴스도 동시에 알려졌다. 그 결과 정주영-정몽구-정의선으로 이어지는 3세 경영이 시작된 것이다. 사실 지난 몇 년간 경영 실무도 대부분 정의선 부회장이 담당해온 것으로 알려져 있었는데, 이제 선대 회장이 공식적으로 은퇴하고 정의선 부회장이 회장 역할을 승계하게 된 것이다. 이런 세대교체가 발생하자 앞으로 정의선 신임 회장이 상속을 마무리 짓고 경영권을 강화하기 위해 어떻게 지배구조를 개편해나갈지 주목된다. 2018년 시도했던 지배구조 개편 계획이 실패한 바 있기 때문이다. 당시 지배구조 개편 계획이 실패한 내막은 무엇일까?

2018년 3월 당시 현대차그룹은 기존의 순환출자를 해소하고 지주사 체제로 전환하겠다는 지배구조 개편 계획을 발표했다. 순환출자란 적은

303

지분을 가진 지배주주가 여러 회사를 지배하려는 목적으로 종종 사용하는 방법이다. 예를 들면 A회사가 B회사를 지배하고, B회사가 C회사를 지배하고, 마지막으로 C회사가 A회사를 지배하는 식으로 구성된 대기업집단을 말한다. 이런 경우 지배주주는 A, B, C 중 하나만 지배하면 세 회사를 다 지배할 수 있게 된다. 너무 복잡한 내용이라 자세히 설명하기는 힘들지만, 순환출자 체제에서는 기업의 사업구조 개편이 힘들고 기업 간 부당한 거래나 은밀한 상호 지원이 발생할 인센티브가 존재한다. 따라서 순수한 사업적 및 법률적 측면에서 볼 때 바람직한 제도라고는 할 수 없다.[1]

2018년 정권교체 이후 정부는 '재벌개혁'을 국정과제 중 하나로 삼았고, 그런 방법으로서 김상조 씨를 공정위원장으로 임명했다. 이 같은 정부의 시책에 발맞춰 현대차그룹은 순환출자 체제를 보다 바람직한 지배구조 체제로 알려진 지주사 체제로 전환하겠다는 계획을 발표한 것이다. 당시 국내 5대 대기업집단 중 유일하게 현대차그룹만이 순환출자 체제를 유지하고 있었다. 대기업집단의 지배구조를 지주사 체제로

---

1 순환출자 제도에 반대하는 사람들 중 일부는 순환출자 제도 때문에 기업집단의 지배주주가 소규모 지분만을 가지고 전체 기업집단을 지배하는 과도한 영향력을 행사한다고 비난한다. 그러나 이 문제는 지주사 체제에서도 똑같이 존재한다. 또한 순환출자 제도나 지주사 제도에 관계없이, 많은 지분을 보유함으로써 다른 회사의 경영권을 장악한 것을 문제점이라고 부르는 것 자체가 옳은 표현은 아니라고 필자는 생각한다. 즉 이런 주장은 다른 회사의 주식을 보유해 경영권을 행사하려면 반드시 주식 100%를 다 소유하는 것이 옳다는 의미다. 세계 어느 국가에도 존재하지 않는 이런 규제를 도입해야 한다고 주장하는 사람들이 일부 있지만, 만약 이 주장이 실제로 법률화된다면 기업을 사고파는 M&A를 통한 사업구조 개편이 쉽게 일어나지 못하게 될 것이다. 경영권을 확보할 수 있을 정도만 특정 회사의 주식을 사는 것(예를 들면 33% 정도)과는 달리 주식 100%를 다 사려면 세 배의 자금이 필요하기 때문이다.

바꾸는 정부정책은 새로운 것이 아니었다. 1998년 발생했던 외환위기 극복과정에서 지주사 체제가 바람직한 지배구조의 대안으로 제시되면서, 이 같은 기조는 2000년대 초부터 정권의 교체와 무관하게 계속 이어져왔다. 이런 정책에 따라 현대차그룹을 제외한 대부분의 대기업들이 이미 지주사 체제로 전환한 상태였다.[2]

분할과 합병을 통한 지주사 전환 계획

현대차그룹 지주사 전환 계획의 핵심은 현대모비스(이하 모비스)를 지주회사로 바꾸는 것이었다. 당시 현대차그룹의 정몽구, 정의선 회장 등 지배주주 일가는 모비스의 지분 7%와 현대글로비스(이하 글로비스)의 지분 30%를 보유하고 있었다. 모비스가 현대차 지분의 20.8%를 보유해서 현대차를 지배하고, 현대차는 기아차 지분 33.9%를 보유해 지배하고 있는 형태의 지배구조였다. 지배주주 일가가 보유하고 있는 지분 7%로는 모비스의 경영권을 행사하기 부족하다. 그런데 기아차가 모비스의 지분을 16.9%나 보유하고 있었고, 현대차와 기아차가 함께 경영권을 행사하고 있는 현대제철도 모비스의 지분을 5.7% 보유하고 있다. 즉 '모비스 → 현대차 → 기아차 → 모비스'라는 순환출자 구조와 '모비스 → 현대차 → 기아차 → 현대제철 → 모비스'라는 순환출자가 존재했

---

2 순환출자 제도 및 지주사 체제의 비교와 지주사 전환 방법에 대한 보다 자세한 내용은 『숫자로 경영하라 3』에 실린 'LG그룹의 지주회사 전환과정과 지주회사 전환의 효과'라는 글을 참조하라.

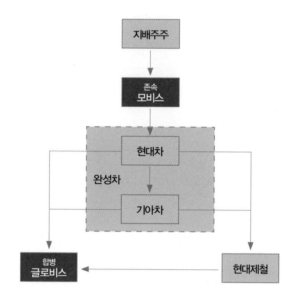

306

다. 정확한 지배구조 형태는 다음 〈그림 1〉의 개편된 지배구조를 보면 알 수 있다.

이 지배구조 개편안에 따르면 사업지주회사로 전환된 모비스는 현대 차를 지배하며, 현대차가 다른 회사들(기아차, 글로비스, 현대제철)을 지배 하는 형태가 된다. 이 계획은 두 단계로 이루어진다. 우선 1단계는 모비 스의 사업 부분을 일부 분할하는 계획이었다. 이렇게 인적분할 방식[3]을 택하면, 분할 후 두 회사의 주식은 계속해서 기존 모비스의 주주들이 보

---

3 인적분할이 무엇인지는 322쪽의 〈그림 2〉를 참조하길 바란다.

유하게 된다. 그 후 2단계는 분할된 사업 부분을 글로비스와 합병하는 계획이었다. 합병 후 지배주주 일가는 보유하고 있는 글로비스의 지분을 팔아 마련한 현금으로 모비스의 지분을 취득해 모비스에 대한 지분 비율을 늘릴 것으로 보였다. 이 경우 지배주주는 지배구조 개편 후 현대차그룹의 지주사 역할을 할 모비스의 지분만을 보유하면서, 모비스를 통해 계열사 전체를 지배할 수 있게 된다. 이렇게 지주사 체제로 전환하면 현재 집권 여당이 입법화를 준비하고 있는 그룹 계열사 간 일감 몰아주기에 대한 강력한 규제도 일부 피할 수 있다.[4] 또한 이런 과정에서 순환출자와 관련된 지분은 주식시장에서 매각하면 된다.

지배구조 개편 계획에 대한 반발과 합병 실패

현대차그룹은 사전에 이 계획을 공정거래위에 보고해 승인을 받은 후 외부에 발표한다. 정부나 공정거래위에서 적극적으로 지주회사 체제로 전환할 것을 현대차그룹에게 추천(또는 압박)했을 가능성도 있다. 그래서 현대차그룹이 서둘러 계획했던 듯하다. 어쨌든 정부의 적극적인 지

---

4 이 규제는 총수나 특수관계인이 20% 이상의 지분을 보유한 기업과 거래하면 내부거래로 간주하고 해당 거래에서 발생한 이익에 대해 증여세를 과세하겠다는 내용이다. 지배주주 일가가 글로비스의 주식 중 30%를 보유하고 있으므로, 현대차그룹 계열사들이 글로비스와 거래를 하면 거래 가격이 적정한가의 여부에 관계없이 이 거래를 통해 글로비스가 얻은 이익을 증여이익이라고 간주받게 되므로 글로비스는 증여세를 납부해야 한다. 따라서 현대차그룹은 지배구조를 개편해 이 문제를 해결할 필요가 있다. 어쨌든 이 규제안은 다른 법률과 충돌하는 내용이 있어서 쉽게 입법화되지 못할 가능성이 있다.

원하에서 이루어진 이 계획이 처음 발표되었을 때만 해도 지배구조 개편이 계획대로 손쉽게 이루어질 것으로 보였다. 합병을 결의하기 위한 임시 주주총회는 2018년 5월 말로 예정되어 있었다. 주주총회에 참석한 주주들 중 3분의 2 이상이 동의하면 이 계획은 실행된다.

그런데 자세한 계획이 알려지자 시장에서는 부정적인 반응이 크게 일어난다. 모비스의 여러 소액주주가 반발했고, 뒤이어 현대차그룹 여러 계열사들의 주식을 보유하고 있다고 밝힌 미국 헤지펀드 엘리엇에서도 반대성명을 내놨다.[5] 그 후 4월 중순 들어 엘리엇은 현대차와 모비스를 합병하라는 등 현대차의 계획과는 전혀 다른 지배구조 개편안을 내놨다. 또한 국내외 의결권 자문사들이 잇달아 주주총회에서 안건에 반대투표를 하라는 추천안을 발표하고, 국민연금을 비롯한 국내 여러 기관투자자들도 모두 반대하겠다는 결정을 내렸다. 현대차의 기대와는 다른 방향으로 여론이 형성된 것이다.

상황이 이렇게 전개되자 현대차그룹 수뇌부는 예정된 주주총회가 열리기 직전인 5월 1일 안건 철회 결정을 내린다. 주주총회에서 안건이 부결될 것이 거의 명백해지자 계획을 포기한 것이다. 현대차 측에서는 지배구조 개편안을 보완한 후 시장과의 긴밀한 소통을 통해 지배구조 개편을 재추진하겠다고 밝혔다.

그렇다면 왜 지배구조 개편안에 대해 모비스의 소액주주들이 반발했는지 생각해보자. 시장에서는 이 분할·합병안이 소액주주들에게 불리

---

5 엘리엇은 2015년 삼성물산과 제일모직의 합병 당시 합병을 반대하며 삼성 측과 표 대결을 벌였던 헤지펀드다.

하다고 판단했다. 모비스에서 분할해서 글로비스와 합쳐질 것으로 예정된 사업 부분의 가치가 너무 낮게 산정되었다는 견해다. 그러나 당시 언론보도를 찾아보니 왜 이 계획이 소액주주들에게 불리한 것인지 심도 있게 분석한 기사는 거의 발견할 수 없었다. 즉 대부분의 외부 이해관계자들이나 개인투자자들은 이 사건에 대한 자세한 전말을 알지 못했다. 많은 사람이 왜 이런 결과가 나왔는지 궁금했을 것이 틀림없다.

계획에 따르면 1단계에서 모비스의 존속 부분과 분할 부분의 가치는 0.79 대 0.21로 산정되었다. 즉 기존에 모비스의 주식 100주를 가지고 있던 주주라면, 모비스가 분할된 후 존속하게 된 회사(M1이라고 부르자)의 주식 79주와 분할되어 새로 탄생한 회사(M2라고 부르자)의 주식 21주를 받는다는 것이다. 계획 2단계에서는 M2가 글로비스와 합병한다. 지배구조 개편안에서는 이때의 합병비율을 0.61 대 1로 정했다. 즉 M2의 주식 1주를 가지고 있는 주주는 합병 후 글로비스의 주식 0.61주를 받게 된다.

소액주주들이나 대부분의 기관투자자들은 M2의 가치가 실제보다 낮게 평가되었다고 봤다. M2의 가치와 합병 전 글로비스의 가치를 비교해 합병비율이 결정되는데, M2의 가치가 낮게 평가된 만큼 M2의 주식을 보유한 주주들에게 불리한 합병이라는 견해다. M2는 분할을 통해 새로 탄생한 회사이니만큼 주가가 존재하지 않는다. 따라서 평가과정을 통해 적정한 가치가 얼마인지가 결정된다. 이에 반해 글로비스는 상장된 회사이므로 현재의 주가가 얼마인지에 따라 가치가 결정된다. 이 두 가치를 비교해 합병비율이 산정된 것이다.

분할·합병안의 두 가지 문제점

이 계획에서 핵심이 되는 두 회사 중 글로비스는 현대차그룹의 물류를 담당하는 회사다. 완성차나 부품의 수출과 국내 운송을 담당한다. 이 회사는 현대차그룹의 계열사로 분류되지만, 엄밀히 구분하면 현대차그룹의 지배주주 일가가 지분 30%를 보유하고 있는 가족 지배 회사이지 현대차그룹 계열사가 아니다. 글로비스와 다른 현대차그룹 계열사들의 지분 관계도 일부 존재하기는 하지만, 그 숫자가 미미하므로 실질적인 지배는 지배주주 일가가 보유 중인 지분을 통해서 이루어진다. 만약 부당한 계약조건을 통해 현대차그룹 계열사가 누려야 하는 이익의 일부가 글로비스로 이전된다면, 지배주주 일가를 포함한 글로비스의 주주들이 그만큼 이익을 얻게 된다. 따라서 글로비스에 대한 공정거래 이슈가 부각될 수 있으므로, 현대차그룹은 지배구조 개편을 통해 이 문제를 해결할 필요가 있다.

이와 달리 모비스는 협력업체로부터 부품을 공급받거나 자체 생산한 후 조립해 모듈을 완성한다. 그런 뒤 이 모듈을 현대차와 기아차에 납품하고 완성차에 대한 애프터 서비스를 제공하는 업무를 담당하고 있다. 또한 현대차의 지분을 20.8% 보유해 현대차의 모회사 역할도 수행하고 있다. 즉 글로비스와 모비스 모두 현대 및 기아차와 관련된 사업을 영위하지만, 전자는 가족 지배 회사이고 후자는 기업 집단에 소속된 회사라는 차이점이 있다.

계획의 1단계에서 모비스를 분할할 때, 존속법인이 되는 M1은 해외 모듈 및 애프터 서비스를 담당하고 신설법인이 되는 M2는 국내 모듈

현대자동차 본사의 모습
현대자동차는 2018년 현대모비스를 분할해 일부를 글로비스와 합병하는 지배
구조 개편안을 발표했으나, 시장의 반발을 받고 이 안건을 철회했다.

및 애프터 서비스를 담당한다. 즉 그룹의 지주사가 될 M1은 해외 사업을 담당하고, 국내 사업은 M2로 분할했다가 2단계를 통해 글로비스로 넘긴다는 계획이다. M1이 앞으로 지주사 역할을 해야 하므로, 분할 전 모비스가 보유하고 있던 현대차 주식은 M1이 보유한다.

그런데 이 분할 계획에는 두 가지 논란거리가 있다. 이를 ①과 ②로 나누어 소개한다. 우선 ① 분할의 이유가 무엇이냐는 것이다. 대부분의 기업은 사업구조를 재편할 때 그럴듯한 대의명분을 내세운다. 사업구조 개편을 통해 시너지 효과가 발생하거나, 책임경영이 이루어져서 회사의 가치가 향상된다는 등의 내용이다. 예를 들어 2011년 이마트는 신세계에서부터 별도 회사로 분리되어 상장한다. 당시 두 회사는 백화점업을 운영하는 신세계와 대형 할인점이나 편의점을 운영하는 이마트의 사업구조가 매우 다르기 때문에, 책임경영 체제의 정착과 효율성 증진을 위해 회사를 분할한다고 발표한 바 있다. 충분히 이해가 되는 내용이다.

그런데 모비스의 분할 계획안에는 왜 그렇게 분할하는지와 분할하면 어떤 긍정적인 측면이 있는지에 대한 내용이 거의 없다. 자동차 산업에 대해 잘 모르는 필자의 개인적인 판단이기는 하지만, 분할에 따른 시너지 효과가 일어날 것으로 보기 어렵다. 국내 사업과 해외 사업 모두 거의 동일한 부품을 국내나 해외에 위치한 현대차나 기아차 공장에 제공하고, 또 소비자에게 팔린 차량에 대한 애프터 서비스를 제공하는 것이다. 이런 동일한 사업을 두 회사로 나눠버린다면 오히려 역효과가 날 가능성도 있다.

제조업을 영위하려면 상당한 설비투자를 해야 하므로 고정비가 많이 발생한다. 따라서 고정비를 회수하려면 시장 규모가 커야 한다. 이제까지는 한 공장에서 부품을 생산해 국내나 해외에 모두 공급해왔는데, 앞으로 두 회사로 쪼개지면 각자 공장에서 별도로 동일한 제품을 생산해야 한다. 큰 공장 하나를 작은 공장 둘로 나누면 규모의 경제 효과가 사라지고 관리인력도 더 필요해질 것이다. 이처럼 역효과가 예상되는데도 회사를 분할한다는 것은 주주들에게 손해를 끼칠 수 있는 행동으로 볼 수 있다. 더군다나 글로비스는 해외나 국내의 물류를 모두 담당하는데, 글로비스와 합병 예정인 M2는 국내 부분 생산과 서비스만 담당한다는 것도 일관성이 없다.

물론 이런 내용은 필자가 자세한 내막을 모르고 오해한 것일 수도 있다. 그렇지만 현대차 측에서도 공시를 통해 이렇게 회사를 분할하는 이유가 무엇인지에 대해 납득할 만한 설명을 내놓지 않았다.

순자산가치를 이용한 분할비율의 계산

② 분할비율의 계산에도 논란이 있다. 사실 분할 전과 분할 후의 주주는 동일하므로, 분할 자체 때문에 특별히 손해나 이익을 보는 주주는 없다. 즉 분할 전과 후 주주의 부(富)는 같다. 분할한 두 회사의 주식을 분할 전과 동일한 주주들이 보유하기 때문이다. 그러므로 분할한 후 M1과 M2 두 회사를 그대로 남겨둔다면 문제될 것이 없다. 예를 들어 M1의 가치가 과대평가되고 M2의 가치가 과소평가되었다면, 주주들은 M1의 주식을 보유함으로써 이익을 본 만큼과 M2의 주식을 보유함으로써 손해를 본다. 이 둘을 합하면 주주들의 부는 변하지 않는다.

그렇지만 분할 직후 M2를 글로비스에 합병할 계획이라면 M1과 M2의 가치를 얼마로 볼 것이냐가 문제가 된다. 만약 M2의 가치가 적정가치보다 낮게 평가되었다면, M2와 글로비스가 합병할 때 M2의 주주들이 손해를 보고 글로비스의 주주들이 동일한 금액만큼 이익을 보게 된다. 앞에서 설명한 것처럼 현대차그룹의 지배주주들은 글로비스의 지분 30%와 모비스 지분 7%를 보유하고 있다. 즉 지배주주 입장에서는 만약 모비스에서 분할된 M2의 가치가 낮게 평가되었다 해도 발생하는 손해 중 7%만 부담하면 되는데 반해, 글로비스의 주주들이 얻게 된 이익(그 금액은 모비스의 주주들이 보는 손해와 동일) 중 30%를 가지는 것이다. 따라서 30%와 7%의 차이인 23%만큼 지배주주들이 이익을 얻는 셈이다. 따라서 지배주주들이 이익을 얻기 위해 의도적으로 무리한 합병안을 마련했다는 비난이 제기된 것이다.

공정위원회가 사전에 이 계획에 대해 동의한 것을 보면 지배주주를 위해 마련한 무리한 합병안은 아닐 가능성이 있겠지만, 최소한 이런 비난이 제기될 만한 충분한 이유가 있다는 것을 알 수 있다. 만약 합병이 주주총회에서 승인되었다고 하더라도, 사후적으로 일부 주주들이 소송을 제기할 수도 있었을 것이다.

그렇다면 과연 M1과 M2의 가치가 어떤 과정을 거쳐서 평가되었는지를 알아야 가치평가가 적정한지에 대해 논의할 수 있다. 회사의 가치를 평가하는 것은 매우 복잡하고 어렵다. 예를 들어 현대차의 공정한 가치가 얼마인지에 대해 전문가들마다 의견이 다를 것이다. 그런데 이 사례의 경우 문제가 간단하다. 회계기준은 동일한 지배하에 있는 기업의 분할이나 합병은 복잡한 가치평가를 하는 것이 아니라 장부가치를 따르도록 규정하고 있기 때문이다.[6] 즉 분할된 두 회사의 순자산(=자산-부채=자본)의 비율에 따라 나누면 된다. 이런 기준에 따라 0.79 대 0.21이라는 비율이 계산되었다. 모비스를 M1과 M2로 나누는 것이므로 두 회사의 주주가 동일하다. 따라서 동일한 주주들의 지배하에 있는 기업의 분할과 관련된 기준이 적용된 것이다.

---

6 상장기업에 적용되는 국제회계기준에서는 일반적인 분할이나 합병의 경우는 공정한 가치를 평가해 회계처리를 하도록 규정하고 있다. 그런데 동일한 지배하에 있는 기업의 경우는 이 방법을 따르지 말 것을 명시적으로 언급하고 있는데, 그렇다면 어떤 방법을 따라야 할지에 대해서는 언급하지 않고 있다. 비상장기업들에 적용되는 기업회계기준 제32장 '동일지배하의 거래'에서는 보다 구체적으로, "기업이 자신의 사업 전부나 일부를 분할해 새로운 기업에 이전할 때 자신의 장부금액으로 이전한다."라고 규정하고 있다. 즉 공정한 가치가 아닌 회계장부에 기록되어 있는 금액으로 이전하라는 내용이다. 따라서 국내에서는 상장기업들도 이 기준에 따라 장부금액을 따라 회계처리를 한다. 그렇지만 최근 국제회계기준위원회는 동일지배하에 있는 기업들의 거래에 대해서도 공정한 가치를 기준으로 삼겠다면서 국제회계기준 개정을 준비 중에 있다. 따라서 앞으로는 회계기준이 바뀔 것으로 전망된다.

분할된 사업부의 적정가치는 얼마인가?

그런데 언론 발표에 따르면 분할 직전인 2017년 말 기준 M1의 매출액과 세전이익이 각각 27조 원과 1조 2,500억 원, M2는 14조 원과 1조 4,400억 원이다. 매출은 M1이 두 배지만 세전이익은 M2가 더 많다. 즉 수익성 측면에서 보면 M2가 더 좋다. 미래의 성장 가능성을 고려한다면, 국내 시장이 포화상태이므로 국내 사업을 담당하는 M2보다는 해외 사업을 담당하는 M1의 성장성이 더 높다고 볼 수 있다.

그러나 아무리 M1의 성장성이 높다고 하더라도 분할비율 0.79 대 0.21이 적정하다고 믿기는 힘들다. 성장성은 미래에 대한 추정일 뿐이며 2017년의 이익은 현재 회사가 벌어들인 돈이다. 이익만을 고려하면 오히려 M2의 가치가 M1의 가치보다 더 크다고도 볼 수 있으며, 성장성을 추가로 고려하면 M1이나 M2의 가치가 큰 차이가 없을 것이라고 추측할 수 있다. 따라서 주주들이 0.79 대 0.21이라는 장부가 기준 분할비율에 반대하고 나설 만한 충분한 이유가 있었던 것이다.

물론 분할 후 두 회사가 개별적으로 존재한다면 분할비율이 적정하지 않다고 해도 아무 문제가 없다. 앞에서 설명한 것처럼 어차피 두 회사를 합치면 주주의 부는 분할 전이나 후가 똑같기 때문이다. 만약 본 사례에서 2단계가 없고 1단계 이후 분할된 M1과 M2가 각각 주식시장에 재상장되어 거래된다고 가정해보자. 만약 M1의 가치가 고평가되고 M2의 가치가 저평가되었다고 해도, 그만큼 M1의 주가는 하락하고 M2의 주가는 상승해 M1과 M2의 시가총액을 합한 금액은 거의 변하지 않을 것이다. 그래서 회계기준에서도 복잡한 가치평가를 하는 대신 장부가치를 이용해서 분할하도록 규정한 것이다.

그런데 이 사례의 문제는 분할로 끝나는 것이 아니라 2단계에서 분할된 M2가 글로비스와 합병하는 데 있다. M2가 적정가치보다 낮은 가치로 산정된 뒤 글로비스와 합병하기 때문에, M2의 주주들(즉 모비스의 기존 주주들)이 손해를 보게 된다. 평가된 M2의 가치와 글로비스의 시가총액을 비교해 합병비율이 결정되기 때문이다. 그래서 모비스의 소액주주들이 집단으로 반발한 것이다.

앞에서 필자가 언급한 두 가지 이슈 중에서 언론이나 애널리스트들은 두 번째 이슈인 분할비율의 적정성에 대해서만 주로 언급했다. 그런데 그 내용은 분할비율이 모비스의 소액주주들에게 불리하다는 내용일 뿐이다. 어떻게 0.79 대 0.21이라는 비율이 계산되었는지, 왜 불리한 것인지를 자세히 설명한 보도는 찾지 못했다. 또한 놀랍게도 첫 번째 이슈인 분할의 이유에 대해서는 거의 아무런 언급이 없었다. 일반투자자들을 위해 자세한 분석 의견을 제시해야 할 언론이나 애널리스트들이 제 역할을 하지 못하는 듯해서 안타깝다.

이런 지배구조 개편이 자주 일어나는 일이 아닌 만큼, 회사 측에서 이 안건을 발표하면서 투자자들과 소통을 게을리하는 실수를 저질렀다고도 볼 수 있다. 공정거래위와는 사전에 이 안건에 대한 논의를 잘했으면서, 막상 합병계획이 발표된 후 왜 시장에 있는 투자자들에게는 제대로 설명하지 않았는지도 잘 이해가 안 된다. 예를 들어 대규모 설명회를 여러 차례 개최해 언론이 계획의 당위성에 대해 충분히 납득할 수 있도록 자세한 설명을 하거나, 국민연금이나 다른 기관투자자들은 별도로 방문해 설득하는 일 등을 했어야 한다.

현대하이스코의 분할과 합병계획의 전말

그렇지만 놀랍게도 현대차그룹에서는 이런 일이 처음이 아니다. 2013년 비슷한 일이 이미 발생했었다. 따라서 같은 실수를 두 번이나 되풀이한 것이니 과거의 실수로부터 교훈을 배우지 못한 것이다. 2013년 당시 어떤 일이 발생했는지 살펴보자.

2013년 말 현대차그룹에 속한 계열사 현대하이스코(이하 HH)는 냉연강판 부분을 분할한 후 이 분할된 회사를 현대제철(이하 HS)과 합병하겠다고 발표한다. 그런데 문제는 HH에서 냉연강판 부분이 이익에서 차지하는 비중이 60%가 넘는, 회사의 주력 사업이라는 점이었다. 모비스에서 분할되어 글로비스와 합병될 예정인 M2의 이익이 M1보다 더 높다는 것과 유사하다. 이런 내용을 보면 5년 후인 2018년 발생한 모비스와 글로비스 사이의 분할·합병안과 HH와 HS 사이의 분할·합병안이 매우 유사한 구조라는 것을 알 수 있다.

당시 이 분할·합병안에 대해서 HH의 주주들 중 상당수가 반발했다. 이 점도 이번 사건과 유사하다. 많은 소액주주와 기관투자자가 주주총회에서 반대표를 던지고 사후적으로 주식매수청구권도 행사했다. 주주총회에서 벌어진 표 대결의 결과 아슬아슬하게 이 계획이 승인되었지만, 주주총회 이후 매수 최대 가능 금액으로 사전에 발표되었던 2천억 원을 월등히 초과한 총 2,660억 원의 주식매수청구권 행사금액이 신청되었다. 그러자 현대자동차 그룹은 고민을 한다. 그 결과 그룹의 구조개편을 위해 이 합병안을 마련한 만큼, 행사금액이 사전에 정해진 한도를 초과했음에도 불구하고 합병을 진행하기로 결정한다. HS를 철강의

원료로부터 최종 제품까지 모두 생산하는 일관제철소로 만들기 위해 계획한 합병이었으며, 사전에 주주들에게 발표된 안이 '합병을 취소할 수 있다'는 것일 뿐 꼭 취소한다는 의미는 아니기 때문이다. 또한 가지고 있는 현금성 자산을 모두 동원한다면 2,600억 원을 지불할 수 있는 능력이 되었으므로 가능한 일이었다. 그 결과 2014년 합병이 이루어진다. 그 후 2015년 들어 현대차그룹은 HH의 잔여 부분을 추가로 매입해 현대제철에 합병시킨다. 굳이 소규모 자회사로 HH를 남겨둘 필요가 없다고 판단했을 것이다.[7]

이런 일련의 사건들을 통해 배울 수 있는 교훈은, 지배구조 개편 시 회사의 핵심 사업을 다른 회사로 넘기는 분할안의 경우 분할된 사업의 적정한 가치가 무엇이냐는 여부에 관계없이 분할 자체가 주주들의 동

---

7 이때 국민연금이 HS의 주주총회에서는 찬성표를, HH의 주주총회에서는 반대표를 던졌다. 이는 상당히 이상한 행동이다. 2013년 말 당시 국민연금은 HS의 지분 중 7%를, HH의 지분은 5% 미만을 보유하고 있었다. 만약 이 합병이 HS에는 유리하고 HH에는 불리한 합병이라고 판단해서 국민연금이 HH 주주총회에서 반대표를 던진 것이라면, HH 주주들이 합병 때문에 손해를 보는 만큼 HS 주주들은 이익을 보는 것이다. 그런데 주주 전체가 보는 이익과 손해의 합은 같더라도, 국민연금 입장에서는 합병이 이루어져야 더 많은 이익을 얻을 수 있다. 지분비율이 높은 HS에서 얻는 이익이 지분비율이 낮은 HH에서 얻는 손실보다 크기 때문이다. 그런데 합병은 HS와 HH의 주주총회에서 모두 가결되어야만 이루어질 수 있다. 즉 어느 한쪽이라도 주주총회에서 합병이 부결되면 합병할 수 없다. 그렇다면 국민연금은 두 주주총회에서 모두 찬성표를 던져서 합병이 이루어지도록 지원했어야 한다. 그런데도 불구하고 반대표를 던졌다는 것은 일부러 손해보는 행동을 한 셈이다. 그런데 만약 국민연금이 회사로부터 '주식매수청구권 행사요청 액수가 얼마가 되는지에 상관없이 무조건 합병하겠다.'라는 내부 정보를 사전에 들어서 알고 있었다면 국민연금의 반대투표는 합리적인 행동이 된다. 합병을 통해 HS에서는 이익을 보고, HH에서는 반대투표 후 주식매수청구권을 행사해 현재 시가보다 높은 가격에 주식을 회사에 팔 수 있어서 이익을 볼 수 있기 때문이다. 결과적으로 국민연금은 HH에 대한 주식매수청구권도 행사했다. 물론 이 점은 필자의 개인적인 추측일 뿐이며, 이럴 가능성도 있다는 이야기일 뿐이지 그런 일이 실제로 발생했었는지에 대해서는 필자는 알지 못한다. 필자의 추측이 사실이더라도, 내부 정보를 사용해서 의사결정을 했다는 것은 아무도 인정하지 않을 것이다.

의를 받기가 어렵다는 점이다. 소액주주들의 입장에서는 회사의 핵심이 다른 곳으로 넘어가는 것처럼 보이기 때문에 심리적으로 반발할 가능성이 높다. 공정한 가치가 얼마인지 따지는 것은 애매한 문제인데 반해, 다른 회사에 핵심 사업을 넘긴다는 것은 단순히 생각해도 왜 그렇게 해야 하는지 이해가 잘 되지 않기 때문이다. 이런 사업구조 개편안을 염두에 두고 있다면, 상당한 시간을 두고 왜 그렇게 해야 하는지를 시장과 소통하면서 설득해야 오해나 비난을 불러일으키지 않을 것이다.

동아제약과 한국콜마 분할 사례와의 유사성

이와 유사한 사례는 더 있다. 2013년 동아제약은 회사를 분할해 동아쏘시오홀딩스(지주사), 동아ST(사업자회사: 전문의약품 담당), 동아제약(사업자회사: 일반의약품 담당)의 세 회사로 나누려는 계획을 발표했다. 두 자회사 중에서 동아제약이 수익성이 높은 일반의약품 사업을 담당할 예정이었다. 그런데 지주사 전환 이후 지주사는 자회사 동아제약을 100% 소유해 비상장사로 거느리고, 또 다른 자회사 동아ST는 일부의 주식만 소유해 상장사로 남길 계획이었다.

이 계획이 발표되자 일부 소액주주들이 반대 의견을 발표했다. 가장 수익성이 높은 사업 부문을 지주사가 100% 주식을 보유한 비상장사로 남긴다면 주주들에게 손해라는 견해였다. 동아제약은 이 반대를 무마하기 위해 주주들에게 여러 약속을 한 이후에야 주주총회에서 분할안을 승인받을 수 있었다. 동아제약은 지주사가 앞으로 과감한 투자를 하려

동아제약의 제품
동아제약은 회사를 분할해 지주사와 두 자회사로 분할했다. 동아제약은 이 과정에 반발하는 주주들을 설득해서 분할해 성공한다.

면 현금이 필요한데, 이를 마련하기 위해 많은 이익을 올리는 동아제약을 100% 자회사로 두는 것이라고 설명했다. 어쨌든 이 분할안의 경우 지주사가 분할 이후에도 자회사인 동아제약을 100% 계속 보유하는 것임에도 불구하고 일부 주주들은 동아제약을 지주사에서 분리하는 안에 반대했다. 이 경우는 현대차그룹의 두 분할 사례와는 달리 분할 후 다른 회사와 합병이 이루어지는 것도 아니었다. 따라서 이론적인 주주들의 부는 분할 전과 후가 동일했지만, 핵심 사업을 떼어내 다른 회사를 만든다는 데 주주들이 심리적으로 동의하기가 쉽지 않았던 것이다.[8]

---

8 주주들이 반대한 또 다른 이유는 다음과 같다. 국내외의 경우를 막론하고 대부분 지주사의 주가는 사업회사의 주가보다 낮다. 자세히 설명하기 복잡하지만, 지주사가 독자적인 사업을 벌이는 경우가 드물고 대부분의 수입을 사업자회사에 의존하기 때문이다. 따라서 지주사 체제로 전환하면 대부분의 경우 지주사는 주가가 하락하고 사업자회사의 주가는 상승한다. 지주사 주가와 사업자회사의 주가변화 추세가 궁금하다면 다음 논문을 참조하기 바란다.
유진수, '인적분할을 통한 지주회사 전환이 주가에 미친 효과 분석', 〈전문경영인연구〉, 2015년. 구체적으로 이 사례와 관련해서 설명하면, 지주사의 100% 자회사로 동아제약이 편입된다면 지주사의 주가가 현금을 많이 벌어들이는 동아제약의 내재가치를 제대로 반영하지 못할 위험이 있어서 주주들이 반대했다고 볼 수 있다. 이처럼 지주사 주가가 적정가치보다 낮게 형성되는 현상을 '지주사 디스카운트'라고 부른다. 국내뿐만 아니라 해외에서도 이런 현상이 나타난다.

또는 분할 시점에서는 분할 후 동아제약 주식을 지주사가 100% 보유하겠다고 말하지만, 시간이 흐른 후 지주사가 보유 중인 동아제약 주식을 일부 매각해 동아제약을 상장시킬 가능성도 있다. 그렇게 되면 지주사 주주들 입장에서는 동아제약을 100% 지배할 수 없으므로, 이럴 가능성을 사전에 막기 위해 분할안에 반대한 것이라고도 볼 수 있다.

동아제약의 지주사 전환과 비슷한 경우로 2012년 발생한 한국콜마의 분할 사례가 있다. 당시 급성장을 하고 있던 북경콜마를 회사 분할 후 지주사의 100% 자회사로 편입시킨다는 계획에 대해 일부 소액주주들이 반대했다. 그 결과 계획이 수정되어 북경콜마는 사업회사(분할되어 탄생한 한국콜마)의 자회사로 남게 되었다. 동아제약이나 한국콜마 사례 모두 수익성이나 성장성이 높은 사업 부문을 사업회사에 남기지 않고 별도의 다른 회사로 분할하는 것에 주주들이 반발한 사례다.

LG화학의 배터리 사업 부문 분할 결정에 대한 주주들의 반발

모비스의 분할은 인적 분할이라고 불리는 방식으로 이루어질 계획이었다. 인적분할(spin-off)은 동일한 회사를 둘로 나누면서 주주들이 두 회사의 주식을 모두 소유하는 방법이다. 이에 반해 물적분할(carve-out)은 회사를 둘로 나누는데 분할되어 설립된 회사의 주식 100%를 기존 회사가 소유하는 것이다. 즉 이 두 방법은 분할된 회사의 주식을 누가 소유하는지에 차이가 있다. 인적분할과 물적분할의 차이는 〈그림 2〉를 보면 알 수 있다.

●● 〈그림 2〉 인적분할과 물적분할의 차이

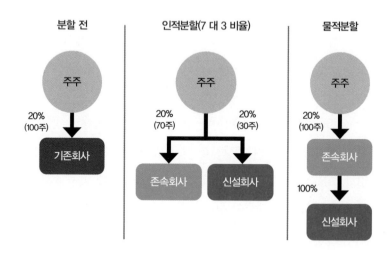

주주들이 주식을 계속 보유하는 인적분할과는 달리 물적분할을 하면 분할된 회사의 주식을 주주들이 직접 보유하지 않는다. 그러므로 이론적으로 주주들의 부(富)는 인적분할과 물적분할 모두 분할 전과 비교해 변하지 않지만, 주주들이 반발할 가능성이 물적분할 시에 더 높다. 자신의 부가 떨어져나간다고 생각하기 때문이다.

2020년 9월 17일 LG화학의 물적분할 소식(배터리 사업 부분을 분할해 LG에너지솔루션을 설립한다는 내용)이 발표되자마자 주가가 5% 이상 폭락했던 사건이 물적분할에 대한 일부 주주들의 반감을 보여주는 대표적인 예다. 특히 분할되는 사업부가 성장 가능성이 부각되던 전기차의 배터리를 생산하는 부서이니 일부 주주들이 반발할 만하다. 동아제약이나 한국콜마의 사례와 유사하다.

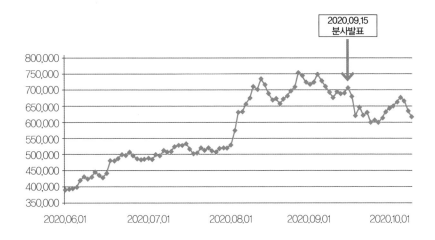
•• 〈그림 3〉 LG화학의 물분할 발표를 전후한 주가 변동 추이

주주들의 반발을 달래기 위해 LG화학은 고심한 듯하다. 국내외의 의결권 자문기관들 대부분이 찬성 의견을 발표했고 외국인 투자자들도 찬성투표를 하겠다고 발표했지만, 일부 개인투자자들의 반발이 만만치 않았기 때문이다. 10월 14일에 주당 1만 원 이상을 배당하고 주주가치를 높이기 위해 적극 노력하겠다는 파격적인 제안을 내놨다. 2019년 지급한 배당금이 주당 2천 원이라는 점과 비교하면 놀랄 만한 일이다. 또한 나중에 LG에너지솔루션을 상장하더라도 대다수의 지분은 LG화학이 보유할 것이라면서, 분할을 통해 책임경영 체제가 강화되어 회사가 오히려 더 발전할 수 있을 것이라고 설명했다. 이러는 가운데 국민연금은 반대 투표를 하겠다고 발표해서 주주총회에서 과연 LG화학이 승리할 수 있을지가 명확하지 않았다.

어쨌든 회사 측의 제안과 설명에 대해 시장은 긍정적으로 해석한 듯하다. 10월 30일 열린 주주총회에서 참석 주주들 중 17%만 반대표를 던져 생각보다 큰 표 차이로 합병이 가결되었다. 반대표를 던진 17% 중 국민연금이 13%를 차지하고 있었으므로, 나머지 주주들 중 불과 4% 정도가 반대표를 던진 것이다. 국민연금을 제외한 국내의 개인 및 기관 투자자들이 보유한 주식 물량이 21%쯤이고 대략 40%를 외국인 주주들이 보유하고 있었으므로, 이들 중 거의 대부분이 찬성표를 던진 셈이다. 즉 국민연금을 제외한 기관투자자들과 외국인투자자들은, 분할이 회사의 본질가치에 아무 영향을 미치지 않는다는 점을 잘 알고 있거나, 오히려 분할이 회사의 본질가치 향상에 도움이 될 것으로 판단했다고 보인다.

자동차 산업의 급변과 현대자동차의 미래

당초 계획했던 지배구조 개편안이 실패로 돌아간 만큼 현대차그룹도 앞으로 어떻게 할 것인지를 고민하고 있을 것이다. 점점 강해지는 정부의 규제를 피하기 위해서라도 지주사 전환은 필요하다. 또한 앞으로 상속 이후 경영권을 유지하려면 정의선 회장이 지분비율을 높여야 하는데, 그러기 위해서도 지주사 체제로의 전환이 필요할 것이다.

현대차그룹이 어떤 방법을 택하건 지배구조 개편에는 몇 년의 시간이 필요하다. 급하게 추진하다 보면 주주들의 오해나 반발을 불러일으킬 수 있다. 예를 들어 삼성그룹의 지배구조 개편과정을 돌아보면 2014년 말 제일모직이 상장된 후 2015년 중반 삼성물산과 제일모직이 합병된

현대 전기차
세계 자동차업계는 현재 자율주행 및 전기차 시대로 급변하고 있다. 이런 위기의 시기에 현대자동차가 살아남아서 발전하기 위해서는 부단한 노력이 필요할 것이다.

바 있다. 합병비율은 법률대로 주가에 따라 결정된 것이지만, 상장과 합병이 이루어지는 6개월의 짧은 기간 동안 두 회사의 주가가 상당히 많이 변했기 때문에 합병비율이 적정한지를 두고 큰 논란이 발생했다. 주가가 갑자기 떨어진 기업의 주주들 입장에서는 '왜 이런 시점에 합병을 해서 손해를 입느냐.'라고 생각할 가능성이 높기 때문이다. 이런 논란을 피하려면 분할이나 상장 이후 주가가 안정될 때까지 충분한 시간 동안 기다려야 한다.

현대차그룹은 현재 중요한 기로에 서 있다. 자동차업계의 경영환경이 급변하고 있기 때문이다. 자동차의 동력장치가 기존의 가솔린 또는 디젤 엔진에서 새로운 방식(전기차 또는 수소전기차)으로 변하고 있으며, 주행장치도 수동에서 자율주행으로 변하고 있다. 즉 자동차 회사들은 이제 기존과는 전혀 다른 테슬라나 구글 같은 새로운 회사들과 경쟁해야한다. 경영학적 용어를 사용한다면 '사업의 패러다임이 변하는 시기'다. 앞으로 10~20년 후의 자동차는 우리가 지금 우리 주변에서 보고 있는 자동차들과 완전히 달라질 것이다. 이런 변화에 적응하지 못하고 망하는 자동차 회사들도 있을 것이다.

또한 앞으로 자율주행이 일반화된다면 굳이 차량을 내가 직접 소유할 필요가 없다. 필요할 때 차량을 불러서 마치 자가용인 것처럼 사용하면 된다. 대가족이 여행을 간다면 큰 차를 부르고, 나 혼자 어디를 간다면 작은 차를 부르면 된다. 앞으로 자동차 시장의 수요가 축소될 것으로 예측되는 이유다. 플랫폼 사업이 점점 중요해지는 최근 추세를 보면, 자동차 생산업체의 몫보다는 다수의 자율운전 차량을 보유하면서 소비자에게 빌려주는 역할을 하는 플랫폼 사업자의 몫이 더 커질 수도 있을 것이다.[9]

현대차그룹이 이제까지 잘해왔다고 해서, 앞에서 설명한 것처럼 자동차 사업 자체가 급변하는 미래 시장에서 어떤 위치를 차지하게 될지는 예측하기 힘들다. 현대차 그룹이 하루 빨리 지배구조 정비를 마치고, 이런 초경쟁 사회에서 승자가 될 수 있는 기술개발과 경영혁신에 그룹의 역량을 집중하기를 바란다. 그것이 현대차그룹뿐만 아니라 대한민국이 미래에 먹고살 수 있는 비결이 될 것이다. 정부도 이제는 기업 경영자들이 쓸데없는 일이 아니라 이런 중요한 일에 집중할 수 있는 환경을 만들어주길 바란다.

정의선 신임 회장은 2020년 10월 14일 발표한 취임 메시지에서 "현

---

9 쉽게 비유를 들어 설명하자면 외식업을 생각해보면 된다. 수많은 식당보다 음식 배달 서비스를 중계하는 역할을 하는 배달의민족 등 몇몇의 플랫폼 사업자가 더 큰돈을 벌고 있다. 즉 제품이나 서비스를 최초 생산하는 기업보다 플랫폼을 장악한 기업이 승리할 가능성이 높다. 따라서 앞으로 자동차 제조업체들이 이런 플랫폼 사업 부문에 뛰어들 것으로 예측된다.

대차그룹의 모든 활동이 인류의 삶과 안전, 행복에 기여하고, 다시 그룹 성장과 발전의 원동력으로 이어지는 선순환 구조"를 만들겠다는 포부를 밝혔다. 앞으로 이런 꿈이 꼭 이루어졌으면 하는 바람이다. 이런 일들이 이루어져야 현대차의 지배구조 개편 계획에 다른 주주들도 적극 공감하고 정의선 회장과 현대차를 향해 격려의 박수를 보낼 것이다. 즉 지배구조 개편 계획이 현대차의 신임 회장만을 위한 것이 아니라 모든 회사의 구성원과 한국 국민, 나아가 인류를 위한 일이 되었으면 하는 바람이다.

회계로 본 세상

　2021년 동안 물적분할 사례가 여럿 발생했다. LG화학에서 물적분할을 통해 LG에너지솔루션을 분사했고, SK이노베이션도 SK배터리를 분사했다. 둘 다 미래 전망이 좋은 배터리 사업을 영위하는 회사다. 포스코도 물적분할을 통해 포스코홀딩스라는 이름의 지주사가 사업회사 포스코를 지배하는 형태로 지배구조를 개편할 계획을 발표했다. 이런 지배구조 개편은 여러 논란거리를 낳았다.

　앞에서 설명한 것처럼, 국내 일부 투자자들은 물적분할 형태의 지배구조 개편안을 반대한다. 물적분할을 하면 분할되어 탄생한 자회사를 모회사가 100% 소유하는 것이라서 이론적으로 볼 때 주주의 부(富)는 변하지 않지만, 심정적으로 내 것이었던 것이 떨어져 나간다고 생각하는 것이다. 그래서 '지주사 디스카운트'라고 불리는, 지주사의 주가가 자회사의 가치를 충분히 반영하지 못하는 현상이 발생한다. 우리나라에서만 이런 것은 아니고 외국에서도 유사한 현상이 벌어진다. 다만 우리나라에서 그 디스카운트의 정도가 약간 더 크게 나타나는 듯하다.

물적분할을 의결하는 두 주주총회에서 국민연금은 모두 반대표를 던졌다. 그 결과 LG화학의 주주총회에서는 83 대 17의 비율로 지배구조 개편안이 가결되었는데, 반대표를 던진 17% 중 국민연금이 13%를 차지했다. 다른 기관투자자들과 외국인 투자자들은 대부분 찬성 편에 섰으며, 일부 개인 주주들 중에서 반대표가 나온 것으로 알려졌다. SK이노베이션의 주주총회에서도 80 대 20의 비율로 지배구조 개편안이 통과되었다. 8%의 지분을 가진 국민연금이 반대표를 던졌지만 역시 다른 기관투자자들과 외국인 투자자들의 지원을 받아 큰 표 차이로 통과된 것이다.

이처럼 일부 주주가 물적분할에 대해 반대하지만, 그렇다고 해서 물적분할을 하지 않는 것이 더 좋다고 단정적으로 말하기는 힘들다. LG화학이나 SK이노베이션 모두 물적분할의 이유가 배터리 산업에 큰 자금의 투자가 필요하기 때문이라고 밝혔다.[1] 즉 물적분할을 통해 자회사로 떼어낸 후, 자회사를 상장시켜서 자금을 조달하기 위해서다. 이렇게 조달한 자금으로 그동안 투자를 하느라 증가한 빚을 갚아 회사의 재무구조를 안정화시키고, 앞으로도 설비 및 R&D 투자를 계속 하겠다는 계획이다.

그 결과 자회사가 발전한다면 그 자회사를 보유한 모회사의 주주들

---

1 실제로 LG화학의 투자 규모는 2017년 3조 원대에서 2019년과 2020년은 6조 원대로 증가했다. 그 결과 LG화학의 부채비율도 2017년 46%에서 2020년 120%로 급속히 증가했다. 투자에 필요한 자금을 부채로 조달해온 결과다.

에게도 이익이 된다. 분할된 자회사가 상장된다면 모회사가 자회사를 전부 다 지배하지 못해서 모회사의 주주들이 손해가 된다고 생각하겠지만, 이는 상장될 때 주식을 판매해서 조달된 돈이 모회사로 들어온다는 사실과 자회사가 잘되면 모회사가 더 많은 배당을 받는다는 사실을 간과한 것이다. 즉 공정한 가치로 주식이 매각된다면 그 주식을 판 모회사의 주주들이 보는 손해는 없다.[2]

그런데 물적분할을 하지 않고 현 상황대로 남겨 둔다면 투자를 수행할 자금을 조달하기가 힘들다. 부채를 통해 조달하려면 재무상황이 악회될 것이며, 증자를 통해 조달한다면 시장에 유통되는 주식 물량이 늘어날 것이다. 즉 이 두 방법 모두 주가의 일부 하락을 초래할 것이다. 물적분할 없이 부채를 이용(즉 돈을 빌려와서)하거나 자본을 이용(즉 증자를 해서)해서 필요한 자금을 마련하는 방법 모두 기존 주주들에게는 손해가 된다. 그렇다고 해서 아무것도 하지 않고 투자도 하지 않는다면 장기적으로 그런 기업은 발전하지 못하고 도태될 것이다. 이 경우도 기존 주주들에게 손해가 된다.

이런 이유에서 국내외의 의결권 자문사들도 물적분할에 대해 찬성의견을 냈고, 외국인 주주들도 찬성투표를 한 것이다. 어쨌든 이런 긍정적인 효과는 지금 당장 일어나는 것이 아니라 미래 몇 년간에 걸쳐 발

---

2 자회사가 상장되면 모회사와 자회사의 주주들이 달라지기 때문에 '이해관계의 상충' 문제가 발생할 수 있다. 즉 지배주주가 높은 지분비율을 가진 모회사에 유리하도록 자회사의 경영정책이 결정되는 것이다. 그러나 이 문제점은 오히려 모회사에 유리하게 작용을 하는 것이라서 모회사의 주주들에게 손해가 되지 않는다. 그리고 이런 문제점들은 법의 적용이 엄격해지는 근래에 들어서는 잘 일어나지 않고 있다.

생할 일이고, 일부 주주들이 가진 심리적인 이유로 주가가 떨어지는 효과는 지금 당장 일어나는 것이다. 따라서 미래를 생각하지 않는 단기 주주라면 물적분할을 싫어하는 것이 당연하다. 그렇기 때문에 일부 개인 주주들이 반발하는 것은 이해가 된다. 그렇지만 단기 투자 목적이 아니라 장기적으로 주식을 보유해야 하는 국민연금이 이에 반대하는 것은 합리적인 의사결정이라고 보이지 않는다. 물론 필자의 개인적인 생각일 뿐이며, 학자들 중에서도 물적분할을 하지 말고 직접 증자를 하는 것이 맞다고 주장하는 사람도 있다.

결론을 요약하면, 분할을 하지 않는 것과 비교할 때 물적분할이 장기적으로 보면 손해가 아니라 오히려 이익이 된다는 것이 필자의 생각이다. 그럼에도 불구하고 물적분할을 위해서는 그냥 '분할하겠다'고 발표하는 것이 아니라 주주들에게 '왜 분할하고 어떤 효과가 있을지'에 대해 자세히 소통할 필요가 있다. 주주들의 자금을 받아 운영되는 주식회사이니만큼, 주주들에게 이런 설명을 하는 것은 당연하다. 만약 소통이 힘들다면 더 번거롭고 시간이 훨씬 더 걸리더라도 인적분할을 하고, 그 후 분할된 회사를 자회사 체제로 편입시키는 과정을 거치기를 권한다.[3] 그래야 주주들의 반발이 적기 때문이다. 또는 현재 일부에서 논의 중인 것처럼, 물적분할 이후 자회사를 상장시킬 때 모회사의 주주들에게 자회사 주식의 우선청약권을 부여하는 것도 모회사 주주들의 반발을 줄일 수 있는 방법일 것이다.

---

3 이런 사례와 인적분할과 물적분할의 차이에 관해서는 『숫자로 경영하라 3』에 실린 'LG그룹의 지주회사 전환과정과 지주회사 전환의 효과'를 참조하기를 바란다.

아시아나항공 사태와 회계대란의 교훈

2018년부터 회계법인들이 감사를 실시한 후 적정의견이 아닌 다른 의견(비적정의견)을 제시하는 빈도가 크게 늘었다. 비적정의견을 받은 상장기업은 주식 거래가 정지되면서 자세한 조사가 시작된다. 그 결과에 따라 주식시장에서 퇴출될 수도 있다. 주주들 입장에서는 갑자기 날벼락을 맞는 것이다. 그렇다면 왜 2018년부터 이런 변화가 일어났을지에 대해 알아본다. 2018년 회계법인과 큰 갈등을 불러일으킨 후 재무제표를 수정해 큰 적자를 기록한 아시아나항공 사태의 전말에 대해서도 알아본다. 아시아나항공은 그 결과 금호아시아나그룹에서 떨어져 나와 산업은행의 지배하로 편입되게 되었다. 이 사건의 전개과정을 통해, 회계감사가 왜 필요하고 중요한지에 대해서도 알 수 있을 것이다. 과거 우리나라에서는 회계감사를 '불필요한 존재'라고 생각했지만, 이제 회계감사가 기업의 주인도 바꿀 수 있는 시대가 온 것이다. 또한 이 사례를 통해 바람직한 지배구조나 올바른 경영자의 자세에 대해서도 생각해볼 수 있다.

MANAGING BY NUMBERS

333

2018년 한 해 농사의 결실을 확정해 발표하는 2019년 3월 주주총회 시즌 동안 무려 43개의 상장법인이 외부감사를 담당한 회계법인들로부터 비적정 감사의견을 제시받거나 의견거절을 받았다. 2017년 이런 문제를 일으켰던 기업이 32개라는 사실을 고려하면, 2018년 갑자기 많은 수의 기업들을 상대로 회계법인들이 반기를 든 것이다. 이 사건을 두고 언론에서는 올해 주주총회에서 '회계대란'이 벌어졌다고 이야기한다. '회계 문제가 큰 난리를 불러 일으켰다'는 의미다. 경제신문의 1면에 이와 관련된 뉴스가 크게 보도되었을 정도다. 왜 이런 사건이 발생했을지 그 내막에 대해 알아보자.

회계법인들은 기업의 재무제표에 대해 외부감사를 수행한 후 감사의견을 발표한다. 감사의견은 크게 네 가지로 구분된다. 기업의 회계처리에 대해 감사과정에서 특별한 문제를 발견하지 못했다면 적정의견을, 일부 문제점을 제외하면 재무제표가 적정하게 작성된 것으로 판단된다면 한정의견을, 상당히 많은 문제점이 발견되어 재무제표를 신뢰할 수 없다면 부적정의견을 제시한다. 마지막으로 감사를 수행할 수 있는 자료가 충분하지 않아 감사를 제대로 수행할 수 없다면 감사의견 제출 자체를 거부할 수 있다. 이 경우를 '의견거절'이라고 부른다. 적정의견을 제외한 다른 의견을 모두 묶어서 비적정의견이라고 부른다.

회계를 잘 알지 못하는 대부분의 사람들은 적정의견을 받은 경우 회계처리가 적절하게 잘 수행되었다는 의미로 오해를 하는 경우가 있다. 그러나 감사는 일부 표본만을 조사해 문제가 있는지를 살피는 것이다. 적정의견을 받았다는 것은 문제가 없다는 의미가 아니라 감사과정에서 살펴본 표본들에서는 문제를 발견하지 못했다는 것뿐이다. 물론 적정의견을 받은 경우라면 상대적으로 문제가 있는 경우가 드물겠지만, 일부 표본만을 살펴보기 때문에 문제가 존재하는 경우에도 발견 못했을 가능성은 항상 존재하고 있다. 따라서 엄밀한 의미에서 보면 '적정의견'이라는 용어 자체가 혼란을 불러 일으키는 '적정하지 않은 표현'인 셈이다.[1] 관계 당국에서 앞으로 이 명칭을 보다 적절한 것으로 변경하기를 바란다.

그런데 회계법인이 네 가지 감사의견 중 하나를 발표하면서, 감사보고서에 감사의견 이외에 기업이 처한 특수한 사항에 대한 설명을 추가하는 경우도 있다. 이를 '특기사항이 존재'한다고 표현한다. 특기사항에는 중립적인 내용이 제일 많지만 일부 부정적인 내용들도 있을 수 있다.

---

1 이 용어는 영어에서 'unqualified opinion'으로서, 역시 적정의견이라는 한국 용어와 의미에서 차이가 있다. 자구 그대로의 의미를 따른다면 '무조건부 의견' 정도로 번역할 수 있다.

아시아나항공 비행기
아시아나항공은 국내 2위의 항공사로서 주로 중국 및 동남아시아권에 취항하고 있다. 우수한 기내 서비스를 제공한다는 명성을 가진 회사다.

부정적인 특기사항으로 회사가 조만간에 망할 수도 있는 위험한 상황이라는 것이 제일 많이 언급된다. 이를 전문용어로 '계속기업존속가능불확실성의견'이라고 부른다. 회계법인이 회계처리에서는 특별한 잘못을 발견하지 못해서 적정의견을 발표했지만, 동시에 해당 기업에 대해 계속기업존속가능불확실성의견을 발표하는 경우도 존재한다. 즉 특기사항은 감사의견과는 별개다.

이처럼 회계법인이 발표한 감사보고서에는 많은 중요한 정보가 요약되어 포함되어 있다. 따라서 주식이나 채권에 투자하는 투자자라면 투자 후보 기업의 사업보고서를 꼼꼼히 읽을 것을 권한다. 감사보고서는 사업보고서에 포함되어 공시된다. 사업보고서가 너무 길어서 읽기가 힘들다면 최소한 1~2페이지에 불과한 감사보고서라도 읽어보기를 권한다. 2018년부터는 회계법인이 감사 도중에 파악한 중요한 사항들을 핵심감사사항(Key Audit Matters, KAM)이라는 이름으로 감사보고서에 설명하는 것이 의무화된 결과, 감사보고서의 내용이 과거보다 더 증가했다. 감사의견이 적정의견일 때도 투자자들이 재무제표를 이용할 때 주의해야 할 사항들이 감사보고서 본문에 설명되어 있는 것이다.

회계감사를 받아야 하는 이유

외부감사를 담당한 회계법인으로부터 적정의견을 받지 못한 기업은 즉시 주식시장에서 주식의 거래가 정지된다. 회사가 심각한 문제점을 가지고 있다는 정보를 모르고 외부 투자자들이 해당 주식을 매수할 수 있으므로, 이들 선의의 투자자들이 피해를 입는 것을 막기 위해 이런 제도를 마련해놓은 것이다.

그 후 거래는 재개되어도 기업은 관리종목으로 지정된다. 이 경우 기업 입장에선 두 가지 선택이 가능하다. 동일한 회계법인으로부터 재감사를 받거나, 아니면 다음 해 금융 당국이 지정한 회계법인으로부터 감사를 받으면 된다. 이 두 가지 중 무엇을 선택하건 간에, 만약 감사의견이 다시 비적정의견이라면 이 기업은 상장폐지 심의를 받게 된다. 적정의견을 받아야만 관리종목에서 벗어나 정상적인 주식 거래가 재개되는 것이다.

따라서 기업들 입장에서는 적정의견을 꼭 받아야 할 이유가 있다. 그래서 감사의견을 둘러싸고 회계법인과 기업 사이에 갈등이 종종 벌어지고, 좀 더 심할 때는 갈등을 넘어 싸움까지 발생한다. 과거엔 경영진 또는 주주들 중 일부가 동원한 폭력배가 감사를 담당한 회계사들에게 적정의견을 달라고 협박하는 일이 거의 매년 발생했었다. 요즘은 그래도 이런 일이 줄어들었으니 다행이다. 이런 경우와는 반대로 '적정의견을 받고 싶으면 거액의 뒷돈을 달라.'고 회계법인이 요구했다는 것을 기업에서 폭로한 경우도 있다. 이 주장이 사실이 아니라고 해당 회계법인에서 반박해서, 현재 해당 회계법인과 기업이 법정 다툼을 벌이고 있다.

그렇다면 왜 회계감사가 필요한지 생각해보자. 주식회사란 주주나 채권자 등 투자자들로부터 제공받은 자금을 모아 사업을 영위하는 기업이다. 경영자는 그 자금을 어떤 방식으로 사용해서 어떤 결과를 얻었는지를 재무제표를 포함한 다양한 공시를 통해 투자자와 기타 외부 이해관계자들에게 보고해야 한다. 경영을 수행한 결과를 바탕으로 주주들은 경영자를 재임명하거나 해고하고, 보수를 결정하고, 주식을 추가매수하거나 매각하는 등의 의사결정을 수행한다. 따라서 경영자는 임기를 연장하거나 보수를 더 받기 위해 자신의 업적을 과장해 보고하거나, 일부 경우는 축소해 보고할 인센티브가 있다. 그러기 위해 부적절한 회계처리를 할 수 있다. 주주는 아니지만 채권자나 다른 잠재적 투자자들도 대출이나 주식을 매수하는 의사결정을 위해 재무제표에 포함된 정보를 사용하므로, 만약 부적절한 회계처리가 이루어진다면 이들 잠재적 투자자들도 영향을 받게 된다.

이때 감사는 경영자가 작성한 재무제표가 정확하게 작성되었는지를 독립적인 제3자가 살펴보는 절차다. 감사를 받아야만 투자자들이 경영자가 작성한 재무제표를 신뢰할 수 있고, 그 정보를 기반으로 계속해서 자금을 제공할지 또는 회수할지 등의 의사결정을 내릴 수 있다. 그래서 주식회사 제도가 탄생한 후 자연발생적으로 외부감사제도가 생겨 오늘날까지 내려온 것이다.

만약 감사를 받지 않는다면 재무제표를 신뢰할 수가 없으므로 기업이 제공하는 재무제표를 그대로 믿고 투자를 할 사람은 훨씬 줄어들 것이다. 그렇다면 기업들은 자본시장에서 필요한 자금을 조달하기가 힘들어질 것이고, 또는 조달하더라도 위험 프리미엄이 붙어 더 높은 조달금리를 부담하게 될 것이다. 이에 따라 기업들이 외부에서 조달한 자금을 이용해서 투자를 하고, 그 결과로 더 성장·발전하는 것도 어려워질 수 있다. 이런 과정을 보면 자본시장의 성장과 발달, 그리고 그 결과인 경제의 성장과 발달을 위해서 외부감사가 꼭 필요하다는 점을 알 수 있다.

아시아나항공 사태의 내막

지난 회계대란의 과정 중에서 가장 언론의 주목을 받은 기업은 아시아나항공이다. 아시아나항공은 최종적으로 회계법인들로부터 비적정의견을 받은 43개 기업에는 포함되지 않았지만, 그럼에도 불구하고 2018년 주총 시즌에서 가장 화제를 불러일으켰다. 이 사건의 내막을 자세히 알아보자.

아시아나항공이 감사를 받기 전 공시한 2018년의 잠정적인 영업이익은 1,784억 원, 당기순손실은 -104억 원이다. 2017년 기록한 영업이익은 2,456억 원, 당기순이익은 2,626억 원의 실적에 비해 크게 악화된 것이다. 그런데 아시아나항공이 발표한 잠정실적은 감사과정 중에 크게 바뀌게 된다. 외부로 알려지지 않아 정확한 내막은 알 수 없지만, 외부감사를 담당한 삼일회계법인 담당 회계사들과 아시아나항공 사이에 정확한 회계처리를 둘러싸고 치열한 논란이 벌어졌을 것이라 짐작이 된다.

2019년 3월 22일, 삼일회계법인은 아시아나항공에 대한 감사보고서를 발표했다. 2018년 영업이익 887억 원, 당기순손실 -1,050억 원이

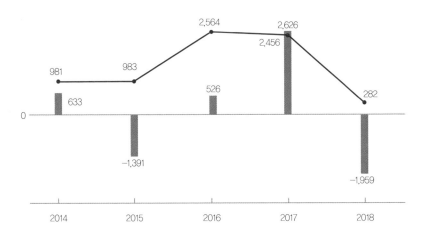

─◆─ 영업이익   ■ 당기순이익

2,564

2,626
2,456

981   983

633   526

282

0

−1,391

−1,959

2014   2015   2016   2017   2018

었다. 앞서 아시아나항공이 발표했던 잠정실적과 크게 다른 수치였다.[2]
이에 추가해서 삼일회계법인은 적정의견이 아닌 한정의견을 발표했다.
① 에어부산을 종속기업으로 분류하지 않은 점, ② 마일리지 이연부채,
③ 운용리스 항공기 정비충당부채 관련 내용들이 재무제표에 정확하게
반영되지 않았거나 정확한지 여부를 판단할 수 있는 근거자료가 부족
하다는 게 이유였다. 이 소식은 자본시장에 큰 충격을 가져왔다. 아시아

---

2 기업이 발표한 잠정실적과 사후에 감사를 받은 후 발표한 실적이 다른 경우는 종종 있다. 그러나
   2018년 아시아나항공처럼 큰 차이가 있는 경우는 거의 없다. 아시아나항공이 수행한 회계처리에
   대해 삼일회계법인이 동의하지 않고 수정한 경우가 상당히 많았다는 것을 의미한다. 참고로 2017년
   의 경우 잠정실적 영업이익은 2,759억 원, 감사 후 발표한 영업이익은 2,456억 원이다. 당기순이
   익의 경우는 잠정실적이 2,479억 원, 감사 후 실적이 2,626억 원으로 오히려 증가했다.

나항공의 모회사인 금호산업도 아시아나항공 때문에 한정의견을 받았다. 금호산업의 전체 자산 중 아시아나항공의 주식이 차지하는 비중이 워낙 크기 때문에, 아시아나항공의 재무제표를 신뢰할 수 없다면 금호산업의 재무제표도 신뢰할 수 없기 때문이다.

한정의견 발표 즉시 두 기업 주식의 거래가 중지되었다. 이런 내용들을 보면 아시아나항공에 대한 감사과정에서 삼일회계법인이 여러 부적절한 회계처리를 발견했다는 것을 짐작할 수 있다. 적절한 회계처리 방법이 무엇이냐에 대해 회계법인과 아시아나항공 측에서 많은 대화를 나눴을 것이고, 삼일회계법인 측의 주장 중 일부에 대해 아시아나항공 측도 동의해서 앞서 발표한 잠정실적을 크게 수정한 새 재무제표가 작성되었을 것이다.

그런데 앞에서 소개한 세 가지 사항에 대해서는 아시아나항공 측에서 더 이상의 수정을 거부하거나, 또는 왜 그런 판단을 내렸는지에 대한 충분한 근거자료를 마지막까지 제공하지 않았을 것이다. 삼일회계법인은 이런 회사의 주장에 대해 동의를 할 수가 없다고 판단해서 한정의견을 제출했었을 것으로 보인다.

한정의견이 자본시장에 미친 큰 여파

한정의견이 제출되어 주식 거래가 중지되자 금호아시아나그룹 측은 깜짝 놀랐을 것이 분명하다. 설마 삼일회계법인이 한정의견을 제출할 것이라고는 예상하지 못했기 때문에 끝까지 회계처리 방법의 수정이나 자료 제출을 거부했었을 것이다. 과거 대부분의 회계법인들의 경우, 감사를 담당하는 기업과 회계처리를 둘러싼 의견충돌이 있을 때 양측이 적당한 수준에서 타협하는 일이 종종 있었다. 실제로 3년 전인 2015년에 적정의견을 받지 못한 기업은 12개에 불과했다. 이 수치는 2016년 21개, 2017년 32개로 해마다 증가 추세에 있었다.[3] 이런 통계를 봤을 때, 2015년 이전에는 외부감사를 담당한 회계법인이 기업과 회계처리 문제로 갈등을 겪더라도 거의 대부분 기업의 뜻에 따랐을 것이라고 짐작할 수 있다.

아시아나항공이 회계처리 문제로 한정의견을 받았다는 소식은 자본시장을 크게 뒤흔들었다. 금호산업을 포함한 금호아시아나그룹 계열사들의 주가가 동반 폭락했다. 금호아시아나그룹 전체가 유동성 위기에 빠질 것이라는 전망도 제기되었다. 사태가 이렇게 되자 아시아나항공은 삼일회계법인에게 항복한 듯하다. 나흘이 흐른 3월 26일, 삼일회계법인은 적정의견으로 수정된 감사의견을 발표했다. 그런데 이번에 발표된 업적은 3월 22일 발표된 한정의견을 받은 업적과 크게 달랐다. 영업이익은 807억 원에서 282억 원으로 줄었고, 당기순손실은 -1,050억 원에서 -1,959억 원으로 크게 확대되었다. 삼일회계법인이 주장한 대로 회계처리를 수정한 결과다.

이 소식은 엄청난 후폭풍을 가져왔다. 2018년 말 부채비율이 649%에 달할 정도로 부채가 많은데, 당시 정부의 정책 방향을 보면 2019년

---

3 2016년과 2017년에 걸쳐 이 수치가 크게 증가한 이유는, 당시 대우조선해양의 분식회계 사건의 여파로 금융감독원의 감리와 처벌이 크게 강화된 것 때문으로 보인다.

이후 경기가 더욱 어려워질 것으로 전망되는 상황이었다. 이를 고려하면 아시아나항공이 과연 위기를 극복할 수 있을지 불확실했다. 주채권은행인 산업은행을 비롯한 여러 채권자들이 부채의 회수를 고려하기 시작했다는 소식도 보도되었다.

만약 채권자들이 만기가 돌아온 부채를 회수하고 다시 빌려주지 않는다면 아시아나항공이나 금호산업은 모두 살아남을 수 없는 상황이었다. 2019년 동안 상환해야 하는 단기 금융부채만 아시아나항공은 1조 원 이상, 금호산업은 1천억 원에 달하는데, 이를 상환할 수 있는 현금이나 기타 단기금융상품은 아시아나항공은 총 4,500억 원 정도, 금호산업은 417억 원에 불과했다. 이 정도의 현금성 자산으로는 2019년 동안 발생할 것으로 예상되는 대규모 적자 속에서 버티는 것도 쉽지 않아 보였다.

•• 〈표 1〉 아시아나항공과 금호산업 2018년의 재무상황

(단위: 억 원)

구분	아시아나항공	금호산업
유동자산	15,136	6,189
유동자산 중 현금 및 단기금융상품	4,508	417
유동부채	33,693	6,397
유동부채 중 금융부채	10,494	997
유동비율(유동자산/유동부채)*	45%	97%

* 유동비율의 경우 보통 200% 이상이 되어 안정적인 수준으로 간주한다.

금호아시아나그룹의 정치적 해결 노력

초반에 아시아나항공은 이 문제를 정치적으로 해결하려고 노력했던 것 같다. 3월 말 열리는 주주총회에서 전직 대통령의 사위와 현직 거물급 정치인을 사외이사로 임명하겠다는 소식을 발표한 것이다. 이 사건이 발생하기 전에도 금호아시아나그룹 사외이사진에는 은퇴한 정치인들이나 현 권력자와 가까운 사람들이 다수 포함되어 있었다.

국내 거의 모든 대기업들이 정권과 좋은 관계를 유지하기 위해 정권의 실력자와 친밀한 관계가 있는 사람들 한두 명을 사외이사로 모시기 위해 노력한다. 후진국에서 자주 일어나는 일인데, 이런 추세는 우리나라에서 최근 점점 강화되고 있었다. 국내에서 그만큼 정치권력이 기업에 미치는 영향이 막대하고, 또 최근 그 영향력이 더 강화되고 있기 때문이다. 한국 기업들이 이런 행동을 할 수밖에 없다는 것이 안타깝다.

그렇지만 금호아시아나그룹처럼 정치인 또는 정치와 깊이 관련된 사람들 다수가 민간기업 사외이사를 차지하는 경우는 아마 거의 없었을 것이다.[4] 이런 사외이사들은 주주들을 대표해서 지배주주의 경영을 감시하고 조언하기보다는 정부에 대한 로비나 바람막이 창구로서의 역할을 하고 있었을 가능성이 높다. 어쨌든 금호아시아나그룹 입장에서는 이런 사람들의 적극적인 도움이 필요하기 때문에 사외이사로 영입했었을 것이고, 어려운 순간에 처하자 과거보다 더 거물급 인사를 영입해서

---

4 사기업의 경우를 이야기하는 것이며, 공기업의 경우는 이런 경우가 종종 있다. 사기업의 경우로는 산업은행의 지배를 받던 대우조선해양에서 유사한 사례가 있었다.

어려움을 극복해보려 했을 것이다. 즉 이들 거물급 인사가 정권을 통해 채권단에 압력을 넣어 부채를 연장해주기를 기대했을 것이다.

또 한 가지 재미있는 사실은, 이처럼 전직 대통령의 사위와 현직 거물급 정치인을 사외이사로 임명하려고 했던 사실이 거의 대부분의 언론에 보도되지 않았거나 보도되었더라도 아주 작게 언급되는데 그쳤다는 점이다. 금호그룹의 위기상황에 대해 대서특필하던 언론들이 이 점에 대해서는 왜 침묵하고 있었을지 궁금하다.

그렇지만 한정의견이 발표된 직후 회사의 어려운 상황과 회사의 반응이 세간에 알려지자 금호아시아나의 지배주주인 박삼구 회장과 경영진들에 대한 주주들의 비난이 폭주했다. "회사를 망가뜨린 무능한 지배주주와 경영진은 물러나라."는 주장도 다수 제기되었다.

마침 비슷한 시기 대한항공에서 지배주주의 가족들에 의해 벌어진 여러 '갑질'들이 알려지면서, 조양호 한진그룹 회장이 책임지고 물러나야 한다는 여론이 제기되고 있었다. 더군다나 국민연금이 적극적으로 나서서 한진그룹 계열사의 주주총회에 참석해 임기가 만료된 조양호 회장의 이사 재선임에 반대표를 던지겠다고 공언하고 있는 상황이었다.[5] 즉 이런 시점에 금호아시아나그룹 사태가 발생하니, 한진그룹과 금호아시아나그룹을 비교하면서 금호아시아나그룹에 대한 비난도 폭주한 것이다.

더군다나 이런 논란이 벌어지던 시점은 아시아나항공의 명성에 큰

---

5 그 결과 주주총회에서 벌어진 투표에서 조양호 회장은 이사 재선임이 부결되어 물러난 바 있다.

손상을 준 기내식 대란이 벌어진 직후였다. 아시아나항공의 모기업인 금호고속은, 금호홀딩스가 발행한 1,600억 원의 신주인수권부사채를 인수하기로 한 중국계 회사 게이트고메코리아와 30년 독점 기내식 계약을 맺었다. 기존 기내식 공급업체가 1,600억 원을 부담할 수 없다고 거부하자 공급사를 바꾼 것이다.

외부로 공표가 되지는 않았지만, 아마 투자의 대가로 게이트고메코리아에 상당한 이익을 보장했을 것이 틀림없다. 그렇지 않다면 1,600억 원을 낼 리가 없기 때문이다. 그러다 2018년 7월 게이트고메코리아에서 기내식 공장을 만들던 중 화재가 발생해 기내식을 납품할 수 없게 되어 문제가 생겼다. 비행기에 기내식을 싣지 못하고 비행기가 뜨자 승객들은 거세게 항의했고, 일부 승무원들은 항의하는 승객들에게 무릎을 꿇고 사과할 정도로 큰 수모를 겪었다.

그런데 이런 사건의 빌미를 제공한 기내식 공급사의 교체는 금호고속의 자금 부족 때문에 발생한 것이었다. 금호고속의 지배주주인 박삼구 회장이 그룹 지배권을 지키기 위해 상당한 자금이 필요했다. 어쨌든 자회사인 아시아나항공이 상장사라서 다른 주주들이 존재하는데, 아무리 금호고속이 아시아나항공의 경영권을 가진 모회사라고 하더라도 자회사의 이익을 희생해서 모회사가 자금을 조달한 것은 계열사 부당지원행위와 업무상 배임에 해당한다. 더 비싼 가격으로 기내식을 구입해야 할 아시아나항공에게 부당하게 손해를 끼친 것이기 때문이다.

이런 불법행위가 일어났는데도 불구하고 국민연금은 금호아시아나그룹에 대해서는 아무 이야기를 하지 않았다. 필자의 개인적인 견해이기는 하지만, 금호아시아나그룹이 정치권 인물들을 사외이사로 선임

345

한 것이 어느 정도 영향력을 발휘하고 있었기 때문에 국민연금의 한진그룹과 금호아시아나그룹에 대한 행동 사이에 뚜렷한 차이가 나타났을 가능성이 있다. 언론과 권력기관들이 침묵했다는 점도 동일한 이유 때문일 것이다. 당시만 해도 정권 초기라서, 이런 기관들이 더더욱 정권의 눈치를 보고 있었을 가능성이 있다.

아시아나항공의 어려운 재무상황

그러나 주주들과 여론의 비난은 쉽게 가라앉지 않았다. 또한 이런 사건이 공개되어 여론화된 만큼, 정치권도 금호아시아나그룹 측이 혹시 은밀한 부탁을 한다고 해도 이를 쉽게 들어주기 어려웠을 것이다. 여론이 점차 악화되자 박 회장은 자신이 보유한 주식을 담보로 제공할 테니 채권의 만기를 연장해달라고 주채권은행인 산업은행에 요청했다. 그러나 산업은행은 이를 단번에 거부했다. 불과 몇백억 원 정도의 담보를 받고 최소 수천억 원에서 수조 원에 이르는 추가 대출을 해달라는 무리한 내용이었기 때문이다.

산업은행은 이 정도로는 문제를 해결할 수 없다면서 경영권을 내놓으라고 요구했다. 더 이상 박회장을 믿지 못하겠다고 판단한 것이다. 이를 보면 산업은행이 정치권력으로부터 매우 독립적으로 소신 있게 행동했다는 점을 알 수 있다.[6]

근본적인 문제들 중 하나는 아시아나항공의 부채 중 신용등급이 BB 이하가 되면 조기상환해야 하는 조건이 붙어 있는 차입금들이 많다는 점이다. 이들 부채는 만기가 1년 이내에 도래하지 않으므로 유동부채가 아닌 비유동부채로 분류되어 있다. 하지만 BBB-인 신용등급이 한 단계만 아래로 하락해서 BB+가 되면 즉시 상환해야 한다. 그런데 지금 아시아나항공이 부채를 상환하기 힘든 어려운 상황에 처하면서 신용등급을 결정하는 신용평가사들이 아시아나항공의 신용등급에 대한 재검토를 시작했다. 신용등급이 하락한다면 아시아나항공이 2019년 갚아야 하는 부채는 기하급수적으로 늘어난다. 예를 들어 아시아나항공의

•• 아시아나항공의 2018년 사업보고서

연결회사가 ㈜한국스탠다드차타드은행에 대한 장기차입금과 관련해 체결하고 있는 신탁계약의 내역은 다음과 같습니다.

신탁원본	신탁기산일	신탁종료일	신탁기관	권면액
에어부산㈜ 및 에어서울㈜에 대한 항공기 임대및 정비용역제공으로 발생하는 장래 매출채권	2018. 05. 18	2020. 05. 18	농협은행(주)	419,716,000천 원

상기 장기차입금에 대한 계약서에 포함된 주요 조기지급사유의 내역은 다음과 같습니다.

구분	상세내역
회사채 신용등급	BBB- 미만 하락 시
이자보상비율(EBITDA/이자비용)(*1)	2.0 미달 시

(*1) 매 반기 연결재무제표 및 기말 연결재무제표 작성 기준일 직전 1년 기준

---

6 당시 산업은행이 이렇게 독립적·합리적으로 판단해서 행동했다는 점은 놀랄 만한 일이다. 외부에 알려진 바는 없지만, 당시 정치권력자들이 산업은행에게 금호아시아나그룹 측의 요구를 들어주라고 압박했을 가능성이 높기 때문이다. 앞으로 어떤 정권이 들어서더라도 산업은행이 이런 독립적이고 합리적인 행동을 계속하기를 바란다.

2018년 사업보고서를 보면 다음과 같은 공시 내용이 있다.

이런 조기상환조건이 붙은 차입금은 장기차입금 약 2,500억 원, 사채 약 2,300억 원, 자산유동화증권(asset-backed securities, ABS) 1조 1,400억 원으로 알려졌다. 또한 새롭게 개정되어 2019년부터 적용 예정인 리스회계처리 기준에 따르면, 아시아나항공의 부채비율은 약 400% 정도가 추가로 늘어나게 된다. 이제까지 리스사의 자산인 항공기를 리스해서 운행했는데, 이제부터는 이 항공기를 아시아나항공의 자산과 부채로 동시에 기록해야 하기 때문이다. 이런 막대한 부채를 상환할 능력이 없으므로, 만약 신용등급이 하락한다면 아시아나항공은 부도가 발생할 것이 분명했다. 풍전등화의 위기였다.

금호아시아나그룹의 고난의 역사

여론이 점점 악화되고 산업은행도 냉담한 반응을 보이자 박삼구 회장은 그룹 회장 직위에서 물러나겠다고 선언했다. 삼일회계법인의 적정의견이 발표된 지 이틀 후인 2019년 3월 28일이다. 자신은 직위에서 물러날 테니 회사만은 살려달라고 배수의 진을 친 것이다.

그런데 이런 읍소에도 불구하고 산업은행은 강경한 자세로 나왔다. 이동걸 산업은행장이 직접 나서서 "퇴진만으로는 부족하다."라며, 금호아시아나그룹 전체가 망하지 않으려면 아시아나항공을 매각해서 빚을 갚으라고 요구했다. 이런 요구에 대해 금호아시나아그룹은 항복한다. 그 결과 아시아나항공의 경영권은 산업은행을 비롯한 채권단으로 다시 넘어가서 시장에 매물로 나오게 되었다.

과거에는 큰 관심을 받지 못했던 회계법인의 감사의견이 단초가 되어, 한때 재계 서열 10위권 안에 들었던 대기업집단의 총수가 물러나고 그룹이 크게 쪼개지게 된 것이다. 금호아시아나그룹의 핵심 계열사인 아시아나항공이 쪼개져 나간다면, 금호아시아나그룹은 금호산업과 금호고속만 남은 군소 그룹으로 몰락하게 된다.

금호아시아나그룹이 이처럼 고난의 역사를 겪게 된 것은 2006년 대우건설을 인수했었기 때문이다. 박 회장은 6조 7천억 원의 인수대금 중 거의 대부분을 차입해 대우건설 인수에 성공했다. 이 인수의 성공으로 금호아시아나그룹은 재계 서열 10위권 안으로 진입했고, 박 회장은 그룹의 급성장을 이끈 능력 있는 경영자로 칭송받았다.

그런데 당시 그룹 계열사들의 상황을 보면 이때 빌려온 막대한 차입금의 이자도 제대로 갚을 수 없을 정도로 어려웠다. 인수 후 대우건설이라도 경영상태가 좋았다면 극단적인 상황까지는 몰리지 않았을 수도 있겠지만, 2008년 세계금융위기가 발생하자 대우건설의 상황도 어려워졌다. 거기다가 대우건설의 자금을 빼내고 부족한 자금은 추가로 빌려서 총 4조 1천억 원에 대한통운까지 인수했다. 엄청난 빚더미에 올라탄 형국이었다.[7]

이런 상황에서 대우건설 인수를 위해 빌려온 부채(보다 정확히 설명하

---

7 금호아시아나그룹의 대우건설 인수와 그 후에 벌어진 사건들에 대한 좀 더 자세한 이야기는 『숫자로 경영하라』에 실린 '숨겨진 그림자, 풋옵션을 양지로'라는 글과 『숫자로 경영하라 3』에 실린 'M&A를 위한 대규모 자금조달 방법들의 차이점'을 참조하기를 바란다.

삼일회계법인
삼일회계법인은 국내 회계법인 중 시장점유율 1위를 차지한다. 삼일회계법인이 아시아나항공의 2018년 재무제표에 대해 한정의견을 발표한 것은 큰 여파를 불러일으켜서, 결과적으로 금호아시아나그룹이 분해된다.

면 재무적 투자자들에게 풋옵션 조건을 붙여서 조달한 자금)의 만기인 2009년 말이 다가오자 금호아시아나그룹도 위기라는 점을 깨닫기 시작했다. 박 회장의 동생인 박찬구 회장이 "형의 무리한 경영으로 그룹이 위기에 빠졌다."라고 비난하면서 자신이 보유하고 있던 금호산업의 주식을 전량 매각했다. 그리고 그 돈으로 자신의 지분비율이 높던 금호석유화학 주식을 매집하기 시작했다. 형제 사이의 갈등이 빚어진 것이다. 사태가 이렇게 되자 둘 모두에게 각계각층의 비난이 쏟아졌다. 이런 상황 속에 박 회장은 동생 박찬구 회장을 해임하는 동시에 자신도 경영 실패의 책임을 지고 물러났다. 물러난 박찬구 회장은 금호석유화학의 지배주주가 되어 금호석유화학을 금호아시아나그룹으로부터 계열분리시킨다. 그리고 둘 사이에는 치열한 소송전이 다수 벌어진다. 형제가 적으로 바뀐 것이다.

금호아시아나그룹이 부채를 갚지 못하자 그룹은 채권단의 소유로 넘어간다. 그 후 2010년이 되어 채권단과 금호아시아나그룹은 경영 정상화를 위한 양해각서(MOU)를 체결한 후 본격적인 구조조정에 돌입했다.

이 시점에서 잠시 물러났던 박 회장도 회사에 복귀한다. 이런 과정 중에 계열사였던 금호렌터카, 서울고속버스터미널, 대한통운 등 여러 계열사를 매각하면서 그룹의 재무상태가 일부 회복된다. 드디어 2014년 10월 아시아나항공은 워크아웃을 마감했으며, 2017년 금호타이어가 매각된 것을 끝으로 구조조정이 일단락되었다.

아시아나항공 사태의 배경과 신외감법의 제정

그러나 행복했던 시간은 잠시였다. 2016년 말 사드 관련 중국의 한국 여행규제가 시작되면서, 중국노선을 주력으로 하던 아시아나항공은 승객 급감으로 큰 타격을 받는다. 설상가상으로 앞에서 설명한 것처럼 기내식 대란도 발생했다. 이 사태로 우수한 기내 서비스를 제공한다는 아시아나항공에 대한 소비자들의 이미지도 악화되었다. 당시 직원들도 그동안 사내에서 일어났던 여러 지배주주나 경영진 관련 사건들을 외부에 알리면서 경영진에 대한 불만을 쏟아냈다. 이러한 폭로 내용들 중 얼마가 진짜일지 필자는 알지 못한다. 일부 과장된 것들도 틀림없이 있었을 것이다. 그러나 이런 사건을 보면 지배주주나 경영진의 행태에 대해 불만을 가지고 있던 직원들도 일부 있었던 것 같다. 그러다가 이번 사태까지 터지게 된 것이다.

결과적으로 삼일회계법인의 한정의견 발표에서 시작한 이 작은 사건의 결과 박삼구 회장은 물러났고 회사가 매물로 나오게 되었다. 아무도 예상하지 못했을 엄청난 결과다.

사실 이런 사태는 2017년 말 주식회사의 외부감사에 관한 법률의 개정안[이하 신(新)외감법]이 국회에서 통과되면서 어느 정도 예상되었던 일이다. 이 법안으로 회계감사를 담당하는 회계법인이나 경영자 및 이사회의 책임이 대폭 강화되어, 회계처리에 문제가 발견되면 큰 처벌을 받게 됐다. 신외감법의 핵심은 주기적 감사인 지정제도로서, 6년간 기업이 감사인을 자율적으로 선임하면 그 후 3년 동안은 당국이 강제로 감사인을 선정하겠다는 제도다. 또한 표준감사시간을 정해, 회계법인은 이에 따라 감사를 실시하게 되었다. 그런데 대부분의 기업들은 이런 변화의 효과에 대해 잘 인지하거나 준비하지 못했던 것 같다.

그동안 우리나라에서는 회계의 중요성을 간과하는 경향이 있었다. 일부 경영자들은 회계법인들의 임무가 감사가 아니라 기업을 대신해서 재무제표를 작성해주는 것이라고 인식하기도 했고, 투자자들 또한 회계에 거의 관심을 가지지 않았다. 이 때문에 우리나라 기업의 평균 감사보수는 미국의 약 1/10, 일본이나 홍콩의 약 1/3에서 1/4 정도에 불과했다. 이 수치를 보면 그동안 우리나라에서 회계감사가 얼마나 형식적으로 이루어졌을지 짐작할 수 있다.

감사과정에서 문제점을 발견하더라도 기업이 감사인을 교체해버리겠다고 압박하면 회계법인이 문제점을 덮어버리는 경우도 종종 있었다. 대우조선해양의 분식회계를 안진회계법인이 발견하자 산업은행이 이를 덮어버리자고 요구했고, 그 요구를 거부하자 모든 일감을 뺏어버린 사례를 보면 일감을 주는 회사와 일감을 따야 하는 회계법인의 위상 차이가 얼마나 큰지 알 수 있다.[8] '우리나라 기업들의 회계투명성이 낮다.'라는 문제가 끊임없이 지적되어온 것도 이와 무관하지 않다. 회계투명성 문제점을 해결하기 위해 신외감법과 표준감사시간제도가 마련된 것이다. 감사인을 함부로 바꿔버리지 못하게 하고, '최소 몇 시간을 감사에 투입해야 한다.'라고 기준을 만든 것이기 때문이다.

제도의 도입으로 인해 우리나라의 감사환경은 획기적으로 달라졌다. 감사인 지정제도로 인해 감사인이 기업의 요구를 그대로 들어주지 않고 더 독립적으로 행동할 수 있을 것이다. 표준감사시간의 도입으로 인해 감사시간이 크게 증가할 것이며, 그 결과 감사보수도 증가할 것이다.

현재 우리나라가 처한 경영환경이 매우 어렵다는 것을 고려하면, 증가한 감사보수가 일부 중소기업들에게는 상당한 부담으로 느껴질 수 있다. 이런 변화를 두고 "회계법인이 갑질을 하기 시작했다."라고 이야기하는 경영자도 만나봤다. 회계법인들이 강하게 나오자 일부 기업인들은 "불경기에 접어들어 기업하기도 힘든데 왜 회계법인까지 우리를 못살게 구느냐."라고 불만을 호소하고, 극단적으로는 "감사가 왜 필요하냐?"고 묻기도 했다.

회계대란을 되풀이하지 않으려면…

그렇지만 지금 겪는 어려움들은 '비정상의 정상화' 과정에서 겪는 산고일 뿐이다. 지금까지 우리나라의 감사시장이 우리의 위상에 걸맞지 않

---

8 이 사건에 대한 보다 자세한 내용은 이 책에 실린 '대우조선해양 분식회계 사건에 대한 이상한 뒤처리가 벌어진 이유는?'이라는 글을 참조하라.

는 낮은 수준으로서 감사가 형식적으로만 수행되었다는 점, 이러한 변화가 자본시장을 한 단계 업그레이드하기 위해 반드시 지나야 하는 길이라는 점을 인지해야 한다. 개혁으로 인해 우리나라의 회계투명성이 향상된다면, 회계감사에 소요된 지출보다 시가총액이 훨씬 더 증가하는 긍정적 효과도 기대할 수 있다. 경영자들이 이러한 취지에 공감하고 오해를 하지 않도록, 회계법인들도 행동을 조심하고 개선의 필요성에 대해 경영자들에게 더 자세히 설명할 필요가 있다.[9]

제2의 회계대란을 되풀이하지 않으려면, 기업들은 회계의 중요성을 인식하고 회계 관련 전문인력을 스스로 확보해야 할 것이다. 이제 감사를 담당한 회계법인이 기업 대신 회계처리에 대한 의사결정을 내리는 것은 불법이 되었다. 따라서 기업은 회계법인에 의존하지 않고 스스로 회계처리에 대한 판단을 내리고, 이 판단을 뒷받침하는 근거자료를 회계법인에 제시할 수 있어야 한다. 그러기 위해서는 회계를 잘 아는 인력의 확보와 이 인력에 대한 교육이 필요하다. 계속적으로 변하는 회계기준을 알아야 하기 때문이다. 이러한 일련의 과정을 체계적으로 관리하는 내부통제제도의 일부로서 내부회계관리제도도 마련해야 한다. 즉 회계투명성 향상을 위해서는 상당한 비용이 발생할 수밖에 없다.

---

9 특히 일부 젊은 회계사들의 경우 회계를 잘 모르는 중견이나 중소기업을 감사할 때 필요한 자료를 가져오라고 큰 소리를 치고, 충분한 자료를 제공하지 못하면 비적정의견을 주겠다고 압박했다는 사례를 몇 차례 전해 들었다. 회계를 알지 못하는 사람들에게 회계자료를 내놓으라고 한다고 해서 자료가 저절로 생겨나지 않는다. 어떻게 자료를 마련하는지나 어떤 기준으로 적합한 회계처리를 선택하는지를 직원들에게 충분히 교육해야 한다. 중견·중소기업들의 대부분에는 회계를 잘 아는 직원들이 없기 때문이다. 이런 일이 가끔 벌어짐으로써 회계사에 대한 중소 및 중견 기업인들의 적대감이 커지지 않도록 조심해야 할 것이다.

금호건설 누리집
재무적 어려움 속에서 금호산업은 사명을 금호건설로 바꾼 후 새 출발하기 위해 노력하고 있다. 금호건설이 어려움을 극복하고 성공적으로 재기할 수 있기를 바란다.

　당연히 회계법인도 달라져야 한다. 독립적인 자세에서 꼼꼼한 감사를 하는 것도 중요하다. 그뿐만 아니라 유능한 인력을 길러내고 계속적으로 변하는 회계기준을 공부하고 교육시키는 것, 그리고 내부적으로 엄격한 품질관리제도를 마련하고 유지하는 것도 회계법인의 책임이다. 혹시 과거 낮은 감사보수를 핑계로 이를 미루어두었다면 이제는 미룰 명분도 없다. 제도의 정비로 인해 이런 투자를 할 여유가 생겼을 것이다. 앞으로는 문제가 생기면 과거보다 처벌수위가 월등히 높아질 것이므로 주의해야 한다. 그럼에도 불구하고 감사품질을 향상시키는 데는 거의 신경 쓰지 않고 돈만 더 벌겠다고 나서는 회계법인도 일부 있다는 소식을 들으니 씁쓸한 생각이 든다. 형식적으로만 품질관리실을 유지하면서, 지금은 금지된 독립채산제를 아직도 뒤에 숨어서 실시하고 있는 회계법인도 있다고 전해 들었다.

　개인 회계사들도 생각을 바꿔야 한다. 일부 회계사들은 현재 회계사 수가 너무 많다며 회계사 합격생 수를 대폭 줄여야 한다고 주장한다. 그런데 현재 기업에서 일하는 회계사들은 거의 없고, 회계사를 뽑고 싶어도 지원자가 없어 뽑지 못할 정도다. 미국에서는 우리나라와는 반대로 기업에서 일하는 회계사의 숫자가 회계법인에서 일하는 회계사의 숫자보다 월등히 많다. NYSE에 상장된 기업들의 CFO 중 과반수가 공인회계사 경력자라는 통계도 있다. 회계 인프라를 구축하고 회계투명성을 높이기 위해서는 미국처럼 회계사들이 기업에 많이 진출해야 한다. 법조계 인사들이 판·검사와 변호사로만 일하던 과거와는 달리 현재는 많은 변호사들이 기업에 진출해 활동을 하고 있다. 따라서 기업들의 준법정신이 과거보다 월등히 높아진 사례를 참조하기를 바란다. 법조계와 유사하게, 회계사 업계에서도 많은 회계사가 배출되어야 회계투명성이 올라갈 것이다.

주주와 사외이사들에게 주는 조언

마지막으로 주주와 다른 투자자들, 그리고 사외이사들에게도 당부의 말을 남긴다. 아무리 제도가 바뀐다고 해도 기업의 주인인 주주나 다른 투자자들이 회계에 관심을 갖지 않는다면 회계감사가 제대로 수행될 수 없을 것이다. 주인이 직접 나서지 않고 모든 일을 경영진에게만 맡긴다면, 경영진은 자신을 견제하는 회계법인이 아니라 자신이 원하는 대로 회계처리하는 것을 용인하는 회계법인을 선호할 수밖에 없다. 따라서 주주나 주주를 대리하는 사외이사들이 적극적으로 외부감사를 담당하는 회계법인과 소통하면서 감사가 제대로 이루어지도록 챙겨야 한다. 그렇기 때문에 주주들이 사외이사를 선정하는 주주총회에 적극 참석해,

기업의 행동을 감시할 수 있는 능력과 의지를 갖춘 사람이 사외이사로 뽑힐 수 있도록 투표권을 행사해야 한다.

물론 기업에게 도움이 되는 조언을 주는 것도 사외이사의 역할 중 하나다. 그렇지만 경영자의 행동을 감시하는 것이 더 중요한 사외이사의 역할이다. 사외이사의 법적 책임이 크게 증가한 만큼 사외이사들도 이제 적극적으로 경영진의 행동을 살펴야 할 것이다. 앞으로 중대한 회계부정이나 횡령 등의 사건이 벌어진다면, 사외이사들이 형사처벌을 받지 않더라도 민사소송에 휘말릴 것임이 거의 분명하기 때문이다. 이런 일이 두렵다면 사외이사 역할을 맡지 말든가, 맡았다면 열심히 감독활동을 수행해야 한다. 그래야 혹시 법정에 서게 되었을 때 선관주의의무를 다한 것으로 자신을 방어할 수 있을 것이다.

결국 기업을 둘러싼 여러 이해관계자 집단 모두가 열심히 자기의 할 일을 수행해야 한다는 결론이다. 과거로 돌아갈 수는 없다. 힘들겠지만 자본시장이 한 단계 도약하기 위해서는 꼭 가야만 하는 길임을 명심하자.

회계로 본 세상

　2020년 초 발표된 언론보도를 보면 우리나라의 30대 그룹 소속 상장기업 소속 사외이사들 중 권력기관 출신은 30% 정도 된다. 여기에서 권력기관이란 국세청, 금융감독원, 공정거래위원회, 감사원, 법원, 검찰 등의 기관을 말한다. 별도의 통계로 보고되지는 않았지만, 정치인 또는 정치권과 긴밀한 관계를 맺고 있는 시민단체 출신 사외이사의 비중까지 합하면 이 비율은 훨씬 높을 것이다. 또한 겉으로 보기에는 정치권 관련 인물이 아니더라도, 실제로는 정치권에서 추천한 인물인 경우도 일부 있을 것이니 이 비율은 더 높아질 것이다. 정권에서 CEO를 임명하는 몇몇 회사들의 경우, 고문이나 자문역 등의 이름으로 다수의 정치 관련 인물들을 임명하고 이들에게 높은 보수를 지급하는 것도 공공연한 비밀이다.

　논란이 되었던 금호아시아나그룹의 핵심회사인 금호산업(현 금호건설)의 경우, 사외이사 5인 중 4인이 집권당과 밀접하게 관련된 정치권 또는 시민단체 인사이며 나머지 1인은 언론계 출신이었다. 사외이사들 중에는 당대표까지 지낸 경력이 있는 거물급 인물도 있었다. 즉 사외이사들 중 기업 경영과 관련된 인물은 한 명도 없는 셈이다. 박근혜 정권 때도 마찬가지였다. 2017년 시점의 사외이사 중 2인이 당시 정권과 관련 있는 인사들이었다. 즉 정권이 바뀔 때마다 새 정권과 관련된 사람들로 사외이사를 교체해온 것이다. 즉 이런 현상이 문재인 정권에서만 나타난 것이 아니다.

원래 사외이사 제도는 기업들의 지배구조를 개혁하기 위해 도입된 제도다. 소액주주들을 대표하고 전문성을 가진 사외이사들이 경영진을 견제하면서 경영활동에 조언을 주라고 만들어진 제도로서, 선진국들의 상장기업에서는 대부분 사외이사들이 CEO를 뽑거나 해고할 징도로 큰 영향력을 발휘한다.

우리나라는 아직 그 정도는 아니지만, 그래도 대부분의 대기업에서는 사외이사가 전체 이사들 중 차지하는 비중이 50%가 넘는다. 그리고 기업의 활동을 사전에 점검하는 등 나름대로 긍정적인 역할을 수행하고 있다. 경영, 회계, 법률, 기술 등 기업과 관련된 각 분야에서 전문성과 명망을 가진 사외이사가 기업의 활동을 사전에 점검한다면, 아무래도 기업이 부정한 일을 드러내놓고 벌일 가능성을 줄일 수 있을 것이다. 특히 사외이사들 중 감사위원회 위원들은 소액주주를 대표해 경영진의 행동을 감시하는 것이 주 임무다. 또한 전문성을 가진 사외이사들의 조언을 받을 수 있으니 기업 경영에 도움이 되는 일도 있을 것이다. 즉 사외이사 제도는 잘 운영된다면 나름대로 기업과 주주들에게 모두 도움이 되는 제도다.

그렇지만 경영이나 기업과 관련이 없는 권력기관이나 정치인이 기업에 이런 종류의 도움을 주기는 어렵다. 로비를 해서 회사에 도움을 주는 것이 가장 큰 임무일 것이다. 즉 상대적으로 떳떳하다고 보기 힘든 일을 하는 것이다.[1] 이런 인물들이 사외이사들 중에서 차지하는 비중이 갈수록 늘어나는 최근 추세를 보면 우려하지 않을 수 없다. 우리나라보다 한참 뒤떨어진 후진국에서나 벌어지던 일이 이제 선진국이라고 할 수 있는 한국에서 벌어지고 있는 것이다.

이런 추세를 보면 한국 사회에서 권력기관이나 정치가 얼마나 큰 힘을 발휘하고 있는지를 잘 알 수 있다.[2] 선진국에서는 점점 더 정치권력이 개인이나 조직의 활동을 제약하는 일이 줄어드는 추세인데, 우리나라에서는 그 반대로 점점 더 정치권력의 힘이 세지는 것이다. 정치인이나 권력기관들이 나서서 기업을 압박하면, 현직에 있는 동안 남몰래 정치헌금을 받거나 대접을 잘 받고 퇴임 후 사외이사나 고문 자리를 챙길

---

1 이런 사례를 보여주는 다음 논문들을 참조하길 바란다.
Goldman, Rocholl, and So, 'Politically Connected Boards of Directors and the Allocation of Procurement Contracts', 〈Review of Finance〉, 2013.
Classens, Feijen, and Laeven, 'Political Connections and Preferential Access to Finance: The Role of Campaign Contributions', 〈Journal of Financial Economics〉, 2008.

2 국내 자료를 사용한 아래 연구에서는 정치적으로 연관된 인물(특히 정부기관에서 근무했던 인물)을 사외이사로 영입하면 기업의 미래성과가 향상된다는 발견을 보고했다. 특히 이런 연관성은 투명성이 낮은 기업들에서 더 두드러졌다. 지배구조에 문제가 있을 가능성이 높은 기업들에서 이런 인사들이 기업의 바람막이나 로비스트 역할을 더욱 적극적으로 수행하기 때문에 이런 결과가 관찰되었을 가능성이 높다.
Shin, Hyun, Oh, and Yang, 'The Effect of Politically Connected Outside Directors on Firm Performance: Evidence from Korean Chaebol Firms', 〈Corporate Governance: An International Review〉, 2018.

수 있다는 것을 알게 되니 이런 일이 벌어지는 것은 아닌지 생각해보게 된다. 안타까운 현실이다.

어쨌든 최근 들어 사외이사의 법적 책임이 점점 강화되는 추세다. 큰 사고가 발생한다면 이제까지는 대부분 사내이사들만 책임을 졌었다. 그러나 앞으로는 사외이사들도 당연히 소송의 대상이 될 것이다. 대우조선해양의 경우도 사내이사들뿐만 아니라 사외이사들이 모두 소송의 대상이 됐다. 소송이 발생한다면 사외이사로서의 전문성을 갖추지 않고 임무도 게을리한 경우 큰 책임을 져야 할 것이다. 혹시 민사소송에서 이긴다고 하더라도, 소송이 진행되는 몇 년 동안 상당한 변호사 비용을 부담해야 할 뿐만 아니라 시간의 낭비도 엄청날 것이다. 따라서 책임질 자신감이나 전문성이 없다면 사외이사 역할을 맡지 말고, 밑있다면 역할을 제대로 수행하기 위해 노력하기를 바란다. 필자도 사외이사를 맡고 있는 회사를 항상 주의깊게 살펴보고 있으며 재무제표나 주석사항도 꼼꼼하게 확인한다. 물론 그렇다고 해서 필자가 회사에서 벌어지고 있는 모든 일을 다 파악할 수 있다는 것은 아니지만, 최소한의 선관주의의무 이상을 수행하기 위해 노력하고 있다는 점을 강조하고 싶다.

한국 기업들은
과다한 현금을 보유하고
투자를 안 할까?

경기가 어려울 때 일부 정치인들은 "한국 기업들이 과다한
자금을 곳간에 쌓아두고 투자를 하지 않는다."라고 비난하는
경우가 가끔 있다. 그런 주장을 뒷받침하는 것처럼 보이는
통계를 인용하기도 한다. 이런 주장은 많은 사람들을 혼란스
럽게 한다. "한국 기업들이 주주들에게 배당을 많이 주지 않
고 번 돈을 주로 투자에만 사용한다."라는 반대의 주장이 더
오랫동안 우리나라에 알려져 있었기 때문이다. 어느 주장이
실제로 맞는지에 대해 알아보자. 학계에는 적정 현금보유 수
준이 얼마인지를 계산하는 모형이 오래전부터 개발되어 사
용되어 있다. 이 모형을 이용해서 측정해보면, 놀랍게도 한국
기업들의 현금보유 수준은 과거보다 작다. 물론 현금의 절대
액은 늘어났지만 이는 기업 규모나 기타 현금보유 수준을 결
정하는 요인이 변했기 때문이며, 상대적으로 보면 오히려 과
거보다 적은 수준이지만 적정한 수준의 현금만을 보유하는
성향이 크게 늘어난 것이다. 일부에서 제기하던 사내유보금
에 대한 논란도 무지 또는 오해에서 발생한 것이다.

MANAGING BY NUMBERS

기업들이 돈을 벌어 사내에 쌓아놓기만 하고 사용하지 않는다는 비판이 종종 제기된다. 잊을만 하면 정치인들이나 일부 시민단체에서 이런 비판이 담긴 성명을 내놓고, 이를 일부 언론들이 그대로 받아 보도한다. 그동안 한국의 경기가 침체한 것이 바로 기업들이 돈을 쌓아두기만하고 투자를 하지 않아서라는 주장도 등장한다. 예를 들어 다음 신문기사를 보자.

×××의원이 19일 코스피 시가총액 상위 100대 기업(금융주·우선주 제외)의 연결재무제표를 분석한 결과 이들 기업의 현금성 자산은 지난해말 기준 127조 7,800억 원으로 집계됐다. 이는 8년 전인 2008년 말(36조 4,300억 원) 대비 350.8% 늘어난 수준이다. 같은 기간 코스피 상장사 100대 기업의 자산총액은 777조 9,800억 원에서 2,084조 4,100억 원으로 267.9% 증가했다. 기업별로 보면 지난해 말 기준 삼성전자의 현금

성 자산이 32조 1,100억으로 가장 많았다. 2008년 말(2조 3,600억 원) 대비 1,360% 급증했다. 현대차는 2008년 말 1조 7,600억 원에서 지난해 말 7조 8,900억 원으로 449% 증가했다. (…)

×××의원은 "대기업들이 현금만 쌓아두는 것은 장기적으로 회사 이익에 도움이 되지 않는다"면서 "일자리에 적극적으로 투자해야 내수가 늘고 결국 모든 경제 주체가 성장할 수 있는 토대가 마련될 것"이라고 지적했다.

〈매일경제〉, 2017년 10월 19일자

이런 기사를 보면서 많은 사람들이 실제로 기업들이 현금을 금고에 쌓아두고 있다고 오해를 하는데, 사실은 그렇지 않다. 기업들은 소액의 현금을 보유하고 있을 뿐이며 나머지의 현금은 은행에 예금되어 있다. 은행은 예금을 통해 마련한 자금을 이용해서 자금이 필요한 기업이나 개인들에게 대출을 해준다.

따라서 기업들의 현금이 아무 곳에도 사용되지 않고 금고에 쌓여 있다고 비난하는 정치인들의 주장은 옳지 않다. 또한 일부 정치인들은 정권과 기업들 사이의 관계가 좋지 않아 기업들이 정권에 대한 반감으로 투자를 하지 않고 현금을 곳간에 쌓아두고 있다는 주장을 하기도 한다. 정권이 그동안 여러 차례 바뀌었는데도 불구하고 이 주장이 계속 되풀이되는 것을 보면, 정권과 기업이 사이가 좋지 않기 때문이라는 주장은 사실이 아닐 가능성이 높다는 점을 쉽게 알 수 있다.

과거 오랫동안 우리나라에서는 "한국 기업들이 돈을 벌어서 주주들에게 배당을 주기보다는 투자를 하는 경향이 높고", "그 결과 한국 기업의 성장률이 세계 평균보다 월등히 높다."라는 사실이 잘 알려져왔다.

그런데 최근 들어 오히려 투자를 하지 않고 있다는 새로운 주장이 제기되기 시작했다는 점을 알 수 있다.

현금 보유량이 증가한 이유에 대한 논란

어쨌든 기업의 현금보유 수준이 과다하다는 주장에 따라, 2014년 취임한 최경환 부총리는 2015년부터 기업이 벌어들인 소득의 일정 부분 이상을 투자, 배당, 임금인상 등에 사용하지 않는다면 세금으로 징수하겠다는 '기업소득환류세제' 제도를 도입했다. 정권이 바뀐 2018년에 이르러 이 법안은 그 내용이 일부 변경되기는 했지만 '투자상생협력촉진제'라고 이름을 바꿔 계속해서 시행 중이다. 이런 이야기들이 워낙 자주 언론에 보도되니, 대부분의 사람들은 한국 기업이 불필요하게 과다한 현금을 보유하고 있다는 주장이 사실이라고 믿기 쉽다. 과연 그럴까?

선행연구들은 대리인 문제가 존재하는 기업들이 필요 이상의 과다한 현금(기타 현금성 자산을 포함해)을 보유하고 있다고 설명한다.[1] 대리인 이론에 따르면 경영진은 보유한 과다한 현금을 이용해 적정 수준 이상의

---

1 기타 현금성 자산이란 예금이나 기타 즉시 인출 가능한 단기금융상품에 투자해놓은 자금을 말한다. 이들도 즉시 인출되거나 환매되어 현금화될 수 있으므로, 현금과 같은 종류로 취급한다. 일부에서는 기업이 보유하고 있는 장기금융상품도 단기금융상품처럼 쉽게 현금화될 수 있는 자산이라고 오해를 하는 경우가 있는데, 금융권에 속한 기업이 아닌 다른 기업들의 경우 장기금융상품은 계열사나 자회사의 주식이 거의 대부분을 차지한다. 따라서 이들 주식을 즉시 매각해 현금화하는 것은 불가능하다. 기업의 지배구조가 와해되기 때문이다.

여의도 빌딩 숲
한국 기업들이 과다한 현금을 보유하고 있으면서 투자를 하지 않는다는 비판이 꾸준히 제기되었다. 그렇지만 어느 정도의 현금이 과다한 현금인지를 판단하는 것은 쉽지 않다.

보상을 스스로 챙기고, 수익성이 낮은 프로젝트에 투자해서 기업의 규모를 불필요하게 확장하는 등의 행동을 취할 유인이 있다.[2] 이러한 주장과 일관되는 과학적 증거는 다수 있다. 예를 들면 주주에 대한 법적 보호 수준이 높은 국가들은 기업들이 과다한 현금을 보유하는 경향이 작으며, 지배구조가 우수한 기업들도 과다한 현금을 보유하는 경향이 작다.[3]

그러나 기업의 현금보유량이 증가했다고 해서, 그 이유가 기업이 일부러 투자를 기피하거나 주주나 직원들에게 배당이나 임금의 형태로

2 대리인 문제와 관련된 이론은 현대 기업을 설명하는 가장 보편적인 이론이다. 이 이론에 대해서는 다음 연구를 참조하기를 바란다.
Jensen and Meckling, 'Theory of firm: Managerial behavior, agency costs and ownership structure', ⟨Journal of Financial Economics⟩, 1976.
Jensen, 'Agency costs of free cash flow, corporate finance, and takeovers', ⟨American Economic Review⟩, 1986.

3 Kalcheva and Lins, 'International evidence on cash holdings and expected agency problems', ⟨Review of Financial Studies⟩, 2007.
고윤성·라채원·신현한, '기업투명성과 현금보유 수준', ⟨경영학연구⟩, 2007년.

환원하지 않아서가 아닐 수도 있다. 다음과 같은 두 가지 이유에서다.[4]
첫째, 영업 및 투자환경의 변화로 기업이 필요로 하는 현금보유 수준 자
체가 과거보다 증가했을 수 있다. 즉 과거보다 더 큰 투자가 필요하도록
기업 및 산업의 특성이 변했으므로, 기업들이 이에 맞춰 더 많은 현금을
보유하게 되었다는 견해다. 둘째, 외환위기나 세계금융위기 등을 경험
한 이후 기업들이 과도하게 안정성을 추구함에 따른 결과물일 수 있다.
즉 경기의 변동성이 높아짐에 따라 기업들이 만약에 닥칠 수 있는 위기
상황에 대비해 과거보다 더 많은 수준의 현금을 보유하게 되었다는 견
해다.

　이러한 두 가지 견해를 종합해보면, 둘 모두 논리적으로 충분한 근거
를 가지고 있는 만큼 어느 한쪽 수상이 높나고 넙세 실른내니기 근린이
다. 따라서 이 문제는 좀 더 과학적으로 검증해보아야 할 문제라고 판단
된다.

　국내 기업들의 현금보유량이 과다하다고 비판을 종종 하지만, 실제
한국 기업들의 평균 현금보유량은 선진국과 비교할 때 그렇게 높지 않
다. 예를 들어 1995년부터 2011년까지 미국 상장기업들의 평균 현금
(및 기타 현금성 자산)보유량은 총자산의 28.9%에 달한다. 일본 기업들
도 약 15% 정도의 현금을 보유하고 있었다. 그러나 같은 기간 동안 우

---

4 이 두 가지 견해는 다음 논문에서 요약한 것이다. 언론에도 이 두 주장과 유사한 견해는 많이
　보도된 바 있다.
　양승희·이우종·정태진·조미옥, '한국기업의 지배구조는 실제로 개선되었는가? 현금보유수준
　및 가치관련성 추세를 중심으로', 〈회계학연구〉, 2018년.

리나라 상장기업들의 평균 현금보유량은 10.5%에 불과하다. 즉 미국의 3분의 1, 일본의 3분의 2 수준이다. 이 통계수치를 보면 한국 기업들이 외국 기업들과 비교할 때 과다한 현금을 보유하고 있다는 주장이 사실이 아니라는 점은 쉽게 알 수 있다.[5]

한국 기업의 현금보유 수준 추세

그러나 이런 통계수치만 보고 바로 한국 기업들의 현금보유 수준이 높지 않다고 결론 내릴 수는 없다. 보다 정확하게 이 문제에 대한 답을 내리기 위해서는 현금보유량 자체가 아니라 현금보유 수준을 결정하는 회사의 특성을 고려했을 때 불필요하게 과다한 현금을 보유하고 있는지를 살펴봐야 한다. 즉 적정 수준을 초과하는 과잉현금(excess cash)을 가지고 있는지 여부를 따져보자는 것이다. 그렇다면 어떻게 해야 적정 수준의 현금이 얼마인지를 계산할 수 있을까?

다행스럽게도 학계에서는 평균적인 기업들과 비교할 때 적정 현금보유 수준이 얼마인지를 측정하는 몇 가지 모형들이 개발되어 널리 사용

5 이 통계수치는 다음의 두 연구에서 계산해 보고한 것이다.
양승희·이우종·정태진·조미옥, '한국기업의 지배구조는 실제로 개선되었는가? 현금보유수준 및 가치관련성 추세를 중심으로', 〈회계학연구〉, 2018년.
Kato, Li, and Skinner, 'Is Japan really a "buy"? The corporate governance, cash holdings and economic performance of Japanese companies', 〈Journal of Business, Finance, and Accounting〉, 2017.

되고 있다. 이 모형은 기업의 규모, 수익성, 위험, 재무구조, 성장성, 투자 규모, 배당의 지급유무 등의 특성에 따라 얼마만큼의 현금을 보유하는 것이 적정한지를 측정하는 모형이다.[6] 예를 들면 규모가 큰 기업이나 수익성이 나쁜 기업은 현금을 평균적으로 덜 보유할 것이고, 배당을 지급하는 기업이나 투자 규모가 큰 기업도 현금을 덜 보유할 것이다. 따라서 이런 기업특성들을 고려해 계산된 적정 현금보유 수준과 실제 현금보유 수준을 비교해, 실제 현금보유 수준이 적정 현금보유 수준보다 많다면 기업이 과잉현금을 보유하고 있다고 할 수 있다. 오히려 그 반대로 실제 현금보유 수준이 적정 현금보유 수준보다 적다면 기업이 과소현금을 보유하고 있다고도 할 수 있다.

세종대학교 양승희 교수 등의 학자들은 이런 점들을 고려해 1995년부터 현재까지 한국 기업의 현금보유 수준과 과잉현금 수준의 변화를 계산했다. 그 결과는 다음 〈그림 1〉에 제시되어 있다.[7]

그림 상단부에 있는 현금성 자산 보유 수준의 변화추세를 보면 한국 기업들의 현금보유 수준은 꾸준히 증가하는 추세라는 점을 알 수 있다. 총자산 대비 현금성 자산의 비율은 1995년 기준 8% 정도 수준이었으나 2001년에 이르면 12%대로 4%p 정도 상승했다. 최고점은 세

369

---

6 적정 현금보유 수준을 결정하는 모형에 대해서는 다음 연구들을 참조하기를 바란다.
Opler, Pinkowitz, Stulz, and Williamson, 'The determinants and implications of corporate cash holdings', 〈Journal of Financial Economics〉, 1999.
Ditter and Mahrt-Smith, 'Corporate governance and the value of cash holdings', 〈Journal of Financial Economics〉, 2007.

7 이 글에 제시된 〈그림 1〉은 양승희 등의 논문에 제시된 〈그림 1〉에서 표본기간을 2017년까지로 확장한 것이다.

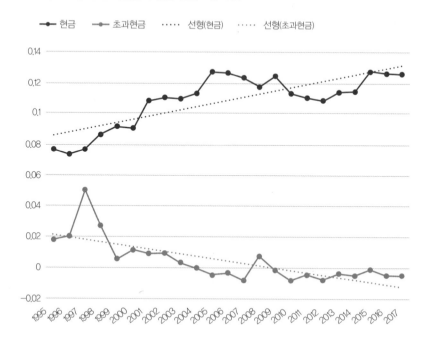

●● 〈그림 1〉 한국 기업들의 평균 현금보유 수준

━●━ 현금　　━●━ 초과현금　　…… 선형(현금)　　…… 선형(초과현금)

계금융위기 직전인 2005년과 2006년으로서, 이때는 12%가 넘었다. 2005년 이후 2017년까지 현금성 자산의 비율은 정체상태라고 할 수 있다. 즉 한국 기업들이 절대수준으로 볼 때 과거보다 총자산 대비 4%p 정도 더 많은 현금을 보유하고 있다는 점을 알 수 있다. 약 20년의 기간 동안 4%p 정도 증가한 것이 과다한 증가인지는 보는 관점에 따라 다르게 판단할 수 있긴 하지만 엄청난 증가로 보이지는 않는다.

　그림 하단부에 있는 초과 현금보유 수준의 변화추세를 보면 전혀 다른 현상이 관찰된다. 적정 수준인 0(zero)과 비교할 때 1995년대 후반에는 약 2% 또는 그 이상의 과잉현금을 보유하고 있었으나 이러한 추세는 점점 감소한다. 그 결과 2000년대 중반부터 2017년까지의 초과 현금 수준은 거의 0에 근접한다. 즉 한국 기업들이 적정한 수준의 현금을 보유하고 있다는 점을 알 수 있다. 〈그림 1〉을 보면 과다한 현금을 보유하고 있다는 일부 정치권이나 언론의 주장이 옳지 않아 보인다. 오히려 한국 기업들이 과거보다 더 합리적으로 행동해 최근 들어 적정한 수준의 현금만을 보유하고 있는 중이라고 해석할 수 있다.[8]

보유현금에 대한 주식시장의 반응

〈그림 1〉의 초과 현금보유 수준의 변화추세를 살펴보면, 외환위기 시점인 1997년 우리나라 기업들이 적정 수준과 비교할 때 약 5%p 정도 과다한 현금을 보유하고 있었다는 점을 알 수 있다. 위기 시점에서는 기업들이 생존을 위해 자산을 매각하거나 투자를 축소하는 등의 방법을 통해 현금보유량을 늘리기 때문에 나타나는 현상일 것이다. 그리고 사실

---

8 이 그림이 의미하는 바를 정확하게 해석하는 데는 주의가 필요하다. 그림에 보고된 초과현금 수준은 평균적인 한국기업의 현금보유 수준과 비교해 계산된 초과현금 수준이다. 따라서 만약 평균적인 한국기업들이 과다한 현금을 보유하고 있다면, 특정기업이 보유 중인 초과현금이 0 이라고 계산되었다고 하더라도 이 기업은 적정 수준보다 과다한 현금을 보유하고 있다고 볼 수 있다. 그러나 미국이나 일본 기업들이 보유하고 있는 현금의 절대수준보다 우리나라 기업들이 보유하고 있는 현금의 절대수준이 낮다는 것을 고려하면, 이런 가능성을 고려하더라도 한국 기업들이 다른 나라 기업들보다 과다한 현금을 보유하고 있다고 보기 힘들다. 또한 그림에서 시간이 경과함에 따라 초과현금 수준이 점차 감소하거나 일정하게 유지되는 추세를 보여주고 있다는 것을 고려할 때도, 현재 한국 기업이 보유하고 있는 현금 수준이 과거보다 과다하다고 보기 힘들다.

이 당시에는 정부에서 나서서 적극적으로 기업들이 현금보유량을 늘리고 부채를 상환해서 재무구조를 안정화시키는 것을 독려했었다. 즉 지금과는 정반대의 정책이 실시되었던 것이다. 2008년 세계금융위기 시기에도 비슷하게 초과현금이 증가하는 현상이 나타난다.

앞에서 소개한 방법 이외에 현금보유 수준이 적정한지 살펴보는 다른 방법도 있다. 주식시장에서 기업의 현금보유 수준에 대해 어떻게 반응하는지를 살펴보는 것이다. 우리나라 기업들이 지배구조가 취약하므로 주식 가격이 낮게 형성된다는 이야기를 종종 듣는다. 지배구조가 취약하면 주식 투자자들이 기업의 정보를 신뢰하지 못하므로, 그 결과 기업이 보고하는 이익을 디스카운트해서 평가하므로 이익에 비해 주가가 상대적으로 낮게 형성된다는 의미다.

이런 관점과 동일하게, 만약 투자자들이 기업이 과다한 현금을 보유하고 있다고 판단한다면 현금이 주가와 관련되는 정도(학술적으로는 현금의 가치관련성이라고 부른다)가 하락할 수 있다. 따라서 현금이 주가와 관련되는 정도가 어떻게 변했는지를 살펴보는 것은 외부 투자자들이 기업이 적정한 수준의 현금을 보유하고 있다고 판단하는지를 살펴보는 방법이 된다.[9] 이러한 접근방법도 학술적 연구에서 널리 사용된다.

앞에서 소개한 양승희 등의 논문에서 이 방법을 이용해서 분석한 결

---

9 예를 들어 앞에서 소개한 Kato, Li, Skinner의 연구는 이 방법을 사용해서 일본 기업들이 보유한 현금의 가치관련성의 변화에 대해 살펴보았다. 그 결과 1990년대까지는 일본 기업들이 보유한 현금의 가치관련성이 미국 기업들보다 낮았지만, 2000년대 들어서는 거의 동일한 수준으로 나타난다고 보고했다. 즉 일본의 투자자들이 2000년대 이후로는 일본 기업들의 현금보유 수준이 상대적으로 미국 기업들과 비교할 때 적정한 수준이라고 평가하고 있다는 의미다.

과, 초과현금보유 수준은 전체적으로 기업 가치(주가)에 긍정적인 영향을 미치고 있는 것으로 나타났다. 1990년대에는 부정적인 영향을 미치고 있었지만, 2000년대 이후로는 긍정적인 영향을 미치고 있었다. 현금보유 수준 전체가 아니라 과잉현금 수준과 주가와의 가치관련성을 살펴본 결과도 유사했다. 주가뿐만 아니라 기업의 수익성과의 관계를 살펴봐도 유사한 현상이 관찰되었다. 즉 기업이 보유한 과잉현금 수준이 감소한다면 수익성도 하락하는 현상이 관찰되었다.

결론적으로, 〈그림 1〉에서 보고한 것처럼 기업이 보유한 과잉현금 수준은 현재 0 근처로서 적정한 수준이라고 볼 수 있다. 또한 주식시장에서는 기업들이 보유하고 있는 현금 수준 또는 초과현금 수준에 대해 긍정적으로 평가한다. 따라서 이 두 관점에서 볼 때 한국 기업들이 비정상적으로 많은 현금을 최근 들어 보유하고 있고, 그 때문에 한국 기업들의 주가가 디스카운트된다는 주장은 옳지 않다고 판단된다.

사내유보금에 대한 오해

앞에서 2014년부터 기업소득환류세제라는 제도가 실시되고 있다고 소개한 바 있다. 이 제도는 기업이 한 해 이익의 80% 이상을 투자, 배당이나 자사주 취득, 임금 인상분으로 사용하지 않으면 그 차액의 일부를 법인세로 추가 징수하겠다는 제도다. 기업들이 벌어들인 소득을 사내에 유보시켜 쌓아두기만 하기 때문에 가계와 사회로 환류되지 않아서 경기가 침체한다는 주장에 따라 이 제도가 도입되었다. 당시 여당과 야당 모두 이 제도의 도입에 절대적으로 찬성하는 입장이었다. 일부 의원은 "우리나라 상장기업들이 무려 700조 원이나 되는 막대한 현금을 사내유보금으로 쌓아두고 투자하지 않고 있다."라면서, "이 사내유보금의 10% 정도만 세금으로 징수해도 부족한 세수 문제나 복지지출을 위해 해결해야 하는 재정문제를 해결할 수 있다."라면서 자극적인 용어를 사용하면서 자기 주장을 하기도 했다.[10]

그러나 이런 정치권의 주장과는 달리 학계나 기업계에서는 이러한 주장이 사실이 아니라는 반론도 많이 제기되었다. 우선 상장기업들이 무려 700조 원이나 되는 막대한 현금을 사내에 유보시켜 '사내유보금'이라는 명목으로 쌓아두고 있다는 주장이 사실이 아니다. '사내유보금'이라는 용어는 재무제표 어디에도 등장하지 않으며 기업들이 일상적으로 사용하는 용어도 아니다. 사내유보금이라는 용어가 어떻게 해서 생겨났는지도 불확실하다. 이들이 주장하는 사내유보금이란 회계상으로는 '이익잉여금'이라고 불리는 계정이다. 영어로는 retained earnings(이익 중 보유분) 또는 reinvested earnings(이익 중 재투자분)이라는 용어로 불린다. 정치인들은 이 계정에 적힌 금액이 기업이 보유하고 있는 현금이라고 오해하고 이를 세금으로 징수해야 한다고 주장한다.

그런데 이익잉여금은 현금이 아니다. 이익잉여금은 기업이 벌어들인 이익 중 일부를 배당으로 지급하고 남은 금액이다. 물론 이 금액 중

---

10 사내유보금의 정확한 정의 및 언론의 사내유보금 관련 용어를 오용하는 빈도와 자극적인 용어의 사용 추세 등에 관한 내용은 다음 연구에 자세히 정리되어 있다.
    조현권·이준일·심호식, '언론의 '사내유보금' 용어 오용 및 보도 양태', 〈회계학연구〉, 2020년.

일부는 현금자산의 형태로 회사 내에 남아 있다. 그러나 이익 중 대부분은 기업의 가치를 증진시키기 위한 투자자금으로 사용되어 기업 외부로 지출된다. 예를 들면 벌어들인 이익 중 일부를 기계설비를 취득하기 위해 사용할 수도 있고, 연구개발을 위해 사용하는 경우도 있다. reinvested earnings라는 영어 용어를 봐도 이 금액이 투자 목적으로 사용한 금액이라는 것을 알 수 있다.

사내유보금을 다 사용한다면?

따라서 이익잉여금이 많다면 기업들이 벌어들인 돈을 배당으로 주주들에게 다 지급한 것이 아니라 다른 방식으로 사용한 부분이 많다는 것뿐이며, 이익잉여금이 많다고 현금이 많다고는 볼 수 없다. 예를 들어 당기순이익 1천억 원을 기록한 대기업이 있다고 가정해보자. 평균적인 한국 기업들은 당기순이익의 20~30%쯤을 배당으로 주주들에게 지급한다. 따라서 배당금을 차감하면 이 기업의 금년도에 증가한 이익잉여금은 700억 원이 된다. 이 중 대부분, 즉 650억 원 정도는 미래 성장을 위한 추가적인 투자자금으로 사용될 것이고, 그 결과 그중 일부인 50억 원만이 현금이나 기타 현금성 자산의 형태로 기업이 보유하고 있다. 즉 700억 원 전체가 현금이 아니다.

매년 유보금 비율이 증가하고 있다고 비판하는 정치인들이나 시민단체도 있는데, 이러한 비판 역시 오해 또는 무지에서 비롯된 것이다. 앞에서 설명한 것처럼 평균적인 기업들이 당기순이익의 20~30%쯤을 배당하므로 나머지는 이익잉여금으로 기록된다. 따라서 매년 이익잉여금의 비율이 증가하는 것은 지극히 당연한 현상이다. 이익의 전부가 아니라 일부만을 배당한다고 하더라도, 배당을 하지 않고 남겨진 이익잉여금 금액 이상을 투자에 사용한다면 이익잉여금은 늘어나더라도 보유하고 있는 현금은 오히려 줄어들 수도 있다.

만약 벌어들인 이익의 100%를 배당으로 지급한다면 이익잉여금은 증가하지 않는다. 100% 이상을 지급한다면 이익잉여금이 줄어든다. 이익의 100%나 그 이상을 배당한다면 기업은 전혀 성장발전을 할 수가 없고 정체상태에 처한다. 벌어들인 돈과 같은 규모의 돈 또는 더 많은 돈을 배당했으니 신규투자에 쓸 돈이 없기 때문이다. 이렇게 많은 돈을 배당하기에 충분한 현금이 없다면 외부에서 돈을 빌려와서 배당을 지급해야 할 것이다. 2006년 외국계 펀드의 경영권 공격을 받고 타협을 했던 KT&G가, 외국계 펀드와의 약속을 이행하기 위해 돈을 빌려 상당한 배당을 지급하고 자사주 취득을 했던 사례도 있다. 그 결과 해당 펀드는 상당한 이익을 보고 나서 KT&G의 주식을 매각한 후 한국에서 철수했지만, KT&G는 그때 진 빚을 갚느라 몇 년의 시간이 걸렸다.[11] 필자야 내부 사정을 잘 알지 못하지만, 아마 빚을 갚은 기간 동안은 필요한 투자도 제대로 하지 못하지 않았을까 추측된다.

이익의 100% 이상을 배당한다면 기업의 규모는 줄어들게 된다. 배당을 하기 위한 자금을 마련하기 위해 보유하고 있는 자산을 팔거나 긴축

---

11 이 사건에 대한 보다 자세한 내용은 『숫자로 경영하라』에 실린 '외국인 투자자는 기업투명성을 향상시킬까?'라는 글을 참조하기를 바란다.

KT&G
외국계 펀드의 경영권 공격을 받았던 KT&G는 막대한 자금을 동원해서 자사주를 매입하고 배당 을 크게 늘리는 것으로 타협한다. 그 결과 해당 펀드들은 큰 돈을 벌고 철수한다.

경영을 해야 하기 때문이다. 과거 국내 기업을 인수했던 몇몇 외국계 펀드가 단기간에 투자한 자금을 회수하기 위해서 사용한 방법이다. 예를 들면 위니아만도를 인수했던 CVC나 JP모건, 극동건설을 인수했던 론스타, 브릿지증권을 인수했던 BIH 등의 경우다. 보유 중이던 자산(본사 사옥이나 설비, 사업 부문)을 팔고 직원들 임금을 삭감하거나 직원들을 해고하는 방안을 이용해서 인건비를 줄여 마련한 자금을 배당이나 유상감자의 형태로 회수해 큰 사회문제가 되었다. 그 결과 회사의 규모는 크게 축소되었고, 이에 대한 직원들의 반발로 격렬한 노사분규가 일어나기도 했다.

기업소득환류세제의 효과

우리나라 상장기업들의 이익잉여금 총액이 700조 원쯤 된다는 이야기
는 옳지만, 이 700조 원이 현금이라는 주장은 잘못된 것이다. 대부분의
기업들의 경우 현금 및 기타 현금성 자산의 비중은 이익잉여금의 5%
미만이다. 삼성전자의 경우는 2% 정도다. 그러니 사내유보금의 10%를
세금으로 걷어야 한다는 주장은, 기업이 보유한 현금성 자산 전부뿐만
아니라 보유 중인 기계나 건물도 팔아서 세금을 내라는 황당한 주장인
것이다. 그렇다면 대부분의 기업들은 더 이상 존속할 수 없게 될 것이다.

이런 주장이 잘못된 것이기는 하지만, 어쨌든 기업이 현금을 필요이
상으로 많이 보유하고 있는 것보다 투자를 하거나 배당 또는 임금의 형
태로 개인들에게 지급해 사용될 수 있도록 한다면 경기를 향상시키는
데 도움이 될 수 있다. 일부 과장되거나 잘못된 내용이 포함되어 있다고
하더라도, 이런 의도에서 정치인들이 그런 주장을 하는 것이라고 긍정
적으로도 볼 수 있을 것이다.

그래서 도입된 제도가 기업소득환류세제다. 그렇다면 효과는 어떨
까? 상식적으로 생각해보면, 이 제도가 도입되면 제도의 적용을 받게
되는 기업들은 우선적으로 배당이나 자사주 취득을 늘릴 것이 분명하
다. 추가 세금을 납부하지 않으려면 투자, 배당, 자사주 취득, 임금 인상
으로 이익의 80% 이상을 사용해야 하는데, 연말이 되어서 단기적으로
의사결정을 해서 변화시킬 수 있는 부분이 배당이나 자사주 취득뿐이
기 때문이다.

투자는 보통 오랜 준비기간이 필요하고 대규모의 지출을 수반한다.

정부종합청사
경기활성화를 위해 정부는 기업의 국내 투자를 촉진시키기 위한 정책을 실시해야 한다. 그래야 일자리가 늘어나고 국민들의 소득이 증가한다.

따라서 연말이 되어 계산을 해보니 기업소득환류세제의 규제대상이 된다고 판단되었다고 하더라도, 세금을 내지 않기 위해서 투자지출을 갑자기 늘리기 곤란하다. 또한 투자 규모는 적정한 투자기회가 있느냐에 따라 결정되는 것이므로, 투자기회가 없다면 남는 돈이 있더라도 투자를 할 수가 없을 것이다. 임금 인상도 마찬가지다. 한 번 돈이 남았다고 임금을 인상했다면, 다음 연도에 경기가 어려워졌다고 임금을 줄이지 못한다. 한 번 오른 임금은 다시 줄지 않는다. 학술적 용어로는 '하방경직성이 높다'고 표현한다. 그러니 내년 형편이 어떨지 모르면서 금년도 돈이 남았다고 함부로 임금을 크게 올릴 수 없다.

그런데 투자와 임금인상과 비교할 때 배당이나 자사주 취득은 이런 제약점이 적다. 배당을 지급하거나 자사주를 취득하는 것은 며칠은 아니더라도 몇 주 내로 실행할 수 있는 것이며, 금년도에 했다고 해서 내년도에 반드시 다시 해야 한다는 의무도 없다. 한 번 배당을 올렸다면 내년도에 경기가 어려워졌다고 다시 내리기가 쉽지 않겠지만, 그래도 임금을 내리는 것보다는 배당을 내리는 것이 쉬울 것이다. 자사주 취득은 이런 제약점도 없다. 금년도에 자사주를 취득했다고 해서 내년도에 또 취득해야 할 필요는 없기 때문이다. 따라서 이런 점들을 종합하면 당연히 배당이나 자사주 취득 금액이 일부 늘어났을 것이라고 예측할 수 있다. 학술적인 연구의 결과도 이런 주장을 뒷받침한다. 즉 세제의 도입 이후 배당이나 자사주 취득은 일부 증가했으나, 투자나 임금 인상에 기여한 부분은 거의 없다고 보인다.[12]

경기활성화를 위해서 정부가 할 일은?

배당이 늘었다고 해도 이 중 국내 경기 활성화에 기여한 부분은 적을 것이라고 예측할 수 있다. 배당이나 자사주 취득을 늘린 기업들은 대부분은 수익성이 뛰어난 대기업이고, 이들 대기업들의 주주는 외국인 비중이 특히 많기 때문이다. 예를 들어 국내에서 배당금 지급과 자사주 취득을 제일 많이 하는 기업인 삼성전자는 2017년 동안 무려 10조 7천억 원을 이 목적으로 사용했다. 그런데 삼성전자의 주주들 중 외국인의 비중은 대략 55% 정도다. 그러니 국내에 머물러서 사용되는 돈보다 해외로 빠져나가는 돈이 더 많다는 점을 알 수 있다. 물론 글로벌 시대에 외국인 주주와 내국인 주주들을 차별해서는 안되겠지만, 그렇다고 해도

---

12 정우승, '기업소득환류제도가 기업의 의사결정에 미치는 영향', 〈아주대학교 박사학위 논문〉, 2018년.

이러한 정책을 실시한 목표가 국내 경기의 활성화라는 점을 고려해보면 국내 경기가 활성화되는 효과는 배당의 지출 규모에 비해 작다고 볼 수 있다.

그렇다면 경기 활성화를 위해 정부는 무엇을 해야 할까? 그 해답은 글의 앞부분에 소개한 신문기사에 이미 등장한다. 기업들이 적극적으로 투자를 해야 일자리가 늘어나고, 그 결과 일자리를 새로 얻은 사람들이 소득이 생겨서 소비를 증가시킬 수 있다. 기존에 일자리를 가지고 있던 사람들도 소득이 늘어나서 소비를 늘림으로써 경기가 좋아진다. 그렇다면 기업들이 투자를, 특히 국내 투자를 더 할 수 있도록 유도하는 정책을 실시해야 할 것이다. 즉 외국에 투자하는 것이 아니라 국내에 투자했을 때 더 이익이 되는 환경을 마련해주어야 외국으로 빠져나가는 투자액이 국내로 돌아올 것이다. 그래야 국내 일자리가 늘어날 것이다.

요즘 경제성장률이 급감하면서 우리나라 경기가 침체기로 접어드는 조짐이 보인다. 실업자 수는 경제성장률이 줄어드는 것보다 더 빨리 증가하고 있다. 청년 실업자 문제는 특히 더 심각하다. 이런 시기에 정부가 무엇을 해야 할지 고민해보기를 바란다. 왜 대기업들이 해외 투자는 계속 늘리면서도 국내 투자를 안 하는지를 깨달아서, 그 원인을 해결해주어야 국내 투자가 늘어날 수 있다. 또한 기업가들도 사명감을 가지고 국가의 발전을 위해 나서기 바라며, 주주들과 대기업 노조도 단기적 관점에서만 생각하기보다는 국가의 백년대계와 후세를 위해 무엇을 해야 할지 고민해보길 바란다. 모두가 함께 나서도 이 문제가 쉽게 해결되지 않을 텐데, 아무도 나서지도 않고 양보도 하지 않으니 한국의 상황이 점점 더 악화되는 것 같아 정말 안타깝다.

회계로 본 세상

한국 기업들이 천문학적인 이익유보금을 보유하고 있으니 이 돈의 일부라도 세금으로 거둬야 한다는 주장은 거의 매년 수차례 되풀이된다. 정치인들이나 시민단체가 이런 주장을 할 때마다 몇몇 언론이 이 주장을 여과없이 그대로 보도한다. 기초적인 인터넷 검색만 해봐도 이런 주장이 틀리다는 것을 금방 알 텐데, 매년 수차례 이런 주장들이 되풀이 되는 것을 보면 이들 정치인이나 시민단체가 사실이 아니라는 것을 알면서도 의도적으로 계속 똑같은 이야기를 하는 것 같다는 생각이 든다. 계속해서 언론에 자기 이야기가 보도되고 자신의 말이 화제가 되는 것을 알리고 싶어서일 것이다. 그래서 자신을 '서민을 위해 싸우는 정의의 사도'로 포장하고 싶어서가 아닐까 추측된다. 물론 이런 내용을 보도하는 언론사도 이 주장이 사실이 아니라는 점을 알고 있을 가능성이 높다. 이런 주장이 크게 보도될 때마다 이 주장이 사실이 아니라는 반박도 곧이어 크게 보도되기 때문이다.

경제에 대해 정확한 지식이 없는 상당수의 사람들은 기업에 있는 현금을 꺼내서 외부 사람들에게 배부한다면 경기가 좋아질 것 이라고 기대한다. 실제로 기업들이 현금을 금고에 쌓아두고 있지도 않으며, 대부분의 현금은 은행에 예금되어 있다. 이 예금을 바탕으로 은행에서 자금이 필요한 사람들에게 대출을 해주므로, 이 돈들은 국내 어딘가에서 사용되고 있는 것이다. 만약 어떤 기업이 정말로 금고에 수천억 원이나 수조 원을 쌓아두고 아무것도 하지 않는다면 모를까, 그렇지 않은 대부분의 경우는 예금을 통해 국내 경제에 기여하고 있다. 따라서 기업들이 예금하고 있는 돈을 정부가 세금으로 거둬서 지출한다고 해서 경기가 더 크게 좋아지지 않는다. 대출을 통해 돈이 시장에 제공된 것이든 정부의 재정지출에 의해 제공된 것이든, 비슷한 규모의 돈이 외부에 풀리는 것이기 때문이다.

필자의 전공분야가 아니라 정확히 알지는 못하지만, 언론에 보도된 연구결과를 보면 증세를 통해 늘어난 세수를 이용해 공무원 수를 하나 늘리면 평균적으로 민간 일자리가 1.5개 줄어든다고 한다. 즉 사회 전체적으로는 일자리가 0.5개 감소하는 것이다. 공무원의 효율이 민간의 효율보다 못하기 때문에 나타나는 현상이다. 따라서 민간의 돈을 정부가 거둬들여 다른 목적으로 사용한다고 해서 경기가 좋아질 것이라는 환상을 버려야 한다.

그 돈이 사용되는 동안 사용되는 특정 분야에서의 단기적인 효과만 있을 뿐, 그 돈이 다 사용되면 해당 특정 분야의 경기도 원래 수준으로 돌아갈 것이다. 해당 분야가 아닌 다른 분야들은 비효율 때문에 평균적으로 경기가 더 나빠질 가능성도 있다. 예를 들어 1930년대 대공황을 극복하기 위해 미국에서 실시했던 뉴딜정책이 바로 정부의 적극적인 재정지출을 통해 경기를 부양하겠다는 것이었다. 이 정책이 1~2년의 단기간 동안은 효과가 있는 듯했지만, 3~4년이 지나자 정책 실시 이전의 상황으로 돌아가버렸다는 사실을 기억하자.

필자는 앞에서 기업들이 적극적으로 투자를 해야 일자리가 늘어나고, 그 결과 일자리를 얻은 사람들이 소비를 증가시키거나 기존에 일자리를 가지고 있던 사람들도 소득이 늘어나서 소비를 늘림으로써 경기가 좋아진다고 설명했다. 즉 일자리가 창출되어야 경기가 좋아진다. 기업이 번 돈을 세금으로 거둬들여 국민들에게 나눠준다면, 그 돈을 받은 사람 입장에서는 소득이 일시적으로 한 번 증가한 것뿐이다. 따라서 그 돈을 소비하면 원상태로 돌아간다. 그러나 일자리가 생기면 일자리를 얻은 사람들이 늘린 소비 수준이 지속적으로 유지된다. 따라서 일자리의 창출이 경제성장을 위해 중요한 이유다. 빈부격차 해소를 위해서도 마찬가지다. 일자리를 창출해야 일자리가 없던 저소득층에게 일자리가 생겨 소득이 증가하기 때문이다.

그러니 기업에 있는 현금을 배당의 형태로 외부에 배부하는 것보다는, 그 자금을 신규투자 목적으로 사용해야 일자리가 생긴 결과 경기가 더 좋아진다. 이 책에 실린 '워런 버핏은 어떤 기업에 투자할까?'라는 글에서 설명한 것처럼, 버크셔 해서웨이는 배당을 전혀 지급하지 않는데도 불구하고 엄청난 주가를 자랑한다. 배당을 지급하는 것보다 그 돈으로 투자를 열심히 해서 회사를 더 발전시키는 것을 주주들이 선호한다. 그것이 더 회사에 도움이 되는 것이다. 마찬가지로 배당을 나눠주는 것보다 기업이 투자를 열심히 하는 것이 국가의 경제성장과 빈부격차 해소에도 더 도움이 된다.

따라서 경기를 살리기 위해서 정부는 기업들이 더 투자를 많이 할 수 있도록 좋은 투자환경을 만들어주기 위해 노력해야 할 것이다. 특히 해외 투자보다 국내 투자가 이루어져야 많은 일자리들이 만들어질 수 있다. 물론 해외 투자를 해도 국내에 관리인력이 필요하고 해외에 파견할 인력도 필요하므로 일자리가 늘어나겠지만, 그럼에도 불구하고 국내에 직접 생산라인을 설치하는 것보다는 일자리가 덜 생겨날 것이다. 현재 많은 대기업이 투자를 하고는 있지만 그 투자의 대부분이 해외투자다. 국내 투자라면 R&D 투자 정도일 뿐인데, 이는 최고 학력을 가진 우수 인력에 대한 수요와 관련되어 있다. 즉 우수 인력이 아닌 평균적인 인력에게 필요한 일자리를 창출할 수 있는 설비투자는 극히 부진하다. 왜 국내 대기업들이 국내에서 설비투자를 안 하는지를 생각해보고, 그 문제점을 해결하기 위해 노력하기를 바란다. 예를 들면 국내 기업들이 많이 필요로 하는 분야의 인력 공급을 늘릴 수 있도록 해당 분야의 직업 교육을 활성화시키고 대학의 전공별 인원을 조정하는 것이다.

정치인들도 '기업을 괴롭힌다고 일자리가 생기지 않는다'는 점을 깨닫고, '무엇이 국가를 위하는 일인가'를 좀 더 고민하기를 바란다. 국민들도 정치인들의 표를 얻기 위한 선동에 속지 않는 혜안을 길러야 할 것이다.

2010년대 중반부터 2020년까지 필자가 몇몇 일간신문이나 경영잡지에 연재했던 칼럼 중 일부를 골라 5부에 실었다. 이 책에 실린 다른 원고들과 비교하면 내용이 짧지만, 최초 언론에 원고가 게재되었을 때보다는 일부 내용이 보강되어 분량은 늘어났다. 칼럼으로 실렸던 내용이니만큼 전문적이거나 구체적인 숫자에 대한 것이라기보다 시사적이면서 쉽고 재미있는 내용들이 많다. 그렇지만 이는 경영자가 한 번쯤은 생각해볼 필요가 있는 것들로서, 분량이 적거나 재미있는 내용이라고 해서 가볍게 다루어질 내용은 아니라고 생각한다. 경영이란 결국 직면한 문제를 해결할 방안을 찾는 과정으로써, 그 문제점을 해결하는 과정에서 논리성과 통찰력이 필요하다. 따라서 이와 관련된 내용들을 골라 실어서 경영자들이 생각해볼 문제점이나 교훈을 제시하고자 한다.

5부

경영에 대한
8가지 단상

남편보다 영향력이 더 큰
미셸 오바마 효과

미국 대통령 버락 오바마(Barack Obama)와 영부인 미셸 오바마(Michelle Obama) 중 누가 더 인기가 있을까? 보통 정치인들의 인기는 대중을 대상으로 한 설문조사를 통해 측정한다. 그런데 이런 전통적인 분석과는 다른 재미있는 분석이 하나 있다. 대통령과 영부인이 입는 옷의 브랜드 메이커가 외부에 노출될 때, 그 회사의 주가가 어떻게 변하느냐를 측정해본 것이다.

그 결과를 보면 오바마 대통령이 어떤 브랜드의 옷을 입느냐는 해당 브랜드의 의류를 만드는 회사의 주가에 영향을 미치지 않는다고 한다. 그런데 놀랍게도 미셸 오바마 영부인이 어떤 브랜드의 옷을 입느냐는 해당 기업의 주가에 상당한 영향을 미친다. 이 발견을 보면 미국을 대표하는 대통령도 영부인 파워를 못 당한다는 점을 알 수 있다. 미국이나 한국이나 사람이 사는 모습은 비슷한 듯하다.

미셸 오바마는 유명 고급 브랜드의 유명 디자이너 제품이 아니라 동네마다 위치해 있는 상가(mall)에서 손쉽게 볼 수 있는 일반 중산층들이 즐겨 구입하는 중상급 브랜드의 제품을 주로 입는다. 갭(GAP), 제이 크루(J. Crew), 나이키(Nike) 등이 그녀가 자주 입는 브랜드다. 그녀가 이런 브랜드 옷을 처음 입고 중요한 행사장에 모습을 드러내면 해당 기업의 주가는 평균 1.7% 정도 상승한다. 반면에 해당 기업의 라이벌로 여겨지는 다른 회사들의 주가는 평균 0.2% 정도 하락한다. 따라서 한 번 새로운 브랜드의 옷을 입고 모임에 모습을 드러낼 때의 총 주가 효과는 약 1,400백만 달러(약 1조 6천억 원)라고 한다.

이런 자본시장의 반응은 놀랄 만하다. 과거 클린턴이나 부시 대통령 시절 영부인들의 경우에는 패션에 대해 대중들이 이런 정도의 상당한 반응을 보이지 않았기 때문이다. 이런 미셸 오바마 열풍은 남편 버락 오바마 대통령의 인기가 상대적으로 취임 초기보다 많이 하락했을 때도 거의 변하지 않았다. 역사적으로 보면 고(故) 케네디 대통령의 영부인 재클린 케네디(Jacqeline Kennedy) 여사의 인기에 버금갈 정도라고 평가된다.

영화배우를 능가하는 미셸 오바마 패션의 인기

미셸 오바마 효과의 진가는 2009년 오바마 대통령의 유럽 방문 때 특히 부각되었다. 사르코지 프랑스 대통령의 슈퍼모델 및 영화배우 출신 부인 카를라 브루니와 함께 만났을 때였다. 미셸 오바마가 입은 평범한 브랜드에 대해서는 세간의 관심이 집중되는 데 반해 절세미인인 카를라 부르니가 입은 고급(luxury) 브랜드 크리스찬 디올(Christian Dior) 옷에 대해서는 관심이 별로 없는 예상치 못한 현상이 발생했다.

왜 그럴까? 미셸 오바마는 스스로 옷을 골라 쇼핑을 하는 데 반해, 카를라 브루니는 크리스찬 디올의 옷을 협찬받아 입는다는 사실이 널리 알려져 있기 때문이다. 즉 소비자들은 광고가 아닌 해당 유명인사의 자발적인 선택이 무엇이냐에 관심을 기울이는 것이다. 심지어 미셸 오바마가 주로 쇼핑하는 중산층을 대상으로 하는 백화점이나 양판점을 운영하는 회사인 콜스(Kohl's), 메이시스(Macy's), 삭스 피프스 애비뉴(Saks Fifth Avenue), 타겟(Target)까지도 주가가 올랐다. 물론 카를라 부르니 덕분에 크리스찬 디올도 상당한 광고 효과를 보고 있을 것이다. 그렇지만 크리스찬 디올은 미셸 오바마 효과처럼 직접적인 효과를 즉각적으로 누리지는 못하는 듯하다.

이런 사례처럼 유명인사, 주로 인기 배우들을 새 광고에 캐스팅했거나 해당 배우가 특정 물품을 회사로부터 공급받아 사용하기로 했다는 소식이 언론에 보도되면 광고가 방송되기도 전에 해당 기업의 주가가 평균 0.5% 상승한다는 연구결과가 있다. 이를 이른바 '톱스타(celebrity) 효과'라고 한다. 인기 정상의 톱스타 이미지를 바로 제품의 이미지에 연결시킬 수 있으므로 그 효과가 상당하다. 한때 이영애 배우나 김태희 배우, 김연아 선수 등이 온갖 광고에 겹치기 출연을 한 이유가 바로 이것 때문이다.

그러나 이런 톱스타 마케팅이 얼마나 효과가 있을지 의견이 분분하다. 예전에는 상당히 효과가 있었지만 요즘은 이런 종류가 너무 많아져서 효과가 거의 사라졌다는 의견도 상당하다. 톱스타 마케팅이 역효과

오바마 대통령 부부의 모습
남편보다 부인 미셸 오바마의 효과가 더
크다는 것은 매우 재미있는 현상이다.

를 발휘할 수도 있다. 2009년 골프 황제 타이거 우즈의 복잡한 불륜 행각이 드러났을 때 타이거 우즈를 광고 모델로 기용하던 나이키는 주가 하락은 물론 상당한 불명예까지 감수해야 했다. 나이키는 1996년부터 타이거 우즈를 모델로 기용해 광고를 해왔기 때문에, '나이키 – 타이거 우즈'라는 이미지를 굳건히 쌓아 올리고 있었다. 그랬기 때문에 타이거 우즈의 스캔들이 발생하자 주가가 무려 4%나 하락하는 엄청난 피해를 봤다. 당시 우즈를 모델로 기용하고 있던 5개의 기업이 모두 비슷한 주가 하락을 경험했다.

국내에서도 각종 스캔들이 발생할 때마다 해당 연예인을 모델로 기용했던 기업은 광고를 중단한다. 그 외에도 인터넷 등에 해당 기업에 대한 비난이 빗발치거나 불매운동까지 연결되는 등 추가 피해가 발생하기도 한다. 사실 한국에는 극성 팬이나 그 반대의 극성 안티 팬도 많고 정치적 이슈에 지나치게 민감한 극성 정치꾼들도 많기 때문에, 별로 중요하지 않은 스타의 말 한마디 때문에 해당 스타를 광고 모델로 고용한 기업이 죄 없이 피해를 입는 경우가 많다. 이러니 스타 마케팅이 상대적으로 역효과를 가져오는 경우도 외국보다 더 빈번할 것이다.

스타 마케팅에도 진실성이 필요하다

요즘은 스타 마케팅이 직접적인 광고가 아니라 간접적인 광고 영역으로 확대되는 추세다. 일반 대중들은 유명인사들이 무엇을 입고 무엇을 쓰느냐에 대해 관심이 많다. 누가 결혼식을 할 때 입었던 옷이라느니, 어떤 연속극에서 하고 나온 목걸이라는 등으로 마케팅을 하면 효과가 좋다. 2014년 큰 인기를 얻었던 드라마 〈별에서 온 그대〉에 나온 것이라고 하면 다 대박상품이 되었다. 한국뿐만 아니라 중국에서 온 관광객들까지도 싹쓸이를 할 정도였다.

그래서 스타의 결혼식에 드레스와 보석 등으로 협찬을 하려고 하고, 연속극마다 광고 내용을 자연스럽게 프로그램 안에 포함시키는 간접광고(PPL, Product Placement)를 하려고 기업들이 노력하는 것이다. 인터넷상에서 종종 화제가 되는 공항패션도 우연히 일반 시민이 연예인을 공항에서 보고 찍은 사진이 아니라 협찬받은 패션을 노출시키기 위한 광고인 경우가 많다고 한다. 전문 사진작가가 찍어서 일반인인 척하면서 인터넷에 올리는 것이다. 그런데 요즘은 이런 간접광고도 워낙 많아지다 보니 아무래도 그 효과가 줄어드는 듯하다.

이런 현상들을 종합해보면, 결국 간접광고나 스타 마케팅이 효과를 발하기 위해서는 진실성이 중요하다고 생각된다. 협찬받은 최고급 브랜드의 옷이 아닌 스스로 고른 평범한 옷을 입는 미셸 오바마의 효과가 큰 것처럼, 스타 마케팅도 스타가 협찬받은 옷이 아닌 스스로 어떤 옷을 골라입느냐가 일반 대중들의 관심을 더 많이 끌 것이다.

PPL이 프로그램 중 자연스럽게 해당 제품을 사용하는 연예인의 모습

타이거 우즈
골프 스타 타이거 우즈의 불륜 행각이 드러났을 때 그를 모델로 기용했던 나이키는 4%의 주가 하락을 경험했다.

을 노출시켜 효과를 볼 수 있는 것도, 마치 해당 제품을 연예인이 평상시에 사용하는 듯한 착각을 불러일으키기 때문이다. 그러니 억지로 끼워 넣은 PPL은 거의 효과가 없을 것이다. 소비자들이 그 모습을 보고 오히려 어색하거나 불편해할 수 있기 때문이다.

결국 꾸미지 않은 자연스러운 모습을 보여주는 것이 제일 중요하다. 광고에서도 진실성이 통하는 것이다. 결국 정말로 좋은 제품을 만들어서 스타들이 실제로 그 제품을 생활 속에서 사용하도록 하는 것이 제일 좋은 마케팅 수단이라고 할 수 있다.

로마 제국 무적 군단의
승리 비결은?

　로마 제국의 전성기, 로마는 로마를 둘러싼 주변 민족들보다 비교할 수 없을 만큼 적은 수의 군대를 가지고도 전 유럽을 평정했다. 〈글래디에이터〉 등 로마 시대를 배경으로 한 영화들을 보면 로마 군단의 위풍당당한 모습이 종종 등장한다. 투구를 쓰고 큰 사각 방패를 들고 진격하는 로마군 중장갑 보병대 앞에 이민족 군대들은 추풍낙엽처럼 쓰러진다.

　로마인은 슈퍼맨처럼 힘이 세서 싸우는 전쟁마다 이겼을까? 그렇지 않다면 어떻게 해서 조그마한 도시 국가가 이탈리아반도를 넘어 전 서유럽과 소아시아, 아프리카 북단까지 정복할 수 있었을까? 놀랍게도 로마인은 다른 이탈리아인들과 조금도 다를 바 없는 평범한 체격을 가지고 있었다. 당시 역사기록을 보면 골족이나 게르만족과 비교하면 이탈리아인들은 머리 하나만큼 키가 작고, 체격도 작았다. 따라서 힘에서는 상대가 되지 않았다. 영화에서는 멋진 기병대가 종종 등장하지만, 사실 로마의 주력군은 중장갑을 한 보병대였고 기병대는 거의 없었다. 로마가 제국으로 번창하기 이전 도시국가였던 시기의 기술력도 주변 국가들과 별반 다르지 않았다. 그럼에도 불구하고 로마군은 압도적인 숫자의 적군을 대부분 손쉽게 무찔렀다.

폼페이우스나 시저처럼 위대한 장군들의 리더십도 중요했겠지만, 로마군이 승리했던 핵심 이유는 무기와 전술 덕분이었다. 로마군이 사용한 큰 사각형의 방패는 적이 로마군 사이로 침투할 수 없도록 해서 아군의 대열을 일정하게 유지시켜 수적 열세를 극복할 수 있도록 했다. 즉 숫자가 적더라도 적과 부딪히는 전면의 병사 숫자는 적과 차이가 없도록 한 것이다. 영화 〈글래디에이터〉에서의 전투 모습과는 달리 로마군은 각개전투나 백병전을 벌이지 않고, 항상 팔랑크스라고 부르는 사각형의 대형을 구성해서 적과 섞이지 않고 방패 뒤에서 싸웠다.

특히 적이 가까이 접근하면 필룸이라고 불리는 투창을 던졌다. 적은 날아오는 필룸을 막기 위해 방패로 몸을 보호해야 했는데, 적의 방패에 필룸이 꽂히면 뽑히지 않게 필룸의 날을 쐐기형으로 만들었다. 방패를 무겁게 만들어 적이 자기 몸을 보호하는 수단인 방패를 버리게끔 한 것이다.

그리고 짧고 가벼운 칼은 손쉽게 사용할 수 있었기 때문에 방패로 적의 큰 칼 공격을 막다가, 적이 칼을 내리친 후 다시 들기 위해 시간을 지체하는 사이에 손쉽게 방패 사이의 빈틈으로 칼을 내밀어 찌르고 빼는 공격을 했다. 로마군의 검술은 이 짧은 칼로 찌르기와 빼기를 반복하는 것이었다. 골족이나 게르만족은 힘이 셌으므로 로마군에 비해 두 배 이상 크고 무거운 칼이나 도끼를 사용했다. 그런데 칼이 워낙 무거우니 칼을 한번 내리치고 두 손으로 다시 칼을 들어 올리는 동안 시간이 많이 걸렸다. 바로 이 틈을 노린 것이다.

　머리 윗부분만 가린 짧은 투구는 군인들이 넓은 시야를 확보할 수 있도록 해주었다. 이는 전황을 판단하고 신속하게 반응하는 것을 가능하게 했다.

적들에게서 배운 로마의 개방성과 실용성

이런 하나하나의 장비나 전술은 사실 그렇게 대단한 발명품이 아니다. 또한 그 원형이 이미 존재하고 있던 것들이었다. 로마는 주변 국가들과 수많은 전쟁을 치르면서 이들의 장비나 전술을 경험했다. 그리고 그것들을 채택해서 조금씩 개량했던 것이다. 당시 널리 사용되던 원형 방패를 사각형 방패로 바꿨고 크기도 키웠다. 칼은 손쉽게 움직일 수 있도록 더 작게 만들었다. 얼굴 전체를 감싸는 큰 투구를 머리 윗부분만 가리는 투구로 줄여 무게를 가볍게 했다.

　혁신적으로 다른 최첨단의 장비를 개발해낸 것이 아닌 아주 조그마한 변화일 뿐이다. 즉 로마인은 실용적이고 경쟁하는 적들에게서도 기꺼이 배운다는 개방성을 가지고 있었던 셈이다. 그리고 오랜 시간 동안 자신들에 맞도록 조금씩 개량했다. 그런데 주변 국가들은 다른 국가들의 장점을 배우려고 하지 않았다. 그 조그마한 차이가 로마제국의 불패 신화를 만든 것이다.

　그렇다면 전쟁에서 승리한 로마가 게르만족의 대이동이 있었던 시기까지 전 유럽을 500년 이상 동안 평화롭게 다스릴 수 있었던 비결은 무

영화 〈글래디에이터〉 포스터
고대 로마시대를 배경으로 한 영화 〈글래디에이터〉에는 고대 로마제국의 중장갑 보병대가 게르만족과 전투를 벌이는 장면이 등장한다. 영화에서도 볼 수 있듯이 두 군대의 무기와 전술에는 큰 차이가 있다.

엇일까? 역사적으로 볼 때 로마군만큼 강했던 칭기스칸의 몽골군이나 나폴레옹의 프랑스군은 정복한 땅을 얼마 다스리지 못했었다.

　로마가 통치하는 데 성공한 이유는 바로 로마의 개방성이다. 정복당한 국가의 사람들까지 포괄해 동일한 시민으로서의 의식을 가지게 한 것이다. 노예는 철저히 차별했지만, 노예가 아닌 일반인들은 시민권을 주어 똑같이 취급했다. 그리고 로마의 발달된 문화와 기술을 전수해서 사람들의 생활 수준을 높였다. 정복민들의 우수한 기술은 로마로 도입해 로마의 기술을 더 발전시키고, 이를 다시 제국 전체에 적용해 피정복민들에게도 전파했다. 이러니 골족이나 스페인인들도 큰 저항 없이 로마의 통치하에 적응해 살게된 것이다. 예전보다 삶의 수준이 향상되었으니 크게 불만을 느끼지 못했던 셈이다.

　이처럼 로마의 성공비결을 간단히 요약하면 개방성과 실용성이라고 할 수 있다. 이런 로마의 성공비결은 우리나라 국민이나 기업들도 모두 명심해야 할 성공요인이 아닐까 한다. 성공하기 위해서는 내가 모르는 점을 기꺼이 배워야 한다. 직위나 나이를 내세우면서 남에게 배우기를 부끄러워해서는 안 된다. 나에게 도움이 된다면 기꺼이 머리를 숙여야 한다.

체면을 중시하는 한국인의 특성상, 자신이 모른다는 것을 남들 앞에서 보이기 싫어하는 경우가 많다. 개인이나 기업 모두 성공하기 위해서는 이런 잘못된 습관을 빨리 떨쳐 버려야 한다. 예를 들어 내가 할 수 없다면 그 점을 빨리 인정하고 그 문제를 잘 아는 전문가의 도움을 받아야 한다. 소크라테스가 "너 자신을 알라."라고 했듯이, 내가 아는 영역과 모르는 영역을 명확히 구분해서 모른다면 아는체할 필요가 없다. 모두 아는 체하고 가만히 있으니 '나만 모르는 건가' 하고 생각해서 모른다는 것을 밝히는 것을 두려워하지만, 실상 내막을 알고 보면 다른 사람들도 모르고 있는 경우가 많다. CEO나 임원의 입장에서 본다면 모르는 것을 솔직히 털어놓고 전문가의 도움을 받아야 더 좋은 의사결정을 할 수 있다.

"내가 최고가 아니다"라는 자세로 배워야…

'우리 민족이 최고다!'라든지 '우리 회사가 최고다!'라는 폐쇄적인 주장은 내부 단합을 위해 가끔 사용할 수는 있다. 하지만 이런 자세가 강하게 외부로 표출되면 다른 국가, 기업, 사람들을 기분 나쁘게 할 뿐이다. 불필요한 적개심을 불러일으키고, 은연중에 그런 감정이 고객이나 주변 사람들에게도 표출될 수 있다. 예를 들어 한국인의 폐쇄성이나 선민의식은 종종 문화충돌이나 외국인의 한국에 대한 반감을 불러일으키고 있다.

물론 중국인이나 일본인도 비슷한 성향을 가지고 있다. 이런 자세는 나 자신의 한계점을 깨닫고 잘못을 개선하는 데 도움이 되지 않는다. 오히려 그 반대로 '내가 최고가 아니다.'라고 생각하면서 남의 장점을 찾아서 배우려는 자세가 필요하다. 그것이 바로 개방성과 실용성이다.

내가 시저나 폼페이우스와 같은 리더십이 있고 전술에 대해 정통하다고 해도 군대의 능력이 기대를 따라주지 않는다면 전장에 나섰을 때 큰 소용이 없을 것이다. 그러니 전쟁에 임하기 전에 내가 보유하고 있는 군대의 능력을 함양해야 한다. 그러기 위해서는 나 스스로가 먼저 남들로부터 배우려는 개방적이고 실용적인 자세를 가져야 한다. 그래야 내부하들도 그런 자세를 가지게 될 것이다.

시오노 나나미의 책『로마인 이야기』에 나오는 다음 내용을 명심하자. "지성에서는 그리스인보다 못하고, 체력에서는 갈리아인이나 게르만인보다 못하고, 기술력에서는 에트루리아인보다 못하고, 경제력에서는 카르타고인보다 뒤떨어진다고 로마인 스스로가 인정하고 있었음에도, 로마가 대제국을 건설해 그토록 오랫동안 번영할 수 있었던 것은 타민족에 대한 개방성과 유연함 때문이었다." 이것이 바로 무적 로마군단 신화가 탄생한 비결이다.[1]

---

1 이 글의 내용 중 일부는 시오나 나나미의 『로마인 이야기』와 김경준의 『위대한 기업, 로마에서 배운다』에서 참조했다. 두 책 다 읽기를 적극 권할 만한 좋은 책이다.

내가 고른 싸움터에서
싸움을 벌여야 한다

세계 역사에서 가장 위대한 장군은 누구일까? 로마의 시저, 유럽의 나폴레옹, 몽골의 칭기스칸, 조선의 이순신 장군 등이 언뜻 떠오른다. 장군들마다 사용하는 전술이 조금씩 다르겠지만 이들 중 나폴레옹이나 칭기스칸은 속도전으로 유명하다. 적은 수의 군대를 이끌고 빠른 속도로 진군해 적의 허를 찌름으로써 연전연승을 거둔 것이다.

칭기스칸은 몽골을 통일한 후 벌였던 모든 전투에서 승리했다. 당시 몽골군은 수백 킬로미터 앞까지 척후병을 보내서 사방에서 벌어지는 일을 모두 파악하고 있었다. 전장을 자기 집 안방처럼 취급한 것이다. 그러니 적군이 서로 교신이 안 되어 우왕좌왕할 때 몽골군은 우수한 기병대를 이용해 적을 분할, 소수의 병력으로도 손쉽게 승리했다.

나폴레옹이 위대한 장군이긴 하지만 칭기스칸과는 달리 모든 전쟁에서 다 승리한 것은 아니다. 웰링턴 장군과의 워털루 전투에서 패했고, 오스트리아 카를 대공과 벌인 수차례 전투에서도 패하거나 간신히 승리하는 고전을 겪은 바 있었다.

왜 나폴레옹이 이들 전투에서 고전했을까? 워털루 전투나 카를 대공과의 전투를 살펴보면 한 가지 공통점이 있다. 이들 전투는 모두 움직이는 부대들 사이에 전투가 벌어진 것이 아니었다. 웰링턴 장군이나 카를 대공은 모두 수비에 뛰어난 장군으로 알려져 있다. 이들이 이미 방어에 유리한 곳에 진용을 갖추고 대비를 하면서 프랑스군을 기다리고 있을 때 프랑스군이 늦게 도착해 전투에 돌입한 것이었다. 즉 빠른 움직임을 통한 선제공격의 이점 없이 양군이 1 대 1 전면전으로 맞붙은 것이었다. 나폴레옹은 병력이나 화력이 적보다 우세한 상황에서 전쟁에 나선 적이 거의 없었다. 설상가상으로 적군이 유리한 지형을 선점하고 준비하고 있는데 적군보다 불리한 병력과 화력으로 공격에 나섰으니 천하의 명장 나폴레옹도 패배할 수밖에 없었던 것이다.

기업경영에서도 이미 잘 준비되어 좋은 자리를 차지하고 시장점유율도 높은 경쟁기업과 치열한 전면전을 벌여서는 승산이 희박하다. 전면전을 벌인다는 것은 경쟁기업과 똑같은 방식으로 시장에 진입한다는 뜻이다. 이런 방법으로 성공하려면 우리 회사 제품이 시장을 장악한 경쟁사 제품 못지않은 장점이 있다는 것을 소비자들에게 적극적으로 알려야 한다. 그런 과정을 통해 소비자의 인식을 바꾸려면 엄청난 판촉 활동이나 광고를 해야 하는 금전적 노력을 투입하는 것은 물론이거니와, 소비자의 인식이 바뀔 때까지 상당한 시간이 필요하다.

결국 이런 방법을 택할 수 있는 기업은 자금의 여유가 있는 대기업일 뿐이다. 그런 자금력이 없는 중견·중소기업이라면 전면전 방식을 택해서는 안 된다. 남과 똑같은 제품을 내놓고 시장이 알아주기를 기다린다면 망하는 지름길이다. 이럴 때는 경쟁기업이 입지를 차지하고 있는 시장을 떠나서 다른 방향에서 새로운 틈새시장에 진입해야 한다.

펩시콜라와 프로스펙스의 성공

미국에서 코카콜라가 청량음료 시장에서 막대한 시장점유율을 누리며 독보적인 입지를 차지하고 있을 때 경쟁에 뛰어든 펩시콜라를 예로 들어보자. 펩시가 아무리 막대한 돈을 투입해서 광고나 판촉을 진행해도 코카콜라의 아성을 깰 수가 없었다. 예를 들어 '눈을 가린 채 콜라 맛을 보면 펩시가 코카콜라보다 더 맛있다고 사람들이 고른다'는 내용의 광고 캠페인을 지금도 많은 사람이 기억한다. 펩시는 엄청난 돈을 쓰면서 이 캠페인을 전 세계에서 몇 년 동안 벌였다. 수많은 사람에게 무료로 콜라를 시식하게 하면서 그 내용을 광고로 찍어 대대적으로 홍보한 것이다.

그렇지만 아무리 광고를 해도 코카콜라의 아성은 변하지 않았다. 즉 코카콜라는 이미 유리한 곳에 진을 치고 방어 준비를 잘 갖추고 있는 웰링턴 장군의 군대인 셈이다. 그러니 펩시가 아무리 노력해도 콜라 시장에서 코카콜라와 경쟁해서 승리할 수가 없었던 것이다. '콜라＝코카'라는 이미지가 굳어진 상황에서 소비자의 마음이 바뀌지 않았다.

문제점을 깨달은 펩시는 목표를 바꿨다. 콜라가 아닌 다른 음료 부분을 공략하기로 한 것이다. 그래서 펩시는 트로피카나, 게토레이, 프리토레이, 아쿠아피나 등의 브랜드로 주스, 스포츠음료, 건강식, 생수 등의

나폴레옹
나폴레옹은 병력은 적었지만 신속한 기동으로 적을 공격하는 전술을 주로 사용했다. 그러나 웰링턴 장군이 미리 준비를 갖추고 기다리고 있던 워털루 전투에서 패했다. 즉 잘 준비된 상태의 적을 공격하면 싸움에서 이기기 힘들다는 교훈을 얻을 수 있다.

시장과 해외시장에 적극적으로 진출했다. 당시 일부에서는 "코카콜라에게 당하고 도망갔다."라고 표현하기도 했다. 그러나 이런 작전의 변경 결과 펩시는 콜라 시장에서는 코카콜라에 2 대 1 정도로 뒤지지만 다른 제품 시장에서는 최고의 음료업체로 성장할 수 있었다.

이런 전략의 성공으로 펩시는 2004년부터 매출액에서, 2005년부터는 시가총액에서 코카콜라를 앞서기 시작했고, 이후 앞서거니 뒤서거니 하면서 치열한 경쟁을 하고 있다. 만약 펩시가 이런 행동을 하지 않고 계속해서 콜라 시장에서만 머무르며 막대한 돈을 써서 코카와 치열한 싸움을 했었다면, 아마 지금도 펩시는 코카보다 한참 뒤진 2등 회사에 불과하지 않았을까? 펩시도 적과의 전면전을 포기하고 다른 길로 돌아가기를 택한 결과, 시간이 걸렸지만 코카와 거의 대등한 회사로 성장할 수 있었던 것이다. 2012년 들어 펩시는 콜라 부분의 인력과 광고예

산을 감축해 다른 부분으로 돌리는 방법으로 콜라 회사가 아니라 종합 음료회사로 변모하겠다는 청사진을 발표하기도 했다.

국내에도 이런 예가 얼마든지 있다. '프로스펙스' 브랜드로 잘 알려진 LS네트웍스를 보자. 1998년 외환위기 이후 파산한 국제상사를 LS그룹이 인수해 탄생한 LS네트웍스는 러닝화와 조깅화 같은 고급 운동화 시장을 장악하고 있는 나이키와 직접 대결하기보다는 다른 전략을 택했다. 기능화라는 특수 시장을 공략하기로 한 것이다. 특히 한국에서 가벼운 걷기를 즐기는 인구가 점점 늘어난다는 것에 착안해 그에 알맞은 워킹화 제품을 W 브랜드로 개발했다.

이런 전략이 성공해 프로스펙스 신발은 지난 몇 년간 매출액이 급성장하며 다시 화려하게 부활하는 중이다. 프로스펙스의 성공에 따라 오히려 다른 회사들이 워킹화를 출시하기까지 했다. 이런 성공에 따라 LS네트웍스는 최근 신발 이외의 등산복이나 운동복 등 관련 산업에도 서서히 진출을 시작하고 있다. 나이키와 유사한 제품과 유사한 방법으로 나이키와 겨뤘던 리복이나 아디다스, 아식스 등 글로벌 브랜드가 모두 나이키와의 격차를 별로 줄이지 못했다는 것과 비교하면, 프로스펙스도 적과 1 대 1로 대결하기보다 돌아가는 방법이 성공한 좋은 사례다.

이순신 장군의 승리 비결도 똑같다

『삼국지』에서 제갈공명은 항상 적이 올 길을 미리 알고 군대를 매복해서 기다린다. 그 결과 백전백승이라는 놀라운 결과를 거둔다. 이처럼 전투에서 유리한 위치를 선점하려면 싸울 장소와 방법을 정하면 된다. 어디서 싸울지, 어떻게 싸울지를 정하고 싸운다면 전투는 다 이긴 것이나 다름없다.

2014년 한국 영화사를 바꿔버린 영화가 〈명량〉이다. 이순신 장군이 불과 13척의 배를 이끌고 명량 앞바다에서 일본의 대함대를 물리친 이유도 조류가 바뀌는 시간과 호리병 모양의 지형을 잘 알고 이를 이용했기 때문이다. 이순신 장군은 명량 앞바다에서 적과 부딪히려고 일부러 진을 옮겼고, 적의 함대가 출발하는 시간을 계산해 함대를 출발시켰고. 그 결과 적의 대함대 중 소수만 만 안으로 들어올 수 있는 지형에서 싸움을 벌였고, 조류가 바뀌는 시간까지는 적극적으로 방어를 하다가 조류가 바뀌자 공격에 나서서 적을 쫓아낸 것이다. 즉 내가 선택한 전장에 상대방을 끌어들인 것이다. 만약 일본군이 당시 조선군과 명량 앞바다에서 싸움을 벌이지 않고, 대함대를 반으로 나누어 반은 외해를 돌아 조선군의 뒤로 돌아 나타났다면 조선의 역사는 크게 바뀌었을 것이다.

이런 위험에 빠지지 않기 위해서는 강력한 적이 입지를 굳히고 있는 전장에는 함부로 뛰어들지 말아야 한다. 좀 더 시간이 걸리더라도 그런 전장을 피해 돌아가야 한다. 그래서 적이 별로 신경 쓰지 않고 있는 새로운 전장을 찾는 것이다. 그런 시장을 틈새시장이라고 부르고, 혹자는 블루오션이라고 부르기도 한다. 이것이 바로 역사에서 배우는 치열한 기업 전쟁에서 살아남는 승리의 비결이다.

405

철저한 준비는
불가능을 가능케 한다

1939년 독일이 폴란드를 침공하며 제2차 세계대전이 발발했다. 당시 폴란드 군인들은 조국을 지키겠다는 뜨거운 일념으로 진격 신호와 함께 함성을 지르면서 적진을 향해 돌격했다. 그 앞에는 독일군의 기관총과 탱크가 기다리고 있었다. 용기와 기세로만 상대하기에는 화력의 차이가 너무 컸다. 당연히 폴란드군의 전멸에 가까운 참패였다. 폴란드는 시대가 변하는 것을 모르고 있다가 힘 한 번 못 써보고 나라를 빼앗겼다. 소수 위정자가 정권을 지키겠다면서 눈과 귀를 닫고 쇄국정책을 펼치다가 일본의 손아귀에 떨어졌던 구한말 조선과 비슷하다. 죽창을 들고 총구 앞으로 돌진하던 의병들의 모습이 떠오른다.

이 같은 현상은 전쟁에만 국한된 것이 아니다. '철저한 준비'는 기업의 운명에도 절대적인 영향을 미친다. 삼성전자의 반도체 사업 진출 비화가 좋은 예다. 삼성전자가 반도체 사업에 본격적으로 뛰어든 건 한국반도체를 1983년 인수하면서부터다. 당시 삼성전자의 반도체 사업 진출은 안팎으로 격렬한 반대에 부딪혔다. 지금은 고(故) 이병철 회장의 '신의 한 수'로 평가받고 있지만, 당시만 해도 삼성전자가 반도체 산업에서의 큰 적자 때문에 자금 압박으로 곧 망할 것이라는 소문마저 돌았다. 1차 오일쇼크의 충격에서 아직 전 세계가 회복되지 않았던 시점이었다.

삼성의 무모한 반도체 산업 도전?

당시 일본의 한 연구소에서는 '삼성이 반도체 분야에서 성공할 수 없는 다섯 가지 이유'라는 보고서를 발표하기도 했다. '기술도 없는 조그만 기업이 경영자의 욕심 때문에 무모한 사업을 시작했다.'라는 평가가 주를 이뤘다. 만약 삼성전자가 당시 시장의 예상과 같이 반도체 사업에서 실패했더라면 아찔한 상황이 벌어졌을 것이다. 삼성전자라는 이름은 오래전 없어졌을 것이고, 우리나라의 경제 수준도 최소 10년 이상 후퇴했을 가능성이 높다. 대학교에서는, 삼성전자의 반도체 시장 진출을 '경영자의 무모한 사업 추진 실패 사례'로 학생들에게 가르치고 있을 것이다.

물론 현실에서 삼성전자는 반도체 사업으로 큰 성공을 거뒀다. 당시 해외 유명 경제연구소들이 대부분 실패를 전망했음에도 보란 듯이 그 예상을 깨버렸다. 그렇다면 이 성공을 단순히 운이 좋았기 때문이라고 치부할 수 있을까? 이병철 회장은 반도체 기술이나 시장상황에 대해 아무것도 모르면서 무모하게 사업을 밀어붙였을까?

당시 반도체 사업을 책임지고 추진한 사람이 고(故) 이건희 회장이다. 모두가 불가능하다고 이야기하던 1970년대 이건희 회장은 반도체 공부를 하고 있었다. 그는 대부분의 시간을 일본에 체류하면서 반도체 관련 책을 가지고 씨름하다가 모르는 문제가 생기면 기술자들에게 과외를 받았다. 원래 일본에서 기술을 교육받았고, '오타쿠(한 분야에 몰두하는 성향을 지닌 사람을 나타내는 일본어)'라고 불릴 정도로 관심이 생기면 몰입하는 이건희 회장의 특성 때문에 가능한 일이었을 것이다. 또한 미국 실리콘 밸리도 수시로 방문하면서 기술자나 경영자, 컨설턴트 들을 만나 대화를 나눴다. 놀랍도록 치밀하게 준비한 셈이다.

이런 내용들을 수집한 후 이병철 회장에게 설명하면서 서로 의견을 교환했다. 최고 인재들을 뽑아 반도체 사업 투자를 준비하는 팀도 만들었다. 회사 인수 전인데도 반도체연구소를 미리 만들어 미국에서 공부하던 한국 학자들을 스카우트해 연구를 시작했다.

이병철 회장은 이렇게 최측근인 아들에게 몇 년에 걸쳐 반도체 사업을 준비시켰다. 그리고 결국 삼성전자의 반도체 사업 분야 진출이라는 결단을 내린다. 즉 준비도 없으면서 용기만 갖춘 사람들이 무모하게 도전했다가 운이 좋아서 성공한 것이 아니다. 시장 상황과 기술 등에 대한 철저한 분석과 치열한 준비의 결과인 셈이다. 삼성은 '돌다리도 두드려보고 건너는 기업'이라는 세간의 평가가 괜히 생긴 것이 아니다.

정주영 회장과 거북선 관련 일화

고(故) 정주영 현대그룹 회장의 사례도 귀감이 될 만하다. 유명한 일화들이 여럿 있지만, 그중에서 가장 유명한 건 정 회장이 영국에 조선소

건설을 위한 차관을 빌리러 갔을 때의 이야기다. 바클레이즈 은행 고위 임원과의 협상 테이블에서 정 회장은 "한국에 큰 배를 만들 능력이 있느냐?"라고 질문을 받았다. 정 회장이 주머니 속 지갑에서 당시 사용되던 오백원짜리 지폐를 꺼내서 지폐 앞면에 그려진 거북선의 모습을 보여주었다. 그리고 500년 전 거북선을 만들었던 나라이니 지금 한국에서 배를 만드는 것은 아무 문제가 없다는 논리로 설명을 했다.

정 회장은 이를 계기로 바클레이즈 은행으로부터 무려 4천만 달러라는 거액의 차관을 빌릴 수 있었다. 이 돈으로 외국에서 필요한 기계를 구입해서 조선소를 만들었다. 그 조선소에서 배를 건조해서 그리스 선주에 매각한 것이 오늘날 세계 최고의 조선사인 현대중공업의 시초다.

이 일화는 끊임없이 노력하는 용기와 도전정신, 그리고 임기응변의 중요성을 일깨워주는 좋은 예로 많이 회자된다. 현대그룹에 관한 책들에 거의 꼭 등장하는 이야기다. 그뿐 아니라 많은 기업에서 직원들 교육용으로 종종 이 일화를 사용한다. 용기와 열정이 제일 중요하다고 사원들에게 가르칠 때 종종 사용되는 사례다.

그런데 정 회장의 이 일화를 곧이곧대로 믿어야 할까? 상대방의 기지 넘치는 답변에 혹해 거액의 차관을 약속하는 대출 담당 은행 임원이 과연 있을까? 당신이 은행의 대출을 담당하는 부사장이라고 해보자. 어느 후진국의 조그만 회사 사장이 자기 나라의 역사를 이야기하면서 기술이 있으니 돈을 빌려달라고 부탁한다고 생각해보자. 1971년의 4천만 달러란 지금 화폐가치로 환산하면 최소 10배쯤 되는 4억 달러는 되지 않을까? 지폐 속의 그림과 역사 이야기, 그리고 사장의 용기만을 보고 그 정도의 막대한 자금을 빌려줄 수 있을까? 조금만 상식적으로 생각하면 불가능한 이야기란 것을 알 수 있다.

그렇다면 무엇이 바클레이즈 은행 임원의 마음을 움직였을까? 놀랍게도 이 예화의 뒷부분을 아는 사람들은 드물다. 당시 대화를 나누던 바클레이즈 은행 부사장은 정주영 회장에게 전공이 무엇이냐고 물었다고 한다. 정 회장은 초등학교 밖에 안 나왔기 때문에 경영 전문성을 증명할 수 없어 자칫하면 궁지에 몰릴 수 있는 상황이었다. 하지만 정 회장은 이번에도 순간적인 기지를 발휘해서 "내 사업계획서를 봤느냐? 그 사업계획서가 내 전공이다."라고 이야기했다.

필자는 바로 여기에 답이 있다고 생각한다. 바클레이즈 은행은 정 회장의 용기를 보고 거금을 대출해주기로 한 것이 아니라 사업계획서를 분석한 결과 충분히 사업성이 있다고 평가하고 대출을 해준 것이라고 생각한다. 정 회장은 철저한 준비를 통해 은행을 설득시키기 충분한 사업계획서를 마련해 영국으로 날아간 것이다. 결국 정 회장도 무모한 도전의 결과가 아니라 철저한 준비 덕분에 성공한 셈이다.

열정과 용기만으로 가능하지 않다

정 회장의 이 일화는 종종 일부 기업에서 왜곡되어 사용되기도 한다. 끊임없는 도전과 임기응변만 있으면 모든 게 가능할 것처럼, 직원들에게 "너희도 무에서 유를 만들라."라고 주문하는 식이다. 경영자가 정 회장의 일화를 피상적으로 이해한 탓에 '열정과 용기만으로 이루어지는 성공은 극히 드물다'는 사실을 깨닫지 못한 것이다.

고(故) 이병철 회장과 고 정주영 회장
삼성그룹과 현대그룹을 창업해 발전시킨 고
이병철 회장과 고 정주영 회장은 기업가 정신
의 귀감이라고 할 수 있다.

내가 상대방에게 줄 수 있는 것과 상대방이 나에게 줄 수 있는 것이 일치해야 거래가 이루어진다. 아무런 준비 없이 열정과 용기만 가지고 달려들어 감언이설이나 로비를 통해 설득하려 든다면 일이 이루어질 가능성은 매우 낮다. 삼성과 현대의 성공은 결코 용기만으로 이루어진 것이 아님을 알아야 한다. 반도체 사업이나 조선 사업 모두 그룹의 사활을 건 사항이니만큼 많은 인력이 동원되어 철저히 준비한 결과다. 노벨 경제학상을 수상한 대니얼 카너먼(Daniel Kahneman) 미국 프린스턴 대학 심리학과 교수는 "직관으로 성공했다는 사례 중 다수는 그냥 운이 좋았을 뿐"이라고 꼬집는다. 그만큼 과학적 분석과 철저한 준비가 중요하다는 점을 강조한 이야기다.

글로벌 사회가 되면서 기업 간 경쟁이 갈수록 치열해지고 있다. 무한 경쟁 시대가 도래했음을 체감하고 있다. 한순간 마음을 놓으면 순식간에 뒤처지고 마는 것이 요즘의 세태다. 그렇기에 기업은 항상 준비해야 하고 또 준비되어 있어야 한다. 이병철 회장과 정주영 회장의 성공 이면에 산처럼 자리 잡고 있던 '철저한 준비'를 오늘날의 경영자들이 다시 한번 명심해야 할 것이다.

악마 옹호자의 이야기를
경청하라

　회식 때 부장이 자장면을 시키자 과장도 자장면을 주문하고, 그러면 세 번째 사람이 더 이상 다른 사람들의 의견을 묻지도 않고 "여기 전부 자장면이요." 하고 주문해버린다. 다른 걸 시키고 싶은 사람들도 있을 텐데 분위기에 눌려 아무 말 하지 못한다. 상명하복 관계가 명확한 기업 조직뿐만 아니라 일상적인 친목조직에서도 마찬가지다. 이런 현상은 정도의 차이가 있을 뿐 다른 나라에서도 일어난다. 유명한 심리학 실험도 있었다. 쉬운 문제에 가짜 실험 참가자들이 똑같이 잘못된 답을 말하면, 진짜 실험자는 속으로 동의하지 않으면서도 같은 답을 내놓는다. "둘 중 어느 막대가 더 길어 보이냐?" 같은 단순한 문제인데도 말이다. 이처럼 사람들은 다수의 의견과 다른 반대 의견을 내는 데 주저하는 경향이 있다.

　기업에서도 회의 때 특정 안건에 대해 반대하는 의견을 내기가 힘들다. 인텔(Intel)의 CEO였던 앤디 그로브(Andy Grove)는 이러한 현상을 방지하고자 중요한 임원회의 중에 반대의견을 말할 외부인을 일부러 불러들였다. 이 외부인이 안건에 대해 좀 과하다 싶을 정도로 강력한 반대의견을 먼저 제시한 후에야, 회의에 참석한 다른 임원들이 반대의견에 대해 생각해보고 입을 열기 때문이었다. 그렇지 않다면 회의에 올라온 안건은 항상 그 안건을 추진하고자 하는 측에서 만들어온 긍정적인 이야기일 뿐이다. 이 경우 다른 생각을 가진 임원일지라도 다른 사람의 눈치를 보느라 반대 발언을 하기가 쉽지 않다. 그 일을 잘 모르는데 나서서 그 부서와 원수가 될 일을 하고 싶지 않기 때문이다.

이런 반대 역할을 하는 사람을 악마의 옹호자(devil's advocate)라고 부른다. 이 말의 어원은 수백 년 전 천주교에서 나왔다. 교황청에서 신앙의 증인이 될 만한 훌륭한 사람을 성인으로 추대하고 존경을 하는데, 성인 심사과정에서 의무적으로 몇 사람이 반대의견을 제시하도록 해서 다른 사람들이 그 의견을 듣고 판단할 수 있게 했다. 아니면 성인 임명을 청원한 쪽에서 긍정적인 정보만 제공하기 때문에 객관적인 판단을 할 수 없다고 해서 만든 제도다. '성인으로 인정하는 것을 반대하니 악마를 편드는 것'이라는 의미에서 악마의 옹호자라는 이름이 붙여졌지만, 사실 이 제도는 여러 사람의 의견을 모아 객관적인 판단을 하기 위한 장치였던 셈이다. 수백 년 전 벌써 이런 훌륭한 제도를 만들어 사용하기 시작했다는 점이 놀랍다.

앤디 그로브의 '건설적인 대립'

앤디 그로브는 명령을 내리기보다는 토의를 통해 다른 사람들을 설득시키려고 했다. 말단 직원들도 얼마든지 CEO를 향해 의견을 제시할 수 있는 문화를 만들려고 노력했다. 때로는 직원들과 격론을 벌이기도 했지만, 그는 그런 직원을 책망하지 않고 오히려 격려했다. 사내에서는 이런 격론을 '건설적인 대립(constructive confrontation)'이라고 불렀다. 이런 기업문화를 통해 앤디 그로브는 오늘날 최고의 기업 중 하나로 꼽히는 인텔의 초석을 쌓았다.

그는 1997년 〈타임〉 매거진에 의해 올해의 인물로 뽑히기도 했으며, 펜실베니아 대학 경영학과가 2004년 선정한 '지난 25년 동안 가장 영향력 있는 비즈니스계의 인물'로 선정될 정도다.

〈토이스토리〉나 〈니모를 찾아서〉 등의 애니메이션 영화 제작업체인 픽사(Pixar)에서도 유사한 제도를 운영한다. 영화 제작 중간 단계에서 평가회의 참석자들은 의무적으로 제작 중인 영화의 좋은 점 다섯 가지와 문제점 다섯 가지를 이야기해야 한다. 모든 사람의 이야기를 듣고 나서 각 내용에 대해 난상토론을 벌인다. 픽사는 이런 과정을 통해 제작하는 영화의 품질을 한 단계 업그레이드시킬 수 있었다고 전해진다.

이런 외국의 사례와는 달리 국내 기업에서는 반대의견이 거의 제시되지 않는다. 눈치를 보다가 윗사람이 의견을 제시하면 모두 '예스(Yes)' 하는 식으로 진행되는 회의가 열에 아홉이다. 현대카드는 이런 기업문화를 없애기 위해서 많은 노력을 기울였다. 현대카드의 회의실에는 정해진 자리가 없다. 마치 대학교 강의실처럼 들어오는 순서대로 원하는 자리에 앉는다. 회의에 참석한 이상 똑같은 한 명의 구성원일 뿐 상급자나 하급자가 없다는 인식을 심어주기 위해서다. 회의실에서만큼은 상하관계를 따지지 않고 수평적 관계를 바탕으로 자유로운 의사표현을 하라는 뜻이다.

그리고 임원회의에서는 어떤 부서가 특정 안건을 발표하면 다른 임원이 그 안건에 대해 반대하는 발표를 한다. 교황청의 '악마의 옹호자' 제도처럼, 미리 차례로 반대자를 지정해두고 반대자가 사전에 발표될 내용을 입수한 후 공부해서 회의에 참석하도록 한 것이다. 반대자는 다른 부서의 임원이다. 따라서 임원들 사이에 팽팽한 논리 대결이 벌어진다. 이처럼 안건 내용과 그 안건에 대해 반대하는 내용을 들은 후 다른 임원들은 비로소 해당 안건에 관한 토론을 시작한다. 반대하는 내용을 이미 들었기 때문에 다른 참석자들도 자신의 의견을 내놓는 데 주저함이 없다. 형식적인 반대발표를 지양하고자 임원 평가 시에 임원회의에서 반대발표를 얼마나 철저히 준비해서 했는지가 점수화되어 포함된다.

현대카드는 이 제도를 도입한 후 회의가 활성화되어 경영에 상당한 도움이 되었다고 자부한다. 문제점에 대해 활발하게 토론하는 과정을 통해 그 안건을 더욱 잘 이해할 수 있으며, 문제점이 많다는 것이 드러난 안건을 실시하지 않기로 하거나 문제점을 보완해서 실시하기로 하는 등 여러 실질적인 도움이 되었다는 것이다.

경청은 산을 움직인다

이처럼 자유로운 의견교환은 기업경영에 큰 영향을 미친다. 컨설팅업체 엑센츄어(Accenture)가 뽑은 망하는 기업의 특징 중의 하나가 '상사 앞에서 자신의 의견을 말할 수 없는 기업문화'다. "호령은 대대를 움직이지만, 경청은 산을 움직인다."라는 유명한 격언도 소통의 필요성을 나타낸다. "내가 해봐서 잘 아니 남의 이야기 들을 필요가 없다."라고 말하는 최고경영자도 많다. 이런 경영자는 더 큰 성공을 이루기가 힘들 것이다. 아무리 우수한 경영자라도 모든 일을 다 알 수 없다. 그래서 다른 사람의 힘, 경험, 능력을 빌려야 한다. 자신이 직접 나서서 모든 것을 아는척하며 '이것도 하고 저것도 하라'고 지시만 할 것이 아니라 다른 직원들 다수의 허심탄회한 의견을 듣고 곰곰이 생각해보면 더욱 우수한 의사결정을 내릴 수 있다.

세종대왕은 임기 동안 평균 1주일에 1회 정도 '경연'을 열어 대신들과 함께 국사를 논의했다. 세종의 배려로 경연에서는 난상토론이 벌어졌다. 토론 시 예의에 어긋나는 행동도 허용했다. 자신이 먼저 의견을 제시하면 다수의 대신이 그 의견에 무조건 찬성할까 봐 민감한 사안은 자신의 의견이 아니라 다른 사람의 의견인 것처럼 제안서를 만들어 토론하도록 했을 정도다. 이처럼 토론을 통해 국사에 대해 모든 대신이 동의할 만한 해결책을 찾아서 실행했기 때문에 세종 때 나라 주도로 과학이나 농업기술 분야에서 큰 발전이 있었던 것이다.

이에 반해 세종 사후 쿠테타로 집권한 세조는 임기 초기 경연을 몇 차례 열긴 열었지만, 대신들이 자신의 견해에 쉽게 동의하지 않고 반대 의견이 자주 제기되자 경연 자체를 없애버렸다. 그 후 자신의 의견에 쉽게 동조하는 소수의 신하하고만 국사를 진행하다 보니 종국엔 독불장군 폭군의 정치로 이어졌다. 동일한 견해를 가진 소수의 사람만 모여 의사결정을 하고, 다른 의견을 가진 사람들의 입을 막아버리는 성향을 가진 요즘 일부 정치인들이 참고할 만한 일이다.

인텔의 CEO였던 고(故) 앤디 그로브
앤디 그로브는 반대 토론을 활성화시키기 위해 많은 노력을
기울였다. 그 결과 인텔을 세계적인 회사로 발전시킬 수 있
었다.

필자는 신혼 초기 아내와 의견충돌이 생겼을 때 화를 냈던 경험이 몇
번 있는데, 문제가 해결되기는커녕 오히려 더 악화하기만 했다. 그런 과
정을 통해 부부간에도 대화가 중요하다는 것을 배웠다. 지금도 아내와
많은 의견교환을 하고 있다. 아내는 가끔 필자에게 따끔한 비판을 한다.
미워서 하는 비판이 아니라 필자를 위해서 하는 비판이다. 필자는 아내
의 비판을 통해 필자가 미처 주의하지 못했던 것을 깨달을 수 있었다.
그래서 항상 아내를 고맙게 생각하고 있다.

서로의 이야기에 귀 기울이는 부부가 행복한 가정생활을 할 수 있는
것처럼, CEO도 성공적인 비즈니스를 영위하려면 직원들의 이야기에
귀를 기울여야 한다. 아무리 뛰어난 CEO라도 접하는 정보가 제한적이
면 올바른 판단을 내리기가 쉽지 않기 때문이다. 직원 간에도 마찬가지
다. 특히 요즘처럼 부서 간 유기적인 협업이 중요해진 시기엔 더욱 그렇
다. 그러니 서로의 이야기를 경청하고 반대의견도 자유롭게 나눌 수 있
는 기업문화를 만들도록 노력해야 할 것이다. 몇몇 기업은 부서 간 협력
을 통해 성과를 창출한 경우 보너스 계산 시 가산점을 주는 시도를 하
기도 한다. 앞으로 이런 시도가 더욱 널리 확대되기를 바란다.

성공한 시점이
가장 위험한 순간이다

KBS 드라마 〈징비록〉이 인기를 끌었었다. 『징비록』이란 임진왜란 당시 영의정이었던 류성룡(김상중 분)이 전쟁이 끝난 후 파직당하고 고향인 안동으로 낙향해 저술한 책이다. 징비록(懲毖錄)이란 책 제목에서 징비(懲毖)란 중국의 고전 『시경(詩經)』에 나오는 말로 '미리 징계해 후환을 경계한다'라는 뜻이다. 류성룡은 임진왜란을 회고하면서 조정의 실책을 반성하고 앞날에 대비하기 위해서 이 책을 저술했다. 드라마는 임진왜란을 둘러싼 이야기들을 류성룡의 입장에서 그리고 있다.

당시 전쟁의 승리보다 왕권을 지키는 데 더 관심을 기울였던 선조와 전쟁 중에도 당파 싸움에 골몰하는 대신들이 조선을 다스리고 있었다. 이런 사람들 사이에서 류성룡은 사심 없이 조선의 승리와 백성들의 안위를 위해 혼신의 힘을 기울였다. 전쟁이 일어나기 불과 1년 전에 이순신 장군과 권율 장군을 천거해 요직에 임명하게 한 것이 바로 류성룡이다. 인물을 보는 눈이 남달랐음을 보여주는 이야기다.

임진왜란과 관련해 널리 알려진 이야기가 있다. 일본이 침략할 것 같다는 소식이 계속 들려오자 선조는 일본의 사정을 알아보기 위해 사신을 보낸다. 서인 황윤길을 정사로, 그를 보좌하는 역할인 부사로 동인 김성일을 파견한다. 일본에서 돌아온 황윤길은 "도요토미 히데요시가 침략을 준비하고 있다."라고 보고했다. 그러나 김성일은 그 반대로 "도요토미 히데요시가 조선을 침략하겠다고 한 이야기는 허풍이며, 그는 조선을 침략할 만한 위인이 못된다."라고 보고했다. 보고를 받은 후 조정 대신들은 황윤길을 지지하는 파와 김성일을 지지하는 편으로 갈라졌다. 류성룡은 침략에 대비해야 한다고 주장했지만 받아들여지지 않았다.

더 편한 소리에 귀를 기울인다

선조가 위기의 조짐을 보고 사신까지 파견했으면서도 황윤길의 말을 받아들이지 않은데는 여러 가지 이유가 있을 수 있다. 역사학자들은 당시 동인들이 정권을 잡고 있었기 때문에 대다수의 대신이 동인인 김성일의 말을 지지했을 가능성이 높다고 본다.

그러나 다른 이유도 있을 수 있다. 조선 건국 이후부터 임진왜란 전까지 200년 동안은 태평성대의 시기였다. 전쟁에 대비하려면 힘들고 번거로운 일이 많다. 생계도 이어가기 힘든 백성들을 모아 성을 만들거나 수리해야 하며, 병사도 뽑아 훈련시켜야 한다. 이런 일은 백성들의 불만을 초래한다. 대비를 했는데 만약 전쟁이 발발하지 않는다면 백성들의 불만이 폭발해 엄청난 후환이 발생할 수도 있다. 그런데 전쟁에 대비하지 않는 방법은 간단하다. 아무 일도 하지 않으면 된다.

이처럼 자신들에게 더 유리하고 편안한 소리에 더 귀를 기울이는 것이 인간의 본성이다. 사람들이 종종 범하는 비합리적인 의사결정 과정의 사례다. 200년 동안 평화가 계속되었으므로, 당시 집권층은 국가방위에 신경을 써본 적이 없었다. 그런 시점에 전쟁이 일어날 것 같으니 대비를 하자는 이야기는 귀찮은 쓴소리일 뿐이다.

기업 경영활동에서도 이와 비슷한 사례가 발견된다. 회사가 잘 나갈 때는 문제점을 이야기하는 소리가 귀에 들어오지 않는다. 회사가 잘되는데 뭘 바꿔서 혹시나 생길지도 모를 골치 아픈 일을 만들고 싶지 않은 것이다. 현재 그대로만 일하면 제일 편하기 때문이다. 그래서 바로 회사가 잘 나간다고 생각되는 시점과 회사 조직 내부에 심각한 문제가 생기는 시점이 동일하다.

이와 관련해서 흥미로운 이야기가 있다. 유명한 경영 저술가인 짐 콜린스(Jim Collins)는 2001년 『좋은 기업을 넘어 위대한 기업으로(Good to Great)』라는 책을 출판했다. 이 책은 베스트셀러로 등극하면서 극찬을 받았다. 그런데 저술 후 몇 년이 지나자 이 책은 또 다른 의미에서 화제가 되었다. 짐 콜린스가 책에서 세계 최고의 기업이라고 뽑은 11개 기업 중 거의 절반이 책이 출판된 후 6년 이내에 망해버렸거나 거의 망할 뻔한 위기에 봉착했다가 겨우 살아남았기 때문이다. 자신의 예측이 엄청나게 빗나간 것을 변호하기 위해 2007년부터 다시 작업을 시작한 짐 콜린스가 2009년 출판한 책이 『위대한 기업은 다 어디로 갔을까(How the mighty falls)』다. 이 책에서 언급한 위대한 기업이 몰락한 이유가 바로 회사가 잘 나간다는 시점에 회사 내부에 심각한 문제가 생겼

기 때문이다. 그리고 기업들은 전성기를 달리고 있던 때 발견한 경영상
의 문제들에 대해 심각하지 않다고 생각하고 소극적으로 대응한다.

노키아, 미국 자동차 회사들, 소니의 실패 이유

예를 들어보자. 현재 전 세계 스마트폰 시장에서는 애플과 삼성이 치열
하게 경합을 벌이고 있지만 스마트폰이 나오기 전까지만 해도 세계 휴
대전화 시장의 최강자는 노키아(Nokia)였다. 당시 많은 사람이 삼성은
절대로 노키아를 따라잡지 못한다고 자신 있게 이야기했다. 그런데 그
노키아가 불과 수 년 만에 흔적도 없이 사라져버렸다. 스마트폰으로 휴
대전화 시장이 재편되자 피처폰(feature phone) 시장의 최강자였던 노
키아가 기술변화에 적응하지 못한 것이다.

그런데 놀랄 만한 사실은, 노키아는 스마트폰 기술을 다른 회사들보
다 앞서서 개발했고 충분히 대비할 시간이 있었다는 점이다. 그런데 왜
준비를 하지 않았을까? 그 이유는 앞에서 설명한 것처럼, 불확실한 상
황이 있다면 대비하지 않는 것이 편하기 때문이다. 지금 현재 사업이 잘

되고 있는데 앞으로 어떻게 될지 모르는 새로운 기술에 투자하는 골치 아픈 일을 하고 싶지 않다. 새로운 기술이 적용된 스마트폰 시대가 된다면 자신들이 압도적인 우위를 점하고 있는 기존 피처폰 시장을 대체할 뿐이므로, 굳이 선도적으로 스마트폰 기술을 연구할 필요를 느끼지 못했을 것이다. 그러다가 시장이 스마트폰 시대로 변하자 그 기술을 따라잡을 수 없었다. 기술 발달의 속도가 엄청나게 빨라 뒤늦게 스마트폰 기술에 투자해봤자 후발주자일 뿐이다. '아차!' 하는 순간에 휴대전화의 제왕 노키아가 패자로 전락한 것이다.

이런 예들은 기업 경영사에서 흔하게 발견할 수 있다. 미국 자동차 회사들은 값비싸고 덩치가 큰 SUV 차량 판매로 큰 이익을 볼 때 작고 기름이 덜 드는 일본 차들을 우습게 생각했다. 당시는 기름 가격이 싸기 때문에 연비가 별로 중요하지 않았다. 그러다 석유 가격이 급등하자 일본차와의 경쟁에서 당해내지 못하고 몰락했다.

필름 시장의 최강자였던 코닥(Kodak)은 디지털 기술에 대한 투자를 적극적으로 하지 않았다. 그 결과 디지털 카메라를 세계 최초로 시장에 출시했던 회사가 2012년 파산한다. 필름 시장에서 코닥의 라이벌이었던 후지(Fuji)가 성공적으로 업종을 전환해 살아남은 것과 대비된다.

일본 기업도 예외가 아니다. 브라운관 TV의 최강자였던 소니(Sony)는 LCD나 PDP TV 기술이 도입되던 시점에도 여전히 브라운관 TV에 집착했다. 노키아의 사례처럼 자신들이 압도적 우위를 보이는 브라운관 TV 시장을 포기하고 싶지 않았기 때문이다. 그래서 자신보다 한 수 아래라고 여겼던 삼성이나 LG, 파나소닉 등이 주력상품을 브라운관에서 LCD 및 PDP로 바꿔 TV시장 점유율을 급격히 늘려나갈 때까지 소니는 브라운관 TV에만 집중했다. 결국 뒤늦게야 LCD 시장으로 눈을 돌린 소니는 세계 TV시장 점유율이 10% 미만으로 주저앉는 치욕을 당하고 말았다.

승리의 법칙을 과신하지 말아야…

이런 사례들을 보면 '성공의 가장 큰 적은 바로 성공'이라고 결론 내릴 수 있다. 과거의 성공에 안주하는 것이 바로 실패의 원인이다. 산전수전 다 겪은 백전노장 경영자가 실패하는 이유 중의 하나가 바로 자신이 과거에 거둔 승리의 법칙을 과신하기 때문이다. 세상이 변했는데도 과거의 법칙을 그대로 고수하는 것이다. 개인뿐만 아니라 조직도 마찬가지다. 성공의 신화에 취해 축배를 들면서 기뻐하다가 위기에 직면하는 것이다.

세계에서 손꼽는 기업들이 회사가 잘나가는 순간에 종종 '위기'를 강조하는 것도 이 같은 이유에서다. 삼성 이건희 회장이 "등골이 서늘하다."라거나 "마누라와 자식 빼고 다 바꿔라."라고 했던 시점도 바로 삼성이 잘되고 있던 때다. 삼성전자가 스마트폰 사업 성공으로 대약진하고 있던 2010년대 초반에도 "5~10년 후면 삼성이라는 기업이 아예 사라질 수도 있다."라고 강조했다. 자만하지 말라는 이야기다.

델(Dell) 컴퓨터를 창업했던 마이클 델(Michael Dell)도 "나노(nano)초(second)만큼만 성공을 즐기고 다시 전진하라."라는 유명한 말을 남겼다. 우리 회사가 잘되고 있다면 이때가 바로 우리 회사의 문제점이 무엇인지 돌아봐야 할 순간이라는 점을 기억하자.

진정성의 차이가 만든
결과의 차이

　2014년 12월 가장 세상의 주의를 집중시킨 사건은 LA발 대한항공 비행기에서 벌어진 소위 '땅콩 회항' 사건이다. 기내에서 서비스로 제공하는 땅콩 한 봉지가 발단이 되어 결국 항공기까지 되돌리게 해서 사무장을 내리게 한 대한항공 조현아 부사장의 행동은 국민적인 공분을 자아냈다. '갑질'이라는 용어로 표현되는 상식을 벗어난 강자의 횡포에 대한 약자들의 분노 표시였다. 최근 들어 라면이 잘 안 익었다고 스튜어디스에게 횡포를 부린 '라면 상무' 사건, 대리점 사장에게 밀어내기 매출을 강요하고 막말을 한 모 식품회사 직원 사건, 대리운전 기사에게 욕설하고 폭행한 국회의원 등의 사건을 포함해서 전 국민의 공분을 자아낸 유사한 사건들이 자주 일어났다. 이런 사건들 때문에 기업이나 개인들이 앞으로 자신의 행동을 더 돌아보고 조심하는 계기가 되었으면 한다.

　땅콩 회항 사건 이후 대한항공은 주가가 폭락하고 불매운동이 벌어지는 등 이미지에 큰 타격을 입었다. 조양호 회장이 직접 나서서 기자회견을 열고 고개를 숙이며 대국민 사과를 발표했지만 국민의 분노는 사그라지지 않았다. 조 부사장은 모든 현직에서 물러났다. 친절한 서비스를 자랑하는 최고 항공사라는 이미지를 쌓아온 대한항공 입장에서는 이번 사건으로 벌어진 타격을 회복하는 데 오랜 시간이 걸릴 것이다.

과거에 'CEO 리스크(risk)'라는 용어가 회자된 적이 있었다. CEO의 언행이나 건강 문제 등이 기업의 명성에 부정적인 영향을 미칠 때 쓰이는 용어다. 넓게는 CEO 당사자뿐만 아니라 가족이나 친척 등이 일으킨 사회적 물의까지 포함된다. 그런데 최근에 국내에서 발생한 사건들을 보면 이제 'CEO 리스크'가 '임직원 리스크'로 확대되고 있다는 점이 흥미롭다. 기업을 구성하는 모든 사람의 행동이 다 기업의 리스크와 연결되는 상황이다. 임원이든 중견 사원이든 창구 계약직 직원이든 모두 마찬가지다. 별로 대수롭지 않게 내뱉은 말 한마디나 행동이 인터넷과 SNS를 통해 확산되고 재생산되며, 살까지 붙어서 엄청난 후폭풍을 몰고 오는 사례를 쉽게 접할 수 있다.

425

타이거 우즈와 나이키의 밀접한 관계

이뿐만이 아니다. 광고 모델로 기용한 유명 스타가 스캔들이나 사고를 일으켜 기업의 명성에 먹칠하는 사건도 발생한다. 마약, 병역 기피, 이혼, 뺑소니 사고 등을 일으켜서 모델에서 하차하고 기업에까지 손해를 미치는 사례를 예로 들 수 있다.

외국에서 이런 종류의 사례로 가장 유명한 경우는 타이거 우즈(Tiger

Woods)와 스포츠용품 회사인 나이키(Nike)다. 세계 최고의 골프 선수 중 하나로 꼽히는 타이거 우즈는 스포츠용품 회사인 나이키의 전속모델이었다. 나이키는 우즈가 프로로 데뷔하던 1996년, 큰 돈을 지급하고 광고 모델 계약을 맺었다. 당시에는 우즈가 얼만큼 잘할 수 있을지 명확하지 않았을 것이므로 나이키의 결정이 큰 도박일 수도 있었다. 그러나 우즈는 데뷔 직후부터 우수한 성적을 올리며 골프 황제로 추앙받기 시작했다. 그 덕분에 나이키는 큰 광고효과를 누릴 수 있었다. 둘은 10년 넘게 관계를 이어가며 '나이키=타이거 우즈'라는 공식이 성립할 정도로 밀착된 이미지를 형성했다.

그러던 중 사건이 발생했다. 2009년 우즈의 교통사고를 계기로 여러 여성과의 불륜이 세상에 알려졌다. 깨끗한 이미지를 가지고 있던 톱스타의 숨겨진 치부가 드러나는 순간이었다. 이 사건의 충격은 대단했다. 세계 주요 언론들이 모두 주목할 정도였다. 급기야 우즈와 부인 엘렌 노르데그렌은 별거를 시작했고, 2010년 8월 결국 이혼 도장을 찍는 것으로 마무리되었다.

불륜 사건 이후 우즈의 명예는 땅에 떨어졌다. 우즈는 약 5억 달러로 추정되는 위자료를 지급하고 빈털터리가 되었다. 우즈를 모델로 사용하던 모든 광고는 중지되었다. 이 사건 때문에 우즈와 긴밀한 관계를 형성했던 나이키의 주가도 급락했다. 질레트나 엑센츄어 등 많던 광고주도 모두 떨어져 나갔다. 타이거 우즈와 광고주들만 피해를 본 것이 아니다. 미국골프협회(PGA)나 골프 경기를 중계하는 TV 방송국도 시청률이 급락해 피해를 봤을 정도다.

우즈는 오랫동안 게임에 출전하지 않다가 마음을 추스른 후에야 필드에 복귀했으나 예선에서 컷오프를 당하는 등 초라한 성적을 올렸다. 그러다가 옛 실력을 회복하고 복귀 후 첫 우승을 차지한 것은 2012년 3월에 이르러서다.

이런 사건에도 불구하고 나이키는 의리를 지키고 우즈가 복귀할 때 그를 다시 모델로 기용했다. 당시 나이키가 우즈 복귀 시점에 맞춰 제작한 광고는 충격적이었다. 흑백화면 속에 나이키 모자와 나이키 셔츠를 입은 우즈가 등장한다. 그리고 카메라를 보면서 아무 말도 하지 않는다. 슬퍼 보이는 표정이다. 카메라는 우즈의 상반신만 비춘다. 광고 속에서 우즈 대신 그의 아버지 얼 우즈(Earl Woods)의 목소리가 등장한다. 우즈를 훈계하는 내용이다. 마지막에 그는 우즈에게 "이번 사건을 통해 교훈을 얻었니(Did you learn anything)?"라고 의미심장한 질문을 던진다.

이 광고가 다른 의미로 충격적인 이유는 우즈의 아버지 얼은 이미 사망한 고인(故人)이라는 점이다. 나이키는 얼의 목소리를 2004년에 방송된 다큐멘터리의 일부 내용에서 따왔다. 얼 우즈의 이야기가 끝난 후 카메라가 우즈의 얼굴을 클로즈업하는 순간 화면이 바뀌면서 나이키 로고가 등장하고 광고는 끝난다. 정말 단순한 광고다. 지금도 유튜브에서 쉽게 이 광고를 찾아볼 수 있다.

타이거 우즈의 복귀와 광고가 끼친 효과

이 광고는 많은 화제를 불러일으켰다. 한국에서 물의를 일으킨 연예인이 복귀할 때 일어나는 논란처럼, 당시 미국에서도 우즈가 다시 광고에 나서는 것이 시기상조라는 비난도 많았다. 그렇지만 만약 우즈가 사고를 일으키기 전 그랬던 것처럼 멋진 자세로 골프를 하는 모습을 담은 광고가 방송되었을 때의 모습을 상상해보자. 그랬다면 더 엄청난 비난이 쏟아지고, 나이키는 광고 자체를 중지해야 했을지도 모른다. 돌아가신 부친의 목소리가 등장해서 우즈를 꾸짖는 광고를 보여줌으로써 나이키는 화제를 불러일으키면서도 비난의 목소리를 잦아들게 할 수 있었다. '교훈을 배웠냐?'라는 말로부터 물의를 일으킨 데 대한 반성과 사죄, 앞으로 다시 잘못을 저지르지 않겠다는 재발방지의 각오까지도 함축적으로 표현해낸 것이다. 시청자들로 하여금 아버지가 이미 돌아가셨다는 사실까지 회상시켜서 우즈를 비난하는 마음을 누그러뜨리게 한다는 것을 의도했었을 것으로 보인다. 나름대로 상당한 진정성이 표현된 광고였기 때문에 그 정도 논란만 일어난 셈이다.

다시 우리나라의 임직원 리스크와 그 대응 사례로 돌아와보자. 땅콩 회항 사건은 사건의 주체가 임원이자 지배주주의 가족이란 점에서 우즈의 불륜 사건과는 분명 차이가 있다. 하지만 인물이 지닌 영향력이나 사건의 파괴력 측면에선 상당히 비슷한 측면도 있다. 땅콩 회항 사건에서 잘 드러난 바와 같이 우리나라 기업들은 위기에 대한 대응을 잘하지 못한다. 큰 사건이 일어날 때마다 기업의 고위 임원들이 기자회견 장소에 나와 머리를 숙이는 모습을 우리는 종종 볼 수 있다. 그렇지만 사건의 발생 시점부터 사과가 일어나기까지 항상 시간이 오래 걸린다. 그리고 항상 CEO나 지배주주가 직접 등장해서 사과하기 전에 다른 사람이 나서서 사고를 무마 또는 축소시키려고 노력한다. 그러다가 일이 점점 더 커져서야 비로소 어쩔 수 없이 떠밀려서 전면에 나선다. 땅콩 회항

대한항공의 비행기
소위 '땅콩회항'이라고 불리는 사건이 발생하면
서 대한항공은 이미지에 큰 타격을 입었다. 이
사건을 보면 기업을 구성하는 모든 사람들의
행동이 다 리스크가 될 수 있다는 점을 배울 수
있다.

사건의 경우도 그렇다. 그렇기 때문에 국민이 더 공분을 느끼는 것이다.
다른 기업들은 이 사건을 통해 위기상황이 발생했을 때 기업을 대표하
는 CEO나 지배주주의 즉각적인 사과와 후속 조치가 얼마나 중요한지
를 배울 수 있었을 것이다.

대한항공이 이번 사건을 극복하고 이전의 이미지를 회복하기까지는
많은 시간이 걸릴 것이다. 명성을 쌓는 데는 수십 년이 걸리지만, 명성
을 잃는 것은 한순간이다. 한 사람이 회사에서 물러난다고 해서 끝날 일
이 아니다. 명성을 다시 찾기 위해서는 외부와의 소통에 각고의 노력을
기울여야 한다. 관련자들의 진심 어린 반성과 사내 문화의 개혁이 뒷받
침된다면 명성이 회복되기까지 걸리는 시간은 생각보다 짧아질 수도
있다. 또 반성과 개혁 내용을 외부에 잘 알리는 것도 필요할 것이다. 그
래서 국민이 대한항공이 진심으로 변하고 있다는 것을 잘 알 수 있도록
해야 할 것이다. 대한항공이 앞으로 어떤 길을 걸을지 지켜보도록 하자.

박항서 감독의
성공 비결에 대한 오해

　현재 베트남 최고의 인기 스타는 연예인이 아니라 박항서 축구 국가 대표팀 감독이다. 어디에 가나 사람이 구름처럼 몰려들어 박 감독과 사진을 찍거나 사인을 받기 위해 줄을 선다. 박 감독을 광고 모델로 기용한 한국 회사들도 대박을 터뜨렸다. 대상, 박카스, 신한은행 등이 그 예다. 특히 박카스는 베트남어의 발음이 박항서와 비슷해서 더 각광을 받았다는 소식도 들려온다. 베트남 국영방송은 박 감독을 2018년 '올해의 인물'로 선정했을 정도다. 외국인이 선정된 전례가 없었다고 한다.

　2018년 1월, 박 감독은 베트남 대표팀을 이끌고 참가한 첫 대회인 아시아축구연맹 주최 청소년 대회에서 준우승을 차지했다. '박항서 매직'이 일어나는 신호탄이었다. 그 후 아시안게임에서 사상 최초로 4위를, 스즈키컵에서 동남아 라이벌인 태국과 말레이시아를 격파하고 우승했다. 2019년 1월에 열린 아시안컵에서는 8강에 올랐다. 동남아시아 국가들 중 최고 성적이며, 한국도 베트남과 같은 8강이 최종 성적이었다.

따라서 베트남이 올린 성적이 얼마나 높은 것인지를 짐작할 수 있다. 12월 열린 동남아시안게임에서는 우승을 차지했다.

일련의 일이 벌어지는 동안 베트남 국민은 거리로 뛰어나와 베트남 국기와 태극기를 함께 흔들며 열정적인 응원을 보냈다. 한국인들을 보기만 하면 "감사해요"나 "사랑해요"를 외칠 정도다. 그 이전에도 베트남 사람들이 한국을 좋아한다는 것은 널리 알려져 있었지만, 베트남 사람들이 태극기를 흔든다는 것을 상상할 수 있는가? 당시 한국 사람들도 베트남의 경기를 보면서 응원할 정도였다. 이런 점을 보면 박 감독을 스포츠 한류를 세계에 전파한 선봉장이라고 부를 수 있을 것이다.

파파 리더십 vs. 과학적 리더십

왜 박 감독이 성공했을까? 언론에서는 박 감독의 리더십을 '파파 리더십'이라고 부른다. 아버지처럼 따뜻한 사랑으로 선수들을 지도한 결과 감동한 선수들이 열심히 경기에 임한다는 것이다. 경기에 참여한 후 베트남으로 돌아오는 비행기 안에서 부상을 입은 선수에게 일등석 자리를 양보하거나 발을 직접 마사지해준다는 소식도 들렸다. 선수를 신뢰하고, 믿고 기다릴 줄 알고, 이야기를 듣는 리더라는 분석도 있다.

모두 좋은 이야기다. 그렇지만 필자는 이런 이야기가 성공비결의 전부는 아니라고 믿는다. 이런 이야기들은 박 감독의 훌륭한 성품을 보여주는 것임이 틀림없지만, 그렇다고 해서 베트남 축구가 갑자기 놀랄 만큼 성장한 숨겨진 비결이라고 하기는 부족하다.

기업이나 국가를 예로 들자면, 인격적으로 훌륭한 사람이 사장이나 대통령이 된다면 작은 차이가 발생할 수는 있다. 사장이나 대통령의 인기는 틀림없이 높을 것이다. 그렇지만 그 회사나 국가가 갑자기 크게 잘되는 일은 거의 없다. 필자가 대학교수이니 학교의 경우를 예로 들자면, 교수가 착하다고 학생들이 갑자기 열심히 공부해서 성적이 크게 상승할 것이라고는 보기 힘들다. 더군다나 이런 효과가 단기간에 나타날 것이라고는 더 믿기 힘들다.

그렇다면 우리가 잘 알지 못하는 뭔가 다른 이유가 있을 가능성이 높다. 필자는 박 감독이 과거 히딩크 감독을 보좌해서 2002년 월드컵 4강 신화를 만들었던 코치였다는 점에 주목한다. 히딩크 감독이 부임하기 전 한국 축구계에서는 연줄이 중요했다. 축구협회를 두 명문 학교 중 어디 출신이 장악하냐에 따라 감독과 대표팀의 구성이 크게 변했다. 치열한 세력 다툼이 계속해서 벌어졌다. 예전보다 덜하겠지만, 이런 다툼은 한참의 시간이 지난 지금까지도 일부 남아 있는 듯하다.

그런데 히딩크는 당시 한국 축구에 대해 전혀 모르는 상태로 한국에 왔다. 선수들에 대한 정보도 없었다. 그래서 히딩크는 '누가 잘하니 뽑으라'는 협회 사람들의 말을 듣지 않고 철저하게 객관적인 데이터에 의존했다. 20여 개 항목으로 구분해 선수들의 체력과 장단점을 측정하고 그 결과대로 선수들을 뽑은 것이다. 그 덕분에 그때까지 크게 주목받지 못하던 박지성, 이영표, 차두리 선수가 국가대표로 뽑힐 수 있었다.

그리고 데이터에 따라 훈련을 했다. 데이터를 분석해서 선수별로 무엇이 부족한지를 파악하고, 각 선수의 경기 모습을 녹화한 비디오를 반복해서 보여주어 선수가 자신의 단점이 무엇인지를 깨닫고 보완할 수

박항서 감독
박항서 감독은 베트남 축구 대표팀을 이끌고 놀랄 만한 성적을 올렸다. 그 결과 박 감독은 베트남에서 최고의 인기 스타가 됐을 정도다.
(출처 뉴스1)

있도록 했다. 이런 훈련 덕분에 선수들의 기량이 놀랍도록 향상되었다. 즉 월드컵 4강의 기적은 과학적 리더십 또는 과학적 훈련의 결과다. 히딩크 감독이 인품이 뛰어나서 훌륭한 성적을 올린 것이 아니라는 의미다.

433

리더가 해야 할 일은?

베트남은 박 감독을 채용하기 이전에 수년간에 걸쳐 여러 외국 감독을 선임했었지만 모두 실패했다. 박 감독을 뽑은 이유는 박 감독이 히딩크 감독을 보좌한 코치였기 때문이며, 그 점 말고는 박 감독에 대해서 잘 알지 못했다고 한다. '다 실패해서 다른 방법이 없으니 마지막으로 한번 해보자.'라는 것이었다. 마찬가지로 박 감독도 베트남으로 떠날 당시 국내에서는 성적 부진으로 물러난 상황이었다. 그 역시 더 이상 물러설 자리가 없었다.

박 감독이 베트남팀 감독으로 부임할 당시, 그는 베트남 축구에 대해서 거의 아는 것이 없었다. 그래서 히딩크 감독처럼 20여 개 항목을 이용해서 선수들의 체력을 테스트했고, 그 결과에 따라 선수들을 공정하게 선발했다. 베트남은 남북으로 분단되었다가 통일된 지 오랜 시간이 지났지만, 아직도 남북 사이에 상당한 지역감정이 남아 있다고 한다. 그래서 어느 쪽 출신이 감독이 되느냐에 따라 선수의 구성도 크게 바뀌고, 고향이 다른 선수들 사이에 갈등도 많았다. 고향이 다르면 서로 말도 잘하지 않을 정도였다. 그런데 객관적인 데이터에 따라 팀을 선발하니 선수들의 불만이 크게 줄었을 것이다. 그리고 사랑으로 선수들을 대하니 반목하던 선수들끼리도 점차 화합하게 되었을 것이라 볼 수 있다.

박 감독은 테스트 결과 선수들의 체력이 크게 떨어진다는 점을 발견했다. 쌀국수를 주식으로 삼는 사람들이기 때문에 한국 선수들의 체력을 따라갈 수 없었을 것이다. 그래서 식단을 대폭 바꿔서 영양분을 골고루 섭취할 수 있도록 하고, 선수마다 테스트 결과를 반영해 서로 다른 훈련을 시켰다. 이 과정에서 히딩크 감독 시절부터 함께했던 코치나 트레이너 들의 공헌도 컸다. 이런 과학적 훈련의 결과가 성과를 발휘한 것이다.

박 감독도 "베트남에서 제가 거둔 성과는 가장 평범하게, 기본부터 철저히 챙기고 노력한 결과죠."라고 언급한 바 있다. 즉 과학적 분석을 통해 원인을 진단하고, 그에 따라 정확한 처방을 내리고 실천한 것이 성공의 비결이라고 정리할 수 있다. 물론 파파 리더십도 필요하지만, 성공의 비결이 파파 리더십뿐만은 아닌 것이다.

아무리 훌륭한 인품을 가진 리더가 팀이나 기업 또는 국가를 이끌더라도, 그 리더가 나아가야 할 방향을 제대로 보지 못하거나 어떻게 그 방향으로 나아갈지를 알지 못한다면 그 조직의 미래는 암울할 것이다. 그러니 리더의 가장 중요한 임무가 무엇인지 착각하지 않기를 바란다. 다시 교수의 예를 들자면, 교수가 학생이 어떤 방향으로 공부를 해야 할지를 납득시키고 제대로 가르칠 때 학생들의 성적이 향상되는 것이다.

미래를 위한 리더의 역할

주제가 좀 바뀌기는 했지만, 현재 한국에서 일어나는 상황을 보면 많은 리더가 무엇이 리더의 역할인지 잘 모르는 경우가 많은 것 같다. 모든 리더가 다시 한번 자신의 할 일이 무엇인지 돌아보기를 바란다. 정책을 수립할 때도 '누구의 말'이나 정치적 입장이 아니라 객관적인 데이터에 의지해 판단을 내리기를 권한다. 히딩크나 박항서의 기적과 같은 업적은, 결국 기적이 아니라 과학적인 분석의 결과다.

마지막으로 경영 구루 피터 드러커가 남긴 리더십에 대한 조언을 소개하겠다. "유능한 리더는 사랑받고 칭찬받는 사람이 아니다. 그는 직원들에게 올바른 일을 하도록 하는 사람이다." 또한 이와 연결되어 다음과 같은 이야기도 했다. "리더는 사랑받는 것이 아니라 조직이 바라는 결과를 도출해서 존경받아야 한다." 이 말을 명심하고, 한국의 리더들도 지금 당장의 인기보다는 자신이 이끄는 조직의 먼 미래를 위해 고심하길 바란다. 그래야 자신이 은퇴한 이후라도 존경받을 수 있을 것이다.

서울대 최종학 교수의 숫자로 경영하라 5

초판 1쇄 발행 2022년 9월 1일
초판 5쇄 발행 2023년 9월 4일

지은이 | 최종학
펴낸곳 | 원앤원북스
펴낸이 | 오운영
경영총괄 | 박종명
편집 | 최윤정 김형욱 이광민 김슬기
디자인 | 윤지예 이영재
마케팅 | 문준영 이지은 박미애
디지털콘텐츠 | 안태정
등록번호 | 제2018-000146호(2018년 1월 23일)
주소 | 04091 서울시 마포구 토정로 222 한국출판콘텐츠센터 319호(신수동)
전화 | (02)719-7735   팩스 | (02)719-7736
이메일 | onobooks2018@naver.com   블로그 | blog.naver.com/onobooks2018

값 | 23,000원
ISBN 979-11-7043-335-4 03320